余嘉錫著作集

四庫提要辨證

一

中華書局

圖書在版編目(CIP)數據

四庫提要辨證/余嘉錫著. —2 版. —北京:中華書局,
2007.11(2024.7 重印)
(余嘉錫著作集)
ISBN 978-7-101-05645-7

Ⅰ.四… Ⅱ.余… Ⅲ.四庫全書-内容提要-考證
Ⅳ.Z833

中國版本圖書館 CIP 數據核字(2007)第 055098 號

責任印製:管 斌

余嘉錫著作集
四庫提要辨證
(全四册)
余嘉錫 著
*
中 華 書 局 出 版 發 行
(北京市豐臺區太平橋西里 38 號 100073)
http://www.zhbc.com.cn
E-mail:zhbc@zhbc.com.cn
三河市鑫金馬印裝有限公司印刷
*
850×1168 毫米 1/32 · 53¼印張 · 8 插頁 · 915 千字
1980 年 5 月第 1 版 2007 年 11 月第 2 版
2024 年 7 月第 10 次印刷
印數:20901-22100 册 定價:209.00 元

ISBN 978-7-101-05645-7

余嘉錫

出版說明

余嘉錫（一八八四——一九五五），字季豫，後號狷庵，或稱狷翁，湖南常德人，著名的古文獻學家、目錄學家和史學家。十八歲時中鄉試舉人，後曾任吏部文選司主事，科舉廢除後回常德師範學校任教。一九二八年到北京，在輔仁大學、北京大學等多所大學講授目錄學、經學通論、駢體文等課程。一九三一年任輔仁大學教授兼國文系主任。一九四二年兼輔仁大學文學院院長，一九四七年以四庫提要辨證一書當選爲中央研究院院士。解放後被聘爲中國科學院語言研究所專門委員。

余嘉錫先生學貫古今，著作主要有四庫提要辨證、目錄學發微、古書通例、余嘉錫論學雜著和世説新語箋疏等，影響甚廣。爲紀念余嘉錫先生的學術成就，我們將上述著作彙編爲余嘉錫著作集，分冊出版，以嘉惠學林。

四庫提要辨證一書，系統地考辨清代四庫全書總目提要的乖錯違失，並對所論述的許多種古籍，從内容、版本，到作者生平，都作了翔實的考證。余嘉錫先生寫作此書，前後經歷約五十年的時間，參閲了大量文獻資料。據著者自敍，這部二十四卷共八十萬字的著作，是余先生「一生精力所萃」，此書對於研究中國古代的歷史、文學、哲學及版本目錄學等，都極具參考價值。余先生曾於一九三七年七月排印了史部和子部未完稿十二卷。一九四九年以後，又繼續寫作，並最後修訂全稿，成二十四卷，於一九五八年十月由科學出版社出版。一九八〇年中華書局據一九五八年的本子，改正若干錯字，加以標點重排出版。此次編入余嘉錫著作集時，我們在書末增加了書名音序和筆劃兩種索引，以便讀者使用。

目錄學發微是近代目錄學書籍中創作較早而又極有系統、頗有創見的一本書。對目錄書籍發展的源流、各書體制的得失利弊都有詳細的論述。一九六三年由中華書局初版發行。古書通例於一九八五年由上海古籍出版社初版印行，現據以重排，並與目錄學發微合爲一册。

余嘉錫論學雜著，一九六三年及一九七七年曾印刷兩次，收論文、書序、題跋等三十篇文章及讀書隨筆三十條。此次出版，在書末增收了讀已見書齋隨筆（續）二十三條、庚戌都門客感詩七律四首、亡室陳恭人墓表和余嘉錫先生傳略。

世說新語箋疏，一九八三年由中華書局初版發行，一九九三年轉由上海古籍出版社出版修訂本。此次根據一九九三年本重排。

特此說明。

中華書局编輯部
二〇〇七年四月

四庫提要辨證序録

卷三……一三五

史部一……一三五

正史類一總目卷四十五……一三五

史部三 二三九

卷十……五一九

卷十一……五八七

子部二……五八七

卷十四……七七五

子部五……七七五

子部七

卷十八……一〇九三

子部九……一〇九三

別集類五總目卷一百五十二

卷二十二……一三五九

集部三……一三五九

集部四

右四庫提要辨證經部二卷，史部七卷，子部十卷，集部五卷，武陵余嘉錫季豫甫之所作也。嘉錫束髮受書，先君子自課之，先君子諱嵩慶，字子澂，光緒丙子進士，以户部主事出爲河南知縣，官至湖北候補知府。著有緝芳仙館詩詞鈔、借酒集、豆塍瑣議諸書，稿藏於家，多爲日寇所燬。常坐之案頭，口授章句，五經、楚辭、文選既卒業，卽命觀四史、通鑑，學爲詩古文，不令習時藝也。嘉錫頗知嗜學，發篋中書盡讀之，目爲之眚。小子狂簡，遂斐然有述作之志，年十四，作孔子弟子年表，讀郁離子，好之，效其體著書數萬言；十六歲注吴越春秋，然於學問之事，實未有所解。閱張之洞書目答問，駭其浩博，茫乎失據，不知學之所從入，及讀其輶軒語曰：「今爲諸生指一良師，將四庫全書提要讀一過，卽略知學問門徑矣。」不禁雀躍曰：「天下果有是書耶！」閒請於先君子，爲道其所以然，意欣然嚮往之，遂日求購讀。光緒二十六年庚子，年十有七矣，先君子以事于長沙，始爲購得之，則大喜，窮日夜讀之不厭。時有所疑，輒發篋陳書考證之，筆之上方，明年遂録爲一册，此余從事提要辨證之始也。爾後讀書續有所得，復應時修改，密行細字，册之上下四周皆滿，朱墨淋漓，不可辨識，則別易一稿。如此三十餘年，積稿至二十餘册，自期以没齒乃定，故未嘗出以示人。歲在辛未（一九三一年），忽慨然動念，懼其放失，始發憤銓次先後，删除重複，編爲目録，合經史子集四部，凡得七百餘篇。其閒尚多少作，見聞不廣，讀之令人慚，遂以暇時，稍加改治，手自繕録。然迫於講課，擾於人事，或十許日不能終一篇，輒復投筆歎息。自念平生於經部所得不深，集部自犖犖數十家外，可傳者少，其書汗牛充棟，讀之未徧，未易妄加論定；惟史、子兩部宋以前書未見者少，元、明以後，亦頗涉獵，因就兩部芟定之，舊稿以外，復有增益。至一九三七年六月甫經寫出十之五六，忽又因病輟業。七月盧溝橋事變起，日寇侵入北京，人益困頓憂苦，殆岌岌不可終日。自念平生精力盡於此書，世變日亟，馬齒加長，懼亡佚之不時，殺青之無日，乃取史、子兩部寫定之稿二百二十餘篇排印數百册，以當録副。爾後續有修改增益，寖寖加多。從一九三七年直至一九五二年，十五年之間復先後寫定經部稿六十餘篇，集部稿百餘篇，史、子兩部稿百餘篇，凡二百六十餘篇。蓋自初讀提要以來，五十餘年之久，惟此二十餘年治之最勤。然中間三次大病幾死，至今手足尚時時麻痹不仁，意志雖勇，欲續有述作，而精力就衰，不足以副之矣。是以曠日持久，而其所成就者如是其少也。猶憶革命勝利以後，一九四九年之冬，以考證東林點將録及天鑒録二書用思過度而罹疾，病劇之時，第覺病榻之前後左右所陳列者莫非書也。迨病愈，而考索愈力，未及終篇，忽轉爲風痹，卧床數月始愈。自是以後，精神疲頓，雖發憤撰述，早興夜寐，手自抄録，但以右臂麻痹，手顫作書不易，往往經一月始成一篇。至一九五二年秋，寫元和姓纂提要辨證稿成，忽跌損右股，轉成癱瘓，腦力益衰，遂不復能有所述作矣。每念及此，輒爲之神傷。自顧平生無用世材，惟以著書爲事，此稿既爲一生精力所萃，於他人或不無裨益，未可任其廢置，因重加編定，取其成稿四百九十篇，依四庫提要原書目次排列，彙爲一書，以就正於當世。儻蒙告之以所聞，而匡其不逮，則是區區之願也。

聞嘗論之，乾、嘉諸儒於四庫總目不敢置一詞，間有不滿，微文譏刺而已。道、咸以來，信之者奉爲三尺法，毀之者又頗過當。愚則以爲提要誠不能無誤，然就其大體言之，可謂自劉向别録以來，纔有此書也。别録亡矣，今其存者，八篇而已。班固嘗稱劉向校書，每一書已，輒條其篇目，撮其指意，録而奏之；又云劉向司籍，辨章舊聞。夫取經傳九流百家而辨章之，又從而撮取其指意，豈易言也哉，非博通如向，不足以辦此。向子歆繼父之業，總羣書而奏其七略，今觀諸書所引，已不能如别録之詳，若固之藝文志，特七略之要删耳。其後荀勗、李充之徒，代有簿録。王氏七志、阮氏七録，又復繼軌向、歆，然隋志率譏其不述作者之意，淺薄不經。蓋著録之事，如此其難也。唐元行沖等撰羣書四録，同時修書學士毋煚已議其不能精悉，今遂隻字弗傳。宋之崇文總目，多所謬誤，晁公武語。復殘闕失次。晁氏讀書志、陳氏解題，粗述厓略，鮮所發明。楊士奇以下，又不足算也。今四庫提要叙作者之爵里，詳典籍之源流，别白是非，旁通曲證，使瑕瑜不掩，淄澠以别，持比向、歆，殆無多讓；至於剖析條流，斟酌今古，辨章學術，高挹羣言，尤非王堯臣、晁公武等所能望其項背。

故曰自別録以來，纔有此書，非過論也。故衣被天下，沾溉靡窮，嘉、道以後，通儒輩出，莫不資其津逮，奉作指南，功既鉅矣，用亦弘矣。雖然，古人積畢生精力，專著一書，其間牴牾尚自不保，況此官書，成於衆手，迫之以期限，繩之以考成，十餘年間，辦全書七部，薈要二部，校勘魯魚之時多，而討論指意之功少，中間復奉命纂修新書十餘種，編輯佚書數百種，又於著録之書，删改其字句，銷燬之書，簽識其違礙，固已日不暇給，救過弗遑，安有餘力從容研究乎？且其參考書籍，假之中祕，則遺失有罰，取諸私室，則藏弆未備，自不免因陋就簡，倉卒成篇。故觀其援據紛綸，似極賅博，及按其出處，則經部多取之經義考，史、子、集三部多取之通考經籍考，即晁、陳書目，亦未嘗覆檢原書，無論其他也。及其自行考索，徵引羣籍，又往往失之眉睫之前。隋、唐兩志，常忽不加察，通志、玉海，僅偶一引用，至宋、明志，及千頃堂書目，已憚於檢閲矣。甚至顏叔秉燭，不知出於毛傳，（見蒙求集注提要。）蜆稱縊女，不知出於爾雅，（見異物彙苑提要。）作論衡之王仲任，不知有傳在後漢書，撰家訓之顏之推，不知已見於北齊史，馬遷之史記，謬謂嘗采陸賈新語，胡爌之拾遺，未覺全抄困學紀聞，於習見習聞者尚如此，其他疏漏，復何待言。顏之推曰：「觀天下書未徧，不得妄下雌黄。」（家訓勉學篇。）此雖名言，其實難副。然董遇謂「讀書百徧，而義自見」，（魏志王朗傳注）固是不易之論。百徧縱或未能，三復必不可少。四庫所收，浩如烟海，自多未見之書。而纂修諸公，絀於時日，往往讀未終篇，拈得一義，便率爾操觚，因以立論，豈惟未嘗穿穴全書，亦或不顧上下文理，紕繆之處，難可勝言。又總目之例，僅記某書由某官採進，而不著明板刻，館臣隨取一本以爲卽是此書，而不知文有異同，篇有完闕，以致提要所言，與著録之本不相應。如宗懍荆楚歲時記，提要所據爲漢魏叢書本，而四庫所收，則寶顔堂秘笈本也。儻取全書細校，類此者固當不乏。顧千里嘗言，板本之異，夐若徑庭，不識其爲何本，則某書之爲某書，且或有所未確，烏從論其精粗美惡。思適齋文集卷十二石研齋書目序。惜乎纂修諸公，未能解此也。昔遷、固修史，必撰自序，劉向校書，亦條篇目。既標宗旨，復便檢閱，歷世相承，莫之或易。而四庫繕寫，苟欲殺青，遂刪除序目，取便急就，及作提要，未窺原本。故或連篇累牘，皆舊序之陳言；或南轅北轍，乖作者之本意；或有此篇，而謂酒誥俄空；或無此事，而忽無的放矢。此雖寫官之失職，然而校讐之謂何。若夫人名之誤，移甲就乙；時代之誤，將後作前；曲解文義，郢書燕説；謬信讕言，榛楛勿翦；余已逐條駁正，不假一一談也。案乾隆三十八年諭旨云：「朱筠奏每書必校其得失，撮舉大旨，若悉放劉向校書序録，未免過於繁冗。應令承辦各員，將書中要旨檃括，總敘厓略，用便觀覽。」見總目卷首。然則高宗初意本不責以録略之體，及諸臣承詔撰述，遂能鉤玄提要，旁引羣書，加以考證，原原本本，動至數百言，不肯以檃括厓略塞責，可謂通知著作之義矣。今庫本所附提要，雖不及定本之善，以視崇文總目，固已過之。其後奉旨編刻頒行，乃由紀昀一手修改，考據益臻詳贍，文體亦復暢達，然以數十萬卷之書，二百卷之總目，成之一人，欲其每篇覆檢原書，無一字無來歷，此勢之所不能也。紀氏恃其博洽，往往奮筆直書，而其謬誤乃益多，有並不如原作之矜慎者。且自名漢學，深惡性理，遂峻詞醜詆，攻擊宋儒，而不肯細讀其書。如謂朱子有意抑劉安世，於名臣言行録不登一字，而不知原書採安世言行多至二十二條。據文津閣本。謂以吕惠卿之姦詐，與韓、范諸人並列，而不知書中並無吕惠卿。謂楊萬里嘗以黨禁罷官，講學之家，終不引以爲氣類，故慶元黨禁遂削其名，而不知萬里實於孝宗時乞祠不復出，並無因黨禁罷官之事。謂孔平仲不協於程子，講學家百計排詆，終不能滅其著述，此條實隱詆朱子，見珩璜新論提要。而不知朱子實未嘗詆平仲，且文集中有孔毅父談苑跋，於其著述，護惜甚至。謂唐仲友立身自有本末，其爲朱子所論罷，蓋以陳亮之誣構，周密齊東野語所載甚明，見帝王經世圖譜提要。而不知密之所載，與朱子按狀皆不合，其説得之傳聞，無一可信。夫其於宋儒如此，則其衡量百家，進退古今作者，必不能悉得其平，蓋可知也。然而漢、唐目録書盡亡，提要之作，前所未有，足爲讀書之門徑，學者捨此，莫由問津。一二通儒心知其謬，而未肯盡言，世人莫能深考，論學著書，無不引以爲據，提要所是者是之，非者非之，併爲一談，牢不可破，鮮有能自出意見者。逮至近代，高明之士，自持其一家之説，與提要如冰炭之不相容，遂厭薄其書，漫以空言相詆毀，亦未足以服作者之心也。余治此有年，每讀一書，未嘗不小心以玩其辭意，平情以察其是非，至於搜集證據，推勘事實，雖細如牛毛，密若秋荼，所不敢忽，必權衡審慎，而後筆之於書，一得之愚，或有足爲紀氏諍友者。然而紀氏之爲提要也難，而余之爲辨證也易，何者？無期限之促迫，無考成之顧忌故也。且紀氏於其所未讀，不能置之不言，而余則惟吾之所趨避。譬之射然，紀氏控弦引滿，下雲中之飛鳥，余則樹之鵠而後放矢耳。易地以處，紀氏必優於作辨證，而余之不能爲提要決也。夫蠹生於木，而還食其木，柳子厚好讀國語，乃能作非國語，蓋必與之相習，然後得其要害也。余之略知學問門徑，實受提要之賜，逮至用力之久，遂掎摭利病而爲書，習慣使然，無足怪者。然往往草創未就，旋覺其誤。傳曰：「三折肱，然後知爲良醫。」余之爲醫弗良，而其折肱也屢矣，尚望世之讀者，勿徒以詆訶古人爲余罪，而能入我室操我矛以伐我，使我得有所啓牖，則余之厚幸也。

一九五四年十月，余嘉錫序，時年七十有二。

四庫提要辨證卷一

經部一

易類一　四庫全書總目卷一

周易正義十卷

魏王弼、晉韓康伯注，唐孔穎達疏。易本卜筮之書，故末派流於讖緯，王弼乘其極敝而攻之，遂能排擊漢儒，自標新學。然隋書經籍志載晉揚州刺史顧夸等有周易難王輔嗣義一卷，冊府元龜又載顧悅之原注，案悅之卽顧夸之字。難王弼易義四十餘條，京口閔康之又申王難顧。是在當日，已有異同。王儉、顏延年以後，此揚彼抑，互詰不休。至穎達等奉詔作疏，始專崇王注，而衆說皆廢。故隋志易類稱「鄭學寖微，今殆絶矣」。蓋長孫無忌作志之時，在正義既行之後也。

嘉錫案：元大德本、據涵芬樓影印本。明南監本、武英殿本隋志均作顧夷，「夸」與「夷」卽一字。然不知提要何以須改寫爲「夸」，其謂顧悅之卽夸之字，亦不知何據。近人姚振宗隋書經籍志考證卷一云：「梁劉峻世説文學篇注，案文學篇云：「謝萬作八賢論。出以示顧君齊。」顧氏譜曰，夷字君齊，吴郡人。祖厥，孝廉；父霸，少府卿。夷辟州主簿不就。姚氏自注云：「本志儒家有顧子十卷。晉揚州主簿顧夷撰。與顧氏譜合，此稱揚州刺史，當爲主簿。」宋書隱逸傳，闞康之字伯愉，河東楊人，世居京口，少而篤學。晉陵顧悦之難王弼易義四十餘條，康之申王難顧，遠有情理。案南史隱逸傳同。案闞康之傳，則是書亦有顧悦難義，及闞氏難顧義並録在其中，故題曰顧夷等，明非一人之作也。顧悦之字君叔，案世説言語篇及注引晉中興書均作顧悦。晉陵無錫人。初爲揚州刺史殷浩故吏，後爲州別駕，歷尚書右丞，顧愷之之父也。晉書附見殷浩傳後。」觀姚氏所考，顧夷與顧悦之里貫不同，出處亦異，其爲二人明甚，提要不知顧夷爲何人，偶檢經義考卷十，見其引册府元龜顧悦之事，亦不知其本出何書，經義考所引與册府原文不同，而提要全同朱氏，故知其出於販稗。第見其人皆姓顧，又同著書難王弼，以爲必是一人，遂毅然奮筆，以悦之爲顧夷之字，而不知其大謬不然。册府卷六百六，本作闞康之，經義考譌闞爲閔，提要亦不悟也。文廷式、黄逢元、吴士鑑補晉書藝文志，均卷一。皆知顧悦之事出宋書，而仍以爲卽顧夷之字，文氏謂顧愷之之父悦之，非卽此人；黄氏並謂顧氏譜之顧君齊爲別一顧夷；吴氏則謂不知是否一人。不思晉陵一郡之中，竟有兩顧悦之，宋書隱逸傳稱晉陵顧悦之；而晉書文苑傳云：「顧愷之，晉陵無錫人。父悦之，尚書左丞。」寧非異事？且試問顧夷字悦之，出何典籍，能學似否？既毫無證據，顧於提要之説深信不疑，甚矣其惑也。惟丁國鈞補晉志幸能不誤，而又以隋志揚州刺史顧夷爲揚州别駕顧悦之之譌文，亦涉武斷，不如姚氏之所考爲可信也。丁氏、吴氏均譌闕康之爲閔康之，亦承提要之誤。又有秦榮光補晉志，此條全同丁氏，恐是勦説。提要又謂穎達奉詔作疏，專崇王注，而衆説皆廢。隋志稱鄭學殆絶，蓋在正義既行之後，意以此歸罪穎達。以愚考之，未見其然。案陸德明經典釋文序録云：「永嘉之亂，施氏、梁丘之易亡，孟、京、費之易，人無傳者，唯鄭康成、王輔嗣所注行於世，而王氏爲世所重，今以王爲主。」經典釋文撰於陳至德元年，詳見五經總義類經典釋文條下。即隋之開皇三年也，遠在穎達作疏之前，行世者已只有鄭、王兩注，而王注爲世所重。則衆説之廢，鄭學之微，非穎達一人之力亦明矣。隋書經籍志亦云：「梁丘、施氏、高氏，亡於西晉；孟氏京氏，有書無師；梁陳鄭玄、王弼二注，列於國學，齊代唯傳鄭義。此謂北齊。至隋，王注盛行，鄭學浸微，今殆絶矣。」夫以兩漢已立博士之孟氏、京氏，其書具存，而自晉、宋以後尚無人能傳其學，況與鄭康成相先後若荀爽、劉表、宋衷、虞翻、陸績、董遇之流，爲康成盛名所掩，自成書後未嘗立博士，孰肯以此專門講授也哉。鄭學行而衆説廢，王學盛而鄭氏又微，自東晉以後，僅此二家相爲起伏，馬融、王肅且不能與之爲敵，何論其餘？至陳、隋之際，而王氏定於一尊。逮及貞觀時，穎達作疏，衆説之廢已三百年，鄭學之微，亦數十年矣。今顧以諸家之廢絕，盡歸咎於正義之行，此特侈口而談，聊以快意，而未考史實之言也。且王注之爲世重，由來已久，亦不始於德明之時。江左中興，易唯置王氏博士，太常荀崧奏請置鄭易博士，詔許，值王敦亂不果，事見晉書荀崧傳。序録自注中已言之矣。南齊書陸澄傳曰：「永明元年，領國子博士，時國學置鄭、王易，案武帝紀，永明三年，詔高選學官，廣延冑子。澄與王儉書論之曰：『易自商瞿至田何，其間五傳，年未爲遠，無訛雜之失；秦所不焚，無崩壞之弊。雖有異家之學，同以象數爲宗。數百年後，乃有王弼。王濟云弼所悟者多，何必能頓廢前儒。晉太興四年，太常荀崧請置周易鄭玄注博士，行乎前代，於時政由王、庾，皆儁神清識，能言玄遠，捨輔嗣而用康成，豈其妄然？泰元立王肅易，案泰元當作太元，晉書孝武帝紀，太元九年，增置太學生百人。十年，立國學。其立王肅易，當在此兩年中。當以在玄、弼之間。元嘉建學之始，玄、弼兩立。逮顏延之爲祭酒，黜鄭置王，意在貴玄，事成敗儒。今若不大弘儒風，則無所立學，衆經皆儒，惟易獨玄。玄不可棄，儒不可缺，謂宜並存，所以合無體之義。且弼於注經中，已舉繫辭，故不復別注。今若專取弼義，則繫辭無注。』儉答曰：『易體微遠，實貫羣籍，施、孟異聞，周、韓殊旨，豈可專據小王，便爲該備？依舊存鄭，高同來説。』」齊書此傳，及晉書荀崧傳，皆足以考見南朝經學之盛衰，最爲重要。崧傳言，時方修學，置博士九人，崧請爲鄭易、鄭儀禮，公羊、穀梁置博士各一人。

詔曰，穀梁膚淺，不足置博士，餘如奏。會王敦之難不行。澄乃言，荀崧請置鄭易博士，行乎前代，又謂王、庾捨輔嗣而用康成，謂王、庾不滿輔嗣之學，故復爲鄭易立博士，言捨者甚其辭耳，非竟廢除王氏易也。顯與崧傳不同。尋晉書元帝紀，太興二年六月，置博士員五人。其修太學置博士九人，本紀不書，不知在於何時。然紀於太興四年三月，書置周易、儀禮、公羊博士，則正與陸澄所言荀崧請置鄭易之時合。崧請增四博士，詔不置穀梁而許其餘，茲所置三人，即從崧之請而增者。其周易博士，必鄭氏易也。王弼易已先置博士，在九人之內，見崧傳。至於王敦之反，則在次歲永昌元年正月，距三博士之立，已十閱月矣。崧傳言遭敦難不行，殊爲乖謬。職官志云：「晉初承魏制，置博士十九人。及江左初，減爲九人，元帝末，增儀禮、春秋公羊博士各一人，合爲十一人。」其不言增置周易，蓋以爲九人之中原有易博士，疑非後置，遂删去之，不知王氏、鄭氏家法之不同，可謂大誤。宋書百官誤同。然足證荀崧所請，已爲定制，未嘗因難不行也。沈約宋書禮志、陸德明經典釋文，並作於唐修晉書之前，而其言亦同於今書荀崧傳。蓋此乃何法盛、臧榮緒諸書之舊文，沈、陸及唐史臣，皆承其誤，未之深考耳。此事前人從未考正。自是以後，玄、弼兩立，元嘉建學，因仍不改。故晉、宋之際，鄭、王兩學並行於世。康成之易，雖微而未絶，顧夷、顧悦之之徒，猶能援據鄭義，以攻難輔嗣也。黜鄭置王，由於顔延之，宋書本傳不載其事，而其黜置之意，猶有可考。太平御覽卷六百八引延之庭誥曰：「易首體備，能事之淵。馬、陸得其象數，而失其成理；荀、王舉其正宗，而略其數象。四家之見，雖各有所志，總而論之，情理出於微明，氣數生於形分；然則荀、王得之於心，馬、陸取之於物，其蕪惡迄可知矣。夫數象窮則太極著，人心極則神功彰，若荀、王之言易，可謂極人心之數者也。」據本傳，延之爲劉湛及彭城王義康所忌，出爲永嘉太守，又被免官。閑居無事，乃作庭誥。篇中所言，自是本懷。及劉湛誅，始復被用，累遷至國子祭酒，遂行其素志，黜鄭置王耳。庭誥雖不及康成，然鄭爲馬融弟子，以爻辰言易，亦是象數之學，延之以馬之象數爲蕪惡，則其於鄭可知。張惠言易義別録卷九云：「鄭易之於馬，猶詩之於毛。」想其黜鄭之時，必有文字訾詆康成，特其文集已亡，無由復見爾。夫王易之行，亦因緣時會，漢自桓、靈以後，莊、老之學漸興，抱朴子漢過篇：「道微俗敝，莫劇漢末。反經詭聖，順非而澤者，謂之莊、老之客。」是漢末風氣，已與西京黃、老之學不同。篇末言及宦者奪人主之威，誅鋤黨人，知其指桓、靈之世。爰逮有魏，寖成風氣。傅嘏、荀粲、裴徽之徒，好尚玄虛，並享盛名。迄乎正始之間，何晏以高才貴仕，手握權勢，能清言，善老、易，爲天下談士所宗；輔嗣少年通辯，爲晏所奇，以爲可與言天人之際，作周易注，附會莊、老，以上並見世說文學篇及魏志鍾會傳注。遂與晏齊名，並稱王、何。清談之士，爭相推重。王濟謂見弼易注，所悟者多，故得立於國學。王國維觀堂集林卷四漢魏博士考，謂魏、晉博士十九人中，易有鄭氏、王氏，其意以指王肅。愚謂王弼所注，魏時誠未必立學，至於東晉，博士九人。周易唯有王氏。觀陸澄言，泰元立王肅易，以其在玄、弼之間。則元帝時所立，實是弼注。西晉初年，清談盛行，疑弼注已立博士。王靜安所考十九人家法，出於意測，恐未足爲據也。及晉、宋之際，佛學漸盛，往往依附道家，以爲外護，如世說文學篇載支道林論逍遥遊漁父篇；高僧傳卷六言慧遠講説之時，有客聽講，彌增疑昧，遠乃引莊子義爲連類，惑者曉然；安公釋道安。特聽慧遠，不廢俗書，皆其證也。由是，江左儒生歸心釋教者，輒兼講老、易，欲以通彼我之郵，而其關鍵則在輔嗣之注。孔穎達周易正義序曰：「江南義疏十有餘家，皆辭尚虚玄，義多浮誕。原夫易理難窮，雖復玄之又玄，至於垂範作則，便是有而教有。若論住内住外之空，就能就所之説，斯乃義涉於釋氏，非爲教於孔門也。」然則弼藉周易以談老、莊；江南諸儒，復藉弼注以闡佛教；老、莊既魏、晉所尊，佛教又南朝所尚；此弼注所以盛行，鄭易由斯漸廢也。顔延之以文章負盛名，信佛甚篤，弘明集卷四載其釋達性論三首，何承天作達性論，延之與相詰難。卷十三引其庭誥一章，明汪道昆刻本作庭誥二章。足以知其雅意。輔嗣清言，有契佛理，故延之稱其易注，極人心之數，黜鄭置王，端在於此。據宋書禮志，元嘉二十年立學，二十七年廢，興亡倏忽，於學術未必有大效。然延之此舉，足以占一時之風會已。齊永明間，雖以王儉、陸澄之力，鄭易得重置博士，然立學未久，旋卽停廢。禮志云：「建武四年正月，詔立學，永泰元年，東昏侯卽位，尚書符依永明舊事廢學。領國子助教曹思文上表曰：『古之建國君民者，必教學爲先。今制書既下，而廢學先聞，將恐觀國之光者，有以擬議也。若以國諱故宜廢，昔漢成立學，爰洎元始，百餘年中，未嘗暫廢，其間有國諱也。且晉武之崩，又其學猶存，斯皆先代不以國諱而廢學之明文也。永明以無太子故廢，斯非古典也。今學非唯不宜廢而已，宜更望古作規，使郡縣有學，鄉閭立教。』有司奏從之，學竟不立。」由此觀之，齊自永明三年正月立學，至十一年正月，以皇太子薨見武帝紀及文惠太子傳。廢學，僅滿八年。建武四年正月，再立學，至次歲永泰元年東昏侯卽位，以國諱復廢，纔得一年有半而已。雖嘗爲諸經置博士，其效固已甚微。況鄭氏易爲南人所不喜，自元嘉廢黜，至永明復立，中間曠絶垂四十年，老師宿儒，存者蓋亦無幾，而二十餘年之間，又經兩度廢學，欲望於數年之頃，起衰救敝，昌明絶學，其可得哉！梁書儒林傳序云：「魏正始以後，仍尚玄虛之學，爲儒者蓋寡。江左草創，日不暇給，以迄於宋、齊，國學時或開置，而勸課未博，建之不及十年。蓋取文具。」諒哉言乎！南朝學術，梁代爲盛，梁書武帝紀及隋書百官志並言天監四年置五經博士各一人，其爲何家之學，史無明文，既云五經各一人，當是人掌一經。然南史儒林傳序曰：「梁天監四年，詔開五館，建立國學，總以五經教授，置五經博士各一人。於是以平原明山賓、吳郡陸璉、梁書儒林傳序無陸璉。吳興沈峻、建平嚴植之、會稽賀瑒補博士，各主一館，館有數百生，給其餼廩。」五人之中，陸璉無傳，學業不可考。餘四人大抵兼通五經，尤長三禮，如沈峻特精周官，賀瑒尤精於禮，並見梁書本傳。梁書，明山賓博通經傳，初置五經博士，山賓首膺其選，著吉禮儀注二百二十四卷、禮儀二十卷、孝經喪禮服義十五卷。沈峻通五經，尤長三禮。吏部郎陸倕與僕射徐勉書，薦峻曰，聖賢可講之書，必以周官立義，助教沈峻特精此書，謂宜即用此人，命其專此一學，周而復始，勉從之，奏峻兼五經博士，於館講授，聽者常數百人。嚴植之少善莊、老，能玄言，精解喪服、孝經、論語。及長，偏治鄭氏禮、周易、毛詩、左氏春秋。天監四年，初置五經博士，開館教授，植之館生徒常百數，植之講，五館生必至，聽者千餘人，撰凶禮儀注四百七十九卷。賀瑒、祖道力善三禮，瑒少傳家業，天監四年，初開五館，以瑒兼五經博士，別詔爲皇太子定禮，撰五經義，著禮易老莊講疏、朝庭博議數百篇，賓禮儀注一百四十五卷。瑒於禮尤精，館中生徒常百數。陸倕請令沈峻專講周官，周而復始，則是專門講授，與經各一人之語合。然如此則三禮便須三博士，其餘四經僅有博士二人，又非人掌一經之制矣。南史明云「總以五經教授」，而嚴植之每講，五館生皆至，足見原不分經。陸倕以周官爲羣經源本，累世絕業，二語亦見倕與徐勉書。請命沈峻專此一學，則他人不專講一經可知。明山賓等四人之中，嚴植之及賀瑒皆兼通三玄。老、莊、易。植之傳言，偏治鄭氏禮、周易、毛詩、左氏春秋，其周易若蒙上文言之，似是鄭氏學，然無所撰述，亦不知有人傳其業否。瑒爲周易撰有講疏，隋志不著録。當在孔穎達所言江南義疏十餘家之內，必王氏易也。隋書百官志載梁官制云：「國學有祭酒一人、博士二人、助教十人、太學博士八人，又有限外博士員，天監四年置五經博士各一人。」皆不言其職掌，考宋書百官志云：「博士，晉元帝末十一人，案當作十二人，此時尚是分經，已詳見上。後又增爲十六人，不復分掌五經而謂之太學博士。國子祭酒一人，國子博士二人，國子助教十人，周易、尚書、毛詩、禮記、周官、儀禮、春秋左氏傳、公羊、穀梁各爲一經，論語、孝經爲一經，合十經，助教分掌。」梁國子學設官全同東晉，太學博士較晉減半，其教授之法，蓋亦仿晉制，博士不復分經，而助教則各掌一經也。儒林傳言盧廣兼國子博士，偏講五經；孔子袪尤明古文尚書，兼國子助教，講尚書四十徧；助教虞僧誕以左氏教授，皆其顯證。陳之學制不詳，當是沿用梁法，然則隋書經籍志所謂梁陳鄭玄、王弼二注列於國學者，不過許令學官於講周易之時用此二注之説，非復一經分立兩家如東漢五經博士十四人各以家法講授之比矣。以一人專此一經，而兼存兩注，聽學官自爲選擇，講者各有所好，自不免出主入奴。如左傳本立服、杜兩家，崔靈恩以北人入梁，兼國子博士，先習左傳服解，不爲江東所行，東晉及南齊，左傳均兼立服、杜兩家，見荀崧及陸澄傳。梁制當亦相同，特時人不好服解而已，非不許用其説也。及改説杜義，每文句常申服以難杜。助教虞僧誕又精杜學，因作申杜難服，以答靈恩。亦見梁書儒林傳。是博士助教講經，於國家立學之書，得以其意有所專主也。周易鄭、王兩家，雖同立國學，而時方尚玄，學官自必多講王注，縱徵引及鄭，適足供其詰難耳。顔氏家訓勉學篇曰：「夫老、莊之書，蓋全真養性，不肯以物累己也。何晏、王弼祖述玄宗，遞相誇尚，景附草靡，皆以黄、農之化，在乎己身，周、孔之業，棄之度外。洎於梁世，兹風復闡，莊、老、周易，總謂三玄，武皇、簡文，躬自講論；周弘正奉贊大猷，化行都邑，學徒千餘，實爲盛美。元帝在江、荆間，復所愛習，召置學生，親爲教授，廢寢忘食，以夜繼朝，至乃倦劇愁憤，輒以講自釋。」考之梁史，並如其説。陳書周弘正傳云：「弘正啓梁武周易疑義五十條，又請釋乾坤二繫。詔答曰：『事逾三古，人更七聖，自商瞿禀承，子庸傳授，篇簡湮没，歲月遼遠，田生表菑川之譽，梁丘擅琅邪之學，代郡范生，後漢書范升傳，升，代郡人，習梁丘易、老子，教授後生。山陽王氏，魏志鍾會傳：王弼，山陽高平人。人藏荆山之寶，各盡玄言之趣。』」此詔所言，自梁丘以上，不過敷衍班書，無關鴻旨，惟於東京以後獨舉范、王兩家，固當别自有意。蓋以輔嗣爲玄學之宗，平生師承所在，故鎮重言之。范升兼傳梁丘易及老子，范升當是上承西漢黄、老之風，非如魏、晉人老、莊之學也。爲老、易並稱之始，特取與輔嗣相配，以明道家之易遠有端緒耳。由是言之，梁武所著講疏雖亡，隋志有周易大義二十一卷、講疏三十五卷、繫辭義疏一卷，並梁武帝撰。宗旨尚顯然可見。帝雖出儒生，本自信道，及登大位，捨道事佛，廣弘明集卷四云：「梁高祖武皇帝舊事老子，宗尚符圖，窮討根源，有同妄作，乃下詔捨道。」故其學術，出入二氏，易宗輔嗣，爲可援儒入墨。其於康成，臭味差池，猶冰炭也。簡文、孝元，相繼講論，父作子述，衣被朝野，風行草偃，理有固然，況在學官，豈同化外？故鄭氏易之在南朝，日以益微，特未有明詔廢之而已。歷觀諸史，自宋至陳，不聞有鄭易名家。經義考卷二百八十三承師篇列治鄭氏易姓名，於南史僅得周續之、原注，范甯弟子。王儉、陸澄三人；宋書隱逸傳雖稱續之詣范甯受業，然不言所受何經，第云「閑居讀老、易，入廬山，事沙門釋慧遠」。疑其所讀者，仍是王氏易。又云：「通毛詩六義及禮、論、公羊傳，皆傳於世。」則其人本不治周易，可懸斷爲鄭氏乎？儉、澄雖立鄭氏易於國學，然儉以宰相領國子祭酒，未聞躬親講授。且其平生，但長於禮學，不以周易名家，澄傳明云「讀易三年，不解文義」，是周易非其所長，豈得爲鄭氏專門之學乎？然則經義考之列此三人，不過强相牽引，以張皇鄭氏之門户而已。張惠言又以南齊劉瓛爲鄭氏易，其易義別録卷十三曰：「隋志有劉瓛繫辭義疏二卷，又周易乾坤義一卷。」又云：「梁有周易四德例一卷，亡。齊代鄭義甚行，史稱子珪瓛字承馬、鄭之後，一時學徒，以爲師範，其於易或宜宗鄭黜王，殘缺之餘，無聞焉耳。」案經典釋文序録云：「王氏爲世所重，今以王爲主，其繫辭以下，王不注，相承以韓康伯注續之。」又云：「自謝萬以下十人，並注繫辭。」十人之中，韓伯、劉瓛皆與焉。釋文原注，於劉瓛下引七録云，「作繫辭義疏」，然則瓛所作非注也，陸氏以便文稱。凡此諸人，皆以王弼不注繫辭，爲之補作，其爲王氏學可知。劉瓛所作，謂之義疏者，殆因宋明帝集羣臣講易及齊永明國學講易，其所作講疏，兩疏均見隋志。亦只有上下經，故作此以補之也。其疏或用韓康伯注，或即以弼經注内所舉繫辭義爲主，皆不可知。若謂瓛爲鄭氏學，則安得捨上下經不講，而獨疏繫辭乎？宋蜀本南齊書列傳第二十，劉瓛、陸澄。史臣曰：「永明纂襲，克隆均校；王儉爲輔，長於經禮。由是家尋孔教，人誦儒書。建武繼立，因循舊緒，謂建武四年立國學。時不好文，輔相無術，學校雖設，前軌難追，劉瓛成馬、鄭之異時，學徒以爲師範。」據涵芬樓影印本。末二句似有誤字。疑成字誤。然不過言馬融養諸生千餘，鄭玄弟子數千，並見本傳。爲儒學之極盛。劉瓛與馬、鄭生不同時，當建武之後，君相皆不好文，學校殆同虚設，而能使京師士子貴遊，莫不下席受業，見傳。有功經學，同於馬、鄭，所以深歎異之也。武英殿本改爲「劉瓛承馬、鄭之後，一時學徒以爲師範」。張惠言遂據之以爲瓛之於易宜宗鄭黜王，不知其爲郢書燕説也。凡殿本南北諸史，與宋本南監本不同者，大抵承北監本之舊，甚至宋人校語指爲疑誤者，亦改使文從字順，實不可盡據。今人張元濟校史隨筆論之甚詳。其謂齊代鄭易甚行，亦非事實，辯已見前。江左二百數十年之中，鄭易之微如此，不待潁達之作正義而後王學盛也。至於河洛學風，亦有可言者，隋書儒林傳序曰：「南北所治章句，好尚互有不同，江左周易則王輔嗣，尚書則孔安國，左傳則杜元凱；河洛左傳則服子慎，尚書、周易則鄭康成，詩則並主於毛公，禮則同遵於鄭氏。南人約簡，得其英華；北學深蕪，窮其枝葉。」李延壽北史儒林傳，全襲取之，後之言經學源流者，輒復援引，以爲口實。余謂唐修南北五史，梁、陳、齊、周、隋。隋最居後，故史臣綜數百年風氣加以概括，約舉大都云爾。若細加剖判，考其變遷，則時有不同，地有不同，學以人傳，人因習異，未有能共軌同風顜若畫一者也。輔嗣、元凱之學，固盛行江左，然鄭易、服傳，同立學官，未嘗竟廢。北朝立學，家法不詳，魏書儒林傳序曰：「漢世鄭玄，並爲衆經注解，服虔、何休，各有所説，玄易、書、詩、禮、論語、孝經，虔左氏春秋，休公羊傳，大行於河北，王肅易亦間行焉。晉世杜預注左氏，預玄孫坦、坦弟驥，於劉義隆世並爲青州刺史，傳其家業，故齊地多習之。」北齊書儒林傳序曰：「凡是經學諸生，多出自魏末大儒徐遵明門下，河北講鄭康成所注周易，遵明以傳盧景裕及清河崔瑾，景裕傳權會，權會傳郭茂。權會早入京都，北史作鄴都。郭茂恒在門下教授，其後能言易者，多出郭茂之門。河南及青、齊之間，儒生多講王輔嗣所注周易，師訓蓋寡。齊時儒生，罕傳尚書之業，徐遵明兼通鄭康成所注，下里諸生，畧不見孔氏注解。武平末，河間劉光伯、信都劉士元始得費甝義疏，乃留意焉。三禮並出遵明之門，通毛詩者，多出於魏朝博陵劉獻之。河北諸儒，能通春秋者，並服子慎所注，亦出徐生之門。又有姚文安、秦道静，初亦學服氏，後更兼講杜元凱所注；其河外儒生，俱伏膺杜氏。其公羊、穀梁二傳，儒者多不錯懷。論語、孝經，諸學徒莫不講習。諸儒多自出義疏。」尋魏、齊二書所載，則北朝境内，河北、河南、青齊三地所治章句，其好尚亦互有不同，河南、青齊多講王注，惟大河以北，方宗鄭玄。是鄭、王兩易，已中分北朝，若更益以江左，則王義所被，不止三分有二，儒玄盛衰，於兹可見。隋書、北史，第言河洛周易則鄭康成者，以北方大儒若徐遵明、盧景裕之徒皆習鄭易，人能弘道，名著當時。至於王注，講者雖多，師訓蓋寡，流風遺説，蔑爾無聞。故撮舉大要，謂之通治鄭易云爾。隋志著録北人易注僅有數家，姚規、崔覲、傅氏、盧氏而已。姚規、傅氏，本不知時代，姚振宗以爲皆後魏、北齊人。崔覲蓋卽崔瑾，姚振宗説。盧氏當是景裕，馬國翰説。皆習鄭氏易者。北齊易家，並出徐遵明所傳，故隋志云：「齊代惟傳鄭義。」非謂河洛之間竟無人讀王輔嗣注也。梁末喪亂，士人多避禍北渡，及周滅湘東，隋併江左，學士入關，並蒙尊寵。北人文采，本不如南，嚮慕風流，爲日已久，一旦親接光儀，能不欣然承教，名理由斯盛行，學業於焉丕變。隋書文學傳序曰：「簡文、湘東，啓其淫放；徐陵、庾信，分路揚鑣。周氏呑併梁、荆，此風扇於關右，狂簡斐然成俗，流宕忘反，無所取裁。」文章如此，經術亦然。況北朝舊崇釋老，河南本講王易，再得江南宿儒爲之講述義疏，有不翕然響應相習成風者乎？王氏易之行，爲日久矣，謂由穎達奉詔作疏，始專崇王注，殆必不然。

周易集解十七卷

唐李鼎祚撰。鼎祚唐書無傳，始末未詳。據序末結銜，知其爲祕書省校書郎。據袁桷清容集載，資州有鼎祚讀書臺，知爲資州人耳。朱睦㮮序，稱爲祕閣學士，不知何據也。

嘉錫案：劉毓崧通義堂集卷一，有此書跋云：「新、舊唐書無李鼎祚，據集解標題，知爲資州人，而蜀中志乘，亦罕見其名氏。今以自序及元和志、寰宇記、輿地紀勝，參之通志、能改齋漫録等書，其事迹官階，尚可考見大畧。蓋鼎祚係資州盤石縣人，原注云，輿地紀勝資州人物李鼎祚。注云『盤石人』。此段小注皆出劉氏。後仿此。盤石卽資州治所，舊唐書地理志云，資州盤石，漢資中縣，今州治。州東有四明山，鼎祚兄弟讀書於山上，後人名其地爲讀書臺。輿地紀勝資州景物、古迹兩門，並載讀書臺，注云，在州東二十里，李鼎祚兄弟讀書于其上，俗呼四明山。明皇幸蜀，鼎祚進平胡論，後召爲左拾遺。見輿地紀勝昌州官吏門李鼎祚注。肅宗乾元元年，奏以山川闊遠，請割瀘、普、渝、合、資、榮等六州界，置昌州，見元和郡縣志昌州。是時仍官左拾遺。據元和志及寰宇記。嘗充内供奉，據通志藝文畧。曾輯梁元帝及陳樂產、唐呂才之書，以推演六壬五行，成連珠明鏡式經十卷，又名連珠集，通志藝文畧五行類式經門，載連珠明鏡式經十卷，注云，唐左拾遺内供奉李鼎祚撰。能改齋漫録卷五云，嘗考唐左拾遺李鼎祚所修梁元帝、陳樂產、唐呂才六壬書，名連珠集。上之於朝，其事亦在乾元間。新唐書藝文志五行類載李鼎祚連珠明鏡式經十卷，注云，開耀中上之。代宗登極後，獻周易集解，其時爲祕書省著作郎，仕至殿中侍御史。見輿地紀勝資州人物門。」劉氏之考鼎祚仕履，至爲詳悉。提要以爲始末未詳者，固由未見輿地紀勝，然於元和郡縣志等書，亦未引證，則未免太疎畧矣。至朱睦㮮稱爲祕閣學士者，卽指祕書郎言之。沈括夢溪筆談卷一云：「集賢院記，開元故事，校書郎許稱學士，今三館職事，皆稱學士，用開元故事也。」然則睦㮮之稱鼎祚爲祕閣學士者，亦用唐、宋故事耳。

所採凡子夏、孟喜、焦贛、京房、馬融、荀爽、鄭玄、劉表、何晏、宋衷、虞翻、陸績、干寶、王肅、王弼、姚信、王廙、張璠、向秀、王凱、仲倈、果蜀才、翟玄、韓康伯、劉巘、何妥、崔憬、沈麟士、盧氏、提要原注云，案盧氏周易注，隋志已佚其名。崔覲、伏曼容、孔穎達、姚規、朱仰之、蔡景君三十五家之説。

案：馬國翰目耕帖卷六云：「李氏集解引盧氏，隋志亦有周易盧氏注十卷，不詳名字及時代爵里。案魏盧景裕傳，景裕字仲孺，小字白頭也，范陽涿人，普泰初，復除國子博士，與和中，補齊王開府屬。景裕雖不聚徒教授，所注易大行於世。然則盧氏者，盧景裕也。」胡秉虔卦本圖考，與馬氏説同。

易類二 總目卷二

易數鉤隱圖三卷附遺論九事一卷

宋劉牧撰。此本爲通志堂所刻，何焯以爲自道藏録出。今考道藏目録，實在洞真部靈圖類雲字號中，是卽圖書之學，出於道家之一證。

嘉錫案：四庫全書總目卷一百四十六道家類道藏目録，提要歷舉其所收諸書多非道家言，而議其一概收載爲牽强。首舉劉牧是書，謂舊入易類，從無以爲道家者。是提要於彼，則譏其收入此書爲非；於此，又以曾經收入，爲此書出於道家之證；前後互異，未免近於矛盾。夫圖書之學，出於道家，原有明徵，不必引此爲證。如謂收入道藏卽爲出於道家，則執一羽流之言，可以定古今學術乎？恐轉不足服牧之心矣。方東樹漢學商兑卷上云：「劉牧易數鉤隱圖三卷，要是道藏收牧之書，非漢儒以來説河洛者皆從道藏中來也。」

易類三總目卷三

易變體義十二卷

宋都絜撰。絜字聖與，丹陽人，紹興中，官吏部郎中，知德慶府。絜父郁，字子文，嘗爲惠州教官，平生留心易學。絜因以所聞於父者爲是書。

嘉錫案：陸心源儀顧堂題跋卷一云：「易變體義十六卷，宋都絜撰。原本久佚，今本十二卷，乾隆中館臣從永樂大典録出。案絜字聖與，江蘇丹陽人，宣和六年進士，紹興中以左朝散郎知南安軍。勤身率下，宣布德澤，二十二年，代還，言差役之法，別縣有物力稅錢，各從等第，今乃有兩處同時執役者，望明降指揮。從之。旋知南雄州，召爲吏部郎中。二十八年，因登對奏進此書，除左朝請大夫，提舉兩浙東路常平茶鹽。二十九年，以出賣官田爲諸路倡，轉一官，尋改戶部郎中，未幾擢太府少卿，總領淮西財賦，奏言江東所屯現兵，歲費錢七百萬緡，米七十萬石，而監司守令，恬不加意，乞將弛慢之尤者，按劾黜責，以警其餘。從之。三十一年，升司農少卿，明年罷免。見建炎以來繫年要録、京口耆舊傳、輿地紀勝。」陸氏跋既總敍出處，於末又不著卷數，皆非也。

淙山讀周易記二十一卷

宋方實孫撰。實孫不知何許人，惟劉克莊後村集有實孫樂府跋，稱其字曰端仲，有實孫經史說跋，稱其以所著易說上於朝，以布衣入史局。時相以其累上春官，欲令免省奉對，遽以風聞報罷，浩然而歸，其所終則不可考矣。

嘉錫案：儀顧堂題跋卷一云：「實孫字端仲，福建莆田人，慶元五年進士，嘗以所著易說上於朝，入史局。著有讀書一卷、讀詩一卷、經說五卷、讀論語孟子中庸大學四卷、史論一卷、太極說、西銘說及此書。」今案陸氏諸跋，往往隱括其詞，而總敍其出處於篇末，令人不知某事出於某書，殊不足以徵信。甚至不著出處，尤爲非體。此篇卽取材於後村集一百單七卷方實孫經史説跋，乃含混不加説明，亦可怪也。

周易集説四十卷

宋俞琰撰。琰字玉吾，吳縣人，生宋寶祐初，入元，隱居著書，徵授温州學録，不赴，至延祐初，始卒。生平邃於易學，爲大易會要一百三十卷，後乃擬其精華，以著是編。

嘉錫案：明盧熊蘇州府志云：「俞琰字玉吾，蘇州吳縣林屋山人。生宋寶祐間，以詞賦稱。宋亡，隱居著書，尤好鼓琴，自號石澗，卒於元貞間，年七十。」盧志余未見，此據宋史翼卷三十五所引。考自宋理宗寶祐元年，至元成宗元貞元年，元貞只二年。裁四十四年，不得云年七十，盧志誤矣。萬姓統譜卷十二云：「俞琰字玉吾，吳人，寶祐間以詞賦稱。」則非生於寶祐初也。統譜所據，必舊志也。宋詩紀事卷七十七云：「琰，長洲人。」

周易象義十六卷

宋丁易東撰。世所傳本僅存十之二三，惟散見永樂大典者排比其文，僅闕豫、隨、无妄、大壯、暌、蹇、中孚七卦及晉卦之後四爻，餘皆完具。

嘉錫案：瞿鏞藏有宋刻殘本，四庫本所闕豫、隨、无妄、大壯、暌、蹇、中孚、既濟、未濟象傳注，豫、隨、无妄、大壯、暌、蹇、中孚象傳注及繫辭上「象也者，言乎其失得」至「各指其所也」之注，宋本皆全。瞿氏録其文入鐵琴銅劍樓藏書目録卷一。好事者若刻此書，可據以補入。惟四庫本豫、隨、无妄經注之闕也，瞿氏宋本亦闕，則終無可考焉。

易類五 總目卷五

周易象旨決録七卷

明熊過撰。是書據過自序，初名易象旨，後遂加「決録」之名。案三輔決録，名始趙岐，以命名之義，古無傳説，以意推之，蓋定本之謂也。

嘉錫案：後漢書趙岐傳云：「著孟子章句、三輔決録，傳於時。」注引決録序曰：「三輔者，本雍州之地，其爲士好高尚義，貴於名行，其俗失則趣埶進權，唯利是視。余以不才，生於西土，耳能聽而聞故老之言，目能視而見衣冠之疇，心能識而觀其賢愚，常以玄冬，夢黄髪之士與余寤言，言必有中，善否之閒，無所依違，命操筆者書之。近從建武以來，暨于斯今，其人已亡，行乃可書，玉石、朱紫，由此定矣，故謂之決録矣。」是則決録之決，猶決嫌疑之決，謂決斷其賢愚善否而録之，使有定論耳，非謂定本也。提要不知趙岐自序尚存，乃謂決録命名之義古無傳説，以意解爲定本，可謂不考之甚也。

易類存目一　總目卷七

方舟易説二卷

宋李石撰。石字知幾，資陽人。陸游老學菴筆記載其本名知幾，後感夢兆改名，而以知幾爲字。

嘉錫案：老學菴筆記卷二云：「李知幾少時祈夢於梓潼神，是夕夢至成都天寧觀，有道士指織女支機石曰，以是爲名字，則及第矣，遂改名石，字知幾，是歲過省。」初無本名知幾之説，既云以支機石爲名字，是取知幾與支機同音，則知幾之字，亦夢後所改明矣。首云李知幾者，舉其後改之字耳。蓋其本名字，放翁亦莫得而詳矣。

宋史不爲立傳。資州志載其舉進士高第，紹興末，以薦任太學博士，黜成都學官，乾道中，再入爲郎。後歷知合州、黎州、眉州，皆以論罷，終於成都轉運判官。鄧椿畫繼則載其少負才名，既登第，以趙逵薦任太學博士，今倅成都。蓋椿與石同時，故舉其現居之官也。

案宋李心傳建炎以來朝野雜記乙集卷十二，有李知幾豪邁一條云：「李石字知幾，資中人，進士高第，蜀人號爲方舟先生者也。紹興末，爲太學録，右學生芝草，學官方賀，知幾獨以爲兵兆，由是坐斥。乾道中，自沈黎召爲都官郎中，後復論去。趙温叔，其鄉人也，驟貴，知幾以後輩視之，不與通書。久之，起守眉州，除成都路轉運判官，到官十日罷。未幾，温叔秉政，自是不復起矣。温叔免相，王季海代之，知幾與季海有學官之舊，自書近詩數十以寄，筆勢欹傾，殆不可辨。季海甚憐之，方議除官，而知幾死矣。」此與資州志互有詳略，然方志出於後人之手，多不可信，當先引宋人書，捨朝野雜記而引資州志，非也。

易類存目三 總目卷九

易論無卷數

國朝徐善撰。首有沈庭勱序，稱爲南州徐敬可，則當爲南昌人，而善自署曰嘉禾。考朱彝尊曝書亭集，有徐敬可左傳地名考序，又閻若璩潛邱箚記，亦稱秀水徐勝敬可，爲人作左傳地名考云云，其字與里貫皆合，惟名有異，未知爲一人二人也。

嘉錫案：考之曝書亭集卷三十四春秋地名考序云：「吾鄉徐處士善所輯。」又卷三十三，有報徐敬可處士書一首，亦論地名考事，則作地名考之徐敬可，實卽徐善。卷三十四又有徐氏四易序云：「處士徐善敬可，著四易」云云，則其人本深於易學，益可見作地名考之徐善與作此易論者，確係一人。又卷四十五書宋史張浚傳後，文中「有徐秀才善敬可」之語，則其人當係諸生。觀提要所言，似不獨未考朱氏全集，且并地名考序，亦僅觀其標目，而未覩文中「徐處士善」之語矣。又考閻氏家刻本潛邱劄記卷三，「徐勝實作徐善，提要所據，乃吴玉搢編刻本，故有其名有異之疑也。胡渭易圖明辨卷五云：「秀水徐善敬可，博覽精思，無所不通，而尤深於易，晚著書以發其藴，有天易、羲易、商易、周易。同縣朱太史彝尊名其書曰徐氏四易，而爲之序。」梅文鼎勿庵歷算書目云：「明史歷志屬稿者，簡討錢塘吴志伊經，嘉禾徐敬可善、北平劉繼莊、毗陵楊道聲諸君子各有增定。」此皆徐氏之逸事，可以想見其爲人。提要既不著其出處，清史儒林傳及江藩漢學師承記又均不爲之立傳，遂使湮没不彰，故詳考之如此。

書類一　總目卷十一

書集傳六卷

宋蔡沈撰。沈字仲默，號九峯，建陽人，元定之子也，事蹟附宋史元定傳。慶元己未，朱子屬沈作書傳，至嘉定己巳書成。淳祐中，其子杭表進於朝，稱集傳六卷，小序一卷，朱熹問答一卷，繕寫成十二册。其問答一卷久佚，小序一卷，沈亦逐條辨駁，如朱子之攻詩序。今其文猶存，而書肆本皆削去不刊。考朱升尚書旁注，稱古文書序自爲一篇，孔注移之，各冠篇首，蔡氏削之，而置於後，以存其舊。蓋朱子所授之旨，是元末明初刊本，尚連小序，然宋史藝文志所著録者，亦止六卷，則似自宋以來，卽惟以集傳單行矣。元何異孫十一經問對，稱吉州所刊蔡傳，仍以書序置之各篇，初不害其爲蔡傳，蓋一家之版本，非通例也。

嘉錫案：陳鱣經籍跋文云：「宋本書集傳六卷，後載書序，亦有注。蓋集傳于書序，亦如朱子之攻詩序，逐條辨駁，後來書肆重刻，率爾削去。」是宋時刻本，已合序于集傳後。宋志僅著録六卷，當由于此，非以集傳單行也。

沈序稱二典、三謨經朱子點定。然董鼎纂注於正月朔旦條下注曰：「朱子親集書傳，自孔序止此。其他大義，悉口授蔡氏，併親稾百餘段，俾足成之，則大禹謨猶未全竣。序所云二典、三謨，特約舉之辭。」鼎又引陳櫟之言曰：「朱子訂傳原本，有曰正月，次年正月也。神宗，説者以爲舜祖顓頊而宗堯，因以神宗爲堯廟，未知是否？如帝之初，蓋未嘗質言爲堯廟，今本云云，其朱子後自改乎，抑蔡氏所改乎？」則序所謂朱子點定者，亦不免有所竄易，故宋末黄景昌等各有正誤辨疑之作。陳櫟、董鼎、金履祥皆篤信朱子之學者，而櫟作書傳折衷，鼎作書傳纂注，履祥作尚書表注，斷斷有辭。明洪武中，修書傳會選，改定至六十六條，國朝欽定書經傳説彙纂，亦多所考訂釐正。蓋在朱子之説尚書，主於通所可通，而闕其所不可通，見於語録者，不啻再三。而沈於殷盤、周誥，一一必求其解，其不能無憾也固宜。然其疏通證明，較爲簡易，且淵源有自，大體終醇。

案提要於沈此書之短長，舉之核矣。惟其所引沈序、二典、三謨云云，實非原文。經籍跋文云，「宋刊本首題書卷一，晦庵先生訂定，門人蔡沈集傳。餘卷止題『蔡沈集傳』四字，與前序云『二典禹謨先生蓋嘗是正』之言合，此其原式。今本第一卷删去『晦菴先生訂定』六字及『門人』二字，殊失本來面目」云云，據此則宋本序中實作「二典、禹謨」，與董鼎之言合，提要據通行本著録，故啓此疑耳。

尚書精義五十卷

宋黄倫撰。宋史藝文志載有是書十六卷，陳振孫書録解題亦著於録，稱爲三山黄倫彝卿所編，知爲閩人。此本前有余氏萬卷堂刊行小序，稱爲「釋褐黄君」，則又曾舉進士。然閩書及福建通志已均不載其名，其仕履則莫能詳矣。

嘉錫案：儀顧堂題跋卷一有是書跋云：「愚案梁克家三山志卷二十九，乾道四年，太學兩優釋褐黄倫，字彝卿，閩縣人，授左承務郎，太學録渡江釋褐，始于此。」

尚書集傳或問二卷

宋陳大猷撰。自序稱既集書傳，復因同志問難，記其去取曲折，以成此編，則此編本因集傳而作。今集傳已佚，存者惟此兩卷。朱彝尊經義考引張雲章之言，謂大猷東陽人，登紹定二年進士，由從事郎歷六部架閣，著尚書集傳。又有都昌陳大猷者，號東齋，饒雙峰弟子，著書傳會通，仕爲黄州軍州判官，乃陳澔之父，與東陽陳氏，實爲兩人。彝尊附辨其説，則謂鄱陽董氏書傳纂注列引用姓氏，於陳氏書集傳，特注明東齋字未可，定集傳爲東陽陳氏之書，而非都昌陳氏之書。案董鼎書傳纂注所引，其見於輯録者，有東齋書傳，復齋集義；其見於纂注者，則一稱復齋陳氏，仍連其號；一稱陳氏大猷，惟舉其名。所列大猷諸説，此書不載，蓋皆集傳之文。惟甘誓怠棄三正一條，採用此書，亦稱陳氏大猷。則所謂陳氏大猷者卽此人，而非東齋矣。且此陳大猷爲理宗初人，若都昌陳大猷，乃開慶元年進士，原注云，見其子澔禮記集説序。當理宗之末年。彝尊蓋偶見董鼎注東齋字，而未及檢核其全書也。

嘉錫案：瞿鏞鐵琴銅劍樓藏書目録卷二云：「書集傳十二卷，或問二卷，宋刻本題陳大猷集傳，前有綱領及書始末，書序傳注，傳授集傳條例，進書上表録本。其末題嘉熙二年三月日，從事郎前宣差充兩浙路轉運司準備差遣臣陳大猷上表，拾玖日奉聖旨，陳大猷與六部架閣差遣，其書集傳並或問付祕書省。案宋有兩陳大猷，一爲東陽人，一爲都昌人。觀此書進表結銜，則爲東陽陳氏所作可知。攷危太樸都昌陳先生墓誌曰，父大猷，開慶元年進士，是進書後二十二年，東齋纔登第，其非都昌陳氏，又可知也。」是大猷集傳尚有傳本，修四庫書時偶未之見耳。瞿氏據進書年月及危素文，以證此書爲東陽陳氏之作，可與提要相發明。

書類二總目卷十二

書蔡傳旁通六卷

元陳師凱撰。師凱家彭蠡，故自題曰東匯澤，其始末則不可得詳。此書成於至治辛酉，以鄱陽董鼎尚書輯録纂注本以羽翼蔡傳，然多採先儒問答，斷以己意，讀者不免囁嚅齟齬。

嘉錫案：儀顧堂題跋卷一有是書跋云：「題曰後學東匯澤陳師凱撰。影寫元刊本前有引用書目，隱字審音，末有至正乙酉歲四月余氏『勤有堂印』木記。提要，師凱『始末不可得詳』。愚案：師凱字叔才，都昌人，專究理學，纂蔡傳旁通，見江西人物志。或曰，卽陳澔可久之子。」查陳澔禮記集説序，亦題東匯澤，容再考。

尚書大傳四卷補遺一卷

舊本題漢伏勝撰。勝，濟南人。考史記、漢書，但稱伏生，不云名勝，故説者疑其名爲後人所妄加。然晉書伏滔傳稱遠祖勝，則相傳有自矣。漢志書類載經二十九卷，傳四十一篇，無伏勝字。隋志載尚書三卷，鄭玄注，亦無伏勝字。陸德明經典釋文稱尚書大傳三卷，伏生作。晉書五行志稱漢文帝時伏生創紀大傳。玉海載中興館閣書目引鄭康成尚書大傳序曰：「蓋自伏生也，伏生爲秦博士，至孝文時，年且百歲，張生、歐陽生從其學而受之，音聲猶有譌誤，先後猶有舛差，重以篆隸之殊，不能無失。生終後，數子各論所聞，以己意彌縫其闕，別作章句，又特撰大義，因經屬指，名之曰傳。劉向校書，得而上之，凡四十一篇，銓次爲八十一篇。」云云，然則此傳乃張生、歐陽生所述，特源出於勝爾，非勝自撰也。唐志亦作三卷，書録解題則作四卷。今所傳者凡二本，一爲杭州三卷之本，與隋志合，然實雜採類書所引，裒輯成編，漫無端緒；一爲揚州四卷之本，與書録解題合，兼有鄭康成注，校以宋仁宗洪範政鑒所引鄭注，一一符合，知非依託。提要原注云：案洪範政鑒，世無傳本，惟永樂大典載其全書。二本各附補遺一卷，揚州本所補較備，然如郊特牲注引大傳云「宗室有事，族人皆侍終日，大宗已侍於賓奠，然後燕私。燕私者何也，已而言族人飲也」一條，猶未採入，信乎著書之難矣。其文或說尚書，或不說尚書，大抵如詩外傳、春秋繁露，與經義在離合之間，而古訓舊典，往往而在，所謂六藝之支流也。其第三卷爲洪範五行傳，首尾完具，漢代緯候之說，實由是起。然月令先有是義，今列爲經，不必以董仲舒、劉向、京房推說事應，穿鑿支離，歸咎於勝之創始。

嘉錫案：乾隆時，盧見曾爲兩淮鹽運使，曾將尚書大傳刻入雅雨堂叢書，卽提要所謂揚州本也。提要盛稱之，以其與洪範政鑒所引鄭注合，意其爲宋以前相傳之舊本。嚴元照蕙櫋雜記云：「尚書大傳，王厚齋猶及見之，殆亡於元、明之際。今行世有三本，一仁和孫氏之騄本，案即提要所謂杭州本。一德水盧氏見曾本，一烏程董氏豐垣本，皆由采輯而成。盧本乃惠定宇所輯，其序但云得之吳中藏書家，竟似舊本之存於今者，似近於欺矣。其中踳駁甚多，聊摘一二言之。白虎通云：『書逸篇曰，「厥兆天子爵」』，宋、元刻本皆曰逸篇，明刻本逸上衍一『亡』字，後人妄疑『亡』『無』通用，遂謂是周書無逸篇文。殊不知無逸完好，何由有此語？丁小雅曰：『白虎通引「厥兆天子爵」，以證帝亦稱天子之義，尚書惟堯、舜稱帝，今堯典既無此文，則當在舜典。今東晉古文，分堯典下半篇爲舜典，故無此語。』此論極當，然則以此語入無逸，豈伏氏本真乎？又甫刑條書曰：『鮮度作刑以詰原注云，改詰作誥，誤。四方』，此誤讀困學紀聞也。紀聞云，費誓，大傳作『鮮原注云，謂費誓作鮮誓也。度作刑以詰四方』，周禮注云『度作詳刑』。此其文義甚明，而松崖乃以大傳『鮮度作刑以詰四方』爲一句，其疏不已甚乎！」據此則提要以揚州本爲原書者，不亦失於輕信也乎！

第四卷題曰略說，王應麟玉海別爲一書。然如周禮大行人疏引「孟侯」一條，玉藻疏引「祀上帝於南郊」一條，今皆在卷中，是大傳爲大名，略說爲小目，應麟析而二之，非也。

案陳壽祺尚書大傳定本序云：「唐志別出暢訓一卷，疑即略說之譌，舊唐志直云尚書暢訓三卷，伏勝。繆甚！」其說頗能持之有故，蓋草書「略說」二字與「暢訓」筆畫相似，傳鈔者不審文義，因以致誤爾。然則略說乃大傳中之一篇，唐時傳本，蓋嘗析出單行，章學誠所謂「裁篇別出」，玉海「別爲一書」，未爲失也。又案：提要謂「此書與經義在離合之間」，愚謂昔人解經有内、外傳之不同，内傳循文下意，外傳則本與經不必相比附。譬猶國語爲春秋外傳，而起於宣王時之荒服不至，終於三家之分晉，與春秋之始隱終哀不合。始於宣王者，所以著王者之迹熄，明春秋之不得不作也；終於三家者，見春秋之所由變爲戰國也。是書之與經，在離合之間者，蓋外傳之體耳。

書類存目二 總目卷十四

尚書引義六卷

國朝王夫之撰。夫之有尚書稗疏，已著録。此復推論其大義，多取後世事爲之糾正。如論堯典「欽明」，則以闢王氏「良知」；論舜典「玄德」，則以闢老氏「玄旨」；論「依永和聲」，斥宋濂、詹同等用九宫填郊廟樂章之陋；論「象以典刑」，攻鍾繇、陳羣等言復肉刑之非；論「人心道心」，證釋氏明心見性之誤；論「聰明明威」，破吕不韋、月令、劉向等五行傳之謬；論「甲胄起戎」，見秦、漢以後制置之失；論「知之非艱，行之惟艱」，詆朱、陸學術之短；論「洪範九疇」，薄蔡氏數學爲無稽；論周公居東，季友避難爲無據。議論馳騁，頗根理要。至於「王敬作所不可不敬德」及「所其無逸」等句，從孔傳而非吕、蔡，亦有依據。惟文侯之命，以爲與詩録小弁之意同，爲孔子有取於平王；至謂「高宗諒闇」與「豊昵」同爲不惠於義，則其論太創。又謂黄帝至帝舜，皆以相而紹位，古之命相，猶後世之建嗣；又謂虞夏有百揆，商有阿衡，皆相也；至周則六卿各率其屬，周之不置相自文王起；此皆臆斷之辭。他若論微子去紂，恐文王有易置之謀；周公營洛，亦以安商民反側之心；則益涉於權術作用，不可訓矣。

嘉錫案：劉毓崧尚書引義序云：「此書就尚書每篇之義引而申之，其體裁近於韓詩外傳、春秋繁露。雖不盡與經義相比附，而多於明事有關。其事未經顯揭，而其意可揣而知者，如論『微子去之』，謂恐殷之臣民擁戴易置，則以咎蘇冠生擁立唐王之弟監國廣州；論周初官制，謂文王不置相，故周室中衰難振，則以明代自太祖廢丞相不設，數傳後權移於閹豎；論周公營建洛邑，謂欲安商民反側，則以諷永明王不宜專居肇慶，憚赴桂林。此亦憂時之夙抱，雖立説不無駁雜，而秉心則甚純矣。」劉氏所舉此書後數條，皆爲提要所已駁，特提要就經論其義，劉氏卽文原其心耳。夫之以明末舉人爲永曆帝行人，以議論切直，觸忌告歸，而其心則每飯不忘君，故其所著讀通鑑論、宋論，往往陳古刺今，針對時事而發，此書亦猶是也。而又自其歸後，閉户著書，足跡不入城市，以故老死空山，聲譽不出湖湘。四庫館臣僅知其爲明末遺老，而不深悉其生平，故只能論其書，不能推知其意也。曾國荃刻夫之著作三百六十餘卷於武昌，總爲船山遺書，延劉氏主其事。劉氏繹讀甚勤，校讐甚細，故能知人論世，有以窺其撰敘之意云爾。

詩類一 總目卷十五

毛詩草木鳥獸蟲魚疏二卷

吴陸璣撰。明北監本詩正義全部所引，皆作陸機。考隋書經籍志，毛詩草木蟲魚疏二卷，注云，烏程令吴郡陸璣撰。陸德明經典釋文序録，陸璣毛詩草木鳥獸蟲魚疏二卷，注云，字元恪，吴郡人，吴太子中庶子、烏程令。資暇集亦辯「璣」字從「玉」，則監本爲誤。

嘉錫案：錢大昕潛研堂集卷二十七跋爾雅疏單行本云：「此書引陸氏草木疏，其名皆从機，與今本異。考古書『機』與『璣』通，馬、鄭尚書『璿璣』字皆作『機』。隋書經籍志，烏程令吴郡陸機，本从木旁，元恪與士衡同時，又同姓名，古人不以爲嫌也。自李濟翁强作解事，謂元恪名當从『玉』旁，晁氏讀書志承其説，以爲題陸機者爲非。自後經史刊本，遇元恪名，輒改從『玉』旁。余謂考古者但當定草木疏爲元恪作，非士衡作，若其名則皆從木旁，而士衡名字，尤與尚書相應。果欲示別，何不改士衡名耶？即此可證邢叔明諸人識字，猶勝於李濟翁也。」阮元毛詩校勘記，於正義引陸機疏條下云：「毛本『機』誤『璣』，閩本、明監本不誤。考隋書經籍志作『機』，釋文序録同，惟資暇集有當从『玉』旁之説，宋代著録元恪書者多宗之，毛本因此改作『璣』，其實與士衡同姓名耳，古人所有，不當改也。」錢、阮兩家之説精矣，提要信資暇集之説，定元恪名作「璣」，且引隋志及釋文爲證，不知其所據，皆誤本耳。明南監本隋志「陸機」字，實從「木」，不從「玉」也。原本久佚，此本不知何人所輯，大抵從詩正義中録出。然正義衛風淇澳篇引陸璣疏，「淇、澳二水名」，今本乃無此條，知由採摭未周，故有所漏，非璣之舊帙矣。又衛風「椅桐梓漆」一條，稱今「雲南牂牱人績以爲布」。考漢書地理志，益州郡有雲南縣，後漢書郡國志，永昌郡有雲南縣，皆一邑之名。唐書地理志，姚州雲南郡，武德四年，以漢雲南縣地置，蓋至是始升爲大郡。璣在三國，卽以雲南配牂牱，似乎諸家傳寫，又有所竄亂，非盡原文。然勘驗諸書所引，一一符合，要非依託之本也。

案今本陸疏所存之文，多爲詩正義所未引，縱爲後人掇輯，亦不得謂其純出於詩疏。至雲南之名郡，實起於三國時，蜀志後主傳云：「建興三年春三月，丞相亮南征四郡，四郡皆平，改益州郡爲建甯郡，分建甯、永昌郡爲雲南郡，又分建甯、牂牁爲興古郡。」華陽國志卷四南中志云：「建興三年秋，遂平四郡，分建甯、越嶲置雲南郡，以吕凱爲太守。」又云：「雲南郡，蜀建興三年置，屬縣七，本雲、川地。」晉書地理志云：「劉禪建興二年，分建甯、永昌立雲南郡。」又云：「雲南郡，蜀置，統縣九。」宋書州郡志云：「雲南太守。」晉太康地志云：「故屬永昌，何志，劉氏分建甯、永昌立，領縣五。」初學記卷八州郡部總敍自注云：「劉備初置雲南郡。」通典卷一百七十六云：「姚州，故滇王國，蜀置雲南郡。大唐麟德元年，於昆明之弄棟川置姚州，或爲雲南郡。」是雲南在三國時已升爲大郡，各書皆同。元恪以之與牂牁並稱，曾何足怪。國志、晉史，初非僻書，提要不肯詳考，僅據唐志之言，遽謂三國時無此郡縣，遂疑此書爲後人所竄亂，可謂勇於疑古矣。

末附四家詩源流四篇，而毛詩特詳。考王柏詩疑，已詆璣所敍與經典釋文不合，王應麟困學紀聞，亦議其誤以曾申爲申公，則宋本已有之，非後人所附益矣。

案陸疏云：「孔子删詩授卜商，商爲之序，以授魯人曾申，申授魏人李克。」並未誤曾申爲申公。考困學紀聞卷三云：「序録案謂經典釋文序録。子夏傳曾申，申傳李克。讀詩記引陸機草木疏，以曾申爲申公，以克爲剋，誤。」審其文義，乃訂讀詩記引用之誤，非謂陸疏誤也，提要説非。

毛詩名物解二十卷

宋蔡卞撰。自王安石新義及字説行，而宋之士風一變，其爲名物訓詁之學者，僅卞與陸佃二家。佃，安石客；卞，安石壻也。故佃作埤雅，卞作此書，大旨皆以字説爲宗。然其書雖王氏之學，而徵引發明，亦有出於孔穎達正義、陸璣草木蟲魚疏外者，寸有所長，不以人廢言也。

嘉錫案：莫友芝郘亭書目卷二云，卞此書自首至尾，並鈔陸佃埤雅之文，未曾自下一字，不知刻經解者何以收編，四庫又何以入録，其人其書，皆可廢也。

詩補傳三十卷

舊本題曰逸齋撰，不著名氏。朱彝尊經義考云：「宋史藝文志有范處義詩補傳三十卷，卷數與逸齋本相符。明朱睦㮮聚樂堂書目，直書處義名，當有證據。處義，金華人，紹興中登張孝祥榜進士」云云，則此書爲處義所作，逸齋蓋其自號也。

嘉錫案：困學紀聞卷三引解頤新語云：「文王之風，終於騶虞，序以爲王道成，則近於雅矣。文、武之雅，終於魚麗，序以爲可告神明，則近於頌矣。」翁元圻注云，宋史藝文志一范處義解頤新語十四卷。此條所引，見於逸齋詩補傳第十六卷中。四庫全書總目以詩補傳爲處義所作，今讀王氏所引解頤語，互見於補傳中，益可證爲處義一人之作矣。

詩集傳八卷

宋朱子撰。朱子注易，凡兩易稿，注詩亦兩易稿，凡呂祖謙讀詩記所稱「朱氏曰」者，皆其初稿。其説全宗小序，後乃改從鄭樵之説，原注云，朱子改序用鄭樵説，見於語録。是爲今本。楊慎丹鉛録謂文公因呂成公太尊小序，遂盡變其説，雖意度之詞，或亦不無所因歟。

嘉錫案：成蓉鏡駉思堂答問云：「提要謂集傳廢序，成於東萊之相激，偏考語類、文集，並無此說，蓋本之丹鉛録，此升庵臆度之詞，元以前無言此者。夫考亭詩序辨說，後儒以負氣求勝譏之，固所不免，然謂成於東萊之相激，亦考之未審耳。庚子凡三答呂伯恭書，玩其辭氣，皆無彼此相激之語。其甲辰答潘文叔書云：『舊說多所未安，見加删改，別作一小書，庶幾簡約易讀，若詳考則有伯恭之書矣。』此豈與呂相難者乎？語類葉賀孫録云：『鄭漁仲詩辨妄力詆詩序，始亦疑之，後來仔細看一兩篇，因質之史記、國語，然後知詩序之果不足信。』然則集傳之廢序，亦文公自廢之耳，其不因成公之尊序而盡變其說亦明矣。又案：壬寅序呂氏家塾讀詩記云：『此書所謂朱氏者，實熹少時淺陋之說，其後自知其說有所未安，或不免有所更定，則伯恭父反不能不置疑於其間，熹竊惑之。』黄氏日鈔亦云：『晦菴先生因鄭公之說，盡去美刺，其說頗驚俗，雖東萊先生不能無疑。』據此，則朱、呂論詩，誠有不合焉者。然因廢序而有異同，非因有所不合而乃廢序也。」成氏之說善矣，然所引諸書，作提要者皆嘗見之。如語類葉賀孫録，提要此條引之；呂氏家塾讀詩記序，讀詩記條下提要引之；黄氏日鈔之語，詩總聞條下提要引之。是朱子所以廢詩序之故，提要非不知也，知之而仍信丹鉛録之臆說者，因紀文達諸人不喜宋儒，讀楊慎之書，見其與己之意見相合，深喜其道之不孤，故遂助之張目，而不暇平情以核其是非也。

毛詩講義十二卷

宋林岊撰。岊字仲山，古田人，紹熙元年特奏名，嘉定間嘗守全州，宋史不爲立傳，而福建通志稱其在郡九年，頗多惠政，重建清湘書院，與諸生講學，勉敦實行，郡人祀之柳宗元廟，則亦循吏也。是編皆其講論毛詩之語，觀其體例，蓋在郡時所講授，而門人録之成帙者，大都簡括箋、疏，依文訓釋，取裁毛、鄭，而折衷其異同。雖範圍不出古人，然融會貫通，要無枝言曲説之病。當光、寧之際，廢序之説方盛，岊獨力闡古義，以詔後生，亦可謂篤信謹守者矣。

嘉錫案：儀顧堂題跋卷一云：「案中興館閣續録：林岊字仲山，福建長樂人。淳熙十五年進士，開禧二年八月除校書郎，三年三月除祕書郎，七年，除著作佐郎。以避祖諱，改除祕書丞，十一月知衢州。福建通志作古田人，紹熙元年特奏名，嘉泰間守全州。與館閣續録不合。或謂岊由衢移全，事無不合，一以爲紹熙特奏，一以淳熙進士，終不可合耳。」

詩類二總目卷十六

詩經稗疏四卷

國朝王夫之撰。夫之有周易稗疏已著録。是書皆辨正名物訓詁，以補傳、箋諸説之遺，謂無衣爲作於秦哀公，則指楚之僭號以釋王字，義亦可通。

嘉錫案：吴越春秋闔閭内傳云：「秦桓公爲賦無衣之詩曰：『豈曰無衣，與子同袍，王如興師，與子同仇。』」詳其辭意，亦以無衣爲秦伯所作。其以哀公爲桓公者，字之誤也。考後漢書儒林傳，趙煜從杜撫受韓詩。漢人著述中引經，未有不嚴守家法者，煜之言如此，似是韓詩遺説矣。王氏之説，與之暗合。其書本疏詩經，而非疏毛詩，不得以毛詩序繩之。且王氏指楚之僭號以釋王字，援左傳衛人爲之賦碩人，鄭人爲之賦清人之例，以釋秦哀公爲之賦無衣，其説精確可據。提要僅以爲義亦可通，蓋以其與毛序不合，故不肯極口稱之耳。考宋李石左傳詩如例云：「無衣之賦，秦人以答包胥之忠，或曰爲包胥出師而作。」則與序詩意小異。」李氏之或説，卽王氏之説也。愚於十餘齡時，曾作吴越春秋辨證，旋悔其少作，棄置不道，其稿亦於兵燹時失去，猶記其論無衣之詩甚詳，今畧疏其大意如此。

三家詩拾遺十卷

國朝范家相撰。是編首爲古文考異，次爲古逸詩，次以三百篇爲綱，而三家佚説，一一併見。較王氏所録，以三家各自爲篇者，亦較易循覽。惟其以三家詩拾遺爲名，則古文考異不盡三家之文者，自宜附録。其逸詩不繫於三家者，自宜芟除，乃一例收入，未免失於貪多，且冠於篇端，使開卷卽名實相乖，尤非體例。

嘉錫案：李慈銘荀學齋日記庚集上云：「范蘅洲先生三家詩拾遺，四庫提要本及吾越嘉慶庚午刻本，俱以文字考異及古逸詩各一卷冠於首，卷三至卷十，方依次以毛詩三百篇爲綱而輯綴魯、齊、韓三家之說。提要以古逸詩與三家無涉，譏其開卷名實相乖。然蘅洲自序明言以此二卷附後，其凡例亦先言魯、齊、韓三家之次第得失，而後言文字異同及古逸之詩，則四庫所收本及家刻本，皆鈔胥之誤。原注云，凡例第三條有云，「列之於首，以廣見聞」。「首」乃「後」字之誤。嶺南遺書所刻嘉應葉鈞重訂本，其序言嘉慶六年得范氏書鈔本於保定蓮花池之奎畫樓，亦以文字考異及古逸詩居首，因據其自序，爲移附於後。蓋鈔本同出一本也。提要既不及細審序例，葉鈞不過略一迻易，而遽自稱重訂其序，幾欲據爲己有。伍氏遂收入嶺南遺書，亦可笑矣。」

詩類二附録總目卷十六

韓詩外傳十卷

漢韓嬰撰。李善注文選，引其孔子升泰山，觀易姓而王者十餘家事，及漢皋二女事，今本皆無之，疑並有脱簡。至藝文類聚引雪花六出之類，多涉訓詁，則疑爲内傳之文，傳寫偶誤。

董斯張盡以爲外傳所佚，又似不然矣。

嘉錫案：宋陳元靚歲時廣記卷四引韓詩外傳云：「凡草木花多五出，雪花獨六出，雪花曰霙，雪雲曰同雲，同謂雲陰與天同爲一色也。故詩云『上天同雲，雨雪雰雰』。」較藝文類聚所引多數句。觀其篇末引詩，仍是外傳之體，知其實外傳佚文，非內傳也。馬國翰輯御覽所引雪花六出之説於內傳，入之「先集惟霰」句下，鑿空無稽，不顧其安，蓋爲提要之説所誤也。

詩類存目一 總目卷十七

詩傳一卷 明豐坊

舊本題曰子貢撰，實明豐坊所作。明史坊本傳稱坊爲十三經訓詁，類多穿鑿，世所傳子貢詩傳，卽坊編本者是也。其説升魯於邶、鄘之前，降鄭於鄶、曹之後，大雅、小雅，各分爲三，曰續、曰傳，皆與所作申培詩説同。二書皆以古篆刻之，不知漢代傳經，悉用隸書，故孔壁科斗，世不能辨，謂之古文。安得獨此二書，參用籀體？郭子章、李維楨皆爲傳刻釋文，何鏜收入漢魏叢書，毛晉收入津逮秘書，並以爲曾見宋搨，皆謬妄也。

嘉錫案：豐坊，明史附見豐熙傳，卷一百九十一。略云：「子坊，字存禮，晚歲改名道生，別爲十三經訓詁，類多穿鑿。或謂世所傳子貢詩傳，亦坊僞纂也。」提要所引，頗有删改，非其本文。申培詩説非坊所作，辯詳後條。毛奇齡詩傳詩説駁義序曰：「詩傳、詩説，向來從無此書，至明嘉靖中，廬陵郭相奎案即郭子章。家，忽出此二書，以爲得之黄文裕案黄佐謚文裕。祕閣石本，然究不知當時所爲石本何如也。第見相奎家所傳本，則摹古篆書，而附以楷體今文，用作音注。嗣此則張元平案張鶴鳴字元平。刻於貴州，專用楷體，無篆文，而李本寧案即李維楨。則復合刻篆文楷體於白下，且加子夏小序於其端，共刻之，名曰二賢言詩。於是詩傳、詩説，一入之百家名書，案百名家書，明胡文煥刻。再入之漢魏叢書，而二書之名，遂相沿不可去矣。」案毛氏此序載駁義卷首，亦見經義考卷一百十八。提要謂郭子章、李維楨皆爲傳刻釋文，實本於此。然毛氏但言嘉靖中出於郭相奎家，未嘗云豐坊曾自刻之也。郭氏刻本，今尚有存者，其書題曰合刻聖門二大家詩，前有子章序曰：「得黄文裕祕閣子貢詩傳古本，原未有刻版，與湖州郡守沈叔順等分校，并小序刻之，仍其篆文曰詩傳，不敢確以爲魯詩也。」然則詩傳刻本，實始於子章。提要云：「子貢詩傳與所作詩説同，皆以古篆刻之」，似謂坊嘗刻版者誤也。且郭氏所刻但有詩序、詩傳，並無詩説，毛説亦誤。坊固善篆書，嘗僞爲正始石經，此書古篆，蓋亦出自坊手，而子章刻之，託言得之黄佐耳。

詩説一卷　明豐坊

舊本題曰申培撰，亦明豐坊僞作也。何楷詩世本古義、黄虞稷千頃堂書目、毛奇齡詩傳詩説駁義，皆力斥之。

嘉錫案：提要謂此書亦豐坊僞作，以何楷、黄虞稷、毛奇齡爲證。今考明史雖疑子貢詩傳爲坊所僞纂，然未嘗言及申培詩説。錢謙益列朝詩集丁集第三云：「坊，嘉靖二年進士，高才博學，於十三經皆別爲訓詁，鉤新索異，每託名古本或外國本，今所傳石經大學、子貢詩傳，皆其僞撰也。」方詩傳初出，明人多信爲真子貢作，至謙益始直斥爲豐坊依託，明史之説，蓋出於此。坊但有五經世學，而無十三經訓詁，錢氏考之不詳，明史亦誤從之。經義考卷一百六十引陸元輔曰：「錢蒙叟列朝詩集爲豐坊作小傳，謂石經大學、子貢詩傳皆坊僞撰，而當時名公多爲所惑。」是亦以辨僞之功歸之錢氏。然謙益但言詩傳爲坊所僞撰耳，未嘗并及申培詩説也。黄虞稷千頃堂書目卷一云：「豐坊魯詩世學三十六卷，坊言家有魯詩，傳自遠祖稷，然實自撰也。又作詩傳，託之子貢，而同時又有作詩説託之申培者，皆僞書不録。」張氏適園叢書刻本「又有」下脱「作」字，申培作申公。此從拜經樓吳氏舊鈔本，與經義考卷一百十三引黄氏説合。是又以申培詩説爲別一人所作，未嘗併歸之豐坊也。何楷毛詩世本古義，余未之見，經義考卷一百於子貢詩傳下引其説曰：「近時有僞爲魯詩而託之子貢傳者，其意覬與毛傳並行，然掇拾淺陋，有識哂焉。」是楷雖知詩傳爲僞作，然未嘗明指爲豐坊，且亦不及申培詩説也。至毛奇齡作詩傳詩説駁義,始以二書爲出於一人,其序略曰:「今詩説悉與古異,獨子貢詩傳與兩書自爲輔行,爲補苴,彼唱此和,如出一手者。申培魯詩宗,不聞受學于子貢,子貢亦不聞授某某爲魯學,兩相解後,比若蛩駏,亦可怪矣。」奇齡雖深斥兩書爲僞託,辨論之言,至盈五卷,然無一言及於豐坊,是奇齡並不知爲坊所作也。提要乃曰:「詩説亦豐坊僞作,何楷、黄虞稷、毛奇齡皆力斥之。」其實三人者固未嘗因詩説斥坊也。惟朱彝尊經義考始謂兩書皆出於坊,故於詩説僞本見卷一百。條下曰:「按申公魯故,至晉已亡,今所存詩説及子貢詩傳,皆出於鄞人豐坊僞譔。」於毛奇齡詩傳詩説駁義見卷一百十三。條下曰:「按二書皆係豐坊僞作。」四庫總目經部提要多本之經義考,此條亦用朱氏説耳。嘗竊疑二書既同出豐坊一手,相爲表裏。則坊所作魯詩世學,何以但列詩傳於卷首,而置詩説不録耶?抑其作詩説,在世學既成之後,不及增入耶?錢謙益、黄虞稷以詩傳爲坊所僞撰,有世學可據。彝尊以詩説並歸之坊,與虞稷之説不同,未知其何據也。周廣業目治偶抄書凡四卷,有傳鈔本,無刻本。卷一曰:「子貢詩傳一卷,申公培詩説一卷,朱氏經義考辨二書甚詳,謂嘉靖中出自鄞人豐坊家,案此朱氏論子貢詩傳之語,其於申培詩説,但言豐坊僞撰耳,不云出於坊家也。疑是道生僞撰。案朱氏直以二書爲皆坊所僞撰,未嘗有疑辭。諸城疑當作新城。王士禄則云,道生作詩傳,尋有妄人依傍之,别撰詩説。案士禄説不知見何書,徧考未得。廣業案：二説皆非也，兩書實海鹽王文禄士廉所作。姚士粦見只編云：『王沂陽先生家多藏書，所萃丘陵學山中，有子貢案見只編卷上，誤作子夏。詩傳、申培詩説，云皆出其手也。』原無『云』字『也』字，據見只編增。胡震亨海鹽圖經亦云：『學山首帙申培、子貢兩書其所借撰。』沂陽，文禄别號，嘉靖十年舉人，乃胡、姚兩君之鄉先輩也，語必不誣。且王與豐雖同時人，王當在前，則爲其所撰無疑。但不知何由得歸豐氏，意者沂陽無子，歿後書帖散落人間，道生好事，遂攘有之耳。」周氏以爲二書皆王文禄所撰，雖有姚士粦、胡震亨二人之言可據，然見只編曰：「詩傳、詩説，云皆出其手也。」「云」之爲言，謂得之傳聞云耳，未可便信爲事實。且謂文禄當在豐坊之前，文禄死而坊攘有之，尤爲臆斷。案文禄所刻大學古本問後有跋曰：「甲子春，南禺豐公游海上，口授大學，曰家藏曹魏三體石經如是，遂謹録成文。」又大學石經古本序引曰：「鄭淡泉嘗謂予曰，曾見石經大學甚全也，索之，曰亡矣。後得豐南禺正和當作『始』。石經大學，質之甚合也，急梓以行。淡泉公篤學不妄語，南禺公家學有淵源，文獻皆足徵云。」又曰：「豐南禺公録石經大學古本見示。」又曰：「王生文禄曰，南禺公者，初名坊，改道生，宋豐清敏公稷十五世孫也。元祐間清敏爲侍講，直祕閣，揭熹平、正和當作『始』。石經爲十一經正音，數傳至學士一齋公熙，有大學通解，予録數條于傍。四明多賢，殆山川之靈秀歟！」又中庸古本前引曰：「壬戌冬，余會豐南禺于海上，因言中庸古本，曰：『予家傳曹魏正始四年三體石經搨本，曾見日本五經亦然。』文祿仰南禺該博，五經皆有考注，其尚書世學，多補未備，甚奇也。特未見三體石經及日本五經。」文祿之於坊，語必稱公，所以服膺推崇之者甚至，且言石經大學得之口授，幾於北面稱弟子，特未純以師禮待之耳。萬曆野獲編卷九曰：「今上丙戌年，萬曆十四年。王太倉在揆地，時海鹽舉人王文祿者，以公車至，太倉坐之上席，文祿亦不遜，踞客位如平日。」觀其爲人，好自尊大如此，使果年長於坊，肯自卑屈乃爾乎？文祿竹下寤言曰：「曹魏正始四年刻三體石經，豐南禺示書及魯詩，與今不同，口授大學，亦不同，奇古可愛也。」所謂石經魯詩者，卽其子貢詩傳之所自出，坊先僞作之以爲詩傳之張本者也。坊嘗以示文祿，而周氏乃謂文祿作詩傳，殁後坊攘而有之，是未嘗考之文祿所著書也。雖然，士彜、震亨謂兩書皆文祿所作，固屬傳聞之誤，第其言必有所因。余以爲子貢詩傳爲豐坊魯詩世學之根據，必是坊所自作，若申培詩説，坊未嘗援以自證，疑爲文祿之所作。蓋坊既示以詩傳，文祿遂依坊爲此以爲之羽翼，二人交誼甚密，故相與狼狽如此。海鹽之人，徒聞其嘗作魯詩，遂以二書併歸之，士彜、震亨不考而筆之於書耳。文祿嘗作補衍二卷，以補齊鄒子，明末藏書家至真以爲鄒衍書，明陳第世善堂書目有鄒子，蓋卽此書。其才自足以辦此。黃虞稷謂坊同時有作詩説者，王士祿謂尋有妄人依傍詩傳作詩説，可見詩説別出一人之手，其人蓋卽文禄也。坊病狂喪心，僞學欺世，本不足爲之辯，特考證之學，貴在實事求是，故爲之別白如此。

毛朱詩說一卷

國朝閻若璩撰。是書論小序爲不可盡信，而朱子以詩說詩爲矯枉過正。皆泛論兩家得失，非章句訓詁也。所引尚書、左傳，以爲詩之本序，誠爲確鑿。其餘則多懸揣臆斷之詞，不類若璩他著作，未喻其故也。

嘉錫案：張穆閻潛邱年譜云：「張山來友聲新集，載潛邱尺牘曰，歸舟竭五日之力，始得盡讀所賜佳刻種種，歎爲望洋。而於尊公老先生雲谷卧餘，尤覺心折，來拙著毛朱詩說十數葉，與卧餘詩非孔門舊本之說，不謀而合，幸亟梓入乙集中。」張穆自注云：「案詩說爲昭代叢書乙集之第一種。又案詩說各條，本疏證之第八十篇，因書序而類及於詩序，非別有一書也。茲以徇山來之請，抽出之耳，亦可謂畫蛇添足矣。」

禮類一 總目卷十九

周官義疏四十八卷

乾隆十三年御定，考漢志載周官經六篇，傳四篇，故杜子春、鄭興、鄭衆、賈逵、衛宏、張衡所注，皆稱周官，馬融、鄭玄所注，猶稱周官禮。迨唐賈公彦作疏，始沿用省文，稱爲周禮，實非本名，今仍題曰周官，從其朔也。

嘉錫案：提要言馬融、鄭玄所注，猶稱周官禮，意謂前此未嘗有周禮之名，蓋本於王伯厚困學紀聞，見紀聞卷四。然其説實大誤。閻若璩、程瑶田、萬希槐諸人，皆嘗引證史傳以駁之矣。諸説并見紀聞七箋本，不具録。至謂賈公彦始省稱周禮，則尤不知其何所本。推提要之意，蓋謂前此雖有周禮之稱，特文字中相沿之省文，至公彦始用以名書。不知周禮之名，實起於前漢之末，此後周禮、周官，二名互用，今謂始於公彦，蓋率爾言之，而未嘗加以考證也。此事惟武億考之最詳，今録其説於此，不惟可證王氏之誤，即閻氏諸人所考，亦皆不及其詳且核也。武氏授堂文鈔卷一周禮名所由始考云：「今爲禮經之學者，宗於賈氏公彦之説，皆以設位言之，謂之周官；以制作言之，謂之周禮；其意固兩存焉，信其可以兼名也。宋王伯厚云，鄭衆傳周官經，後馬融作周官傳授鄭玄，玄作周官注，猶未以周禮名也。隋志自馬融注以下，始曰周官禮，太原閻伯詩更推其旨，案之康成序云，世祖以來，通人達士，鄭氏父子，衛宏、賈逵、馬季良，皆作周禮解詁，周禮之名，已見於此。原注云，後漢書盧植傳，植疏曰，中興以來，通儒達士，班固、賈逵，鄭興父子，毛詩、左氏、周禮，各有傳記。余以斯二説者所據，周官、周禮之名，並起於漢，是也。然其言亦時有偏漏，後人未嘗綜覽而詳辨之，何哉？伯厚之論，其失也襲於舛。方鄭夾漈作通志略，已云漢曰周官，江左曰周禮，而因仍其說，更謂自康成作周官注，猶未以周禮名。夫康成之爲書也，于儀禮、禮記注，通引周禮，其他經說文字答問，凡所引據，皆作周禮。又前乎康成者，有許叔重，叔重之說文解字、五經異義，已引作周禮。與康成並世者，高誘呂氏春秋注及淮南王書注，引周禮，趙岐注孟子、應劭風俗通義、蔡邕所論著銘頌，亦皆引之，而名周禮。西嶽華山袁逢、樊毅凡二碑，並據周禮職方氏爲詞。然則當康成時豈復有未名爲周禮者與？是王氏之論，爲失其實也。然伯詩從而訂之者，其失又病于疎。蓋康成之所序，序爲周禮作解詁之人，起于世祖以來，非謂周禮名肇於此也。況周禮之名，已見於前漢之季，漢書王莽傳，劉歆與博士上議引周禮曰，『王爲諸侯緦衰，弁而加環絰』。今此文在春官司服，云『王爲三公六卿錫衰，爲諸侯緦衰，爲大夫士疑衰，其首服皆弁絰』是也。唯所異者，于『弁』下多『而加環』三字爾。又莽至明堂，授諸侯茅土。下書曰：『禹貢之九州，無幽、并，周禮司馬則無梁、徐。』其所引『司馬』，卽職方文，而以爲司馬者，職方氏爲夏官之屬故也。又言『周禮膳羞，百有二十品』，今膳夫文。又崔發上言，『周禮及春秋左氏，國有大災，則哭以厭之』。師古曰，『周禮春官之屬，女巫氏之職，凡邦之大災，歌哭而請』是也。然則周禮名之所自起，固起於成、哀閒也。然則周禮之名孰名之？必于劉歆附王莽爲之也。莽之陰賊，蓋愚於泥古，而果爲誕謾欺誣之說，既以獨奮其詐，并思以愚天下。方其所爲，于官制、地理、役賦，紛淆錯易，一歲數更，使人不可究詰。而甚乃極於周公經世之書，亦悍然肆其妄，故劉歆從爲佐而成之。其見於荀悦之紀，云劉歆以周官十六篇原注云『十』字疑衍。爲周禮，王莽時，歆奏以爲經，置博士，是其徵也。原注云經典序録云，劉歆始建立周官經，以爲周禮。故班氏于莽一傳之中，凡莽及臣下施于詔議章奏，自號曰周禮，必大書之。而自爲史文，乃更端見例，復仍其本名，謂莽以周官、王制之文。食貨志：『莽乃下詔曰，夫周禮有賒貸。』及後云『又以周官税民』。是亦一志而兩見，由其意觀之，固未有以著明于此也。原注云，禮樂志「周詩既備，而其器用張陳，周官具焉」。師古曰：「謂大司樂以下諸官所掌。」至如郊祀志，莽改南北郊祭禮，曰『周官天墜之祀，樂有别有合』。下又言『臣謹案，周官兆五帝于四郊山川，各因其方』。當是時，猶未居攝，是以不敢紊易至此也。原注云，莽傳，「徵天下通一藝，教授十一人以上，及有逸禮、古書、毛詩、周官、爾雅、天文、圖讖、鍾律、月令、兵法、史篇文字，通知其意者，皆詣公車」。又張純等奏，「謹以六藝通義，經文所見，周官、禮記，宜於今者，爲九命之錫」，皆在未居攝時。然迨東漢通儒，因仍其名而不之易者，固以名此書之始爲劉歆也。歆弟子散亡，唯杜子春能通其讀。其後賈逵、鄭衆，又親傳子春之業而受之，故羣相遞述，以墨守其師之説，不敢倍焉，無疑也。故曰，周官之易名周禮，歆附莽爲之，而後儒又附歆傳之，是以世莫知其非也。」武氏三禮義證卷一第一條，卽考周禮名稱，所考不如此篇之詳，所舉説文、吕氏春秋注、孟子注等書引周禮各條，臚列靡遺，文繁而不殺。其末引續漢書百官志注，以爲安帝時已名周禮，尤不如此篇推本于劉歆爲更確。蓋此篇作於三禮義證既成以後，其意蓋欲如康成注書，以後説正前説也，今故置彼引此，從其定論云爾。

禮類三 總目卷二十一

月令解十二卷 宋張虙

月令於劉向别録，屬明堂陰陽記，當卽漢書藝文志所云古明堂之遺事，在明堂陰陽三十三篇之内者，吕氏春秋録以分冠十二紀，馬融、賈逵、蔡邕、王肅、孔晁、張華，皆以爲周公所作，鄭康成、高誘以爲卽不韋作。論者據漢百官表，言太尉爲秦官；或又據國語晉有「元尉」、「輿尉」之文，謂「尉」之名，不必起於秦，然究不得因「元尉」、「輿尉」，遂斷三代必有太尉也。意不韋採集舊文，或傅益以秦制歟。

嘉錫案：隋杜臺卿玉燭寶典序説云：「先儒所説月令，互有不同。鄭玄以孟夏命太尉，周無此官，季秋爲來歲受朔日，隨秦十月爲歲首，遂云作禮記者，取吕氏春秋。蔡邕以爲月令自周時典籍，周書有月令第五十三，吕氏春秋取周之月令，或與秦相似者，是其時所改定也。束晳又云，案月令四時之月，皆夏數也，殆夏時之書，而後人治益。略檢三家，並疑不盡，何者？案春秋運斗樞，舜以太尉受號卽位爲天子，然則堯時已有此職。其十月歲首，王肅難云，始皇十二年呂不韋死，廿六年秦并天下，然後以十月爲歲首，不韋已死十五年，便成乖謬。蔡云周典籍者，案周書序，周公制十二月賦政之法，作月令，自周書月令耳。且論語注云，周書月令有更火之文，案見論語集解「鑽燧改火」句下馬融注。今月令聊無此語，明當是異。束云四時皆夏數者，孔子云『行夏之時』，以夏數得天，後王宜其遵用，非必依夏正朔，卽爲夏典。其夏時書小正見存，文字多古，與此敍事亦別。唯皇覽所引逸禮，髣髴相應，案寶典於四孟月，均引皇覽逸禮，如孟春云：「天子春則衣倉衣，佩倉玉，乘倉輅，駕倉龍，載青旗以迎春於東郊，其祭先麥與羊，居明堂左厝」云云，大抵與月令同，故云「髣髴相應」。當是七十子之徒，及其時學者，雜爲記錄，無以知其姓氏。呂氏取爲篇目，或因治改，遂令二本俱行於世。恐猶有拘，故辨明焉。」今案：月令或云周公作，或云呂不韋作，自漢氏諸儒，已無定論。後儒紛紛論辨，各是其是，其說亦無以相勝。提要謂爲不韋採集舊文，而傅益以秦制，較爲持平，未始非解紛之道。玉燭寶典，書已亡佚，光緒初始自日本得之。今觀其說，以爲周末學者所記，而不韋治改之，與提要之說先後懸同，故著之于此，以與提要相印證焉。其謂舜爲太尉，堯時已有此職，過信讖緯，自是隋、唐人通病，不足深辨。

雲莊禮記集説十卷

元陳澔撰。是書成於至治壬戌，朱彝尊經義考作三十卷，今本十卷，坊賈所合併也。

嘉錫案：陳鱣經籍跋文載所藏元刻本禮記集説實作十六卷，不作三十卷。其書刻于天歷戊辰，距至治壬戌書成時僅五年，其分卷爲澔原本可知。陳氏跋云書凡十六卷，明刻本猶然，今本十卷，不知何時坊刻所併。經義考作三十卷，則又誤同永樂大典之卷，當改題爲十六卷也。

夏小正戴氏傳四卷

宋傅崧卿撰。夏小正本大戴禮之一篇，隋書經籍志始於大戴禮記外别出夏小正一卷，注云，戴德撰。崧卿序謂隋重賞以求逸書，進書者遂多，以邀賞帛，故離析篇目而爲此，有司受此，又不加辨，而作志者亦不復考。是於理亦或然，然考吴陸璣詩草木鳥獸蟲魚疏曰：「大戴禮夏小正傳云，『蘩，由胡；由胡，旁勃也』。」則三國時已有傳名，疑大戴禮記舊本但有夏小正之文，而無其傳。戴德爲之作傳别行，遂自爲一卷，故隋志分著於録。後盧辯作大戴禮記注，始採其傳，編入書中，故唐志遂不著録耳。

嘉錫案：戴德夏小正傳，漢書藝文志不著録。蓋其始本附入大戴禮，後乃析出别行。傅崧卿以其始見於隋志，因有隋重賞求書，進書者離析篇目之疑。然其説出於想當然，宜提要不以爲是。陸機詩疏引夏小正傳冠以大戴禮，是三國時戴傳尚未别行之證。提要乃謂盧辯作注，始編入書中，斯亦臆決之談也。

又隋志根據七録，最爲精核，不容不知夏小正爲三代之書。漫題德撰，疑「夏小正」下當有「傳」字，或「戴德撰」字當作「戴德傳」字，今本譌脱一字，亦未可定。觀小爾雅亦孔叢之一篇，因有李軌之注，遂别著録，是亦旁證矣。崧卿以爲隋代誤分，似不然也。

案：崧卿序云：「隋志曰：『夏小正一卷，戴德撰。』小正，夏書；德所撰，傳爾；而隋志云然，疏矣。」提要以崧卿之説爲然，而不得其解，遂疑字有譌脱，則殊不然。隋志於諸書之注，或題爲「某人注」，或題爲「某人撰」，其例不一，此乃古人著書體例未精審處，非卽以其書爲作注之人所撰，亦非書名之下有脱字及「撰」字有譌也。今試取志中經部之文證之，如尚書類有尚書十五卷，晉謝沈撰；春秋類有春秋左氏傳十二卷，魏王朗撰；春秋公羊傳十二卷，嚴彭祖撰；春秋穀梁傳十六卷，程闡撰；又十四卷，孔衍撰；又十二卷，徐邈撰；春秋公羊穀梁傳十二卷，晉劉兆撰；春秋外傳國語二十卷，賈逵撰。夏小正之題戴德撰，正與此諸書同。如謂志誤以注書之人爲撰書之人，則是尚書、春秋三傳，志亦以爲後人所撰矣，此事之所必無。卽謂係志文譌脱，則經部類此者已有八條，子史集三部内，更不可枚舉，安得譌脱如是之多且同乎？愚謂隋志著録之例，蓋用本書原文，故於注書之人，亦不盡題「撰」字。經部内標題，有傳、注、解、集、音訓、章句、略解等目，不一其稱。戴氏之夏小正及謝沈尚書諸書，當本未自立書名，亦未題「傳」、「注」等字，故志直題曰某人撰耳。此與諸書撰人之時代官爵，或有或無，同一沿襲舊文，以致體例參差。不必因此致疑也。且提要此條，首云「夏小正戴氏傳四卷，宋傅崧卿撰」。似乎戴傳爲崧卿所撰者，其病正與隋志同，豈亦文有譌脱乎？

禮類四 總目卷二十二

禮書一百五十卷

宋陳祥道撰。李廌師友談記，稱其元祐七年進禮圖、儀禮注，除館閣校勘，明年除爲太常博士，賜緋衣，不旬餘而卒。廌又稱其嘗爲禮圖一百五十卷，儀禮説六十餘卷，内相范公爲進之，乞送祕閣及太常寺。陳振孫書録解題則稱元祐中表上之。晁公武則稱朝廷聞之，給札繕寫奏御。宋史陳暘傳則稱禮部侍郎趙挺之上言，暘所著樂書，貫穿明備，乞援其兄祥道進禮書故事給札，則廌振孫所記爲確，公武「朝廷聞之」之説，非其實也。

嘉錫案：續資治通鑑長編卷四百二十二云：「元祐四年二月癸卯，翰林學士許將言太學博士陳祥道尤深於禮，嘗著增廣舊圖，及考先儒異同之説，著禮書一百卷，望試以禮官，取所爲書付之有司。詔以陳祥道爲太常博士。」據此，則李廌謂其七年進書，明年始除太常博士者非也。又長編卷四百五十云：「元祐五年十一月壬戌，給事中范祖禹言，太祖時聶崇義所撰三禮圖畫於國子監講堂，伏見太常博士陳祥道專于禮樂，所進禮書一百五十卷，比之聶崇義圖尤爲精密，請付太常寺，與崇義圖參用。詔兩制看詳以聞。」玉海卷六十九，元祐禮書一條略同。此卽李廌所謂内相范公爲進之，乞付祕閣及太常之説也。然禮書目是元祐五年許將所進，不關范祖禹，祖禹但乞付太常，與三禮圖參用耳。且事在五年，非七年，廌之説又非也。容齋三筆卷十六，記王順伯所藏高子允諸公謁刺中有陳祥道，且云：「皆元祐四年朝士，惟彭器資爲中書舍人，餘皆館職。」然據長編，許將進禮書之時，稱其官爲太學博士，書進於二月癸卯，爲月之二日，則其自館職遷太學博士，當在其年正月間。長編卷四百七十八又云：「元祐七年十月辛未，正字陳祥道爲館閣校勘。」與李廌之言頗合，然不言其因進書得官，蓋自是尋常遷轉。又卷四百八十云：「元祐八年正月庚子，翰林侍講學士、國史院修撰范祖禹言，太常博士陳祥道注解儀禮三十二卷，精詳博洽，非諸儒所及。乞下兩制看詳，并所進禮圖付太常，以備禮官討論。從之。」詳考長編，則禮圖及儀禮注不進於一年，范祖禹先後兩次上言，一言禮書，卽禮圖。一言儀禮注，雖均請付太常，卻非一事，與諸書皆不合。又長編卷四百八十三云：「元祐八年四月戊午，禮部言祕書省正字陳祥道狀，蒙差兼權太常博士。」則祥道之仕履，長編載之頗詳，李燾著書，得自傳聞，年月事蹟，無不舛誤，提要亦未能博考也。

春秋類二 總目卷二十七

春秋比事二十卷

舊本題宋沈棐撰。棐始末無可考，惟是書前有陳亮序，稱其字文伯，湖州人，嘗爲婺之校官。陳振孫書錄解題曰，「案湖有沈文伯，名長卿，號審齋居士，爲常州倅，忤秦檜，貶化州，不名棐也，不知同父何以云然，豈別有名棐而字文伯者乎？然則非湖人也」云云，其說與亮迥異。都穆聽雨紀談，又據嘉定辛未廬陵譚月卿序，以爲莆陽劉朔撰，併稱月卿親見劉氏家本。此本不載月卿序，亦未審穆何所據，疑以傳疑，無從是正。以陳亮去棐世近，姑從所序，仍題棐名。

嘉錫案：儀顧堂續跋卷三有是書影元本跋云：「沈先生春秋比事二十卷，影寫元刊本前有至元乙卯中興路教授王顯仁序，嘉定辛未廬陵譚月卿浚明跋衹存三行，而缺其前，頃得劉氏家本，特表而出之。且讎正三十六字，乙者十有三，減者六，注者十有七云。直齋書録解題曰：『春秋比事，沈棐文伯撰。陳同甫序曰，文伯名棐，湖州人，嘗爲婺之校官。

以文辭稱，而不聞其以經稱也。湖有沈文伯，名長卿，號審齋居士；爲常州倅，忤秦檜，貶化州；不名棐也。不知同甫何以云然，豈别有名棐字文伯者乎？然則非湖人也。』愚案，建炎以來繫年要録卷九十一，左儒林郎新婺州教授沈長卿爲祕書正字，尋不行。是文伯嘗爲婺州教官信而有徵，名棐字文伯於義亦通。意者長卿初名棐，而後改名歟，惜無確證耳。長卿，靖康時太學生，元年二月二十二日曾上書數千言，論諸生伏闕事，見北盟會編。建炎二年進士，累官臨安府觀察推官，紹興中，湖南安撫使李綱辟爲屬，旋除婺州教授。五年，除祕書省正字，不行。十八年，以左通直郎通判常州。三月，以將作監丞改判嚴州。十九年十月，進左奉議郎，罷。嘗與芮燁同賦牡丹詩，有『甯令漢社稷，變作莽乾坤』之句，爲鄰人所告，檜以爲譏訕，二十五年，追兩官，勒停。檜死，復左朝奉郎，主管台州崇道觀。三十年，葉義問使金，辟爲書狀官，比還，卒于保州，見繫年要録。輿地紀勝、嚴州圖經、咸淳毘陵志，長卿仕履大略具是，無言其治春秋者，無怪同甫、直齋均有疑辭也。」又云：「都穆聽雨紀談據譚月卿序以爲劉朔撰，四庫所據本無譚序，故提要著録仍題沈棐名。此本譚序祇存末三行，但以『頃得劉氏家本，特表而出之』二語證之，必以爲劉朔作。考劉朔爲後村之祖，後村集有二大父遺文跋云：『麟台公殁于信安傳舍中，故遺稿尤少，有春秋比事二十卷，别爲書。』與譚月卿之言合，則此書信爲劉朔作矣。朔字復之，莆田人，與兄夙皆受業于林光朝。少喜易，蘄以名家，以春秋久爲王介甫茅塞，更治春秋。紹興庚辰，以春秋登第，調温州司户，累知福清縣，入爲祕書省正字，疾作，求爲福建參議官，行至信安，卒於傳舍。見中興館閣録及葉水心集二劉墓誌。朔既以春秋名家，又有後村集、譚月卿序可證，其爲朔著無疑。惟文伯氣節文章，卓然有以自立，必非竊書以爲名者，同甫所見之本，並無撰人姓名，序稱『或曰沈文伯所爲』，亦未定爲文伯作也。直齋乃始誤會，當改題劉朔名爲是。春秋之教，比事屬辭，雖著于禮經，而漢、唐以來，説春秋者，無有依經比類合爲一書而加以論斷者，有之，自此書始。故水心推爲三家之外，自出新義，爾雅獨至也。是書初刊于同甫，當在淳熙中，再刊于嘉定，三刊于至元，惟王顯仁所見之嘉定刊本譚月卿序不全，又未細繹陳序，遂題爲沈先生春秋比事。其誤蓋始于陳直齋，而成于王顯仁，同甫不任咎也。文淵閣著録春秋比事兩部，亦題文伯名，蓋皆元刊，惟都穆所見之本，譚月卿序完全，當爲嘉定刊耳。安所得譚序完全者一證明之？經義考亦不載譚月卿序，又引吴師道説，謂沈棐字文約，衢人，未知何據。」陸氏題跋，此篇最佳，雖仍不免引書不著卷數之病，然頗能補提要所不及，且可祛其疑，亦足尚矣。所引後村集二大父遺文跋，在後村大全集一百單七卷内，水心集二劉墓誌見水心集卷十六，二劉者，劉朔及其兄夙字賓之也。

孝經類總目卷三十二

孝經正義三卷

唐玄宗注，宋邢昺疏。唐書藝文志：今上孝經制旨一卷，注曰「玄宗」。其稱「制旨」，猶梁武帝中庸義之稱「制旨」，實一書也。

嘉錫案：直齋書録解題卷三云：「御注孝經一卷，唐孝明皇撰，案唐志作孝經制旨。」提要之説，蓋本於此。然注與制旨，實非一書。王昶金石萃編卷八十七石臺孝經跋云：「案書録解題云，明皇孝經注，唐志作孝經制旨。考新書藝文志，今上孝經制旨一卷，注『玄宗』二字，又載元行沖御注孝經疏二卷，然則注與制旨，各自爲書，猶隋書經籍志既載梁武帝中庸講疏一卷，又有私記制旨中庸義五卷也。邢昺疏於『庶人章』引制旨曰『嗟乎孝之爲大，若天之不可逃也』云云，『聖治章』引制旨曰『夫人倫正性，在蒙幼之中』云云，其語甚詳。陳直齋未見制旨，則其書宋時已佚。然邢氏之疏，大半藍本元疏，此二條必因行沖之舊，行沖作疏，旁引制旨以申御注，尤非一書之證。經義考及關中金石記，並沿直齋之誤，附辨於此。」其説是也。馬國翰作元行沖孝經疏輯本序，知御注與制旨非一書，而又以制旨即元行沖疏。其略云：「邢疏所引制旨，説義敷暢，即明皇序内所謂『今存於疏，用廣發揮』，行沖奉詔作疏，故述注意稱制旨。」其説亦殊未安，考「庶人章」疏引制旨曰「朕窮五孝之説」云云，是明係明皇御筆，行沖安敢作此語？況唐志以制旨與行沖疏並著於録，固明明二書也，馬氏誤矣。又考「事君章」退思補過注云：「君有過失則思補益。」疏云：「出制旨。」然則注義出於制旨，必先有制旨而後有御注。蓋制旨卽講疏，明皇先爲講疏，敷演其義，然後約其文以爲注，又命元行沖本制旨之意爲注作疏，故曰「今存於疏，用廣發揮」。可見制旨與注非一書，亦可見元行沖疏中特存有制旨之意，而非卽制旨也。舊志偶遺制旨，不著於録，蓋以爲此特御注之筌蹄。新志又只著録制旨，而不及御注，則以元行沖疏中兼載注文也。周中孚鄭堂讀書記卷一，知制旨與御注爲二書，然謂新、舊唐志只載元疏及制旨，而無御注，是僅讀新志，而誤謂舊志亦與之同，是皆讀書不細心之過也。

四庫提要辨證卷二

經部二

五經總義類小序 總目卷三十三

宣帝時始有石渠五經雜義十八篇，漢志無類可隸，遂雜置之孝經中。隋志録許慎五經異義以下諸家，亦附論語之末。舊唐書志始別名經解，諸家著録因之，然不見兼括諸經之義。朱彝尊作經義考，別目曰羣經，蓋覺其未安，而采劉勰正緯之語以改之，又不見爲訓詁之文。徐乾學刻九經解，顧湄兼采總集經解之義，名曰總經解，何焯復斥其不通，原注，見沈廷芳刻何焯點校經解目録中。蓋正名若斯之難也。考隋志，於統説諸經者，雖不別爲部分，然論語類末稱孔叢、家語、爾雅諸書，併五經總義附於此篇，則固稱爲五經總義矣。今準以立名，庶猶近古。論語、孝經、孟子，雖自爲書，實均五經之流別，亦足以統該之矣。

嘉錫案：提要於此類之立名，亦可謂之斟酌盡善矣，乃後人猶有不滿者。徐時棟煙嶼樓讀書志卷十一云：「愚案古人總解羣經之書，寥寥數部，不能創立，故或置孝經中，或附論語後。至乎後來，著作既夥，自不能不別立一類。而此類中所載各書，往往論解多經，斷非五經二字所該，即由諸書命名觀之，如劉敞七經小傳、毛居正六經正誤、岳珂九經三傳沿革例、錢時融堂四書管見、何異孫十一經問對之屬，各自明標數目，此豈可以五經二字統之者乎？若謂孝經、論、孟，均五經之流別，則史家本之尚書、春秋，子家本之論語、孟子，集家本之詩、書二經，儒者著書，苟非二氏，何一書非五經之流別乎？況功令明以論、孟、孝經爲專經，三禮皆禮，三傳皆春秋，尚各謂之經，總稱十三經，又豈可以『五經』二字統該之乎？然則宜立何名，曰，語求其近古，義求其安妥，則與其準唐人之隋書經籍志，不如采梁人之文心雕龍，而以羣經爲號也。乃提要謂其不見爲訓詁之文，此語頗可駭怪。夫提要經部，如曰易類、書類、詩類，其所録之書，何一非訓詁之書？其所名之類，何一類見爲訓詁之文？而獨於羣經，必確鑿以訓詁之文爲正名乎！」今案：徐氏謂類別之名，不必見爲訓詁之文，舉提要經部各類之名，以爲之例，其説實能言之成理。惟謂經有十三部，「五經」二字不足統該，則未免刻舟而求劍矣。夫古者大學之教，本止有詩、書、禮、樂，而樂本無經。見提要樂類序。其後夫子贊易，修春秋，故孔門身通六藝者七十有二人，而實則經之爲書，五部而已，雖記孔子言行之論語，亦謂之傳記。熹平石經於五經之外，益以論語、公羊傳，故隋志謂後漢刻七經著於石碑。然考之范書靈帝紀及儒林傳序，均云：「詔諸儒正五經文字。儒林傳序作正定五經。」盧植傳云：「時始立太學，以正五經文字。」李巡傳云：「乃白帝，與諸儒共刻五經文於石。」皆只言五經。而蔡邕傳及張馴傳又云：「奏求正定六經文字。」一書之中，或五或六，互有不同。杭世駿石經考異卷上云：「意熹平四年，邕等所奏求者六經，暨光和六年書丹立石，祇五經耳。」余以爲非也，以經言之，固止於五，邕以論語亦聖人之書，稱之爲經，以著其實。至隋志並數公羊傳，以先儒傳記，並冒經名，故稱七經，蓋起於六朝以後，兩漢無是也。然則今日羣經，雖枚數之至於十三，而立名求其近古，以「五經」二字統該之，何爲不可乎！龔自珍定菴文補編有六經正名，極言十三經立名之不安。

五經總義類總目卷三十三

經典釋文三十卷

唐陸元朗撰。此書前有自序云：「癸卯之歲，承乏上庠，因撰集五典、孝經、論語及老、莊、爾雅等音，古今並録，經注畢詳，訓義兼辯，示傳一家之學。」考癸卯爲陳後主至德元年，德明年甫弱冠，即能如是淹博耶？或積久成書之後，追紀其草創之始也。

嘉錫案：錢大昕潛研堂文集卷二十七跋經典釋文云：「陸氏自序云『粵以癸卯之歲，承乏上庠』。考唐書儒學傳，秦王平王世充，聘爲文學館博士。高祖釋奠，遷國子博士，封吴縣男。是元朗在高祖朝已任博士，史雖不言其卒年，大約在貞觀之初。若癸卯歲，則貞觀十七年也，恐元朗已卒，即或尚存，亦年近九十，不復能著書矣。且在太學久次，不當始云承乏。竊意癸卯乃是陳後主至德元年，元朗嘗受業周弘正，弘正卒於太建中，則至德癸卯，元朗年已非少。」又養新録卷二十云：「元朗嘗從學周弘正，弘正卒于陳高宗太建六年甲午，至後主至德元年癸卯，相距十載，元朗年當在三十左右。」盧文弨釋文考證引臧鏞堂云：「案唐書本傳，陳太建中，後主爲太子，集名儒入講，德明始冠，與下座。自太建中至至德癸卯，約計十年，陸氏蓋已三十矣。」錢氏、臧氏所引證雖不同，而皆謂至德癸卯元朗年已三十。提要乃謂是年甫弱冠，不思本傳明言太建中德明始冠，豈有相距十年，仍然弱冠之理乎！

六經奧論六卷

舊本題宋鄭樵撰。朱彝尊曝書亭集有是書跋曰：「成化中，盱江危邦輔藏本，黎温序而行之，云是鄭漁仲所著，荆川唐氏輯稗編從之。今觀其書，議論與通志略不合。樵嘗上書自述其著作，臚列名目甚悉，而是書曾未之及，非樵所著審矣。後崑山徐氏刻九經解，乃仍題樵名。」今檢書中論詩，皆主毛、鄭，已與所著詩辨妄相反。又「天文辨」一條，引及樵説稱夾漈先生，足證不出樵手。又「論詩」一條，引晦菴説詩，考宋史樵本傳，卒於紹興三十二年，朱子詩傳之成，在淳熙四年，而晦菴之號，則始於淳熙二年，皆與樵不相及。「論書」一條，併引朱子語録，且稱朱子之謚，則爲宋末人所作，具有明驗，不知顧湄校九經解時，何未一檢也？第相傳既久，所論亦頗有可採，故仍録存之，綴諸宋人之末，而樵之名，則從删焉。

嘉錫案：儀顧堂題跋卷一六經雅言圖辨跋云：「莆陽二鄭先生六經雅言圖辨六卷，明人影寫宋刊本，吴兔牀拜經樓舊藏，明文淵閣書目、焦氏經籍志、千頃堂書目皆箸於録，惟不箸二鄭之名。此本亦同，次二行題曰甲科府教許一鶚家藏，甲科府教方澄孫校正。核其文，即四庫所收之鄭樵六經奥論也。提要證其不出樵手，而未定爲何人所著。吴兔牀愚谷文存，謂六經奥論之名，必後人妄題。又據道園學古録，稱夾漈著述五十餘種，疑即在五十餘種中。不知夾漈著述，不止五十餘種，見宋史藝文志。夾漈遺稿及八閩通志，並無此書之名，兔牀誤矣。文淵閣書目有六經圖辨，無六經奥論，至董氏玄賞齋書目，始有六經奥論，可見成化以前無此名，必黎温刊板所妄改耳。蓋淺人見書題莆陽二鄭，而不著其名，但知莆田之有鄭樵，不知有鄭厚，故妄題之，不知二鄭非一鄭也。明人書帕本大抵如是，所謂刻書而書亡者也。其撰人當從弘治興化府志，作鄭厚與弟樵同撰者爲近。

厚字景韋，樵之從兄也。四歲讀書能默記，八歲通解經旨，與樵倡爲物理之學。宇文虛中遺之書曰：『士弊於俗學久矣，安知亦有淵源深渺，不爲俗學所漬，如二君者乎？』紹興五年成進士，調泉州觀察推官。趙鼎知泉州，事無巨細，悉以屬之。言者希檜旨，劾以諂事趙鼎謗議朝政，遂罷歸。少時嘗著藝圃折衷，論多過激。紹興十三年，駕部員外郎王恭，摘書中詆孟子語言于朝，詔令建州毀板，已傳播者焚之。檜死，起昭信軍節度推官，改知湘潭縣，卒于官，年六十一。著有通鑑□□四十卷，編者按：陸氏跋，通鑑下原闕二字，今檢宋史藝文志藝文六類事類載有鄭厚通鑑分門類要四十卷，當卽此書。見宋史藝文志、弘治興化府志、陳壽祺福建通志所引林光朝撰墓志及建炎以來繫年要録。竊謂此書卽藝圃折衷之焚餘，後人又有所附益耳。折衷今不可見，必辨論經傳而折其衷者，板雖毁，書雖焚，如元祐黨人文字，豈能禁其不傳，惟無弛禁明文，不敢公然刊行，故易其名曰六經雅言圖辨。折衷與辨，其義一也。又恐獨題鄭厚之名，形迹易露，樵以進書得官，與厚以著書獲咎相反，故以夾漈之説雜之，曰莆陽二鄭者，樵與厚齊名故也。曰家藏者，其意若曰流傳自昔，知其姓不知其名耳。不然，古來刊書有題，編次有題，校正者未聞有題爲家藏者也。許一鶚字國深，莆田人，淳祐元年進士，餘無考。方澄孫字蒙仲，淳祐七年進士，廷對萬言，請錮秦檜子孫，竄史嵩之，調邵武軍學教授，裒學中贏錢及教官例券，置貢士莊。歷官泉州通判，爲趙葵參議官，遷知邵武軍，卒，年四十九。見福建通志。書爲澄孫校正，結銜但題府教，不題通判泉州及知邵武軍，必澄孫官教授時所刊，事在淳祐末寶慶初矣。書中徵引南宋人著述尚多，如『易舉正』條下引晁公武進易解，『秦以詩廢而亡』條引陳君舉説，『武成』條引林少穎，『書疑』條引胡五峯、吴才老書，『詩逸篇』條引洪邁『舊日爲三山教等語。厚爲漁仲從兄，漁仲卒于紹興三十二年，年五十九。景韋長漁仲三歲，以檜死後起官、改官之時計之，其卒當亦在紹興、隆興之間。容齋生於政和五年，少穎生于政和二年，明仲生于元符元年，才老仕于紹興時，皆與景韋時代相接。公武之易解，據書録解題，進于乾道間，非景韋所得見。君舉生于紹興十一年，至隆興初才二十歲，其所著書，亦非景韋所得見。今觀所引公武易解、陳君舉説及正朔總論之晦菴詩説、古今文尚書之文公語録，辭句序次，顯然後增，皆門弟子所附益也。蓋亦猶胡安定周易口義，公是先生弟子記之例，爲門弟子述其師之説，故不題撰人姓名，而但稱莆陽二鄭。『雅言』者，口義語録之變文，不然但『六經圖辨』足矣，何必曰『雅言圖辨』乎？後有重刊是書者，宜改題曰莆陽鄭厚弟子述其師及樵之説，則無往而不可通矣。千頃堂書目于六經圖辨之外，别出車似慶六經奥論，注云『或作鄭樵者非』。案見千頃堂書目卷三經解類，以車爲元人。不知何據。」余案：提要所引朱彝尊跋，見曝書亭集卷四十二，特朱氏原跋歷引漁仲所著書名，而提要則以「臚列名目甚悉」，隱括之耳。全祖望結埼亭集外編卷三十四有是書跋云：「竹垞先輩跋六經奧論，據漁仲所上書，祇有書考、書辨譌、詩傳、詩辨妄、詩名物記、春秋考、春秋列國圖、諸經序、刊謬正俗跋，而無奧論，且謂其書議論，與通志略不合。然其於是書之妄，有未盡者。蓋漁仲卒於高宗末年，其於乾、淳諸老，則前輩也，而書中稱薛常州者四，則孝宗以後人之書矣；稱朱文公者一，則寧宗以後人之書矣；又引晁公武易解，皆漁仲後輩也。而最發露者，其『天文總辨』中論『鬼料竅』一條，謂夾漈先生嘗得是書而讀之，尚得以爲漁仲所著乎？乃笑明中葉人傳是書爲漁仲而行之者，蓋終未嘗讀是書也。予又觀其論易，謂先天諸圖，康節得之希夷將啓手足之際，則作是書者，其於人之系代源流，本不知也。其引福州道藏所刻郭京周易舉正，則意其亦閩人。而要其中議論，固有發前人所未逮者，如論泰誓之類是也，惜其撰人之不傳耳。」又卷四十一有與施東萊論六經奥論中解溝洫帖，亦云：「奥論非漁仲作，竹垞始言之。」提要舉奥論「天文辨」條引及樵說，「論詩」條引晦菴說，以明爲宋末人所作。陸心源跋，謂書中徵引南宋人著述尚多，歷舉其所引，如晁公武、陳君舉、林少穎、胡五峯、吴才老、洪容齋等，以是定爲鄭厚門弟子述其師及樵之説。雖其所舉較提要加詳，而所考均不能出全氏範圍。結埼亭集外編，刻於全氏身後，提要蓋未之見，則其言縱或與全氏相似，只能謂之暗合，譬之閉户造車，出門合轍也。若陸氏則不能諉爲不見，乃其跋中，終篇不及全氏一字，何也？豈欲掩爲己功耶？北京大學國學季刊一卷一號，載有顧頡剛撰鄭樵著述考一篇，亦謂與論可疑。第其所舉爲疑案者，徒以其論毛詩傳，同於葉夢得之毛詩説，詩序辨又與葉之衛宏毛詩説同，而國風辨及讀詩法，與程大昌詩議第十四、十七兩章略同，而於其晁公武、陳君舉諸人著作，不置一詞，或者未考全氏集歟？

明本排字九經直音二卷

不著撰人名氏。書中春秋傳「素王」二字下，引真宗宣聖讚，但標真宗不稱宋，又稱御製，則爲宋人所著可知。卷首題曰「明本」者，宋時刊板，各舉其地之首一字，如「建本」、「杭本」之類，此蓋明州所刻本，即今寧波府也。末題「歲次丁亥梅隱書堂新刊」，不著年號。考丁亥爲元世祖至元二十四年，是元初刊本矣。其書不用反切而用直音，頗染鄉塾陋習。然所音俱根據經典釋文，猶爲近古。且釋文所載皆唐以前音，而此書則兼取宋儒，與陸氏之書，尤足相續。

嘉錫案：日人河田熊輯静嘉堂秘笈志卷一引陸心源此書跋案同治十三年福州重刊儀顧堂集卷十二所收陸氏是書跋與此異。云：「聞之故友嘉興唐大令翰題海寧查氏有宋刊九經後附直音，題孫奕季昭撰，即著履齋示兒編者。因取示兒編所説經音，一一對勘，不獨論議皆同，辭句亦如出一手，信乎其出於季昭矣。宋史藝文志有許奕九經直音九卷，考魏了翁鶴山集許公神道碑，列奕所著書，而不及直音，夫豈許氏所著哉？宋史殆誤孫爲許耳。」莫友芝郘亭書目卷三云：「宋本九經直音十五卷，宋廬陵孫奕撰。孝經、論語卷一，孟子卷二，毛詩卷三、四，尚書卷五，周易卷六，禮記卷七、八、九，周禮卷十，春秋左傳卷十一至卷十五，其音皆據釋文，參以宋儒之讀，不能直音者紐以四聲，亦或用切音，簡確易曉。奕撰有示兒編，乃好學淹通之士，此書雖取便蒙，亦具有根底。四庫著録之明本排字九經直音二卷，蓋元時坊間因其書合併卷數刊之，而失載奕名耳。半頁十三行，行二十二字，大小略似今秦刻九經，案謂秦鏷所刻巾箱本九經。當時必附九經巾箱本白文之後。海寧查氏藏本，案即陸氏跋中所謂海寧有宋刊九經後附直音也。同治己巳仲春，查燕緒持以相示。有『池北草堂』、『留耕書屋』、『延陵季子』三印。」宋元本經眼録卷三略同。

七經孟子考文補遺一百九十九卷

原本題西條侯掌書記山井鼎撰，東都講官物觀校勘。詳其序文，蓋鼎先爲考文，而觀補其遺也。二人皆不知何許人，驗其版式紙色，蓋日本國所刊。

嘉錫案：黄遵憲日本國志卷三十二學術志一云：「物茂卿，萩生氏，名雙松，江户人。其先有仕南朝，此日本之南朝。爲物部者，以官爲族，稱物部氏，或單稱物氏。」又云：「七經孟子考文補遺三十一卷，山井鼎著，荻生觀補遺。鼎，字君彝；觀，字叔達，茂卿之弟，故自稱物氏。日本上毛有參議小篁遺址，足利氏興，足利高氏，本北條高時將，後醍醐帝討高時，高氏歸順，高時伏誅，高氏以功賜名尊氏，已而復叛，逐後醍醐，立光明帝，後醍醐奔吉野，建行宮，稱南朝，尊氏任征夷大將軍。事在中國元文宗至順三年。足利氏世襲大將軍，傳十三世至明嘉靖時，爲織田信長所滅。事詳賴襄日本外史卷七及日本國志卷二。因其地建學校，頗藏古書。鼎偕其友根遜志往探，獲七經孟子古本，蓋唐時所齎來者。又獲宋本五經正義，遂作考文，物茂卿爲之序。享保中，官命觀等搜集諸本，爲之補遺。」其說足補提要之闕。享保者，其國中御門帝之年號，其元年，康熙五十五年也。中東紀年俱依日本國志年表。

四書類一 總目卷三十五

孟子正義十四卷

漢趙岐注，其疏則舊本題宋孫奭撰，而朱子語録則謂邵武士人假託，蔡季通識其人。今考宋史邢昺傳，稱昺於咸平二年受詔與杜鎬、舒雅、孫奭、李慕清、崔偓佺等校定周禮、儀禮、公羊、穀梁、春秋傳、孝經、論語、爾雅義疏，不云有孟子正義。涑水紀聞載奭所定箸有論語、孝經、爾雅正義，亦不云有孟子正義，其不出奭手，確然可信。

嘉錫案：自來論孟子疏者，皆只據朱子語録，知其出於邵武士人而已，朱子説見語類卷十九。不知其人之姓名也。獨朱緒曾開有益齋經説卷二引呂南公灌園集云「出自閩人徐生」。余因求灌園集四庫全書本讀之，其卷十七雜著内，果有讀孟子疏一篇，略云：「學者之於孟子，能言則以誦，能問則以疑。及其老也，則有所苦焉，此世之所不能無也。自趙臺卿作傳，其後既專行，然望其遂盡而無苦，果然其未然也。往者士大夫，往往善得其所未至，且糾其疏謬，然而必以逐趙於學亦未之能完。閩老生徐某，老於道德之學，于此書用功良深。今其税駕在郛，余偕諸君相與叩觀其説，以庶幾無深約之苦，而心得以明，何善如之！故嘗爲諸君道此，諸君倘不以余言爲否，幸書之名以見復焉。」詳其文内，惟言徐某于是書用功良深，未嘗明言疏爲徐某所作。且其題作讀孟子疏者，疑當以「讀孟子」三字作一句讀，疏字單讀，蓋讀孟子之時作此文以示門人，使各書其名于後，以往聽講。疏乃書疏之疏，非注疏之疏也。然考宋時徐姓爲孟子學者，惟有徐積作嗣孟一篇，徐時動作孟子説四十卷，徐存作孟子解。三書見經義考卷二百三十四、二百三十五。積爲楚州山陽人，見宋史卓行傳。時動豐城人，存江山人，時動師事胡安國，存受業楊時，均見萬姓統譜卷七。皆非閩人。時動及存之時代，又皆在南公之後，則南公所稱徐某者，非此數人也。朱子謂疏邵武士人所作，而邵武正是閩地，宋邵武軍福建路，即今福建邵武縣。士人及老生，又皆讀書而仕宦不達之稱，則朱緒曾謂卽南公所言之閩老生徐某，亦非無故，是真昔人所未知也。雖然，猶有可疑者，考宋史文苑六南公本傳，言其卒於元祐初，傳云：「元祐立十科薦士，中書舍人曾肇稱其堪充師表一科，一時廷臣亦多稱之。議欲命以官，未及而卒。」而蔡季通之卒，在慶元四年，見慶元黨禁諸書。吳榮光名人年譜言其年六十四，則當生於紹興五年，上距元祐元年，已五十年，南公之文，又未必卽作於元祐之初，已稱爲閩老生，則季通宜不及見。而朱子謂季通識其人，則又似非一人矣。豈朱子記憶之誤耶？姑誌所疑，以俟再考。

其疏皆敷衍語氣，如鄉塾講章，故朱子語録謂其「全不似疏體，不曾解出名物制度，只繞纏趙岐之說」。至岐注好用古事爲比，疏多不得其根據。如注謂非禮之禮，若陳質娶妻而長拜之；非義之義，若藉交報讎，此誠不得其出典。原注云，案藉交報讎，似謂藉交游之力以報讎，如朱家、郭解，非有人姓藉名交也。疑不能明，謹附識於此。至於單豹養其內而虎食其外，事出莊子，亦不能舉，則弇陋太甚。

案周廣業孟子四考卷三孟子古注考云：「『陳質』疑是『奠贄』之義。」原注云：「音義滕文公下載質、張音贄，云與贄同。萬章下傳質亦讀贄。」董子繁露五行相勝篇云：「營蕩爲齊司寇，太公問治國之要，曰：『任仁義而已。愛人者，有子不食其力；尊老者，妻長而夫拜之。』太公曰：『是以仁義亂齊也。』乃誅營蕩，此拜妻之證也。」孫志祖讀書脞録續編卷二云：「案陳質蓋人姓名，長當讀爲長幼之長字，句絶。春秋繁露五行相勝篇云：『尊老者妻長而夫拜之。』陳質事當類此。」焦循孟子正義云：「按古事相傳，名姓往往各異，如虞慶之爲高陽魋，盍胥之爲古乘。此訾藹之爲陳質，亦其類耳。」三説不同。愚謂趙氏以陳質娶妻與藉交報讎並用，藉交非人名，則「陳質」不必是人名。周氏解爲「奠贄」，義固可通，焦氏謂陳質卽訾藹，亦無確據。或者古别有姓陳名質者，嘗有此事，如孫氏之説，其人所持之禮，則與訾藹同耳。古書亡佚，闕所不知可矣。周氏又云：「史記貨殖傳，閭巷少年，借交報讎，篡逐幽隱，皆爲財用耳。游俠傳，郭解少時，陰賊，以軀借交報讎。案漢書游俠傳作『藉友報仇』。漢書，朱雲少時，通輕俠，借客報仇。師古注，借，助也，音子夜切。孫氏音義，藉，慈夜切，義與借同。則藉交卽借交也。」以周氏之説觀之，則提要所謂不能得其出處者，皆尚有可考。至於史記所謂以軀藉交報仇者，乃謂以其身代爲交友報仇。提要既知爲指朱家、郭解，乃不考之游俠傳，竟望文生義，解爲藉交游之力以報仇，則與史、漢之意相反矣。單豹事見莊子達生篇。

朱彝尊經義考，摘其欲見西施者人輸金錢一文事，詭稱史記。

案經義考卷二百三十三云：「正義詮西子：『按史記云，西施，越之美女，越王句踐以獻之吳，夫差大幸之，每入市，人願見者，先輸金錢一文。』考史記並無其文，不知何所依據。」

馮登府石經閣文集卷二答史桐軒論孟子疏書亦云「西子疏不知出何書」。愚案：黎庶昌古逸叢書所刻卷子本琱玉集卷十四美人篇云：「西施，周時越之美女也，越王句踐以獻吳，吳王夫差甚愛幸之。西施曾在市，人欲見者，乃輸金錢一文，方始得見。出吳越春秋及史說。」與正義所引，字句相合，僅有數字不同，知其全出於此。近人孫壁文考古錄卷六西施一條，亦引琱玉集，謂孫疏所引「史記」，乃「史說」之訛。但孫氏所引，文既不全，其所考證，亦不甚精，今不取。又告子上「富歲子弟多賴」章，疏引左傳云：「易牙，齊大夫也，淄、澠二水爲食。易牙亦知二水之味，桓公不信，數試始驗。」馬驌繹史卷四十八引之，謂「左傳無此語」。考琱玉集卷十四別味篇云：「易牙，周時齊大夫也，善能別味，凡食皆知其本末，飲淄、澠二水，以爲淡於餘水。出類林。」字句與僞疏不盡同。案新唐書藝文志，有于立政類林十卷，今尚有金王朋壽增補本，凡十五卷，名類林雜記。劉承幹刻入嘉業堂叢書。此條見卷八別味門，與僞疏全同。惟始驗之「始」字誤作「如」。然不云出左傳，李慈銘日記第四十三冊以琱玉集所引類林爲是裴子野作，蓋李氏未見王朋壽書。僞疏蓋從類林販稗得之，而誤以爲左傳耳。又盡心上「莫非命也」章，疏云：「秦武王時，大蛇從身出，復入穴。五女示之，五子拔蛇，壓殺五女。」不言出何書。考初學記、藝文類聚、御覽諸類書，引蜀王本紀，記五丁拔蛇事，均與此不同。詳洪頤煊經典集林卷十四輯本。惟琱玉集卷十二壯力篇云：「五丁，秦時力士也，始皇欲伐蜀，獻美女。時有一大蟒蚍從山腹而入穴，五女往就觀之，五丁力士遂共拔蚍，山崩，壓煞五女。出揚雄蜀王本記。」僞疏所言，蓋本諸此，惟易秦始皇爲秦武王，其「大蛇從身出，復入穴」句，殆不可解，亦當從琱玉集爲長。蓋「山腹」訛爲「出復」，又誤衍一「身」字耳。藤原佐世日本國見在書目雜傳家有琱玉十五卷，不著撰人名氏。佐世書著于日本宇多天皇寬平中，當中國唐昭宗時。今本琱玉集後有題識云：「天平十九年，歲在丁亥三月寫。」天平爲日本聖武天皇紀元，其十九年丁亥，當唐玄宗之天寶六載，則當爲盛唐以前人所集。新舊唐志不著錄，蓋以其爲俗書不收。通志藝文略類書類有琱玉集二十卷，是其書至南宋尚存，故僞疏得引用之。集中所引太史公記及史記，大抵不見於司馬遷書。西子事所引史説，亦此之類。所引他書，併多杜撰，不可據。考敦煌石室所得書，有李若立略出籯金及唐寫本古類書，鳴沙石室古籍叢殘本。所引史記，亦有太史公書所無者。又有句道興搜神記一卷，羅振玉刻入敦煌零拾。凡所引小説，涉及漢以後事者，亦多云出史記。知唐時自有此種俗學，蓋不甚識字人所作，何足登大雅之堂！于立政類林雖較勝琱玉集，然亦淺俗，非初學記、藝文類聚之比，而邵武士人乃并引以疏經。今所傳琱玉集，僅殘本二卷，而其爲僞疏所援引者，已屢見不一。是直視兔園冊子爲枕中鴻寶，其人之爲村塾腐儒，卽斯可見矣。

今考注，以尾生爲不虞之譽，以陳不瞻爲求全之毁，疏亦並稱史記。尾生事實見莊子，陳不贍事實見説苑，皆史記所無，如斯之類，益影撰無稽矣。

案僞疏所稱史記，乃自俗書轉引，已具如上述。段玉裁經韻樓集卷四，有補孟子疏一則云：「有求全之毁，趙注：『陳不瞻自注從「貝」譌。將赴君亂，聞金鼓之聲，失氣而死。可謂欲全其節，而反有怯懦之毁者也。』正義云：『尾生與不瞻之事，皆據史記之文而言之也，其事煩，故不重述耳。』玉裁按：此不知其解而爲欺人之語也。尾生事諸書多有之，若陳不瞻，即左傳之陳書也。哀十一年傳曰：『爲郊戰，故公會吳子伐齊。陳書曰，此行也，吾聞鼓而已，不聞金矣。甲戌，戰于艾陵，獲陳書。』考陳書字子占，占瞻同音，劉向新序作陳不占。卷八勇義篇曰：『齊崔杼弑莊公也，有陳不占者，聞君難，將赴之。比去餐，則失匕，上車，失軾。御者曰：怯如是，果去，有益乎？不占曰：死君，義也；無勇，私也，不以私害公。遂往，聞戰鬭之聲，恐駭而死。人曰，不占可謂仁者之勇也。』三書同記此事，左傳聞鼓不聞金，如其言而死。郤卿云：『聞金鼓之聲，採自他書，不明晳。』新序與孟注合，但謂齊莊見弑時誤耳。又長笛賦『不占成節鄂』，李注引韓詩外傳云：『不占，陳不占也。齊人崔杼弑莊公，陳不占聞君有難，將往赴之，食則失哺，上車失軾。其御者曰，敵在數百里外，而懼如是，往其益乎！不占曰，死君之難，義也；無勇，私也。乃驅車而奔之，聞鼓戰之聲，遂駭而死。君子謂不占無勇而能行義，可謂志士矣。』案：今韓詩外傳無此，李所引與新序大同。漢古今人表有陳不占，中上。竹汀引此李注，而不知卽左傳陳書也。然班氏以與申蒯爲伍，則亦謂齊莊時。班氏固雜採舊籍，非必典要。」孟子古注考云：「尾生見戰國燕策、莊子盜跖篇、史記蘇秦傳，陳不瞻見新序義勇篇，作陳不占，在齊崔杼弑莊公時。自注：『太平御覽引韓詩外傳同。』案見卷四百九十九。劉向九歎，『陳不占戰而赴圍』，卽其事也。漢書人表亦作陳不占。」焦氏孟子正義所考略同，並云：「廣雅釋言云：占，瞻也。占與瞻古通。」案陳不瞻事，以段氏所考爲最詳。提要云「陳不瞻事見説苑」，乃新序之誤。馮登府論孟子疏書云：「孟子疏非孫宣公所作，與孔傳同僞。朱子謂邵武士人所作。晁公武讀書志有孫奭音義，而無正義，蓋其時僞疏尚未出也。觀卷首一序，全録音義文而稍增其語，全書皆剽竊陸善經所删定趙岐章指而爲之。然陳振孫書録解題、馬端臨經義考，不能辨其僞，並列其目。至明國子監刊定十三經疏，承用此本，遂相沿至今耳。今案，『不虞之譽』章，注引尾生事見國策，陳不瞻事見韓詩外傳；『無罪而殺士』章，注引語曰：『鷙鶻蒙害，仁鳥增逝』，見漢書梅福傳疏，皆以爲出史記。查子長書，並無其文。『莊暴』章疏齊王悦南郭先生吹竽，喜鄒忌鼓琴。考史記，騶忌以鼓琴見齊成王，非宣王。至西子疏，不知出何書，疏每托史記而誤，其欺謾不足徵信如此。若『負芻之禍』，注以『負芻』爲人名，已屬附會，疏謂『寇賊自負其芻來攻』。小弁注以爲伯奇之詩，説本韓嬰，疏以伯奇爲卽宜臼。『天時』章注，『君其使鶴戰，余焉能戰』，全用呂氏春秋忠廉篇，疏誤引左傳。『離婁』章注，『黄帝亡其元珠，使離朱索之』，全用淮南子人閒訓，疏誤引莊子。孟仲子注，『孟子之從昆弟』，見閟宮詩毛傳，疏云未詳。張琴，注爲子張，卽顓孫師，據鄭衆、賈逵之説，見左傳昭公二十年正義，疏云未審。又如萁稗則指爲禾中之莁草；莊嶽則失證齊國之街名；以杞妻爲姜女，時代相懸；以羊棗爲貳棘，物類未晳；二女之果爲實，不取説文；四肢之字通技，未申趙訓。此皆淺陋違理之甚者。」馮氏此書，抉擇僞疏之誤，較提要爲尤詳，故採録之於此以備考。其他疏中淺陋之處，尚有指摘未盡者，余别有孟子正義考一篇，縷析言之，不具載。

小學類小序 總目卷四十

古小學所教，不過六書之類。故漢志以弟子職附孝經，而史籀等十家四十五篇，列爲小學。隋志增以金石刻文，唐志增以書法書品，已非初旨。自朱子作小學，以配大學，趙希弁讀書附志遂以弟子職之類併入小學，又以蒙求相參並列，而小學益多岐矣。

嘉錫案：有清一代漢學家之攻擊宋學者，其持論率如此，而以四庫提要爲之赤幟。其實彼等所據者，僅僅由漢書藝文志以上溯劉歆之七略而已，未嘗徵之於他書也，究之歆以前，亦併不如此。禮記内則曰：「十年出就外傅，居宿於外，學書記，朝夕學幼儀，請肄簡諒。」注云：「肄，習也。諒，信也。請習簡，謂所書篇數也。請習諒，謂應對之言也。」大戴禮保傅篇曰：「古者八歲而出就外舍，學小藝焉，履小節焉。」尚書大傳曰：「公卿之太子、大夫元士之嫡子，年十三始入小學，見小節而踐小義。二十入大學，見大節而踐大義。此世子入學之期也。」白虎通辟雍章曰：「古者八歲入小學，始有識知，入學，學書計。十五成童，志明，入大學，學經術。」漢書食貨志曰：「古者八歲入小學，學六甲五方書計之事，始知室家長幼之節。十五入大學，學先聖禮樂，而知朝廷君臣之禮。」後漢崔寔四民月令曰：「正月農事未起，命成童入大學，學五經。」注云：「謂十五以上至二十也。」又云：「硯冰釋，命幼童入小學，學篇章。」注云：「謂九歲已上十四已下也，篇章謂六甲、九九、急就、三倉之屬。」又曰：「十月農事畢，命成童入大學，如正月焉。冬十一月硯冰凍，命幼童入小學，讀論語孝經篇章。」全後漢文卷四十七。其言與白虎通漢書合而加詳。要之幼童之入小學，其所學皆幼儀也，所謂學小藝而履小節也。此爲人生之始基，養正之功，有多少事在，故使之讀論語、孝經，以培養其根底，斷不止教之六書而已。古人以農立國，成童以上皆可從事力田，以孝養其父母，故必農隙而後入大學。若夫幼童，固可終年讀書，然必時其寒暑而消息之。故於正月以後，天氣漸暖，硯冰已解，則使之學篇章，所以習書法也。至十一月，硯冰已凍，則諷誦其章句而已，内則所謂「請肄簡諒」，鄭注謂爲所書篇數，卽謂所學篇章，此學小藝之事也。諒，注謂應對之言，此履小節之事，班固所謂始知室家長幼之節，故使之讀論語、孝經。而弟子職之類，凡屬幼儀之書，皆不外乎教之以應對進退之事。就康成禮記注所言小學之制與宋儒何嘗有幾微之不同乎？太史公曰：「載籍衆矣，猶考信於六藝。」今自大、小戴記以下，至於尚書大傳、白虎通、漢書及四民月令其書可謂衆矣，無不若重規疊矩。則請再證以孔子之言，以期有所考信焉。論語弟子一章，所謂入孝、出弟、謹信、汎愛、親仁，以至於餘力學文，吾夫子之教小子蓋如此。子游曰，子夏之門人小子，當灑掃應對進退。此與孔子之使闕黨童子將命奚以異？夫教之以孝弟謹信、汎愛親仁，與夫灑掃進退，皆所以使之知室家長幼之節也，是所謂履小節也。使之學六甲五方書計之事，是卽餘力學文，所謂學小藝也。卽其讀論語、孝經，與大學於六藝之中專門受一藝者殊科，亦可謂之學小藝也。至於灑掃應對進退，則弟子職與夫朱子小學所以爲教有以異乎？提要謂趙希弁不當以弟子職入小學，不知漢志附之孝經，孝經正是小學所讀之書，猶之併入小學類也。漢制，使期門羽林之士皆讀孝經，蓋言漢時介胄皆由小學卒業焉耳。當時諸生入大學後尚可讀論語，卽由五經博士兼授，若孝經並未立博士，期門羽林之士，不入小學，烏從誦之？或難余曰，論語、孝經，皆孔氏之遺書，而子謂之幼童所學之小藝，於義安乎？應之曰，漢以孝治天下，孝弟也者，爲仁之本，仁同人。而小學乃人人所必入，故令於此讀之，庶乎幼而習焉，其心安焉，此正所以尊崇孔氏。謂之小藝者，乃學有大小，非書有大小也。晦菴文集卷七十六題小學曰：「古者小學教人以灑掃應對進退之節、愛親敬長隆師親友之道，皆所以爲修身齊家治國平天下之本，而必使之講而習之於幼稚之時，欲其習與知長，化與心成，而無扞格不勝之患也。」又小學題辭曰：「小學之方，灑掃應對，入孝出弟，動罔或悖。行有餘力，誦詩讀書，詠歌舞蹈，思罔或逾。」其言如此，並無悖於孔門之設教。卽較之漢人，使之讀論語、孝經，亦無以大相剌謬也。所不同者，未嘗教之以六甲五方書計之事，未免有本而無末耳。雖然，此亦時與事皆不與漢同，漢人治經，必守家法，故必十五以後就博士專門名家者口受大義。後世聰穎子弟，往往甫經總角，業已五經皆通。夫讀書既多，則六甲五方書法計算之事可不學而能，三倉之類，其書久佚；急就雖存，非世所行用；說文、玉篇，惟高材生乃能涉獵及之，不可以爲常課。孔子所謂餘力學文，文卽是六書，朱子改爲誦詩讀書，亦不得已也。古夫如內則、保傅所說，則古人之入小學，豈僅學六書一端而已，漢書藝文志小學家云：「古者八歲而入小學，故周禮保氏掌養國子，教之六書。」此乃班固用劉歆輯略之文，故與食貨志所言者不合。今案：周禮地官云：「保氏養國子以道，乃教之六藝：一曰五禮，二曰六樂，三曰五射，四曰五馭，五曰六書，六曰九數。」周禮本言教以六藝，如歆言僅教之六書，則一藝而已。孔子言餘力學文，如歆言則專力學文，有末而無本，較之朱子之言，其失不啻倍蓰矣。漢書王莽傳載公孫祿言，國師公顛倒五經，後儒疑周禮者，因歆實始爲周禮之學，且藉歆之力乃得立於學官，遂援祿語爲口實，以爲歆所僞撰。甚至謂古文五經皆歆一手所成，則乾、嘉諸儒堅持門户之過也，如提要此篇是矣。余謂以周禮爲歆所僞撰，此乃意必之辭，羌無故實。或者歆之説經時，不免傅會，强經就我，如其論小學，故意割截經文，斷章取義，其斯之謂顛倒五經也乎！

考訂源流，惟漢志根據經義，要爲近古。今以論幼儀者，別入儒家；以論筆法者，別入雜藝；以蒙求之屬隸故事，以便記誦者，別入類書。惟以爾雅以下，編爲訓詁；説文以下，編爲字書；廣韻以下，編爲韻書。庶體例謹嚴，不失古義。其有兼舉兩家者，則各以所重爲主。原注，如李燾説文五音韻譜實字書，袁子讓字學玄玄實論等韻之類。悉條其得失，具於本篇。

案：提要獨以訓詁、字書、韻書爲小學，謂其源於漢志，以爲根據經義，要爲近古。不知考之大小戴記，其論小學之制，皆於此不合。他經亦無明文。所謂經義，爲何等經義乎？且即以漢志言之，訓詁莫早於爾雅，而漢志在孝經家，不在小學家。所以然者，鄭氏六藝論云：「孔子以六藝題目不同，指意殊別，故作孝經以總會之。」孝經序疏引。駁五經異義云：

「爾雅者，孔子門人所以釋六藝之文言，蓋不誤矣。」大宗伯疏引。近人王先謙漢書補注引葉德輝說，謂「據此則爾雅、孝經同爲釋經總會之書，故列入孝經家」，其說是也。至於劉歆作七略，始專以文字之書名爲小學者，蓋亦不得已也。當時習俗號此類爲史篇或史書。史篇見本志及班書王莽傳，史書見范書皇后紀。以史籀篇名之，然而史籀究不足以名此類之書。凡所謂史篇者，解者多以爲僅指史籀本書言之，余謂不然。又或謂之爲篇章，故急就篇又可名急就章。然古書孰不分篇分章者，則不可獨以名文字之書也。故劉歆作七略，無以名之，强名之曰小學。則試問漢之小學，所讀者僅此類書也乎？漢人除劉、班之外，有名文字書爲小學者乎？因文字書可名小學，遂推及於訓詁及韻書，實則三倉乃四字韻語，其體全如周興嗣之千字文，原無訓詁。有訓詁者，揚雄等之訓纂耳，且其文雖用韻而非韻書也。

小學類一　總目卷四十

爾雅注疏十一卷

晉郭璞注，宋邢昺疏。璞，字景純，河東聞喜人，官至宏農太守。事蹟具晉書本傳。昺有孝經疏，已著録。案大戴禮孔子三朝記，稱孔子教魯哀公學爾雅，則爾雅之來遠矣，然不云爾雅爲誰作。據張揖進廣雅表，稱周公著爾雅一篇。案經典釋文以揖所稱一篇爲釋詁。今俗所傳三篇，案漢志爾雅三卷，此三篇，謂三卷也。或言仲尼所增，或言子夏所益，或言叔孫通所補，或言沛郡梁文所考。皆解家所說，疑莫能明也，於作書之人，亦無確指。其餘諸家所說，小異大同。

嘉錫案：爾雅之作，經傳莫言其人。魏張揖以爲周公所作者，亦臆度之辭耳。其上廣雅表云：「禮三朝記哀公曰：『寡人欲學小辯，以觀於政，其可乎？』孔子曰：『爾雅以觀於古，足以辯言矣。』春秋元命包言子夏問夫子作春秋不以初哉首基爲始何，王念孫廣雅疏證稱此當是釋春秋元年之義。公羊傳云：「元年者何，君之始年也。」爾雅云：「初、哉、首、基、元，始也。」春秋傳不以初、哉、首、基等字爲始，而獨以元爲始，故釋之。是以知周公所造也。率斯以降，超絕六國，越踰秦、楚，爰暨帝劉，魯人叔孫通撰置禮記，文不違古。今俗所傳三篇爾雅，或言仲尼所增，或言子夏所益，或言叔孫通所補，或言沛郡梁文所考，皆解家所說。先師口傳，既無證驗，聖人所言，是故疑不能明也。」自稚讓有此一說，世多宗之。故郭璞爾雅注序云：「爾雅者，蓋興於中古，隆於漢氏。」陸德明經典釋文敍錄亦云：「釋詁一篇蓋周公所作，釋言以下，或言仲尼所增，子夏所足，叔孫通所益，梁文所補，張揖論之詳矣。」今考哀公之問孔子，見大戴禮小辨篇，子曰：「辨而不小，夫小辨破言，小言破義，小義破道，道小不通，通道必簡。是故循弦以觀於樂，足以辨風矣；爾雅以觀於古，足以辨言矣；傳言以象，反舌皆至，可謂簡矣。」北周盧辯注云：「爾，近也，謂依於雅頌。孔子曰：『詩可以言，可以怨，邇之事父，遠之事君，多識鳥獸草木之名也。』」是盧氏不以爾雅爲書名，與稚讓之說不同。然以文意考之，似盧義爲長。蓋所謂循弦者，循乎弦也；爾雅者，爾乎雅也。循弦、爾雅，本爲對文。夫哀公欲學小辨以觀於政，而孔子非之，以爲爲政之道，在求簡易，無貴小辨。苟順乎琴瑟之音，以審聲樂之情，則足以辨民風之美惡。依乎雅正之音，以通故訓之同異，則足以辨殊方異俗之言語。辨給之事，無所取焉。蓋能言中夏之正音，則傳言以象反舌皆至，此正簡易之道也。其所謂雅者，卽論語子所雅言之雅。雅者，夏也，謂中夏也。爾雅乃古之成語，漢書儒林傳所謂文章爾雅，爾雅卽近正之義也。邵晉涵爾雅正義以爲書名，非是。由是觀之，稚讓以小辨篇之爾雅爲書名，誤矣。至於春秋元命包者，本爲讖緯之書，後漢張衡，已稱其爲成、哀之世虛僞之徒所作，以要世取資者，見後漢書張衡傳。則其所記聖門弟子之言，又未必盡實也。稚讓卽據此以證爾雅遠在孔子之前而爲周公之書，亦不經之甚矣。及乎陸元朗，不考其實，附會其說，稱周公所著者卽釋詁一篇，則尤爲謬失。邵晉涵爾雅正義云：「爾雅，漢書藝文志作三卷二十篇，張揖謂周公著爾雅一篇，今所傳三篇，爲後人增補。是張揖所謂篇，卽後人所謂卷，猶云周公所作祇一卷，後人增補，迺有三卷耳。陸氏以周公所作爲二十篇之一，殆考之不審，以致斯誤。」其言是矣。黃以周儆季文鈔卷三答陳善餘書亦同此說。今提要援引稚讓、元朗之說，均不辯其是否，誠無以袪惑解疑，故特表而出之。若夫乾、嘉以降，諸儒論爾雅之作，猶墨守稚讓之成説，其失亦可藉此以明焉。

今參互而考之，郭璞爾雅注序稱「豹鼠既辨，其業亦顯」，邢昺疏以爲漢武帝時終軍事。七録載犍爲文學爾雅注三卷，案七録久佚，此據隋志所稱梁有某書亡，知爲七録所載。陸德明經典釋文以爲漢武帝時人。則其書在武帝以前。曹粹中放齋詩説曰，案此書今未見傳本，此據永樂大典所引。爾雅，毛公以前，其文猶略，至鄭康成時則加詳。如「學有緝熙于光明」，毛公云：「光，廣也。」康成則以爲學于有光明者，而爾雅曰：「緝熙，光明也。」又「齊子豈弟」，康成以爲猶言發夕也，而爾雅曰：「豈弟，發也。」「薄言觀者」，毛公無訓。「振古如兹」，毛公云：「振，自也。」康成則以觀爲多，以振爲古。其説皆本於爾雅。使爾雅成書在毛公之前，顧得爲異哉？則其書在毛亨以後，案詩傳乃毛亨作，非毛萇作。大抵小學家綴緝舊文，遞相增益，周公、孔子，皆依託之詞，觀釋地有鶼鶼，釋鳥又有鶼鶼，同文複出，知非纂自一手也。

案：「豹鼠之辨」，爲漢武帝時終軍事，邢疏亦本於郭注釋獸，「豹文鼮鼠」，郭云，「鼠文彩如豹者，漢武帝時得此鼠，孝廉郎終軍知之，賜絹百匹」是也。提要直以此屬之邢昺，乃一時失檢耳。惟郭注以此爲終軍之事，亦有不然。考漢書終軍傳云：「軍字子雲，濟南人也。少好學，以辯博能屬文聞於郡中。年十八，選爲博士弟子，至長安，上書言事。武帝異其文，拜爲謁者給事中。從上幸雍祠五畤，獲白麟，一角而五蹄。時又得奇木，其枝旁出，輒復合於木上。上異此二物，博謀羣臣，軍上對宜因昭時令日改元，上由是改元爲元狩。後擢爲諫大夫，使南越，説其王欲令入朝，越王聽許，請舉國内屬。而越相呂嘉不欲内屬，發兵攻殺其王及漢使，軍死時年二十餘，故世謂之終童。」據是可知終軍未嘗爲孝廉郎也。其辨鼮鼠事，亦毫無記載，此皆事之可疑者也。然考太平御覽卷九百十一嘗引竇氏家傳曰：「竇攸治爾雅，舉孝廉，爲郎。世祖與百寮遊於靈臺，得鼠，身如豹文，熒有光輝。問羣臣，莫有知者，唯攸對曰：『此名鼮鼠。』詔何以知之？攸曰：『見爾雅。』詔案視書，果如攸言。賜帛百疋，詔羣臣子弟從攸受爾雅。」酈道元水經穀水注及李善文選任昉薦士表注並引摯虞三輔決録注，文亦相同，是辨豹鼠者，乃光武時竇攸之事，非終軍也。郭注蓋由終軍有上書奏對獲白麟得奇木事而誤，故曰亦有不然。又犍爲文學爾雅注者，釋文敍録稱：「一云犍爲郡文學卒史臣舍人，漢武帝時待詔。」此以舍人爲武帝時待詔，不知所本，舍人之姓，亦未言及。清儒以文選羽獵賦李善注嘗引犍爲舍人注，又引郭舍人注，二者皆稱舍人，遂定爲一人。以爲舍人郭姓，卽漢武時與東方朔同爲隱語之郭舍人也。如孫志祖讀書脞録續編、周春十三經音略、邵晉涵爾雅正義、宋翔鳳過庭録、郝懿行爾雅義疏並主此説，是皆爲陸元朗之言所囿矣。今考舍人自是漢臣之名，漢人進書稱臣，例不自記其姓，故往往名存而姓不可考。詳見胡元玉雅學考及劉師培左盦集卷三注爾雅舍人考。惟其時代則必在漢武以後。何以知之？蓋漢代爾雅一書之傳習，孝平以前猶未顯著，至平帝元始四年，始令天下通爾雅者詣公車。見漢書莽傳上。及乎東漢光武，遊於靈臺，以竇攸獨能有鼮鼠之辨，故詔羣臣子弟從攸受爾雅，足證東漢之初，習之者尚尠。若舍人果爲武帝時人，而有爾雅注，劉歆七略必著于目矣。然漢志不載其書，是舍人非漢武帝時人也。且觀陸氏釋文及唐人五經正義與宋御覽邢昺爾雅疏所引舍人注，已雜有類似白虎通之訓詁，如「宵，陽氣消也」，見書堯典正義釋文，邢疏。「朔，盡也，北方萬物盡，故言朔也」。見書堯典正義，邢疏。案此文有脱誤，當云朔，蘇也，北方萬物盡，蘇而復生，故言朔也。「宧，東北陽氣始起，萬物所養，故謂之宧也」。見御覽卷一百八十八。「突，東南萬物生，蟄蟲必出，案『必』與『畢』通。無不由户突」。此皆哀、平之世，讖緯既興以後，所用説經解字之法，其與白虎通、釋名何異？舍人之注爾雅，既以此法訓説字義，則舍人蓋生於後漢之世矣。然則元朗之言，殆嚮壁虛造者乎，固難以爲憑藉也。余疑元朗謂舍人爲武帝時待詔，蓋卽附會爲漢書東方朔傳之郭舍人，惟未明言耳。提要據豹鼠之辨爲終軍事，及舍人爲武帝時人，以謂爾雅在武帝以前，其證據不能謂之精審，非其言必誤，其所徵引之事理有不足爲憑者也。如謂爾雅在漢武以前，今爾雅有霍山爲南嶽之文，以霍山爲南嶽，昉自漢武，則又何説？或謂霍山爲後人所改，本作衡山。此亦臆説，未必如是也。以是可知，欲考證一書之時代，殊非易事也。要之，爾雅爲漢人所作，其成書當在西漢平帝以前無疑。提要云：「大抵小學家綴緝舊文，遞相增益，周公、孔子，皆依託之詞。」斯言可爲定論。邵二雲謂爾雅始於周公，成於孔氏門人，並援引逸周書謚法解中之訓釋與爾雅相符者爲周公作爾雅之證，終不免牽強。

其書歐陽修詩本義以爲學詩者纂集博士解詁，高承事物紀原亦以爲大抵解詁詩人之旨，然釋詩者不及十之一，非專爲詩作。揚雄方言以爲孔子門徒解釋六藝，王充論衡亦以爲五經之訓故，然釋五經者不及十之三四，更非專爲五經作。今觀其文，大抵採諸書訓詁名物之同異以廣見聞，實自爲一書，不附經義。

案：揚雄方言無孔子門徒解釋六藝之文。葛洪西京雜記卷上云：「郭威字文偉，茂陵人也。好讀書，以謂爾雅周公所製，而爾雅有張仲孝友，張仲，宣王時人，非周公之製明矣。余嘗以問揚子雲，子雲曰，孔子門徒游、夏之儔所記，以解釋六藝者也。」揚雄之言，卽出于是。文中自稱爲余者，乃葛洪所以依託爲劉歆之言也。提要以爲子雲語乃出自方言，可謂詭錯之甚者矣。蓋提要之作，援據雖博，然於經部之書多取自朱彝尊經義考，經義考於爾雅目下但題「揚雄曰」云云，不注出處，殊與著述之體例不合。而修提要諸公，莫究所以，遂隨手署題，不加考案，紕繆百出，固其宜也。至若稚川之書，號稱虛誕，所言不必確有其事。子雲之語，既不見太玄、方言諸書，則亦不足據爲典要矣。然詩黍離正義引鄭玄駁五經異義曰：「某之聞也爾雅者孔子門人所作，以釋六藝之旨，蓋不誤也。」此與葛洪所稱子雲之言相同，是後漢鄭康成嘗有是言也。

璞時去漢未遠，如「遂幠大東」稱詩，「釗我周王」稱逸書，所見尚多古本，故所注多可據。後人雖迭爲補正，然宏綱大旨，終不出其範圍。昺疏亦多能引證，如尸子廣澤篇仁意篇，皆非今人所及睹。其犍爲文學、樊光、李巡之注，見於陸氏釋文者，雖多所遺漏，然疏家之體，惟明本注，注所未及，不復旁搜，此亦唐以來之通弊，不能獨責於昺。惟既列注文，而疏中時複述其文，但曰郭注云云，不異一字，亦更不別下一語，殆不可解。豈其初疏與注別行歟？今未見原刻，不可復考矣。

案：錢大昕潛研堂集卷二十七跋爾雅單行本云：「唐人五經正義，本與注別行，後儒欲省兩讀，并而爲一，雖便於初學，而卷第多失其舊。兹見金昌袁又愷案又愷即袁壽階。所藏宋槧爾雅單行本，可想見古注疏之式，良可寶也。」陳鱣經籍跋文云：「羣經之疏，本自單行，今尚存宋本有三，而皆萃於吳中。三者何，儀禮也，穀梁傳也，爾雅也。爾雅疏二部，一爲黄蕘圃所藏，一爲袁壽階所藏，并宋刻本十卷，每半葉十五行，行三十字，首尾俱全。考邢叔明自序云爲之疏釋，凡一十卷。宋史藝文志、玉海皆作十卷。今細按之，卷一釋詁，卷二釋詁，卷三釋言，卷四釋訓、釋親，卷五釋宮、釋器、釋樂，卷六釋天，卷七釋地、釋丘、釋山、釋水，卷八釋草，卷九釋木、釋蟲、釋魚，卷十釋鳥、釋獸、釋畜，俗本分爲十一卷，極爲無理。就所見元時刊本已然，至今相沿不改，猶幸單行疏尚存耳。經注或載全文，或標起止，皆空一格，下稱釋曰。後來所刊，妄加删改，誤處甚多，余别有校記。大約經文與唐石經合者甚多，注文亦遠甚今本，而疏文完善，頓使耳目一新。」袁氏藏本，後歸黄氏，而黄以其舊藏售之於陳，跋中詳敍之，今删。阮元作爾雅校勘記，亦據宋槧單行疏本，所敍體例與陳氏同。其所刻十三經注疏，爾雅十卷，已復單行本之舊。陸心源曾以單行本重刻行世，有序一篇，今不録。近人王國維觀堂集林卷十七宋刊本爾雅疏跋云：「烏程蔣氏，蔣孟蘋也。藏宋刊爾雅疏十卷，明文淵閣舊藏，卽吾鄉陳仲魚先生經籍跋文所著録者也。案宋刊諸經單疏存於今者，臨清徐氏有周易正義，國子監丞徐坊也，坊殁，其子以贈吾師膠州柯鳳蓀先生。師身後子昌泗售之，故友傅沅叔曾以珂羅版影印一百部。日本楓山官庫有尚書正義，竹添氏有毛詩正義，近藤氏有影鈔左傳正義，前吳門黄氏有儀禮疏，蔣氏復有殘公羊疏，并此爾雅而七。爾雅疏，舊又有吳門黄氏、歸安陸氏二本，今黄本久佚，案既言蔣氏所藏卽陳仲魚本，陳跋自謂得之於黄，今乃言黄本久佚者，蓋謂黄所藏袁壽階本已佚也。陸本又流出海外，惟此爲碩果矣。宋初刊五經正義，成於淳化五年，七經正義成於咸平四年，此本猶是咸平舊式。然於欽宗嫌名『萓』字、高宗嫌名『媾』字，皆闕一筆，又多元、明補刊之葉，乃南渡後重刊北宋監本，又經元、明修補者也。考北宋監本，靖康中爲金人輦之而北，南渡後即有重刊經疏者，如竹添氏所藏詩疏，乃紹興九年九月十九日紹興府重雕。又玉海載紹興十五年，博士王之望請羣經義疏未有板者，令臨安府雕造，原注云建炎以來朝野雜記亦記此事。則高宗末年羣經義疏當已盡有印板矣。此種州郡刊板，當時即入監中，故魏華父、岳倦翁並謂南宋監本盡取諸江南諸州。蓋南渡後監中不自刊板，悉令臨安府及他州刊之，而以其板入監，此即南宋監本也。明黄佐南雍志經籍考所載，舊板有周易注疏十三卷、儀禮注疏五十卷、春秋正義三十六卷、春秋公羊傳疏三十卷、春秋穀梁傳疏二十卷、爾雅注疏十卷。其書雖或稱正義，或稱疏，或稱注疏，而其卷數無不與北宋單疏本合，與南雍之十行本不合，當即南宋所刻單疏舊板。以其板久闕不印，又明人但知有注疏，不知有單疏，故即以注疏目之。此本用洪武中公牘紙印，又有明初補板，乃明南雍本可知。南雍志之爾雅注疏十卷即是此本，而其他周易儀禮三傳諸疏，卷數同於單疏本，而不同於南雍注疏本，此其爲南宋單疏舊板，蓋可識矣。南雍十行本注疏，向無儀禮、爾雅二種，明初尚補綴單疏本，以備十三經之闕。是以此二疏，後世猶有傳本，餘疏自元以後，殆已不多印行矣。」

釋名八卷

漢劉熙撰。熙字成國，北海人。其書二十篇。後漢書劉珍傳稱珍撰釋名三十篇。以辨萬物之稱號。其書名相同，姓又相同，鄭明選作秕言，頗以爲疑。然歷代相傳，無引劉珍釋名者，則珍書久佚，不得以此書當之也。明選又稱此書爲二十七篇，與今本不合，明選萬曆中人，不應別見古本，殆一時失記，誤以二十爲二十七歟？

嘉錫案：熙自敍云：「撰天地、陰陽、四時、邦國、都鄙、車服、喪紀，下至民庶應用之器，論敍指歸，謂之釋名。凡二十七篇。」玉海引崇文總目云：「凡二十七目。」注云：「書目同。」謂中興館閣書目。書録解題卷三亦云：「凡二十七篇。」今世所行本，自釋天起至釋喪服第二十七止，明繙宋陳道人本及各通行本皆同。提要乃云二十篇，嚴可均鐵橋漫稿卷四答丁氏問又云二十八篇，不知其何所據也。且提要不考崇文總目等書，惟以明人所云二十七篇爲疑，可謂信手拈來，數典忘祖者矣。提要於劉熙仕履始末，不置一詞，與他條體例特異。今薈稡諸說，補考於此。焦循孟子正義卷首孟子題辭疏云：「畢氏沅釋名疏證敍云隋書經籍志釋名八卷，後漢安南太守劉熙撰。後漢無安南郡，惟漢陽郡注引秦州記曰，中平五年，分置南安郡，則安南或南安之誤。晉李石續博物志云，案李石乃宋人，此沿明刻本之誤。漢博士劉熙，陳振孫書録解題、馬端臨文獻通考並云漢徵士北海劉熙字成國，不知何本？三國吳志，韋昭言見劉熙所作釋名，信多佳者；程秉傳言秉避亂交州，與劉熙考論大義；又薛綜傳言綜避亂交州，從劉熙學。交州，孫吳之地也。以上畢敍。按程秉逮事鄭康成，避亂交州，與熙考論，遂博通五經，其後士燮乃命爲長史。然則程秉、薛綜與劉熙在交州，乃士燮爲交趾太守時。燮附孫權在建安十五年，時秉、綜俱已爲權所得，是其師事劉熙，乃遠在建安十五年以前，秉爲太子太傅，黄初四年，太子登親迎秉進說，病卒。登以赤烏四年卒，秉當卒於登前，自建安十五年至此，止二十餘年，蓋秉已老矣。而薛綜卒於赤烏六年，距建安十五年亦止二十二年，其師事熙，蓋少時，當在獻帝初年。則是時交州仍爲漢地，劉熙爲漢人無疑。士燮附孫權時，熙蓋已前没，何也？秉、綜，權尚以名儒而禮徵之，況所師事者乎？或謂熙及魏受禪後，非。謂熙爲漢末或魏受禪以後人，亦畢氏敍中語。其相傳爲安南太守者，亦以其在交州而譌，非南安之誤也。」嚴可均對丁氏問論釋名云：「問曰，後漢文苑傳劉珍撰釋名三十篇，今所見釋名八卷二十八篇，題北海劉熙成國撰，或題徵士，或題安南太守。隋、唐志但題劉熙撰，不書官位。請問劉熙何許人，其書即劉珍撰乎，抑各自爲一書乎？對曰，劉珍書，隋、唐志不載，蓋久亡。或珍創始，而熙踵成之，不可考也。世說言語篇注引伏滔論青、楚人物，稱劉成國爲青士有才德者。北海屬青州，則今本云北海，云成國，是也。其云徵士，不可考。其云安南太守者，隋志大戴禮下，梁有謚法三卷，後漢安南太守劉熙撰，然不確。唐調露元年始改交州總管府爲安南都護，前此交趾無安南之名。近人或云當作南安。按南安地屬涼州部，而劉熙久居交州。陳壽載有三條：蜀志許慈傳，師事劉熙，建安中自交州入蜀；吳志程秉傳，避亂交州，與劉熙考論大義；薛綜傳，少避亂交州，從劉熙學。計熙在交州，值獻帝初年，或者靈帝末嘗爲南安太守，後改官交州，先士燮爲太守，去官寓居，皆不可考，而其曾官太守，則隋志可據也。光武十王傳别有劉熙，建安十一年嗣瑯玡王，姓名偶同，與作釋名者無涉。後數十年又有劉熙，魏志劉馥傳，孫熙，嗣建成侯，尤與釋名無涉。」嚴氏所輯全後漢文卷八十八自注略同。洪亮吉曉讀書齋雜録卷一云：「釋名舊本題安南太守劉熙撰，考據家並云漢無安南郡。余考晉書循吏傳，魯芝當魏時，行安南太守，又吳志薛綜傳，避地交州，從劉熙學。安南郡正屬交州，則正義所言不誤。」郝懿行曬書堂文集劉熙釋名考云：「熙之名後漢書不載，而文苑劉珍傳稱撰釋名三十篇，以辨萬物之稱號。劉珍名字既别，又成國自敍釋名凡二十七篇，與三十篇之數異，恐非一書也。蜀志許慈傳，師事劉熙，知熙必漢末人。吳志程秉傳，逮事鄭玄，後避亂交州，與劉熙考論大義，遂博通五經；薛綜傳亦云避地交州，從劉熙學。是熙有文學，爲時所重。許慈所師，當即其人，而不云有所撰述，未知即作書人否？惟吳志韋曜傳，稱劉熙所作釋名，信多佳者，惟物類衆多，難得詳究，故時有得失，而爵位之事，又有非是，官爵今之所急，不宜乖誤，作官職訓及辨釋名各一卷。是熙所作釋名，曜傳甚明，非珍作審矣。交州與吴、蜀比近，陳壽作志，當得其實。又曜傳亦載劉珍，而釋名定爲熙作，則後漢書以爲珍作者謬矣。但據曜傳，有官爵篇，而今書闕如，此則敍所稱二十七篇亦謬，或淺人據今缺本妄改矣。」余謂欲考熙之始末，惟時代、籍貫、仕履三者而已。時代則諸本及各家著録，皆題漢劉熙，畢氏獨疑其及魏受禪以後，焦氏據吴志詳考以駁之，是矣。然世説注載伏滔論青州人物，歷舉自春秋至魏時諸人，而云後漢時劉成國，不與管幼安邴根矩等由漢入魏者並數，則成國之爲後漢人，更無疑義，不待繁稱博引也。籍貫則玉海卷四十四引吴志韋昭傳云：「北海劉熙作釋名。」今本吴志無「北海」二字，當是傳寫脱誤，是熙之爲北海人，史有明文，又不待取證於伏滔之論人物矣。至於仕履，則各家之説互有不同，畢氏、嚴氏以爲南安太守，洪氏以爲安南太守，焦氏以爲昔人以其在交州，而譌爲安南。就中洪氏之説，似爲有據，然徧考諸書，如續漢書郡國志、晉書地理志、宋書州郡志、元和郡縣志、太平寰宇記，以及唐、宋類書之敍地理者，均不云後漢有安南郡。晉書循吏傳雖有魯芝行安南太守之語，單文孤證，難可據依。畢氏謂爲南安之誤，亦别無證佐，仍當闕疑，以俟博考。若焦氏謂因其在交州而譌，則隋志所本，昔人皆謂其根據七録。此條云梁有謚法三卷，後漢安南太守劉熙撰，正七録之文，阮孝緒安知交州之爲安南？即唐人所修之五代史志，亦以顯慶元年上進，下距調露元年改交州總管府爲安南都護府時，凡二十三年，當時尚無安南之名，以何因緣致斯譌誤乎？焦氏之言，失考甚矣。若夫郝氏跋中，無非辨明此書非劉珍所作，考證詳明，足補提要所未備，吾無譏焉。又按古今姓氏書辨證卷十八云：「臨淮劉氏，出自漢光武子廣陵思王荆子俞鄉元侯平，平生彪，襲封，生元，元生熙，尚書郎，熙生述，東平太守，述生建，晉永城令。」考其所敍世系，不見廣陵王荆本傳，傳止云封荆子元壽爲廣陵侯，又封元壽弟三人爲鄉侯，此所謂俞鄉元侯平者，殆即三人之一歟？平孫熙與作釋名之劉成國，姓名相同，熙孫建已入晉代，則熙當爲漢末人，與成國時代亦略相當。然不言爲北海人，又書其官爲尚書郎，與成國之稱徵士或大守者復不同，蓋非一人。以爲嚴氏所未及，姑著於此以備考。

匡謬正俗八卷

唐顏師古撰。前四卷凡五十五條，皆論諸經訓詁音釋。後四卷凡一百二十七條，皆論諸書字義字音及俗語相承之異。考據極爲精密，惟拘於習俗，不能知音有古今，其注漢書，動以合聲爲言，遂與沈重之音毛詩同開後來叶音之説。故此書謂葬音臧，誼議音宜，反音扶萬反，歌音古賀反，彝音上聲，怒有上去二聲，壽有授受二音，縣有平去二聲，迴音户鎣反，皆誤以今韻讀古音；謂穰音而成反，上音盛，又音市郢反，先音西，逢音如字，不讀龐，皆誤以古音讀今韻，均未免千慮之一失。然古人考辨小學之書，今皆失傳，自顏之推音證篇外，實莫古於是書，其邱區禹字之論，韓愈諱辯引之，知唐人已絶重之矣。

嘉錫案：近人文廷式純常子枝語卷八云：「案經典釋文關雎『樂之』釋文云，音樂，或云協韻，音五教反。『王姬之車』，釋文云，之車協韻，尺奢反。後漢書孝靈帝紀贊，以衛韻孽缺，李賢注，衛協韻，音於别反。凡此等者甚多，其言協韻，即叶音也。蓋顏籀之前，已有此説矣。」文氏之引經典釋文以明協韻之所起，是也。至於李賢注史，在顏籀之後，而以爲在前，則因果倒植矣。師古爲太子承乾注漢書，以貞觀十一年表上，見舊書本傳。章懷范書注，則獻於儀鳳元年，見舊書高宗紀，上距顏成書時，相去四十年。

埤雅二十卷

宋陸佃撰。佃字農師，少從學於王安石。熙寧三年，擢進士甲科，歷轉至左丞，未幾罷爲中大夫，出知亳州，卒於官，事蹟具宋史本傳。史稱其精於禮家名數之學，所著稗雅、禮象、春秋後傳之類，凡二百四十二卷。王應麟玉海又記其修説文解字；其子宰作此書序，又稱其有詩講義、爾雅注；今諸書並佚。其爾雅新義，僅散見永樂大典中，文句譌闕，亦不能排纂成帙，傳於世者，惟此書而已。

嘉錫案：阮元揅經室外集卷二云：「爾雅新義二十卷，宋陸佃撰。陳振孫書録解題云，頃在城南，傳寫十八卷。其曾孫子遹，刻于嚴州，爲二十卷。是編從宋刻，依樣影鈔，凡二十卷，殆即子遹之所刻歟？」今案：此書自經阮氏進呈外，嘉慶間蕭山陸芝榮曾將此書刻板印行，至道光間，南海伍崇曜又刻入粤雅堂叢書。

小學類二 總目卷四十一

急就章四卷

漢史游撰。漢書藝文志注，稱游爲元帝時黄門令，蓋宦官也，其始末則不可考矣。其書自始至終無一複字，文詞雅奥，非蒙求諸書所可及。

嘉錫案：俞正燮癸巳存稿卷十二引提要此數句，駁之云：「案『急就奇觚與衆異』，則有『彦奇能』、『異等倫』、『各異工』。『羅列諸物名姓字』，則有『列侯諸將軍』、『諸物盡訖』、『遠取姓名訖』。『請言物名顯殊絶，分別部居不雜廁』，則有『别故新』、『所不侵』、『不足憐』、『不直錢』、『裳韋不借』、『不肯謹慎』、『莫不滋榮』、『莫不容盛』、『蝗災不起』、『其雜診』、『屏廁清溷』。『用日約少誠快意』，則有『冬日藏褁』、『約纏少府』。『勉力務之必有喜』，則有『魯賀喜』。『請道其章』，則有『請言物』、『顔文章』、『止開章』六句，已多重字。又『蠡升參升半巵觛』，則當句中複字。」按如俞氏所舉，則提要所謂無一複字者真如未讀其書也。且今日現存古小學書無複字者莫如千字文，何爲反不著録乎？若謂其文不古奥，此自是時代爲之，使出於西漢揚雄輩之手，易之以艱深之詞，則雅且奧矣。推提要之意，或者以其爲世所通行，與三字經同鄙爲俗書耶？然此自是古今名作，不獨非百家姓所能及，亦高出乎李翰蒙求之上。乃二書一收一不收，反復求之，不得其解，卽三字經之不著録，亦無理可說也。

說文繫傳考異四卷附録一卷

國朝汪憲撰。憲字魚亭，仁和人。乾隆乙丑進士，候選主事，未就銓而卒。南唐徐鍇作說文繫傳四十卷，歲久散佚，好事者祕相傳寫，魚魯滋多，或至不成句讀。憲所見者，猶屬影宋鈔本，然已譌不勝乙，因參以今本說文，旁參所引諸書，證其同異，以成是編。譌者正之，其不可解者，則並存以俟核定焉，亦可云留心小學者矣。末有附録二卷，乃朱文藻所編，上卷爲諸家評論繫傳之作，下卷載鍇詩五首及其兄弟軼事。今存其上卷，以資考核，下卷則竟從删汰。

嘉錫案：皕宋樓藏書志卷十三載此書後有朱文藻云：「作考異二十八篇，又別爲附録上下二篇，書經歲周抄畢，案謂繫傳。藏之汪氏振綺堂。其考異附録等篇，録一通，隨原書歸吳下。」又與宗文翁牘云：「適入夏，猝遭魚亭先生尊人大故，未免間以他務停止。恰值潘先生有還吳之便，原書附順奉上，外有考異二十八篇，附録二篇，合爲一册，並呈教政。」又載丁杰手跋云：「初見此跋，疑卽朱君所撰書也，今詢朱君，果如余所料，抃喜者累日。輩下諸公傳抄者，並署朱君名，不復知有汪主政事，乃據吳門副本耳。」蓋朱文藻館於汪憲家，汪借得宗氏影宋抄本繫傳，倩朱抄之，朱因作此書。其署汪憲之名者，猶之徐善爲高士奇作春秋地名考略故事耳。丁丙善本書室藏書志卷三云：「汪啓淑刊繫傳四十卷並附録，而遺考異。乾隆壬辰間，四庫館採訪遺書，武林諸藏書家各以善本經大吏進於朝，先後凡五千餘種。浙撫復令振綺堂後人汪汝瑮增選百種續進，遂以此應選，題爲汪憲撰，實則朱文藻所校録也。文藻字朗齋，自號碧溪居士，錢塘諸生。」

重修玉篇三十卷

梁大同九年，黄門侍郎兼太學博士顧野王撰。唐上元元年，富春孫强增加字，宋大中祥符六年，陳彭年、吳鋭、邱雍等重修，凡五百四十二部。今世所行凡三本：一爲張士俊所刊，前有野王序一篇，啓一篇，後有神珙反紐圖及分毫字樣，朱彝尊序之，稱上元本。一爲曹寅所刊，與張本一字無異，惟多大中祥符勅牒一道，稱重修本。一爲明内府所刊，字數與二本同，而每部之中次序不同，注文稍略，亦稱大中祥符重修本。案文獻通考載玉篇三十卷，引晁公武讀書志曰：「梁顧野王撰，唐孫强又嘗增字，釋神珙反紐圖附於後。」又載重修玉篇三十卷，引崇文總目曰：「翰林學士陳彭年與史館校刊吳鋭、直集賢院邱雍等重加刊定。」是宋時玉篇原有二本，彭年等進書表稱肅奉詔條，俾從詳閲，譌謬者悉加刊定，敷淺者仍事討論。其敕牒後所列字數，稱舊一十五萬八千六百四十一言，新五萬一千一百二十九言，新舊總二十萬九千七百七十言，注四十萬七千五百有三十字。是彭年等大有增删，已非孫强之舊。故明内府本及曹本均稱重修。張本既與曹本同，則亦重修本矣。乃删去重修之牒，詭稱上元本，而大中祥符所改「大廣益會」之名及卷首所列字數，仍未及削改，可謂拙於作僞。彝尊序乃謂勝於今行大廣益本，殆亦未見所刊而以意漫書歟？

嘉錫案：徐時棟煙嶼樓讀書志卷十一云：「朱竹垞序張刻玉篇，誤稱上元本。於是提要遂以誣張士俊，謂其故删重修牒，詭稱上元本，而左袒竹垞，謂其未見所刻，而以意漫書。不知張刻卽出朱氏所授，何得未見？而張刻明稱大廣益會玉篇，何嘗詭稱上元本哉？提要中頗多意測之辭，而於此書，則卽首葉朱序未終讀之，可謂疏矣。至朱序蓋高年錯記，當張刻此書時，以竹垞名重，不能不刻其序，又以竹垞年高，不敢請其改作。此或張氏當日所以仍刻誤序之故，然何妨卽朱序後附識數行，以明其誤，卽不貽後人以口實矣。是亦張氏之疏也。」今案：徐氏爲張士俊辯誣是矣。至其謂竹垞之誤稱爲上元本，蓋由高年錯記，則尚不免有左袒之嫌也。觀彝尊序中，一則曰「予借得宋槧上元本」，再則曰「復上元本而古之小學存焉矣」。而士俊跋中，則直曰「秀水朱先生見常熟毛丈扆所購宋板大廣益會玉篇一部，相與歎賞，冀共流傳」云云，夫彝尊、士俊二人，既相與歎賞，自必摩挲把玩不置，士俊明著其爲大廣益會本，則不惟筆之於書，必先宣之於口，彝尊雖老，寧至既聾且聵乎？此蓋英雄欺人，欲自表章其能存古代小學之功耳。至於提要，往往於前人序跋，讀未終篇，遽爾立論者，蓋亦多矣，又不獨此一書爲然也。

干禄字書一卷

唐顏元孫撰。元孫，杲卿之父，真卿之諸父也。官至滁、沂、豪或誤作濠。三州刺史，贈祕書監。大歷九年，真卿官湖州時，嘗書是編勒石。開成四年，楊漢公復摹刻於蜀中。今湖本已泐闕，蜀本僅存。宋寶祐丁巳，衡陽陳蘭孫始以湖本鋟木。國朝揚州馬曰璐，得宋槧翻刻之，卽此本也。然證以蜀本，率多謬誤。中略。今以蜀本互校，補闕文八十五字，改譌體十六字，刪衍文二字，始稍還顏氏之舊。

嘉錫案：提要之言，凡有二誤。蓋自魯公之官湖州，書是編而鐫之於石，其後六十五年，楊漢公爲是郡刺史，見其刓缺已甚，始重摹勒石，以永其傳，且載筆爲記曰：「太師魯公，忠孝全德，儀形古今，存道歿身，焕乎國史。文學之外，尤工隸書，盡鍾繇之精能，極逸少之楷則。頃因左宦，曾牧茲郡，才大事簡，居多餘閑，録干禄、字様，鐫於貞石，仍許傳本，示諸後生。一二工人，用爲衣食業，晝夜不息，刓缺遂多。親姪顒頃牧天台，懼將磨滅，欲以文字移於他石，資用且乏，不能克終。漢公謬憩棠陰，獲觀墨妙，得以餘俸成顯之意，自看摹勒，不差纖毫，庶使筆蹤傳於永永。時開成四年六月廿九日。刺史楊漢公記。」據夷門廣牘本干禄字書。此述其刻石之原委甚詳，時漢公正官湖州，故曰「謬憩棠陰，獲觀墨妙」云云，今提要稱漢公之摹本，刻於蜀中，匪但與漢公之後記不符，且與新唐書所述漢公之仕履不相應。考新唐書本傳，卷一百七十五。漢公字用乂，虞卿子，虢州弘農人。嘗爲户部郎中、史館修撰，轉司封郎中。坐虞卿事除舒州刺史，徙湖、亳、蘇三州，擢桂管、浙東觀察使。後拜荆南節度使，左遷同州刺史，更宣武、天平兩節度使而卒。據是，則漢公平生，蓋未嘗一至川蜀者，何得於蜀中摹刻干禄字書？修提要者不審翔實，隨筆而記，其誤一也。夫漢公之摹本既刻於湖州矣，而提要所稱爲蜀本者何，曰，此乃南宋初宇文時中傳刻於蜀之潼川者也。今夷門廣牘所收干禄字書，卽爲蜀本，末有紹興十二年壬戌八月梓學教授成都句詠跋，略謂：「魯公所書之石刻，在湖州刺史宅東廳院，傳之維艱，故世罕得善本，而蜀士大夫所見惟板刻，尤鮮得其真。府尹龍閣宇文公比刺湖州，得魯公所書與楊漢公所摹二本，特爲精詳，於是俾以楊、蜀二本參校，若顏書之刓缺者，以二本補焉，不可推究者闕之。合通顏書之士，摹勒刊石於泮，使學者矜式。雖謂摹刻失真，然梗概猶在，學者意解神悟，尚庶幾得髣髴於斯，抑自公始也。」此所謂府尹宇文公者，名字未詳。段玉裁云：「吳沖之考費著氏族譜，定爲成都宇文時中。」見經韻樓集卷七書干祿字書後。其言當不誤也。觀句詠所記，可知是書南宋以前蜀中尚無石本，有石本則自宇文氏始，然其去楊漢公之勒石也，已三百餘年矣。今提要卽以蜀本爲漢公之摹本，將後作前，其誤二也。故曰，提要之言，凡有二誤。又干祿字書之鋟木，南宋初已有蜀本，提要謂自理宗寶祐五年陳蘭孫始，亦非。夫修提要者，皆一時博彦俊乂之士，而所以有如是之誤者，豈非平時檢校不細，臨文更不詳覈之過歟？

是書爲章表書判而作，故曰干祿。其例以四聲隸字，又以二百六部，排比字之後先，每字分俗通正三體，頗爲詳核。其中如虫蟲、啚圖、商商、凍涷，截然兩字，而以爲上俗下正；又如皃古貌字，而云貌正皃通；韭之作韮，芻之作𦬁𦬁，直是俗字，而以爲通用；雖皆不免千慮之失，然其書酌古準今，實可行用，非詭稱復古，以奇怪釣名。言字體者，當以是爲酌中焉。至二百六部之次序，與廣韻間有不同，或元孫所用乃陸法言之舊第，而廣韻次序，乃宋人所改歟？

案：元孫是書，足稱詳核。提要所舉虫蟲、啚圖等字，說文雖爲二字，而俗書相亂，故元孫稱上俗下正。蓋其體製，主在分別俗正，不盡株守說文，提要以其爲非，不免苛責古人。至於韭韮、芻蒭芻之作𦬁𦬁，乃唐人俗體。之例，分別通正，亦不爲誤。嘗紬繹其書，凡所謂正者，並有憑據，或本說文，或本經典。所謂通者，則隸省隸變及增益偏旁之字屬焉。所謂俗者，乃點畫之間略有訛誤者也。俗書韭之作韮，芻之作蒭，乃偏旁之增益，並非訛體，故不謂之爲俗。提要不考書之體例，無的放矢，多加非難，豈不爲識者所笑乎？段玉裁書後云：「朝議之撰此書，辨別俗通正三體，則張氏五經文字、唐氏九經字樣之先聲也。字有相亂，因而附焉，則郭氏佩觿之始基也。其正字既皆合古，卽其通字俗字，學者流覽，亦可以推古今遷移之故，今世俗字與唐時俗字之有不同，而爲校定古書之一助。顧其言字形字義時，分別不雅馴，如羈羇云，上羈勒下羇旅，而不知羈勒之義，演之爲羈旅，古無羇字也。屯乇云，上屯厄下乇聚，而不知屯，難也，屯聚不散，若有所難，其義相近，古無異字，屯乇又皆非正體，郭氏佩觿，實沿其誤。弦絃云，上弓弦下琴絃，而古無絃字也。臯皋云，上通下正，而不知臯爲隸省，五經文字可考也。冢塚云，上冢適下塚壟，而不知古無是分別，且無塚字也。否否云，可否字與否泰字不同，而六書絕無此說，否字不見古籍，不知何據也。仚企云，上高舉皃，許延反，鮑明遠書勢『鳥仚魚躍』，下企望，丘賜反，而不知仚字本無高舉之義，鮑氏書勢，摘用景福殿賦『鳥企山峙』句，隸體或寫止作山，淺者讀爲許延反，而廣韻仚字下輕舉一義，踵其誤也。其他不協者尚多，其自序稱筮仕觀光，升沈是繫，目以干祿，義在斯乎，倘未得免乎爲人之學歟。」其言可謂頗中肯綮者矣。

文案：是書以平上去入四聲爲次，每聲轉韻處，皆朱點其上，今傳本已失其標識。考其分韻之次第，與廣韻時有不同，如平聲則覃談列陽唐之前，蒸登列鹽添之後。其仄聲亦相應，去聲則泰列霽祭之前，入聲陌麥昔錫四韻，則列爲錫昔麥陌，此並與切韻相合。是元孫所據之韻書，蓋即陸氏切韻一系之韻書矣。切韻分韻一百九十三，與廣韻不同。

五經文字三卷

唐張參撰。參里貫未詳，自序題大歷十一年六月七日，結銜稱司業，蓋代宗時人。

嘉錫案：張參新、舊兩唐書無傳，惟新書宰相世系表載河間張氏，有其名，稱國子司業，是參爲河間人也。至其生平之事跡已不盡可考。朱彝尊曝書亭集卷四十九跋五經文字云：「孟浩然集有送張參明經舉覲省詩，錢起集有送張參及第還家作，而郎官石柱題名，參曾入司封員外郎之列。蓋參在開元、天寶間舉明經，至大歷初佐司封郎，尋授國子司業者也。今其姓名，僅一見於宰相世系表，一見於藝文志小學類，他不詳焉。」是則參之事跡，所能考見者，盡於是矣。

考後漢書熹平四年春三月，詔諸儒正五經文字，刻石立於太學門外，參書立名，蓋取諸此。

凡三千二百三十五字，依偏旁爲百六十部。

案：參之爲是書，意在辨識羣經諸字之讀音，及經典相承隸省隸變，與說文字體之異同，既病舊日字樣以四聲分字，偏旁傳寫訛替之多，乃依說文、字林，分部以攝字，其部目固與說文不盡相同，而偏旁之分析，多與六書諧聲之旨不合，誠可異也。夫說文之分辨諧聲，凡一部之字，皆以部首爲形，而五經文字則不盡然。蓋一部之字，有以部首爲形者，亦有以部首爲聲者。如木部手部，皆以木手爲形矣；而才部且部，則皆以才且爲聲；羊部羝羭洋翔諸字，同屬一部矣，而羝羭以羊爲形，洋翔則以羊爲聲；是匪特與說文不合，抑且有乖分部之意，幾令人無由索檢。至其蹐駮尤甚者，若廿部之收堇歎燕庶黃諸字，十部之收博協肸率屯諸字，割裂偏旁，凌轢統緒，則更不足爲訓。昔劉夢得爲國學新修五經壁記，嘗稱參爲名儒，而其不講六書，猶且如是，則有唐一代字學之荒疏，亦可知矣。

九經字樣一卷 唐唐玄度

五經文字音訓多本陸德明經典釋文，或注某反，或注音某。玄度時避言反字，無同音字可注者，則云某平某上，就四聲之轉，以表其音。是又二書義例之異云爾。

嘉錫案：此云玄度時避言反字，蓋本顧炎武音論之說。音論云：「反切之名，自南北朝以上皆謂之反，孫愐唐韻則謂之切。蓋當時諱反字，如荀子『口行相反』，戰國策『上黨之民皆反爲趙』；淮南子『談語而不稱歸，是反也』；家語『其彊禦足以反是獨立』，今本並作返。」又云：「唐玄度九經字樣序曰：『避以反言，但紐四聲，定其音旨。其卷内之字，蓋字下云公害翻，代反以翻；受字下云平表紐，代反以紐。是則反也，翻也，切也，紐也，一也。』然張參五經文字並不諱反，則知凡此之類，必起於大歷以後矣。」自顧氏有此一說，戴震著聲韻考，亦云：「唐之季避言反而改曰切，其實一也。」此皆由於不明避以反言之意，而加以曲解。考玄度自序云：「其聲韻謹依開元文字，避以反言，但紐四聲，定其音旨。」其所謂反言者，反語也。所謂紐者，四聲相承之雙聲字也。如真軫震質、人忍仞日，四字雙聲，總歸一紐。此乃齊、梁以至隋、唐言音韻者之常言。見日本沙門安然悉曇藏所引四聲譜及武玄之韻詮明義例。所謂避以反言但紐四聲者，言依倣開元文字音義之例，每字但以同紐之四聲字定其聲韻，而不標舉反語也。案唐玄宗開元文字音義，新唐書藝文志：三十卷，其書已佚。唐會要張九齡賀御製開元文字音義狀稱「聖製義微旨遠，文省理該，表隸以訓今，存篆以徵古，衆釋大備，取證於前修，片言旁通，去嫌於翻字。」翻字即反語，云片言旁通，去嫌於翻字，是開元文字注音不用反語，但紐四聲而已。今觀其書，既不言反，亦不言切，每字之下，僅以同紐之字爲音而注明四聲，正與序言相合。自顧氏不明避以反言之意，而謂唐人諱言反字，提要從而附和之，其實非也。即以今日所見之唐本音韻音義之書而論，皆曰某某反，不言某某切，孫愐唐韻亦然。顧氏未見唐韻原本。但以大徐本説文用唐韻反語皆作某某切，故謂孫愐唐韻稱切不稱反。是唐人不諱言反，足證亭林之誤矣。夫稱反爲切，實肇自宋人。顔氏家訓已以反與切對言，惟舉某字之反語，仍曰某某反，不曰某某切。宋人之改反稱切，蓋本於顔之推。其所以稱切而不稱反者，蓋反者六朝人皆指雙反而言，所謂正反倒反是也。隋、唐以下韻書之反語，皆取正反，不用倒反，則與反之原義不合。故宋人改反爲切，切者，卽以二字切合而成一音之謂。此蓋一時風尚之所趨，亦非有所諱避也。

古文四聲韻五卷

宋夏竦撰。據吾衍學古編，稱夏竦古文四聲韻五卷，前有序併全銜者好，別有僧翻本，不可用。又據全祖望鮚埼亭集，有是書跋，稱借鈔於范氏天一閣，爲紹興乙丑浮屠寶達重刻，蓋卽吾衍所謂僧翻本也。此本從汲古閣影寫宋刻翻雕，有慶曆四年竦自序，卷首題開府儀同三司行吏部尚書知亳州軍州事夏竦集，是吾衍所謂前有序及全銜者矣。其書以四聲分隸古篆，全祖望跋稱所引遺書八十八家，以校郭氏汗簡，未嘗多一種。實卽取汗簡而分韻録之，絕無增減異同，雖不作可也。其説固是，然汗簡以偏旁分部，而偏旁又全用古文，不從隸體，猝不易尋。此書以韻分字，而以隸領篆，較易於檢閲。此如既有説文，而徐鍇復作篆韻譜相輔而行，固未可廢其一也。

嘉錫案：錢大昕潛研堂集卷二十七有此書跋云：「新安汪氏重刊夏英公古文四聲韻五卷，前有慶曆四年進呈序，蓋從汲古毛氏影宋鈔本。全紹衣鮚埼亭外集有跋，案此跋見鮚埼亭集卷三十一，題作古文篆韻題詞，非外集也。云是書取汗簡分韻録之，絶無增減異同。今考汗簡所引七十一家，而此書所引九十八家，雖不無重複，而增益已不少。全所鈔得之天一閣范氏，前有紹興乙丑書晉陵許端夫後序，而無英公自序，蓋别是一本，恐非英公書也。」今考吾衍已謂僧翻本不可用，全氏未見英公自序，而據僧翻本以訾英公，是未嘗考之學古編。且僧翻本引書，亦有八十八家，而汗簡只七十一家，則並未考之於汗簡。提要既據自序本著録，竟不暇考兩書之異同。簡明目録卷四，更謂「竦諱所自來，足知心術之不正」。未免失於檢點。近世之張之洞書目答問亦謂此書全本汗簡，置之不録，則亦沿全氏之誤，而不知已爲錢氏所駁正矣。鄭珍巢經巢文集卷五跋古文四聲韻云：「郭宗正汗簡收古文七十一家，夏英公四聲韻收古文標目九十八家，其增多汗簡者，雲臺碑、雜古文、字略、古漢書、古世本、夏書、古案經、亢倉子、三方碑、邱光庭序文、祝尚丘韻、比干墓銘、石椁文、馬田碑、荆山文、天台經幢、蔡邕石經、道德經、庾儼字書、馬日磾集、周書大傳、李守言釋字、庾儼衍説文、玉篇、籀韻、黄庭經、唐韻、崔希裕纂古、滕公墓銘、陰符經、南岳碑、馬日磾集。上標目三十二家，馬日磾集重出，馬田碑卽馬日磾集之誤。庾儼衍説文卽演説文。滕公銘卽石椁文。三方碑卽雲臺碑。天台經幢，汗簡作天台碑，卽道德經。蔡邕石經卽石經。庾儼字書，汗簡作庾儼字説，卽庾儼集夏書。古案經，二家韻中無其字。除上重出標目及韻中無字者十家，又除汗簡，共十一家，是實增多汗簡一十六家。全謝山實未嘗細勘是書，故敢作大言欺誑。觀其言北宋雕本，當有全序，而今失之，則是因未見序文標目而始云然者。此未考謝山所見非自序本。然卽各字下所列書目其增多汗簡者，亦可勘見，而亦似未嘗寓目，何也？」其所考較錢氏尤詳，惟其所列增多數目，頗牴牾不合，未詳其故，俟更考之。

龍龕手鑑四卷

遼僧行均撰。行均字廣濟，俗姓于氏。此本爲影鈔遼刻。文獻通考載此書三卷，而此本實作四卷，智光原序，亦稱四卷，則通考所載，顯然誤四爲三。

嘉錫案：瞿鏞鐵琴銅劍樓書目卷七云：「龍龕手鑑四卷，宋刊本。智光原序稱四卷，而文獻通考引讀書志則作三卷，衢州本同。今以此書校之，乃知晁氏之非誤。蓋書中本以四聲分四卷，各載部目於卷前，而板心則以出入兩卷，統書龍三，實無龍四。殆以去聲僅九葉，不成卷，故合之，所以又有三卷之稱也。傳鈔之本，板心字或不録。向非古刻猶存，晁、馬兩家之書，更何自而證明歟？」

漢隸分韻七卷

不著撰人名氏，亦無時代。考其分韻，以一東二冬三江等標目，是元韻，非宋韻矣。考吾邱衍學古編有合用文集品目一門，其第七條隸書品中列有隸韻兩册，麻沙本，與隸韻爲一副刊，提要原注云，案此隸韻爲劉球碑本隸韻十卷。字體不好，以其册數少，乃可常用之，故列目於此，疑卽此本。

嘉錫案：陸心源儀顧堂題跋卷一宋斠漢隸分韻跋云：「漢隸分韻七卷，不著撰人名氏，宋斠元修本。案宋史藝文志小學類有馬居易漢隸分韻七卷，數與今本合，則是書乃居易所著也。惟分韻與大定六年王文郁平水韻略同，平水韻四庫未收，陸氏十萬卷樓有藏本。不用禮部韻略，則居易當是金人，非宋人矣。遼、金人著述，往往有南宋覆本，如遼釋行均龍龕手鑑、金成無己傷寒論皆是。不然，元人所著，不得收入宋史。或曰，金人著述，宋史誤作宋人，此外有可徵乎？曰，成無己傷寒論前有金皇統元年嚴器之序，宋史旣誤爲器之所著，又誤以爲宋人，此書亦猶是也。」

古音駢字一卷續編五卷

古音駢字一卷，明楊慎撰；續編五卷，國朝莊履豐、莊鼎鉉同撰。古人字少而韻寬，故用字往往假借，是書取古字通用者，以韻分之，各注引用書名於其下；由字體之通，求字音之通，於秦、漢以前古音頗有考證。但遺闕過多，牽合亦復時有，如吳越春秋越王無餘外傳曰，大夫曳庸，注曰，左傳作后庸。國語舌庸，此書原本續本均未舉及，則採摭之未備也。

嘉錫案：無餘，吴越春秋宋刻本、明翻大德本及近刻，皆作「無余」，無作「無餘」者。無余外傳乃敍禹治水越始受封諸事，皆在夏、殷之時，安得有大夫曳庸其人？此乃句踐入臣外傳之文，卽在無余外傳之後，想係撰提要時匆匆翻閱，致有此誤。

隸辨八卷

國朝顧藹吉撰。藹吉號南原，長洲人。每字下所引碑語，亦多舛錯。卽以原碑尚存者而論，如韓勑造孔廟禮器碑，并碑陰兩側，字數較多，文義尚大概可考。碑云，「仁聞君風燿，敬詠其德」。而聞字下引之，誤以「聞君風燿」爲句。其君字下所引亦然。碑云，「於是四方士」，而方字下引之，誤連下文仁字爲句。

嘉錫案：桂馥札樸卷八有韓勑碑一條：「碑云：四方土仁，聞君風燿，敬詠其德。案土仁卽士人，隸書及古文土士無別，論語其爲仁之本與，後漢書延篤傳作人；又觀過斯知仁矣，吳祐傳作人。」阮元經籍籑詁卷十一仁字注：「禮記禮運注，何以守位，曰仁。釋文，仁本作人。韓勑碑四方土仁，人通作仁。」提要讀於是四方士爲句，仁聞君風燿爲句，文義殆不可通，若讀作士人，則文從字順矣。然則顧氏尚能識古字通假之義，故其句讀不誤。而提要之說，轉不免以不狂者爲狂也。余記李慈銘越縵堂日記內，亦有一條論隸辨之得失，其言係駁提要之誤，所引證之書，似有出於桂氏、阮氏之外者。惜忘其在第幾册，遍檢未得，姑記於此，容俟他日覆檢焉。

小學類三 總目卷四十二

重修廣韻五卷

宋陳彭年、邱雍等奉敕撰。初，隋陸法言以吕静等六家韻書各有乖互，因與劉臻、顏之推、魏淵、盧思道、李若、蕭該、辛德源、薛道衡八人，撰爲切韻五卷，書成於仁壽元年。唐儀鳳二年，長孫訥言爲之注，後郭知玄、關亮、薛峋、王仁煦、祝尚邱遞有增加。天寶十載，陳州司法孫愐重爲刊定，改名唐韻。後嚴寶文、裴務齊、陳道固又各有添字。宋景德四年，以舊本偏旁差譌，傳寫漏落，又注解未備，乃命重修，大中祥符四年書成，賜名大宋重修廣韻，卽是書也。舊本不題撰人，以丁度集韻考之，知爲彭年、雍等爾。其書二百六韻，仍陸氏之舊，所收凡二萬六千一百九十四字。考唐封演聞見記，載陸法言韻凡一萬二千一百五十八字，則所增凡一萬四千三十六字矣。此本爲蘇州張士俊從宋槧翻雕，中間已闕欽宗諱，蓋建炎以後重刊。朱彝尊序之，力斥劉淵韻合殷於文、合隱於吻、合焮於問之非，然此本實合殷隱焮於文吻問，彝尊未及檢也。

嘉錫案：徐時棟煙嶼樓讀書志卷十一云：「按此本上平分文欣，上聲分吻隱，去聲分問焮，明白如此，何嘗合乎？宋人諱殷，故改二十一殷爲二十一欣，豈作提要者但見目中無殷字，更不考書中欣韻卽殷韻否，又不檢後二本目中有隱焮，而遽妄言之乎？然重本改殷爲欣，提要於前條言之矣，豈至此又俄忘乎？若以本注同用，便謂之合，則上平中所注同用之韻，悉爲劉淵併合之所本，又豈僅文殷二韻乎？況去聲中問焮二韻，此本各注獨用，所謂合焮於問者，又何謂乎？前玉篇序，以朱誤而誣張，此則朱不誤而誣朱，皆不可解事也。」今案，提要此篇之前，曾以明內府刊本廣韻著録，其提要云：「宋人諱殷，故重修本改二十一殷爲欣。」其言未嘗誤也。乃甫隔兩葉，而忽云云如此，雖云官書雜成衆手，而其自相違伐，亦已甚矣，宜乎徐氏以子之矛刺子之盾也。

增修互注禮部韻略五卷

宋毛晃增注，其子居正校勘重增。父子相繼，以成一書，用力頗爲勤摯。其每字疊收重文，用集韻之例；每字别出重音，用廣韻之例。然不知古今文字之别，又不知古今聲韻之殊，如東部通字紐下，據漢樂府增一桐字，是以假借爲本文；同字紐下，據豳風增一重字，是以省文爲正體。又如先部先字紐下，據漢樂府增一西字，是以古音入律詩；煙字紐下，據杜預左傳注增一殷字，是以借聲爲本讀；皆所謂引漢律斷唐獄者，不古不今，殊難依據。較歐陽德隆互注之本，殆不止上下牀之别。特其辨正訓詁，考正點畫，亦頗有資於小學。故後來字書、韻書多所徵引，而洪武正韻之注，據是書者尤多焉。録而存之，亦足以備簡擇也。

嘉錫案：楊守敬日本訪書志卷四云：「居正父子，以博洽名一時，今觀其辨別毫釐，徵引博奥，在南宋諸儒中可謂翹楚，而提要祇其不知今古文字之別，又不知古今聲韻之殊，摘其東字紐下不應增桐字，同字紐下不應增重字，先字紐下不應增西字，煙字紐下不應增殷字。謂其不古不今，殊難依據。余謂此事難言，若謂不應以假借爲本文，則禮部韻中兩音之字，以假借而分隸不可勝紀。若謂不應以古音入律詩，則自廣韻以來，以至今韻，其中與今俗方音不合者甚多，而今之方音，與古音合者尤難枚舉。毛氏不依附廣韻，于舉世不談古音之日，能采取古音，以增入此書，可謂特出。獨惜其所采尚未備，不能如吳才老之韻補，專成一書耳。自注云：然古音自顧亭林以來，江、段、孔、王，或十部，或十七部，或二十一部，終不能定於一尊。若夫古今文字正俗之別，此又從來所不能畫一者，無論廣韻所收之字數倍於說文，卽元祐之韻略，其不合六書者，亦不勝舉。今案，所增大抵音異之字爲多，其本爲禮部原書所無而增之者，皆廣韻所有。唯沖下增冲字，引詩『鑿冰冲』，云從氷，似不免臆説。然禯禳並收，牕窗互出，已見於廣韻，自注云，此孫愐之誤，陸法言當法不，禮部韻亦有之。此又不得專咎毛氏也。」

續千文一卷

宋侍其良器撰。良器里貫未詳，官左朝散大夫，知池州軍事。是編皆摭周興嗣千字文所遺之字，詞采亦頗可觀。其孫眘刻石浯溪，後有乾道乙酉鄉貢進士謝褎跋。

嘉錫案：周興嗣之原作不著録，并不得附存其目，而惟論及良器之所續者，頗稱其詞采可觀，然則興嗣之詞采獨一無可觀乎？幸而彼時爲人人所必讀，不藉文淵閣著録與否以傳，至今日而形勢大異，已無人道及興嗣之書。設有學者，欲考當時小學之讀物，不將求之山崖屋壁乎？非所以守先待後也。陸心源儀顧堂續跋卷四云：「續古千文一卷，侍其瑗字良器所著也。遷避興嗣所用字，別製千字以續之。山谷嘗報以書曰：『引辭連類，使不相觸，甚有功，當與凡將、急就並行也。』葛文康公爲之序。」愚按：良器名瑗，一作瑋，蘇州長洲人，漢廣野君之裔，賜氏食其，後有仕武帝時爲侍中，因合官與氏而稱侍其。祖憲始，自建業徙長洲。良器，皇祐二年進士，調杭州富陽主簿，改開封陽武，府尹包孝肅極材之，徵攝右軍巡判官，累知建德、固始、永豐縣，通判全州，擢化州，移知池州，致仕。工草隸，善屬文，賦詩尤多，製續古千文行於世。崇寧三年卒，年八十三。見葛勝仲丹陽集侍其公墓誌。」繆後𠛬年丈荃孫與先君丙子同年。藝風堂藏書記卷一云：「案江陰葛文康丹陽集有續古千文序，作瑋不作瑗。葛剛正再續千文此書四庫不著録。云，梁韻昔敍暐編，今録注侍其公名瑋，避諱自注云孝宗賜名。從日，猶晉書韋昭作韋曜，可證讀書後志作瑗之誤。此書後有乾道乙酉謝褒跋，『云邑大夫侍其公，以其曾大父光禄所續千文示褒，作真隸二書，刻諸浯溪崖石，以彰不泯』。今考王象之輿地碑目，浯溪後集，侍其光祖編，宋藝文志有侍其光祖浯溪石刻後集續集一卷。浯溪，隆興甲申，河間劉芮題名内有祁陽令侍其光祖，褒所謂邑大夫，卽光祖也。」據此，則提要謂其孫刻石浯溪者，乃其曾孫耳。

正字通十二卷

舊本或題明張自烈撰，或題國朝廖文英撰。考鈕琇觚賸粤觚下篇，載此書本自烈作，文英以金購得之，因掩爲己有，敍其始末甚詳。自烈字爾公，南昌人。文英字百子，連州人，康熙中官南康府知府，故得鬻自烈之書云。

嘉錫案：四書類存目中有四書大全辨三十八卷，提要云：「明張自烈撰。自烈字爾公，宜春人，崇禎末南京國子監生。」其人時代名字，皆與作此書者同，當是一人。而一作宜春人，一作南昌人，二縣同隸江西，未詳孰是，提要亦置之不言。今案震澤吳山愚復社姓氏傳略卷六引西江志云：「張自烈字爾公，號芑山，宜春人，博物洽聞，著有四書大全辨、古今文辨、正字通十餘種行世。累徵不就，居廬山，年七十七卒，無子。南康太守廖文英重其品，諮葬於白鹿洞外之鄭家沖。」知確爲宜春人。又考陳貞慧書事，有防亂公揭本末一篇，記明末阮大鋮事云：「乙酉，逮諸生沈壽民、張自烈、沈士柱，凡號爲清流者，惴惴懼重足立矣。」此其平生之可見者。

小學類存目二 總目卷四十四

音韻源流五十卷

國朝潘咸撰。咸有易著圖説，已著録。其敍述古韻源流，如魏李登聲類、周顒四聲，隋志僅列其名，唐志已不著録，而咸云獨得見之。蓋鄉曲之士，不知古書之存亡，以意説之而已。

嘉錫案：新、舊唐志小學類，皆有李登聲類十卷，安得云唐志已不著録？南史卷三十四周顒傳云：「始撰四聲切韻，行於時。」南齊書卷四十一顒本傳則併無此語，亦不見於隋志。蓋行世未久，旋卽亡佚耳，安得云隋志僅列其名？夫鄉曲之士，不知古書存亡，固無足怪。若四庫纂修諸人，以石渠金馬之彦，典校秘書，乃於典籍源流茫昧若此，反脣相譏，恐無詞以自解矣。

四庫提要辨證卷三

史部一

正史類一 總目卷四十五

後漢書一百二十卷

後漢書本紀十卷、列傳八十卷，宋范蔚宗撰，唐章懷太子賢注。蔚宗事蹟具宋書本傳，賢事蹟具唐書本傳。范撰是書，以志屬謝瞻，范敗後，瞻悉蠟以覆車，遂無傳本。今本八志，凡三十卷，别題梁剡令劉昭注。據陳振孫書録解題，乃宋乾興初判國子監孫奭建議校勘，以昭所注司馬彪續漢書志與范書合爲一編。案隋志載司馬彪續漢書八十三卷，唐書亦同。宋志惟載劉昭補注後漢志三十卷，而彪書不著録，是至宋僅存其志，故移以補後漢書之闕。其不曰續漢志而曰後漢志，是已併入范書之稱矣。或謂酈道元水經注嘗引司馬彪州郡志，疑其先已别行。又謂杜佑通典述科舉之制，以後漢書續漢志連類而舉，疑唐以前已併八志入范書。似未確也。自八志合併之後，諸書徵引但稱後漢書某志，儒者或不知爲司馬彪書。故何焯義門讀書記曰「八志司馬紹統之作。原注云：案紹統，彪之字也。本漢末諸儒所傳，而述於晉初。劉昭注補，别有總敍，緣諸本或失載劉敍，故孫北海藤陰劄記亦誤出蔚宗志律曆之文」云云。考洪邁容齋隨筆已誤以八志爲范書，則其誤不自孫承澤始。今於此三十卷，並題司馬彪名，庶以袪流俗之惑焉。

嘉錫案：梁書劉昭傳云：「昭集後漢同異，注范曄書，世稱博悉。出爲剡令，卒官。集注後漢一百八十卷。」不言曾注司馬彪志，豈非即在集注范曄書一百八十卷之内乎？然則昭作注之始，即以續漢書八志併入范書矣。隋書經籍志有後漢書一百二十五卷，注云「范曄本，梁剡令劉昭注」，而昭所注司馬彪志，亦不著録。考隋志，范曄後漢書僅九十七卷。而昭所注乃有一百二十五卷，較原書增多二十八卷，是即今本之八志三十卷耳。唐志，范書作九十二卷，别有劉熙注一百二十二卷。章宗源隋書經籍志考證卷一引之，以「熙」爲「昭」字之訛，謂以唐志卷數計之，紀、傳九十二卷，合續志三十卷，恰符百二十二卷之數。其説尤爲精核。兩唐志又有後漢書五十八卷，劉昭補注。姚振宗隋志考證卷十一云：「五十八卷者，似即所注司馬八志。百二十二卷者，爲所注范氏紀、傳。兩書合計，正合本傳一百八十卷之數。其卷數分合，不可知已。」其説雖與章氏異，然無論如何算法，皆可以證明劉昭補注范書之中，確已將司馬八志併入其内，固無以異也。以事理度之，蓋自章懷注既行之後，人之言後漢事者，争用其書，而諸家之説盡廢，昭注浸以不顯。然章懷只注范書紀、傳，典章制度無可考詳，讀者遂用昭原例，兼習昭所注續志，以補其闕。故杜佑通典述科舉之制，以後漢書續漢志連類而舉，而通志選舉略亦言唐以後漢書及劉昭所注志爲一史，蓋由於此。至宋時，昭所注范書紀、傳遂佚，而志則藉此倖存，孫奭遂建議以昭所注志與范書合爲一編。蓋以前昭所注志與章懷所注紀、傳，各爲一書，至是始合。若夫司馬彪志之與范書，則當劉昭作注之時，合併固已久矣。提要泥於書録解題之言，以爲二書至孫奭始合爲一編，唐以前八志未嘗合併，是知其一，未知其二也。王鳴盛十七史商榷雖知劉昭用續志補入，而又謂章懷于志仍用昭注爲避難就易，是蓋以爲章懷作注時，已用昭所注續漢志合爲一書，而未嘗考之書録解題也。惟錢大昕養新録卷六曰：「劉昭注後漢志三十卷，本自單行，與章懷太子所注范史九十卷各别。其併於范史，實始於宋乾興元年，蓋因孫奭之請。昭本注范史紀、傳，又取司馬氏續漢志兼注之，以補蔚宗之闕。厥後章懷太子别注范史，而劉注遂廢。惟志三十卷，章懷以非范氏書，故注不及焉。而司馬、劉二家之書，幸得傳留至今，與范史並列學官。」潛研堂文集卷二十八跋後漢書略同。其於范史與司馬志之分合，可謂明辨以晳矣。章氏、姚氏之考隋志，亦幸得錢氏導夫先路耳。

三國志辨誤三卷

不著撰人名氏，亦莫詳時代。蘇州府志載陳景雲字少章，吴江縣學生，長洲人。少從何焯游，博通經史，淹貫羣籍。凡譌謬處，能剖析毫芒。所著書九種，其四爲三國志校誤，似即此書。然考義門讀書記中有何焯所校三國志三卷，其魏志楊阜傳阜嘗見明帝著帽披縹綾半褎袖一條，稱褎、袖古今字，少章疑下一字衍。檢宋書五行志，果然。此書不載此條，又似非景雲作，疑不能明。闕所不知可也。

嘉錫案：李慈銘越縵堂日記第二十册云：「三國志辨誤三卷，四庫目録不著名氏。今案錢氏廿二史考異、諸史拾遺所引陳氏景雲説，皆與之合，文句亦同。王肅傳評一條，徐詳傳佚一條，錢氏養新録引陳少章亦一字不異。陳氏著文道十書，僅刻四種，故此書祇有鈔本。提要因義門讀書記引陳少章，謂楊阜傳明帝被青綾半褎袖，袖疑衍字，而此書無此一條，遂以爲非陳所著。不知陳爲義門弟子，此條何氏又證以宋書五行志，已著之讀書記中，故陳氏削而不載。且陳氏之書，亦其子黄中及門人於各書評識中録出，自有所遺。故錢氏所引亦有此書所無者。蓋提要未見錢氏書故也。」

晉書一百三十卷

唐房喬等奉敕撰。劉知幾史通外篇，謂貞觀中詔，前後晉史十八家未能盡善，敕史官更加纂撰。自是言晉史者皆棄其舊本，競從新撰。

嘉錫案：史通古今正史篇敍修晉史事，但云「皇家貞觀中有詔，以前後晉史十有八家，制作雖多，未能盡善，乃敕史官更加纂録」。不言爲貞觀幾年，又不載修史諸人姓名。舊唐書房玄齡傳云：「十八年，與司徒長孫無忌等圖形於凌煙閣。高宗居春宫，加玄齡太子太傅，仍知門下省事。尋以撰高祖、太宗實録成，賜物一千五百段。其年，玄齡丁繼母憂去職。未幾，起復本官。太宗親征遼東，命玄齡京城留守。尋與中書侍郎褚遂良受詔重撰晉書。」又令孤德棻傳云：「十八年，起爲雅州刺史，以公事免。尋有詔改撰晉書，玄齡奏德棻令預修撰。」余嘗考之，舊傳之敍事殊淆混不清，未可盡信。如圖形凌煙閣及玄齡之加太子太傅，與其丁憂起復，皆在貞觀十七年。據舊書太宗紀。至太宗行幸洛陽，以玄齡留守京師，始爲十八年十月之事。據通鑑卷一百九十七。而傳以此諸事同屬一年，疎舛甚矣。此下即接敍受詔重撰晉書云云，而終之曰「至二十年書成」，故浦起龍史通通釋卷十二。及王鳴盛十七史商榷卷四十三。均以爲貞觀十八年受詔撰晉書，浦氏引玄齡傳，王氏引德棻傳。其實非也。考唐會要卷六十三云：「二十年閏三月四日，詔令修史所更撰晉書，詮次舊聞，裁成義類。其所須可依修五代史故事。若少學士，量事追取。於是司空房玄齡、中書令褚遂良、太子左庶子許敬宗掌其事。又中書舍人來濟，著作郎陸元仕，著作郎劉子翼，主客郎中盧承基，太史令李淳風，太子舍人李義府、薛元超，起居郎上官儀，主客員外郎崔行功，刑部員外郎辛丘馭，著作郎劉允之，「允之」當作「胤之」，新書藝文志作「引之」，皆避諱改字。光祿寺主簿楊仁卿，御史臺主簿李延壽，校書郎張文恭，並分功撰錄。又令前雅州刺史令狐德棻、太子司儀郎敬播、主客員外郎李安期、屯田員外郎李懷儼，案以上二十一人。新書藝文志無盧承基而有趙弘智。舊書德棻傳但言當時同修一十八人，並推德棻爲首者，蓋以房、褚、許三人是監修而非同列，故除之不數也。詳其條例，量加考正。以臧榮緒晉書爲本，捃摭諸家及晉代文集。」唐大詔令卷八十一有修晉書詔，畧云：「晉代膺運，制有中原，上帝啓玄石之圖，下武代黃星之德。及中原鼎沸，江左嗣興，並宅寰區，各重徽號。足以飛英麗筆，將美叢書。但十有八家，雖存記注，而才非良史，事虧實錄。緒繁而寡要，緒，玉海卷四十六引作「榮緒」，謂臧榮緒也。思勞而少功。玉海引「思」上有「行」字。姚振宗隋志考證卷十二曰：貞觀修書詔「行思勞而少功」，蓋指謝沈。沈撰晉書三十餘卷，見本傳。行思，沈字也。叔寧課虛，虞預字叔寧。滋味同於畫餅；子雲學海，蕭子雲。涓滴湮於涸流。處叔不預於中興，王隱字處叔。法盛莫通於創業。何法盛。洎乎干、干寶。陸、機。曹、嘉之。鄧，粲。略記帝王；鸞、檀道鸞。盛、孫盛。廣、徐廣。謐，「謐」當作「謙」，謂劉謙之也。纔編載記。晉史十八家，以上所舉者十有四，其餘四家，未詳何指。其文既野，其事罕傳。遂使典午清高，韜遺芳於閒册；金行曩誌，缺繼美於驪騵。遐想寂寥，深爲歎息。宜令修國史所更撰晉書，銓次舊聞，裁成義類，俾夫湮落之誥，咸使發明。」以下尚有「其所須」云云，已見上引唐會要。末注貞觀二十年閏三月。原作「閏二月」，據玉海引改。舊書卷三十六天文志云「貞觀二十年閏三月癸巳朔」，可以爲證。據此兩書，則修書之詔實下於二十年，舊唐書以爲十八年者，非也。玄齡、敬宗、德棻等，雖俱乏三長之美，然頗有捃摭之勞。且數典行文，務求綺艷，不似元、明史臣草率塞責，直等鈔胥。則其表進全書，必不在期年以內。惜未見進書之表，不知究以何時奏御耳。凡此諸事，皆讀晉書者所當知。提要既畧而未言，故詳著之，以告學者焉。

然唐人如李善注文選，徐堅編初學記，白居易編六帖，於王隱、虞預、朱鳳、何法盛、謝靈運、臧榮緒、沈約之書，與夫徐廣、干寶、王韶、曹嘉之、劉謙之之紀，孫盛之晉陽秋，習鑿齒之漢晉陽秋，檀道鸞之續晉陽秋，並見徵引，是舊本實未嘗棄。毋乃書成之日，卽有不慊於衆論者乎？

案：史通所謂「言晉史者棄其舊本，競從新撰」者，指當時泛常之人言之耳。至如博覽之士、藏書之家，類皆嗜古好奇。無論新史不佳，卽令果佳，彼欲兼收並蓄，亦必不肯遽棄舊本。故雖陳壽國志媲美遷、固，范曄後漢體大思精，而王沈、韋昭之魏、吳書，謝承等七家之後漢書及東觀記，皆至唐尚存，學者著書，亦援引不絕。王、韋二家較爲少見，然文選注皆嘗引之。彼豈於承祚、蔚宗有所不慊於心哉，譬猶商賈之積居百貨，亦以濟一時之用而已。故歐宋唐書既作，而舊史猶存；廬陵史記盛行，而薛書復出。歷代皆然，不獨晉書也。自王隱以及檀道鸞諸家之書，兩唐志皆著於録，惟沈約晉書已亡於隋，唐人所引，或由販稗王韶之崇安記。見雜史類。唐人援引其文以應用，又何足怪。而提要以此定晉書之善否，是猶以積居者之棄取，定器物之良窳，所估雖平，亦不足以服物主之心也。且李善之注，爲文選而作，其棄取當視作者之意，與自著書不同。其東都賦序注曰：「諸引文證，皆舉先以明後，以示作者必有所祖述也。他皆類此。」此卽其引書之例。既欲示作者所祖述，則文選中之作者皆梁以前人，自不得祖述唐修晉書，善又安能引以作注乎？注又曰：「諸釋義或引後以明前，示臣之任不敢專。他皆類此。」此其引書之又一例也。善所自釋之義，雖可引用作者以後之書，然使數書共明一義，自當引其先出者。唐修晉書非不可用，但其文字大抵襲自臧榮緒諸家，則卽引諸家之書可矣。李善號稱「書簏」，豈有不知先後，昧其本源者乎？故其取王隱等而捨房玄齡者，乃時有古今之異，非書有善否之殊也。至若徐堅之初學記，白居易之六帖，自窮典故之淵源，無關史裁之得失。彼既欲示學者以故事之所始，詞藻之所出，自當引其初見之書，何暇舉及唐修之史哉。提要乃執此爲說，以譏晉書，宜其不中要害矣。夫晉書之不佳，論者莫如劉知幾，其所撰史通論贊、序例、採撰、雜說、暗惑等篇，歷指其失，言之詳矣。舊書房玄齡傳亦云：「與褚遂良受詔重撰晉書。於是奏取太子左庶子許敬宗，中書舍人來濟，著作郎陸元仕、劉子翼，前雍州刺史令狐德棻，太子舍人李義府、薛元超，起居郎上官儀等八人，分功撰録。此所敘修史人數，與唐會要多寡不同，蓋此八人乃最先奏取者也。以臧榮緒書爲主，參考諸家，甚爲詳洽。然史官多是文詠之士，好採詭謬碎事以廣異聞。又所評論，競爲綺艷，不求篤實，由是頗爲學者所譏。唯李淳風深明星曆，善於著述，所修天文、律曆、五行三志，最可觀採。」此節中間數語，直是隱括史通議論。惟其末盛推淳風三志，爲與知幾書志篇所見不同。然於晉書，褒貶互見，持論最平。此必唐舊史官吳兢、韋述輩之辭，非劉昫等之所能辨也。兢與知幾以言議見許，道術相知，故其鑒裁，大抵相合。新書藝文志正史類有徐堅晉書一百一十卷，張九齡曲江文集卷十九徐文公神道碑亦云「蓋嘗注史記，修晉書」。堅與知幾，相得甚歡，如管仲之知鮑叔。吳兢、徐堅與知幾相知，均見史通自敘篇。史通既成，堅讀之，歎曰：「爲史氏者宜置坐右。」見唐書劉知幾傳。然則史通之譏晉書，堅蓋深許之，故亦棄官撰之本，而別修私史，其於玄齡、敬宗等之不滿，昭然可見。提要不引兩唐書及史通，而必旁徵堅等所撰之類書，其於考證，未爲確切也。

考書中惟陸機、王羲之兩傳，其論皆稱「制曰」，蓋出於太宗之御撰。夫典午一朝，政事之得失，人材之良楛，不知凡幾，而九重搉藻，宣王言以彰特筆者，僅一工文之士衡，一善書之逸少，則全書宗旨，大概可知。其所褒貶，略實行而奬浮華；其所採擇，忽正典而取小説。波靡不返，有自來矣。

案：舊書房玄齡傳云：「尋與中書侍郎褚遂良受詔重撰晉書。太宗自著宣、武二帝及陸機、王羲之四論，於是總題云御撰。」唐會要云：「詔令修史所重撰晉書。其太宗所著宣、武二帝及陸機、王羲之四論，稱制旨焉；房玄齡以下稱史臣。」然則太宗所撰，實有四篇，史傳具有明文。故晁、陳二家皆依以立説。見讀書志卷五、書録解題卷四。提要了不參考，卽本書亦讀之未徧，僅粗閲陸、王兩傳一過，便率然令筆，大肆詆諆，鹵莽滅裂，一至斯乎！且宣、武二論，當時既載之晉史，後來又選入英華。卷七百五十四。館臣領校羣書，豈應瞑目不見？觀其斥仲達前忠而後亂，則直誅其心；惜武皇始善而終乖，則歷陳其弊。莫不明著是非，永爲法戒，斯誠千秋之金鑑，一代得失之林也。特其責人則明，處己則暗。貞觀末葉，無異太康，樹晉王於青宮，庸愚不減於惠帝；納媚娘於椒殿，淫兇尤甚於南風。持此反脣，自當結舌。提要乃議其不談政事，有媿王言，如此揣測之詞，抑何誣罔之甚。原文具在，復審無難。若其讚逸少，雖僅稱筆法之工；至於論陸機，不徒推文章之美。故嘗陳三世爲將之忌，歎全身行己之難，知誅降之不祥，謂陸抗誅步闡。惜銜美之非所。謂機、雲從成都王穎。憐才深矣，垂戒切矣。提要之言，蓋讀未終篇耳。考大唐新語卷九。著述篇，太宗謂監修國史房玄齡曰：「比見前後漢史載揚雄甘泉、羽獵，司馬相如子虛、上林，班固兩都賦。此既文體浮華，無益勸戒，何暇書之史策。」然則太宗固深明史法，痛惡浮華。文如揚、馬，猶將屏棄，何有於二陸、三張。晉書之不求篤實，自是史官之不才，安得歸咎於太宗乎！

即如文選注馬汧督誄，引臧榮緒、王隱書，稱馬敦立功孤城，死非其罪，後加贈祭。而晉書不爲立傳，亦不附見於周處、孟觀等傳。又太平御覽引王隱書云：「武帝欲以郭琦爲佐著作郎，問尚書郭彰。彰憎琦不附己，答以不識。上曰：『若如卿言，烏丸家兒能事卿，即堪郎也。』及趙王倫篡位，又欲用琦。琦曰：『我已爲武帝吏，不能復爲今世吏。』終於家。」琦蓋始終亮節之士也，而晉書亦削而不載。

案：邵晉涵南江文鈔卷三有晉書提要稿，總目此篇用爲藍本，而頗有修改，惟此節尚仍邵氏之舊。考之本書，馬敦無傳，亦不附見於周處、孟觀等傳中，誠如其說。若郭琦者，則卷九十四隱逸傳之第九篇即其人也。其傳曰：「郭琦字公偉，太原晉陽人也。少方直，有雅量。博學，善五行，作天文志、五行傳，注穀梁、京氏易百卷。鄉人王游等皆就琦學。武帝欲以琦爲佐著作郎，問琦族人尚書郭彰，彰素疾琦，答曰不識。帝曰：『若如卿言，烏丸家兒能事卿，卽堪爲郎矣。』遂決意用之。及趙王倫篡位，又欲用琦。琦曰：『我已爲武帝吏，不容復爲今世吏。』終身處於家。」與御覽卷二百三十四著作佐郎條。所引王隱晉書事同而加詳，未嘗削而不載。邵氏既失之不檢，修提要者亦不能考也。葉廷琯吹網録卷一已指駁邵氏，而不敢及提要。若夫諸家晉史有傳，而爲玄齡等所削去者，固自有之，且不止一人，提要未之知耳。史通雜説上篇云：「近見皇家所撰晉史，其所採多是短部小書省功易閲者，若語林、世説、搜神記、幽明録之類是也。如曹、干兩氏紀，孫、檀二『陽秋』，則皆不之取。故其中所載美事，遺略甚多。」原注云：「劉遺民、曹纘皆於檀氏春秋有傳，至於今晉書，則了無其名。」孫志祖讀書脞録卷三曰：「案宋書周續之傳云，續之入廬山，時彭城劉遺民遁跡廬山，陶淵明亦不應徵召，謂之『尋陽三隱』。史通所稱劉遺民，殆卽其人。曹纘無考。」嘉錫嘗考之羣書，得劉遺民事甚多，不只見於宋書而已。隋書經籍志云：「梁有老子玄譜一卷，晉柴桑令劉遺民撰，亡。」又云：「梁有柴桑令劉遺民集五卷，録一卷，亡。」經典釋文序録老子條下，有劉遺民玄譜一卷，注云：「字遺民，彭城人，東晉柴桑令。」高僧傳卷六釋慧遠傳云「既而謹律息心之士，絶塵清信之賓，並不期而至，望風遥集。彭城劉遺民，豫章雷次宗，雁門周續之，新蔡畢穎之，南陽宗炳、張萊民、張季碩等，並棄世遺榮，依遠遊止。遠乃於精舍無量壽像前建齋立誓，共期西方。乃令劉遺民著其文」云云。又卷七釋僧肇傳云「肇著般若無知論，凡二千餘言。時廬山隱士劉遺民見肇此論，乃歎曰：『不意方袍復有平叔。』因以呈遠公。遠乃撫几歎曰：『未嘗有也。』因共披尋玩味，更存往復。遺民乃致書肇曰」云云。廣弘明集卷三十二有釋慧遠與隱士劉遺民等書，釋道宣注云：「彭城劉遺民，以晉太元中除宜昌、柴桑二縣令。值廬山靈邃，足以往而不返。丁母憂，去職入山，於西林澗北，別立禪坊，養志閒處。在山一十五年，年五十七。」其平生始末，尚可考見。以上所引，皆唐以前書。知其人名遺民，字遺民，別無其他名字。惟宋陳舜俞廬山記卷三有十八賢傳，係舜俞用東林寺舊本加以刊正者。其劉遺民傳乃云：「劉程之字仲思，彭城聚里人。義熙間公卿復辟之，皆不應。後易名遺民。」世又別有蓮社高賢傳，乃宋沙門懷悟就舜俞本所重修，其劉程之傳云：「謝安、劉裕嘉其賢，相推薦，皆力辭。劉裕以其不屈，乃旌其號曰遺民。」其說皆不著所出。使遺民果本名程之，不容檀道鸞、釋慧皎以至陸德明、釋道宣皆不之知，直待北宋之人始知之。明爲後來僧徒所傅會，絕不可信。郎瑛七修類稿卷二十六、嚴可均全晉文卷一百四十二皆從之，可謂失考。又世說新語任誕篇注，中興書曰：「劉驎之，一字遺民。」章宗源隋經籍志考證卷二以爲即檀氏春秋之劉遺民，因謂驎之見今晉書隱逸傳，而以史通爲誤。余案渚宮舊事卷五，正用世說此條，而其注作「一云字道民」。御覽卷五百四引晉中興書云：「劉驎之字子驥，一字道民。」則世說注引爲「一字遺民」者，乃傳刻之誤。水經注卷四十引有劉道民詩，蓋即驎之所作，不可與彭城劉遺民混爲一人。遺民生際衰亂，棄世遺榮，實一時之高士。至其皈依佛法，兼喜談玄，著老子玄譜。此江左名士之常態，未足深訝。平生與雷次宗、周續之、宗炳齊名，三人宋書皆有傳。遺民卒於晉末，觀廣弘明集可見。十八賢傳以爲卒於義熙六年。晉書安得削而不載？蓋唐修晉書，惟以臧榮緒一家爲主，並取瑣言、如裴啓語林、劉義慶世説之類。雜記如搜神記、幽明録之類。所載雋語異事，散入其中，求足以供名士之清談，備文章之漁獵而已。其臧書所不收，則雜採郡國之書、釋老之傳，以附益之。蓋利其爲短部小書，省功易閲耳。至於十七家晉史，理須參考，捨短取長，反多棄而不用。其有與王隱、何法盛諸家相合者，恐只從臧書轉録，未必取之於本史也。且卽臧榮緒書中有傳，其人煞有關係者，亦多隨意删削，莫知其何所取義。如提要所舉之馬敦，卽其明證。高下在心，去取任意，可謂「舉之則使升天，按之則使入地」矣。史通人物篇曰：「何楨、許詢，文雅高於楊豫。王隱晉史廣列諸傳，而遺此不編，此亦網漏吞舟，過爲迂濶者。」今按王隱晉書以成帝咸康六年奏上，見史通古今正史篇。而許詢與謝安、王羲之同時，當卒於書成之後，御覽所引隱書，有成帝以後事，恐係傳寫之誤。隱不爲詢立傳，尚不足怪。惟今晉書亦無何楨、許詢傳，斯則可異耳。考北堂書鈔卷七十二引虞預晉書何楨傳云：「楨字元幹，御覽卷二百三十三引此，下有「廬江人也」四字。爲尚書郎。少而好學，特詔參秘書丞。秘書本有一丞，時尚未轉，遂以楨爲右丞。右丞之置，自楨始也。」初學記卷二十引虞預晉書曰：「何楨爲弘農郡守，有楊囂生爲郡吏，楨一見便待以不臣之禮，遂貢之天朝。」然則王隱雖不爲楨立傳，虞預已補作之矣。御覽卷七百二引晉書曰：「何植「楨」之誤。字元幹，常以縛筆織扇爲業，以奉供養。」此未著明爲何家晉書。魏志管寧傳有弘農太守何楨等遞薦胡昭事，昭字孔明，潁川人，養志不仕。注引文士傳曰：「楨字元幹，廬元作「盧」。江人。有文學器幹，容貌甚偉。歷幽州刺史、廷尉。入晉爲尚書、光禄大夫。」御覽卷五百八十七引文士傳曰：「青龍元年，天子特詔曰：『揚州別駕何楨有文章才，試使作許都賦，成，封上，不得令人見。』楨遂造賦，上甚異之。」隋書經籍志有晉金紫光禄大夫何禎集一卷，梁五卷。史通稱楨之文雅，諒非虛語。楨曾封雩婁侯，見今晉書禮志。又於泰始七年持節討匈奴，殺其單于猛，見四夷傳。則兼有武功。而何充傳乃云「魏光禄大夫禎「楨」之誤。之曾孫」，似其人未嘗入晉者，且無一語及其生平，何其惜墨如金乎？世説言語篇注引續晉陽秋曰：「許詢字玄度，高陽人，魏中領軍允玄孫。總角秀惠，衆稱神童，長而風神簡素。司徒掾辟，不就。蚤卒。」又文學篇注引續晉陽秋曰：「詢有才藻，善屬文。自司馬相如、王褒、揚雄諸賢，世尚賦頌，皆體則詩騷，傍綜百家之言。及至建安，而詩章大盛。逮西朝之末，潘、陸之徒雖質有其文，而宗歸不異也。正始中，王弼、何晏好莊老玄勝之談，而世遂貴焉。至過江左，佛理尤盛。文選集注卷六十二引作「李充尤盛」，當從之。今本世説蓋宋人所妄改。故郭璞五言，始會合道家之言而韻之。詢及太原孫綽，轉相祖尚，又加以三世之辭，文選集注引「三世」

上有「釋氏」二字。而詩騷之體盡矣。詢、綽並爲一時文宗，自此作者悉體之。至義熙中，謝混始改。」文選江文通擬許徵君自序詩注引晉中興書曰：「高陽許詢字玄度，寓居會稽。司徒蔡謨辟，不起。詢有才藻，善屬文，時人皆欽愛之。」唐無名氏文選集注卷六十二引公孫羅文選抄曰：「徵爲司徒掾，不就，故號徵君。好神遊，樂隱遁之事。祖式，濮陽太守。父助，「助」字誤。元和姓纂卷六、古今姓氏書辨證卷二十三並云「式子皈，生詢」。「皈」即「歸」字。山陰令。隱録云：詢總角奇秀，衆稱神童。隱在會稽幽究山，與謝安、支遁游處，以弋釣嘯詠爲事。」隱録不知何書。考何法盛晉中興書易傳爲録，見章宗源隋志考證。此蓋其書中之隱逸録也。北堂書鈔卷一百三十七引王晉書曰：「許詢從會稽出都，泊淮渚。劉真長爲丹陽尹，數往舡造之。」王隱書不得有許詢事，「王」字蓋「臧」之誤。御覽卷五十四引晉書曰：「許詢移居皋屯之巖，常與沙門支遁及謝安石、王羲之等同遊往來。今皋屯呼爲許度巖。」凡唐以前人引晉書不著姓名者，皆臧榮緒書，張聰咸經史質疑録與阮侍郎論晉逸史例，言之甚詳。御覽往往沿用不改，故不見於今本，如此者多矣。建康實録卷八曰：「詢字玄度，高陽人。父歸，以琅琊太守隨中宗過江，遷會稽内史，據此則公孫羅以爲山陰令者，誤也。因家於山陰。詢幼沖靈，好泉石，清風朗月，舉酒永懷。中宗聞而徵爲議郎，辭不受職，遂託跡居永興。肅宗連徵司徒掾，不就。乃策杖披裘，隱于永興西山。憑樹構堂，蕭然自致，至今其地名爲蕭山。輿地紀勝卷十云：按漢志已有蕭山，不應因許詢始名也。遂捨永興、山陰二宅爲寺，家財珍異，悉皆是給。既成，啓奏孝宗。穆帝。詔曰：『山陰舊宅爲祇洹寺，永興新居爲崇化寺。』詢乃於崇化寺造四層塔。既而移居皋屯之巖。」以下與御覽所引晉書同。隋書經籍志云：「晉徵士許詢集三卷。梁八卷，録一卷。」余檢尋史傳，玄度之事，盡於此矣。嘗試論之，何元幹才兼文武，亦一代之名臣，史逸其傳，已嫌闕略。若玄度之文采風流，宜與唐史臣有針芥之契，且又許敬宗之祖也。敬宗曾祖懋，梁書、南史並有傳。南史謂懋五世祖詢，而考之元和姓纂及宰相世系表，自詢至懋只四世。蓋懋祖珪實詢之孫，而諸書誤以爲子，故差一代耳。隋書許善心傳稱祖茂，亦非。今晉書僅屢見其姓名，詢姓名見晉書孫綽郗愔謝安王羲之等傳。曾不言其始末，筆削之際，其義何居？敬宗躬秉史權，數典而忘其祖，可謂不能庇其本根，宜乎目擊善心之死，反舞蹈以求生矣。見兩唐書敬宗傳。玄度信崇三世，雅善五言，簡文稱其妙絶，見世説文學篇。而鍾嶸抑之下品。蓋已爲作者所輕，故不在文苑之列。然隱逸傳中何以亦未收入乎？且卽義熙以前，考其詩之流變，自西京以至鄴下，莫不體則風騷。一變而祖尚玄虚，再進而融和釋老，於是孫、許之製作，遂爲翰墨之宗師。逮寄奴創開霸業，謝客始主文壇，時會不同，新陳代謝，然後莊、老告退，山水方滋爾。良以洞府名山，實神仙之窟，故於蒹葭秋水，寄比興之情。玄度本愛山居，康樂由斯作賦，靈運山居賦見本傳。又有遊名山志居名山志各一卷，見隋謗。寫景之辭漸多，談玄之言遂寡。非有意於變體，實因情以生文。徵君之詩，流傳雖少，然觀文通之所擬，既開石室之檽，復採白雲之藥。江淹擬許徵君自序詩云：「遣此弱喪情，資神任獨往。採藥白雲隈，聊以肆所養。」又云：「苕苕寄意勝，不覺陵虛上。曲檽激鮮飆，石室有幽響。」想其原作，必意在仙佛山水之間，是亦將變之先聲矣。徒以集不顯於唐代，兩唐志尚著録，但不爲人所稱。詩不入於選樓，談藝者竟忘其名，操觚者莫辨其體，遂致正變之間，無從明其遞嬗，而其人之出處，亦匪學者所能知。高似孫剡録卷三曾爲作傳，而疏謬頗多，至以許玄之事誤爲許玄度。許玄卽許邁改名。此則晉書不爲立傳之過也。余特因史通所指摘，爲之摭拾羣書，以裨提要所不及。其史通所不言，余亦未暇偏考。必欲補闕拾遺，請俟後之君子。

宋書一百卷

梁沈約撰。約事蹟具梁書本傳。約表上其書，謂本紀、列傳繕寫已畢，合志、表七十卷。所撰諸志，須成續上。今此書有紀、志、傳而無表。劉知幾史通謂此書爲紀十，志三十，列傳六十，合百卷，不言其有表。隋書經籍志亦作宋書一百卷，與今本卷數符合。或唐以前其表早佚，今本卷帙出於後人所編次歟？以志序考之，稱凡損益前史諸志爲八門：曰律曆，曰禮，曰樂，曰天文，曰五行，曰符瑞，曰州郡，曰百官。是律曆未嘗分兩門。今本總目題卷十一，志第一，志序；卷十二，志第二，曆上；卷十三，志第三，曆下。而每卷細目作志第一，律志序」；志第二「曆上」；志第三「曆下」。則出於後人編目，强爲分割，非約原本之舊次，此其明證矣。

嘉錫案：劉知幾史通古今正史篇於諸史紀、志、表、傳凡若干篇，合若干卷，言之頗詳。使約嘗作表，不應略而不言。若謂唐以前其表已佚，知幾亦不容不知。且若果亡於唐以前，隋志當注曰梁有表幾卷，亡。志既不言有所殘缺，是約書本無表也。宋書自序載其上書表曰：「本紀、列傳，繕寫已畢，合志、表七十卷，臣今謹奏呈。所撰諸志，須成續上。」王鳴盛十七史商榷卷五十三云：「據其上書表，則紀、傳先成，志係續上。今約書紀十卷，傳六十卷，適合七十卷之數。外有志三十卷而無表，與梁書本傳所云宋書百卷適合。則上書表中『志表』二字乃衍文也。」余謂上書表既云「合志、表七十卷，今謹奏呈」，則志、表卽在七十卷中，已奏呈矣；又云「諸志須成續上」，文義甚爲不詞。且若果合紀、傳、志、表纔七十卷，何以梁書、隋志、史通皆云宋書百卷？然則「志表」二字爲淺人妄增明矣。提要不此之疑，而疑百卷之本爲後人所編次，非也。至於第十一卷，宋蜀本、明南監本第一行「志第一　宋書十一」；宋、明本各卷均小題在上，大題在下。第二行「臣沈約撰」；第三行低三格，題曰「律」；第四行低四格，題曰「志序」。審其文義，志序乃八志之總序，序後提行另起，自「黄帝使伶倫」至卷末，皆言律呂之事，故分爲二題。

但總目既只題「志序」，並無「律」字，又各卷之首僅有三行，其篇名均低四格，此篇志序蓋亦篇名，不應别冠一行，題以「律」字，且律曆亦不當分爲兩篇。竊疑自「黄帝使伶倫」以下，原本當在第二卷之首，統題曰「律曆志」。後人以志序文字太少，宋本僅四葉半。不能成卷，因割律曆志之言律吕者入志序之後，以求勻稱。校書者不達其義，第見二三卷並不言律吕，因改律曆志爲曆志，而别題「律」字於志序之首，遂致體例不合。然此雖非沈約之舊，其爲紀、志、列傳合百卷，則如故也。提要以此證約原書有表，誤矣。至乾隆四年武英殿刻本，沿北監本之行款，第一行「宋書卷十一」，二行「梁沈約撰」，三行「志第一」，四行「律志序」，合宋本兩行題目爲一。於是不但律曆分爲二志，且訛八志之總序爲律志之篇序矣。是真所謂以非易非，其失彌甚者也。

八志之中，惟符瑞實爲疣贅。州郡惟據太康地志及何承天、徐爰原本，於僑置、掫立、併省、分析，多不詳其年月，亦爲疎略。至於禮志，合郊祀、祭祀、朝會、輿服總爲一門，以省支節。樂志詳述八音衆器及鼓吹、鐃歌諸樂章，以存義訓，如鐸舞曲聖人制禮樂篇有聲而詞不可詳者，每一句爲一斷，以存其節奏，義例尤善。若其追述前代，晁公武讀書志雖以失於限斷爲譏，然班固漢書增載地理，上敍九州，創設五行，演明洪範，推原溯本，事有前規。且魏、晉並皆短祚，宋承其後，歷時未久，多所因仍。約詳其沿革之由，未爲大失，亦未可遽用糾彈也。觀徐爰傳述當時修史，議爲桓玄等立傳，約則謂桓玄、盧循等身爲晉賊，非關後代；吴隱、謝混等義止前朝，不宜濫入；劉毅、何無忌等志在興復，情非造宋。並爲刊除，歸之晉籍。其申明史例，又何嘗不謹嚴乎？

案：郡齋讀書志卷五云：「本志兼載魏、晉，失於限斷。」而直齋書録解題卷四則云：「館閣書目謂其志兼載魏、晉，失於限斷。揆以班、馬史體，未足爲疵。至其所創符瑞一志，不經且無益，其贅甚矣。」提要此節卽本之陳氏而加詳，其説誠是。然考史通斷限篇云：「夫子曰：『不在其位，不謀其政。』若漢書之立表、志，其殆侵官離局者乎？考其濫觴所出，起於司馬氏。案馬記以史制名，班書持漢標目。史記者，載數千年之事，無所不容；漢書者，紀十二帝之時，有限斯極。固既分遷之記，判其去取，紀、傳所存，惟留漢日，表、志所録，乃盡犧年。舉一反三，豈宜若是。膠柱調瑟，不亦謬歟？但固之踳駁，既往不諫，而後之作者，咸習其迷。宋史則上括魏朝，隋書則仰苞梁代。求其所書之事，得十一於千百。一成其例，莫之敢移。永言其理，可爲歎息。」晁公武及館閣書目之説，全出於此。提要但舉讀書志辯之，尚未得其立説之源也。夫傳因人立，考其年月仕履，固可斷歸某朝。志以事分，舉凡制度典章，孰非上承前代。漢書十志，雖曰繼軌八書，而名既不同，體由創制。漢用秦儀，秦變周典，使不追敍沿革，何以剖判源流？以此議班，事同膠柱。若沈約宋史，上括魏朝，蓋因三國無志，用此補亡，斯誠史氏之良規，安可反用爲譏議乎？提要云「未爲大失」，愚則謂理固宜然耳。然約自有晉書一百二十卷，隋志、梁書均作一百一十卷，此據宋書自序。而宋書諸志復敍晉事，重規疊矩，未喻其理。將由晉承魏後，介在兩朝，取便行文，不欲中斷耶？抑因所撰晉書失第五秩，無暇搜撰，見自序。以此彌縫其闕耶？據史通編次篇云：「舊史以表、志之帙介於紀、傳之間。降及蔚宗，肇加釐革；沈、魏繼作，相與因循。」是休文晉宋書志當居傳後。古人以十卷爲一帙，則第五帙非志也。豈晉、宋兩志詳略互見歟？今晉書既亡，莫由考其異同矣。

其書至北宋已多散失，崇文總目謂闕趙倫之傳一卷，陳振孫書録解題謂獨闕到彦之傳。今本卷四十六有趙倫之、王懿、張邵傳，惟彦之傳獨闕，與陳振孫所見本同。卷後有臣穆附記，謂此卷體同南史，傳末無論，疑非約書，其言良是。蓋宋初已闕此一卷，後人雜取高氏小史及南史以補之，取盈卷帙。然南史有到彦之傳，獨舍而不取。又張邵傳後附見其兄子暢，直用南史之文，而不知此書卷五十九已有張暢傳，忘其重出，則補綴者之疎矣。臣穆當即鄭穆，宋史有傳，嘉祐中嘗校勘宋書。其所考證，僅見此條，蓋重刊之時，削除偶賸。亦足見明以來之刊本隨意竄改，多非古式云。

案：晁説之嵩山集卷十二讀宋書云：「沈約宋書一百卷，嘉祐末詔館閣校讐，始列學官。

尚多殘脱駢舛，或雜以李延壽南史。」然則宋書之散失，經後人補綴者，不獨趙倫之等一卷已也。錢大昕廿二史考異卷廿三宋書少帝紀條云：「按紀、傳書諸帝皆稱廟號，獨此紀書『武帝』者四，而仍有稱『高祖』者。又它篇例稱魏爲『索虜』，而此紀一云『魏軍克滑臺』，一云『魏主拓跋嗣薨』，按尚有景平元年魏軍克虎牢一條，錢氏失檢。全非休文之例。又如義熙十二年正月，以豫章公世子爲西中郎將、豫州刺史。三月，除征虜將軍，徐、兗二州刺史，鎮京口。十四年六月，除中軍將軍，副貳相國府。皆宜見於本紀，而略不及。卷末又無史臣論，其非休文書顯然。蓋此篇久亡，後人雜采它書以補之，故義例乖舛如此。」案今涵芬樓據嘉業堂劉氏所藏宋蜀大字本影印，其少帝紀「一依漢昌邑、晉海西故事。鎮」按皇太后此令，建康實録卷十一有其全文，作「一依漢昌邑、晉海西故事。鎮軍將軍宜都王仁明，尤篤孝弟」云云。宋書當亦同此，而「鎮」字以下殘缺。今本無「鎮」字，作「奉迎鎮西將軍宜都王入纂皇統」云云。張元濟謂是弘治修版時取南史補之，而削去「鎮」字，以泯其迹，是也。以下有闕葉。而末葉尚存一行，云「則創業之君，自天所啓，守文之主，其難乎哉」。張元濟跋云「是本卷末一行，確有史臣論斷之詞，前有闕葉，故全文不可得見。其後並此僅存之一行亦復湮没」，是也。然則錢氏謂此紀末無史臣論者，由未見宋本故耳。然此卷實非休文書，錢氏之説，確不可易。太平御覽卷一百二十八劉義符條引沈約宋書曰：「羨之等將謀廢立，而廬陵王義真輕動多過，不任主四海。乃先廢義眞，然後廢帝。侍中程道惠勸立第五皇弟恭，當作「義恭」。羡之不許。遣使殺義眞於新安，殺帝於吳縣。帝突走出門，追者以門關擊之，然後加害。」與今本全不同，是其證也。以今本與南史相校，事迹較彼爲詳，則非全録南史也。且又與太平御覽不同，則非録自修文御覽也。考其稱魏爲「虜」及稱高祖廟號者，僅「自聞高祖崩，因復侵擾」一處。皆南史所無，或敍事較略者，疑其出自高氏小史。惟「魏主拓跋嗣薨」與南史作「魏元明皇帝崩」不同，而仍稱魏，當是本作「虜主」，後人誤改之耳。蓋大段補以李延壽史，而用小史附益之，固南北七史之通例。惟宋本所存史臣論一行，既與南史不同，而小史又無論贊。詳魏書條下。不知出何書耳。近人孫虨宋書考論見北平圖書館館刊。卷四又謂列傳第三十六朱脩之、宗慤、王玄謨等傳，非約原書，其説曰：「趙倫之一卷，自宋時校者摘其與約書體例不合。錢大昕又推以及少帝紀，皆確知爲後人輯補。今詳審此卷亦然。諸帝稱謚，不稱廟號。敍官階多闊略，如云累遷某州刺史，加都督，按宋書例云都督某州諸軍事、某州刺史。體例全同南史。獨時稱魏爲虜，又卷末有史臣論而已。然論亦非休文手筆也。」按謂論非休文筆，別無確據。宋以前古書多存，安知不據他書輯入乎？孫氏又引藝文類聚二條、太平御覽八條，以與今本相校，不惟文字有異同，且往往溢出今本之外。今以其説考之，如御覽卷五百十一引宋書曰：「朱脩之，義陽人，加建武將軍。」今本不載其爲此官。又卷二百八十七引宋書「宗慤征林邑，圍區栗城」云云，凡三百二十五字。今本敍此事，前後僅百餘字，與南史大抵相同。亦有數句小異，蓋參用小史。御覽引宋書雖有沈約、徐爰、王琰、孫嚴、王智深諸家，然此兩卷所引他條，率同今本，知所引實約書也。孫氏謂此卷非宋書原本，理自可信。然則宋書之殘缺爲後人所補者，不止趙倫之一卷而已。又按姚範援鶉堂筆記卷三十三云：「後漢書皇后紀注引約作謝儼傳云：『范曄所作十志，一皆託儼搜撰。垂畢，遇曄敗，悉蠟以覆車。宋文帝令丹陽尹徐湛之就儼尋求，已不復得，一代以爲恨。其志今闕。』又班彪傳贊注內亦引沈約宋書敍謝儼事，今本宋書無之。惟王景文傳有謝儼名耳。」姚氏又引梁書止足傳序，言宋書止足傳有羊欣、王微。今宋書有欣、微傳，而無止足傳。愚按宋書凡有四家，梁書所言非必約書。姚說蓋誤，今不取。然則約書當有謝儼傳，此又原書亡佚，而後人并未補綴者。又沈約自序中敍沈亮事，於「聯事惟忝，憂同職同」下，各本皆注曰「闕」。又敍其父沈璞「有子曰」下，敍沈伯玉事「先帝在蕃」下，皆注「闕」字。考溫國文正公文集卷六十二與劉道原書：「今國家雖校定摹印正史，校得絕不精。只如沈約敍傳，差卻數板亦不寤，其他可知也。」是則嘉祐初刻卽已殘缺不完，致深爲司馬光所不滿。凡此皆提要所未詳，故附考之如此，以諗讀者。至於宋人校語，除趙倫之傳臣穆一條外，尚有卷二十二志十二。樂志後聖人制禮樂一條，凡六十四字。宋本在篇末大小題之後，隔一行書之。武英殿本移其行款，與正文相連，讀者或誤以爲沈約原文，故提要亦未曾舉出。其他各篇，别無考證，宋本與各本皆同。提要以爲明以來刊本有所削除，亦非也。王懋竑讀書記疑卷八云：「劉遵考傳附從子季連，宋書目録有之，今宋書本傳脱去。」余考之，信然。然考南史宋宗室傳，季連事蹟皆在入齊以後，且死於梁天監四年，其人本不當入宋史。此乃編目録者之誤，非宋書殘缺，今不取其説。附識之於此。

南齊書五十九卷　梁蕭子顯

章俊卿山堂考索引館閣書目云：「南齊書本六十卷，今存五十九卷，亡其一。」劉知幾史通、曾鞏敍録則皆云八紀、十一志、四十列傳，合爲五十九卷，不言其有闕佚。然梁書及南史子顯本傳實俱作六十卷，則館閣書目不爲無據。

嘉錫案：隋志著録此書六十卷，而舊唐志則只五十九卷。考舊唐志全録自毋煚古今書録，其書作於開元時，見志序。而南齊書已亡其一卷。然新唐志又作六十卷，豈其全書後來復出歟？抑此一卷卽本書之序録，故或入卷數，或不入卷數歟？至宋代諸家書目，自崇文總目以下，皆五十九卷矣。

考南史載子顯自序，似是據其敍傳之詞。又晁公武讀書志載其進書表云：「天文事秘，户口不知，不敢私載。」疑原書六十卷爲子顯敍傳，末附以表，與李延壽北史例同。至唐已佚其敍傳，而其表至宋猶存。今又併其表佚之，故較本傳闕一卷也。又史通序例篇謂「令升先覺，遠述丘明」，「史例中興，於是爲盛。沈宋之志序，蕭齊之序錄，雖以序爲名，其實例也」，「子顯雖文傷蹇躓，而義甚優長，爲序例之美者」。今考此書，良政、高逸、孝義、倖臣諸傳皆有序，而文學傳獨無序，殆亦宋以後所殘闕歟？

案：宋高似孫史略卷二云：「其表曰：『素不知户口，故州郡志輒不載。天文復秘，故不私載。』而此志但紀災祥而已。」與讀書志小異。疑史略所引乃原文，而讀書志則隱括之詞也。廿二史考異卷二十五南齊書目録序條云：「按史通序例篇云：『沈宋之志序，蕭齊之序錄，雖皆以序爲名，其實例也。』則子顯書當有序錄一篇，劉知幾猶及見之，而今失其傳矣。晉書亦有序例一篇，今本皆無之。」提要以劉知幾所言之序錄爲篇序，而謂所亡之一卷當是敍傳。錢氏謂今本失傳者卽是序錄，兩説互異。以余考之，錢説爲是。序錄之與敍傳，源出於一，而微不同。敍傳必敍先世及作者之事蹟，序錄則可只序作書之義例，附以目錄，如班固敍傳卽在七十列傳之内。而隋志著録三國志，則敍録别爲一卷。今亡。凡序録最易亡失，故隋志於各書之下往往注曰「梁有録一卷，亡」。意南齊書所亡者，正是序錄。劉知幾尚及見之，以序録本非列傳，且多不入卷數，故知幾只言五十九篇耳。提要以所亡者爲敍傳。考史家敍傳，自馬遷、班固以至李延壽，皆遠敍受姓之始，近紀祖父之事，其體斠若畫一，無或差池。今蕭氏之世系既具見於高帝紀中，而子顯之父豫章文獻王又自有列傳，使子顯復爲敍傳，不知所敍何事？且子顯啓撰齊書，奉表奏進，故史臣論內，輒自稱臣。見武帝紀及褚淵傳。今梁書、南史本傳所載自序，自稱曰余，沈約自序稱史臣，魏收稱名。所言僅辭藻文章之事。此不過如劉孝標、江總等之自敍生平，當時詞人例有此作，非史家敍傳之體也。提要之説，未可爲據。惟其進書表，晁公武、高似孫猶及見之，則疑宋本尚附本書，而今亡之耳。

自李延壽之史盛行，此書誦習者尠，日就譌脱。州郡志及桂陽王傳中均有闕文，無從補正。

案廿二史考異卷廿五云：「今本南齊書卷十五志第七。州郡志下、卷卅五列傳十六。高十二王傳、卷四十四列傳二十五。徐孝嗣傳、卷五十八列傳三十九。高麗傳，各闕一葉，卷五十九列傳四十芮芮虜河南氐羌傳史臣論亦有闕文。曾子固序但云校正訛謬，不云文有脱落，則宋時蕭史固完善也。」錢氏所指之闕葉，南、北監本，汲古閣本及武英殿本皆同，乃提要獨謂州郡志及桂陽王傳有闕文，而置其他不言，是僅粗檢其前數册，而未嘗統核全書也。今江安傅氏所藏宋蜀大字本，余嘗借校，其志第七之第三葉、列傳十六之第十葉獨不闕。商務印書館已印入百衲本廿四史。錢氏謂宋時蕭史尚自完善，不虛也。

其餘字句舛誤，如謝莊傳，南史作「詔徙越嶲」，此書作「越州」，崔懷慎傳，南史作「臣子兩遂」，此書作「兩節」者，又不可勝乙。今裒合諸本，參核異同，正其灼然可知者。其或無考，則從闕疑之義焉。

案：謝莊卒於宋明帝泰始二年，宋書有傳，安得復入齊書？此乃謝超宗傳之文，提要涉筆偶誤耳。本書州郡志云：「越州，鎮臨漳郡，本合浦北界也。宋泰始中，立爲越州。」又益州屬有越雟獠郡。然則越州、越雟，當時皆有其地。梁書文學傳謝幾卿傳亦云「超宗坐事徙越州」，則非南齊書之誤。南史兩傳皆作「越雟」，蓋李延壽所改。今既不能定其孰是，似當闕疑。崔懷慎傳云：「王尊驅驥，王陽回車，欲令忠孝並弘，臣子兩節。」宋本亦同。南史作「兩遂」，於義爲長。

陳書三十六卷

唐姚思廉奉敕撰。劉知幾史通謂「貞觀初，思廉奉詔，撰成二史。彌歷九載，方始畢功」。而曾鞏校上序謂「姚察録梁、陳之事，其書未就，屬子思廉繼其業。武德五年，思廉受詔爲陳書。貞觀三年，論撰於秘書内省。十年正月壬子，始上之」。是思廉編輯之功固不止於九載矣。

嘉錫案：陳書姚察傳稱察於陳太建時起爲昭戎將軍，知撰梁史事，固辭，不允。又云：「開皇九年，詔授秘書丞，别敕成梁、陳二代史。」又云：「察所撰梁、陳史雖未畢功，隋文帝開皇之時，遣内史舍人虞世基索本，且進上，今在内殿。梁、陳二史本多是察之所撰，其中序論及紀、傳有所闕者，臨亡誡約子思廉博訪撰續，思廉泣涕奉行。大業初，内史侍郎虞世基奏思廉踵成梁、陳二代史，自爾以後，稍就補續。」唐會要卷六十三載武德五年十二月二十六日詔修魏、周、隋、梁、齊、陳六史事略云：「秘書監竇璡、給事中歐陽詢、秦王府文學姚思廉，可修陳史。綿歷數載，竟不就而罷。至貞觀三年，於中書置秘書内省，以修五代史。貞觀十年正月二十日，尚書左僕射房玄齡，侍中魏徵，散騎常侍姚思廉，右庶子李百藥，孔穎達，禮部侍郎令狐德棻，中書侍郎岑文本，中書舍人許敬宗等，撰成周、隋、梁、陳、齊五代史上之。進階頒賜有差。」舊唐書令狐德棻傳略同，但年月不及會要之詳。此皆曾鞏之所本也。鞏序既不著出典，提要又不引唐會要，則據宋人之言，惡可以駁史通哉。史通古今正史篇於梁史言「姚察有志撰勒，施功未周」，於陳史則云「姚察就加刪改，粗有條貫。及江東不守，持以入關。隋文帝嘗索梁、陳事跡，察具以所成每篇續奏。而依違荏苒，竟未絶筆。皇家貞觀初，其子思廉爲著作郎，奉詔撰成二史。憑其舊稾，加以新録，彌歷九載，方始畢功。定爲梁書五十卷，陳書三十六卷，今行於世焉」。其敍述始末甚明，與曾鞏所謂「察等之爲此書，歷三世，謂陳、隋、唐。傳父子，更數十歲而後乃成」者，未嘗不合，僅略去武德五年奉詔一事耳。其言彌歷九載，第就貞觀初修書日起至畢功時計之，不得援曾鞏之序以駁知幾也。但會要及舊書姚思廉傳均言以貞觀三年奉詔，則計至十年書成時，新、舊書均無陳史成書年月，此據會要。不足九載。史通又云：「初，太宗以梁、陳及齊、周、隋氏并未有書，乃命學士分脩。始以貞觀三年創造，至十八年方就。」據黄叔琳訓故本。自注云：「唯姚思廉貞觀二年起功，多於諸史一歲。」若如所言，則已首尾十七年，又不止九載。考盧文弨用華亭朱氏影宋鈔本史通校云「宋本缺『十』字」，盧校有傳録本，藏東莞倫氏。然則「十」字爲後人所妄加。他史皆八年方就，思廉獨以貞觀二年起功，較諸史早一年，故云「彌歷九載」耳。

知幾又謂陳史初有顧野王、傅縡各爲撰史學士，太建初，中書郎陸瓊續撰諸篇，姚察就加删改。是察之修史，實兼採三家。考隋書經籍志有顧野王陳書三卷、傅縡陳書三卷、陸瓊陳書四十二卷，殆即察所據之本。而思廉爲傅縡、陸瓊傳，詳述撰著，獨不言其脩史篇第，殊爲疎略。至顧野王傳，稱其撰國史紀傳二百卷，與隋志卷帙不符，則疑隋志舛譌，思廉所記得其真也。

案：隋志有陳書四十二卷，訖宣帝，陳吏部尚書陸瓊撰，而無顧、傅二書。兩唐志始有顧野王陳書三卷、傅縡陳書三卷，而陸瓊書不著於録。提要並引爲隋志，疏舛甚矣。史通云：「陳史初有吴郡顧野王、北地傅縡各爲修史學士，其武、文二帝紀即顧、傅所修。」今陳書高祖武帝。紀二卷、世祖文帝。紀一卷，顧、傅所修，當亦同此。則唐志所録兩家書各三卷者，當卽武、文二帝紀，與知幾所言適合。知顧書所存者，實只此數。野王本傳云：「又撰國史紀傳二百卷，未就而卒。」書既未成，則所謂二百卷者，或空張篇目，或唐初已亡，不得以史志爲譌舛也。史通又云：「太建初，中書郎陸瓊續撰諸篇，事傷煩雜。姚察就加刪改，粗有條貫。」瓊既續顧、傅之書，明其篇卷當多於顧。姚察刪陸書之煩雜，是其所撰，以陸爲本。舊唐書思廉傳乃云「刪益傅綷、二字懼盈齋刻本誤作「博綜」。顧野王所修舊史，成陳書三十卷」，竟不及陸瓊，則史筆之疏也。

察傳見二十七卷，載其撰梁、陳二史事甚詳。是書爲奉詔所修，不同私撰，故不用序傳之例，無庸以變古爲嫌。惟察陳亡入隋，爲秘書丞、北絳郡開國公，與同時江總、袁憲諸人並稽首新朝，歷踐華秩，而仍列傳於陳書，揆以史例，失限斷矣。

案南北八代，惟魏與宋、梁享國稍久，餘皆年祚短促，爲之臣者莫不身歷數朝。當時習俗，惟以其在某朝位望稍高、事功較著者，舉以稱其人，如家訓之署「北齊黃門侍郎顏之推」，梁書之稱「陳吏部尚書姚察」是也。唐修五史，限斷之間，亦同斯意。誠以君若奕棋，人無定主，若必身卒某朝，方入某史，是必乘時佐命，功類蕭、曹，變節求榮，跡符歆、朗，編諸列傳，乃得其宜。然一代之中，數人而已。其他則非故國之遺臣，卽異邦之降虜，食息徒存，鐘漏俱盡，雖復拖紫紆青，實已投閒置散。姓名雖編於新史，事跡並涉乎前朝。譬猶魏志忽敍楊彪，晉傳橫添郤正，徒溷簡篇，何關輕重！而其當代之人物，又必依例以下移，將見關東風俗（宋孝王有關東風俗傳，記北齊朝士。）盡入周書，江左衣冠半歸隋史，勸懲胥闕，文獻無徵。欲考勝國之興亡，須檢新朝之紀載。循名責實，未見其然。劉知幾斷限之例，可謂至嚴，然惟譏承祚、伯起，未嘗議梁史、陳書也。如江總者，史敍其在陳云：「總當權宰，不持政務，日與後主遊宴後庭，當時謂之狎客。由是國政日頽，綱紀不立，君臣昏亂，以至于滅。」及敍其入隋，則只爲上開府，開皇十四年卒於江都，時年七十六，並載其自敍一篇而已。他如袁憲、姚察等傳，莫不在陳則鋪敍盈紙，入隋即寥落數行。而乃刪彼陳書，編之隋録可乎？提要之說，不免以後世之見輕議古人矣。王鳴盛乃謂假令婦人三嫁，終當以最後所適爲定。（見十七史商榷卷六十四。）陋哉斯言，非所以論史也。

魏書一百十四卷

北齊魏收奉敕撰。收表上其書，凡十二紀、九十二列傳，分爲一百三十卷。

嘉錫案：北齊書、北史魏收傳及本書自序（自序自宋已亡，即取北史補之。）均云：「勒成一代大典，凡十二紀、九十二列傳，合一百一十卷。五年三月，奏上之。秋，除梁州刺史。收以志未成，奏請終業，許之。十一月，復奏十志，凡二十卷，續於紀、傳，合一百三十卷，分爲十二帙。其史三十五例、二十五序、九十四論，前後二表、一啓焉。」又本書十志前附載收啓，亦云：「謹成十志二十卷，請續於傳末。並前例目，合一百三十一卷。」然則一百三十卷者，合紀、傳、志言之。若除志不數，實止一百一十卷。提要誤也。自隋志以下至宋官私書目，均作一百三十卷。然宋刻本實作一百十四卷，蓋除其子卷不數故也。其後刻本皆承之。

今所行本爲宋劉恕、范祖禹等所校定。恕等序録謂：「隋魏澹更撰後魏書九十二卷，唐又有張太素後魏書一百卷，今皆不傳。魏史惟以魏收書爲主，校其亡逸不完者二十九篇，各疏於逐篇之末。」然其據何書以補闕，則恕等未言。

案序録後題「臣攽、臣恕、臣燾、臣祖禹謹敍目録，昧死上」。攽者，劉攽也；燾者，安燾也。是此書實四人同校。晁説之嵩山集卷十二讀魏書以爲其序目蓋范醇甫所作。然讀書志卷五言「嘉祐中，劉恕等上魏書」。越劉攽而舉恕，則或恕於此書用功獨深矣。序録云：「數百年間，其書亡逸不完者無慮三十卷，今各疏於逐篇之末。」未嘗實指爲二十九篇也。惟直齋書録解題卷四云：「今紀闕二卷，傳闕二十二卷，又三卷不全。志闕天象二卷。」玉海卷四十六引中興書目同。合之正得二十九篇之數，提要蓋據此以改序録。然引古人書，可奮筆點竄耶？今考目録，帝紀注「闕」字者爲第三、太宗第十二，靜帝凡二卷。列傳注「闕」字者爲第一、后妃第二、神元平文諸帝子孫第三、昭成子孫第五、明元六王第六、太武五王第七上、景穆十二王上第八、文成五王第十、孝文五王第十三、長孫嵩等第二十二、王洛兒等第六十九、綦儁等第七十、李琰之等第七十一上、外戚上第七十一下、外戚下第七十三、文苑第七十四、孝感第七十五、節義第七十七、酷吏第八十九、氐楊難敵等第九十、西域第九十一、蠕蠕等第九十二，序傳凡二十二卷。又注「不全」字者爲第七十二、儒林第七十九、術藝第八十，列女凡三卷。志注「闕」字者爲第三、天象一之三第四，天象一之四凡二卷。大凡二十九卷，與書録解題並合。然劉恕等序録既言於亡逸不完者，各疏於逐篇之末，乃檢其目録中注「闕」字之卷，如列傳第八、第十、第二十二、第六十九、第七十三、第七十七、第九十二各篇之末，皆無校語。而列傳第二十一宋隱等篇末有校語云：「此傳全寫高氏小史，疑收書亡而後人補之。史臣語亦悉出北史諸論，合而成文，然頗詳備，與本史他卷略同，豈非小史全載本文乎？」第七十八篇末有校語云：「魏收書逸士傳亡史臣論，全用隋書隱逸傳論。」此二卷又目録中不注「闕」字者，殊爲參差不合，蓋無校語者或是傳寫脱去。其有校語者，例云魏收書某傳亡，或魏收書列傳第幾亡。今各本或脱去「亡」字，幾令覽者不知所謂。其列傳第二十一、第七十八，目録下失注「闕」字，則疑其誤寫入第二十二、第七十七之下。其實此兩卷本不闕也。提要謂其據何書以補闕，恕等未言，不知各篇之末所附校語，言之甚明，第未詳著於序録中爾。如於太宗紀，既明著其是魏澹史，天象志三、四兩卷明著其爲張太素魏書矣。見後。又於孝靜帝紀、皇后傳末並云：「魏收書某篇亡，後人補以北史，又取高氏小史及脩文殿御覽附益之。」其神元平文諸帝子孫傳校語亦同，且云：「後卷魏收舊史亡者，皆放此。」然則他篇但云魏收書某篇亡者，皆是補以北史、高氏小史及脩文殿御覽也。又於外戚傳下校云：「史臣論全用隋書外戚傳。」儒林傳校云：「此卷刁冲、盧景裕傳全録北史，非魏收書。史臣論亦出北史，北史全用隋書儒林傳論。」術藝傳校云：「此卷王顯以前魏收舊書，崔彧、蔣少游傳全出北史及小史。史臣論亦取北史藝術傳論，而北史全用周、隋書藝術傳論云。」氏楊難敵等傳校云：「史臣論蓋略北史。」以及宋隱等傳、逸士傳校語，見前。皆著明史臣論之出於何書。蓋凡魏收書闕者，多用北史、小史、脩文殿御覽以補亡，小史及御覽皆無論贊，高氏小史之無論贊，觀宋隱等傳校語可見。北史雖有論而編次與魏書不同，恐人不知其爲何人之筆，故詳考之耳。又列女傳校語曰：「此傳雖差多於北史、小史，然亦不完。」孝感傳校語曰：「魏收書孝感傳亡，惟張昇事出宗諫史目，張昇傳只二十六字，故宗諫載入史目注中。宗諫注十三代史目十卷，見唐書藝文志。與北史小異。高氏小史不載昇事迹。」此下尚有七十八字，考小史與正史目次之同異。今不録。西域傳校語曰：「魏收書西域傳亡，此卷全寫北史西域傳，而不録安國以後。案隋書西域傳云：『康國，大業中始遣使貢方物，後遂絶焉。』此改『大業』字爲『太延』，蓋後此字宋本誤作「行」，此從南監本。人妄改。」觀其校語，於後人所補闕卷，雖片詞隻字亦必疏其出處。而提要顧謂劉昫等不言據何書以補闕，不亦誣乎？凡宋人校語，宋刻本及明南監本皆附刻本卷之末，文字相同。北監本則已刊削不完。至乾隆四年，武英殿據北監本付刻，乃盡删去，而入之考證之中。又往往不著明其爲宋人校語，一似出於校勘諸臣之手者。不知若高氏小史、脩文殿御覽、宗諫史目、張太素魏書之類，皆久佚之書，乾隆時校史諸臣何自見之乎？四庫館即用内府刊本著録，作提要者不獨不知有宋人校語，且似并殿本考證亦未寓目者，殊可怪也。至趙翼廿二史劄記卷十三謂：「孝静帝紀必非收原本，乃後人取北史之文以足之。」又謂：「后妃傳實係收書，非鈔北史之文。」不知此兩卷皆補以北史，又取高氏小史及修文殿御覽附益之。北史固與收書不盡同，若小史及修覽，即節録魏收本文。趙氏之言，皆所謂辯乎其所不必辯者矣。

崇文總目謂澹書纔存紀一卷，太素書存志二卷。陳振孫書録解題引中興書目，謂收書闕太宗紀，以魏澹書補之；志闕天象二卷，以張太素書補之；又謂澹、太素之書既亡，惟此紀、志獨存。不知何據。是振孫亦疑未能定也。

案：宋本、明南監本太宗紀後有校語云：「魏收書太宗紀亡。史館舊本帝紀第三卷上，有白簽云此卷是魏澹史。案：隋書魏澹傳，澹之義例多與魏收不同。其一曰諱皇帝名，書太子字；四曰諸國君皆書曰卒。今此卷書封皇子燾爲泰平王，燾字佛釐。姚興、李暠、司馬德宗、劉裕皆書卒。故疑爲澹史。又案：北史、高氏小史、修文殿御覽皇王部，皆鈔略魏收書，其間事及日有此紀所不載者。北史本紀逐卷後論全用魏收史臣語，而微加增損，惟論明元卽與此紀史臣語全不同。故知非魏收史明矣。崇文總目有魏澹書一卷，今亦亡矣，豈此篇乎？」此下尚有一節，凡二百一十字，論魏澹書此卷雖存，亦殘缺脱誤。今不録。又天象志第三後有校語云：「魏收書天象志第一卷載天及日變，第二卷載月變，第三、第四卷應載星變。今此二卷天日月星變，編年總繫魏及南朝禍咎。蓋魏收志第三、第四卷亡，後人取他人所撰志補足之。魏澹書世已無本，據目録作西魏帝紀，而元善見、司馬昌明、劉裕、蕭道成皆入列傳。此志主東魏，而晉、宋、齊、梁君皆稱帝號，亦非魏澹書明矣。唐書經籍志有張太素魏書一百卷，故世人疑此二卷爲太素書志。崇文總目有張太素魏書天文志二卷，今亦亡矣。惟昭文館有史館舊本魏書，第三卷前題『朝議郎、行著作郎、修國史張太素撰』。太素唐人，故諱『世』『民』等字」。據此則中興書目謂收書闕太宗紀，以魏澹書補之，闕天象二卷，以張太素書補之者，卽據劉恕等校語。而恕等則又據史館舊本所題加以考證。觀其立説，甚爲精密，非漫然無所據也。陳振孫乃疑不能定，豈未見此校語耶？抑見之而忽不加察耶？要之，振孫之史學，必不如劉攽、劉恕、范祖禹等，其言可置之不論也。至於澹及太素之書既亡，而此紀、志獨存，具見於崇文總目。通考卷一百九十二引。其所以能獨存者，正因魏收書闕太宗紀及天象志二卷，後人取以補亡之故。崇文總目言收書所存僅九十餘篇。然猶有單行未録入收書之本，故總目別著於録。其初後人録出以補收書者，恐不止此一二卷。殆又有殘缺，所存僅此，乃不得不取之北史及高氏小史耳。猶之范曄後漢書無志，後人取劉昭所注續志以補之，於是昭注紀、傳亡，而志獨存，然仍自單行。至孫奭始合之於范書。以彼例此，情事正同。劉昫等言崇文總目有魏澹書一卷，張太素天文志二卷，今亦亡者，謂單行之本亡耳。其史館所藏合之於魏收書者固在也，觀校語自明，亦何疑之有乎？殿本太宗紀考證云：「魏收書此紀闕，後人補以北史。又取高氏小史、修文殿御覽附益之。」乃全與劉昫等校語不合。提要僅據殿本立言，不肯一考他本，遂不知太宗紀之爲魏澹書，具有明徵。然殿本天象志考證卷一百五之三。全録劉昫等校語，提要亦無一言及之，則吾疑其於考證亦未寓目者，其信然矣。余考太宗紀之爲魏澹書，於劉昫等所舉之外又得二證焉。隋書魏澹傳載澹之義例與魏收不同者四，其三曰：「幽王死於驪山，厲王出奔於彘，未嘗隱諱，直筆書之。欲以勸善懲惡，詒誡將來。而太武、獻文並遭非命，前史立紀，不異天年。言論之間，頗露首尾。頗露首尾者，謂收書世祖太武帝紀史臣論曰：「至於初則東儲不終，末乃釁成所忽。固本貽防，殆弗思乎。」顯祖獻文帝紀史臣論曰：「早懷厭世之心，終致宮闈之變，將天意哉！」殺主害君，莫知姓名，逆臣賊子，何所懼哉！今分明直書，不敢回避。」今案：元魏之君遭非命者，尚有太祖道武帝，爲其子清河王紹所弒。魏澹不言者，但取四字爲句，而以太武、獻文，文武作對。若舉道武，則重兩「武」字矣。魏收太祖紀書曰：「冬十月戊辰，帝崩於天安殿，時年三十九。」此所謂「前史立紀，不異天年」也。其史臣論曰：「屯厄有期，禍生非慮，將人事不足，豈天實爲之。嗚呼！」此所謂「言論之間，頗露首尾」也。太平御覽卷一百二太宗明元皇帝條引後魏書曰：「初帝母既賜死，帝素純孝，哀泣不能自勝。太祖怒之。帝還宮，哀不自止，日夜號泣。太祖知，又召之。帝欲入，左右諫曰：『孝子事父，小杖則受，大杖則避之。今陛下怒盛，入或不測，陷帝於不義。不如且出，待怒解而進不晚也。』帝從之，乃游行於外。天賜六年冬十月，卽皇帝位。大赦，改元爲永興元年。」此所引者，魏收書也，亦不言太祖之被弒。考收書於太武、獻文之遭遇非命，不獨於本紀深没其文，卽於嗣位之君如高宗、高祖紀中，亦只書某年月日卽皇帝位，不著其先君之死。知收書體例固如此，非御覽有所刊削也。今本太宗紀雖略同於御覽，而「游行於外」句下作「天賜六年冬十月，清河王紹作逆，太祖崩，帝入誅紹。壬申，卽皇帝位。大赦，改元爲永興元年」。直書其事，無所諱飾，則非魏收書也。北史雖亦據事直書，而其魏太宗紀魏本紀卷一。曰：「初，帝母既賜死，帝素純孝，哀不自勝。道武怒。帝還宮，哀不自止。道武知而又召帝，帝欲入，左右諫請待和解而進，帝從之。及元紹之逆，帝還而誅之。永興元年冬十月壬午，皇帝卽位。大赦，改元。」與今本魏書詳略迥異，則非李延壽書也。蓋魏收著書，務爲魏諱國惡。魏澹矯收之失，始分明直書。李延壽北史據收爲本，而亦參用澹書，加之筆削。今太宗紀既與魏收書及北史皆不同，明是取之魏澹，其證一也。魏收以東晉爲僭晉，宋、齊、梁爲島夷，爲之作傳，列於劉聰、李雄等之間，統斥之爲僭僞。故其作帝紀，於南朝及十六國之君，皆直斥其名。凡聘使之來，皆書「遣使來貢」。李延壽於南、北朝皆爲之作史，無所偏主。故其作魏本紀，於僭僞之君稱名，聘使稱「朝貢」。而於晉、宋諸帝，則書其謚，聘使書「某人來聘」。此兩史義例之不同者也。今太宗紀於永興三年六月、五年二月，神瑞元年八月，均書「姚興遣使來聘」。惟永興五年十一月書「姚興遣使朝貢」，蓋偶仍魏收書，未及修改。所謂史駁文也。神瑞二年四月，泰常三年三月，均書「司馬德宗遣使朝貢」。泰常三年作「來貢」。泰常六年八月，書「劉裕遣使朝貢」。至於司馬德宗、司馬德文、劉裕、劉義符之名，幾於觸目皆是，與兩史義例皆不合。蓋魏澹於隋文帝開皇初奉詔修史，隋承周統，既以北魏爲正，自不得不以南朝爲僞。至於苻、姚輩，本出夷狄，割據中原，國勢强盛，與魏、周約略相等。且已國亡身死，與隋了不相關，遂爾稍從假借，以敵國交聘爲文。與魏收時天下三分，齊、周對峙，情勢迥不相侔，故書法因之而異。是今本太宗紀之出於魏澹，其證二也。若夫天象志二卷之取自張太素，則宋時史館舊本所題銜名足爲左證，毋待繁言矣。而陳振孫乃疑中興書目補以魏澹、張太素書之言爲不知何據，提要又從而附和之，皆失之不考。今考太平御覽皇王部所載後魏書，帝紀多取魏收書，而芟其字句重複。太宗紀亦與今本首尾符合，其中轉增多數語。原注云：「永興四年，宴羣臣於西宮，使各獻直言」下多「弗有所諱」四字。「泰常八年，廣西宮起外牆，垣周回二十里」下多「是歲民饑，詔所在開倉賑給」十一字。按此數語，北史有之。然北史前後之文與御覽所引者絶異。夫御覽引諸史之文，有删無增，而此紀獨異，其爲收書之原本歟？抑補綴者取魏澹書而間有節損歟？

案：以御覽所引與今本太宗紀相校，其御覽有而今本無者，尚頗有之，不只如提要所舉也。如神瑞二年云：「使以太牢祠黄帝、唐堯廟。」今本無「唐堯」字。又云：「幸廣寧，事如上谷。登廣寧之歷山，以太牢祠虞舜廟，親加禮焉。」今本作「至廣寧，登歷山，祭舜廟」。又云「五月，此泰常五年之五月也。御覽因文有删節，遂混入四年之下。詔曰：宣武皇帝體得一之玄遠，應自然之沖妙，配純化而御世，演大道以宣風。大行大名，未盡盛美」。今本作「五月乙酉，詔曰：宣武皇帝體道得一，天縱自然，大行大名未盡美。」凡此諸條，非第繁簡有殊，乃至文義亦異。而北史輒同御覽，蓋御覽所引者，魏收之本文，今本乃魏澹所重修，北史則多從魏收也。以三書通篇對照，修改點竄之跡，瞭如指掌。提要語涉游移，良由未見劉恕等校語，又爲陳振孫之言所惑，故不敢確指爲魏澹書耳。

然御覽所引後魏書，實不專取一家。如此書卷十二孝靜帝紀亡，後人所補。而御覽所載孝靜紀與此書體例絶殊。又有西魏孝武紀、文帝紀、廢帝紀、恭帝紀，則疑其取諸魏澹書。原注云：「隋書魏澹傳：『自道武下及恭帝，爲十二紀。』劉知幾史通云：澹以西魏爲真，故文帝稱紀。」又此書卷十三皇后傳亡，亦後人所補。今以御覽相校，則字句多同，惟中有删節。而末附西魏五后，當亦取澹書以足成之。蓋澹書至宋初尚不止僅存一卷，故爲補綴者所取資。至澹書亦闕，始取北史以補之。原注云：如崔彧、蔣少游及西域傳。故崇文總目謂魏澹魏史、李延壽北史與收史相亂，卷第殊舛。是宋初已不能辨定矣。惟所補天象志二卷爲唐太宗避諱，可信爲唐人之書無疑義耳。

案：孝靜紀末總敍帝之生平，於高澄之跋扈，高洋之篡弑，奮筆直書，無愧南、董。如帝號癡人，朕爲狗脚，季舒侍宴以揮拳，趙德升車而見逼，凡兹情狀，悉載靡遺。校其字句，全同北史，惟易高澄爲文襄耳。魏收穢史，豈能實録。尋史通曲筆篇曰：「伯起魏史不平，齊宣覽而無譴。」夫高洋暴虐，甚於太武，使收書法不隱，必受崔浩之誅，安得覽而無譴者哉。劉恕謂孝靜紀亡，後人補以北史，信有徵矣。然觀其尊歡、澄爲獻武、文襄，稱高洋爲齊王、今上，黜西魏而斥寶炬之名，收書不書西魏及南朝國號，皆以寶炬、蕭衍之名代之。惟興和二年有「西魏行臺」字，乃用北史之文未及修改者。貶孝武而加出帝之號，皆與魏收之義例相符，而於北史牴牾不合。北史書勃海王高歡，勃海王世子、大將軍、勃海王高澄，太原公、齊王高洋。於西魏及梁皆稱其國號，易「蕭衍遣使朝貢」爲「梁人來聘」。且其敍事甚詳，北史則多所刊落。姑舉其大者言之，如永熙元年遷都之詔，御覽卷一百四引後魏書有。元象元年賀拔仁等伐寶炬之役，興和四年齊獻武王奏請之事，二事御覽雖有，而文較略。武定五年齊獻武飾終之典及文襄之封拜，御覽只有以高澄爲大丞相，封王事。北史皆無之。他若元象元年河陰之戰，此紀敍其事凡一百二十三字，而北史只以「八月辛卯，大敗西魏於河陰」一語了之。武定元年齊獻武王討黑獺，戰于邙山，亦九十三字，而北史第云「勃海王高歡大敗西魏師於邙山，追奔至恒農而還」。此二事，御覽詳於北史，而略於今本。然則今本初非全抄北史。考宋高似孫史略卷二後魏書條云：「静帝紀補以高峻小史。」然則凡今本之與北史不同者，蓋小史之文也。疑其亦是補以北史，而用修文殿御覽及小史附益之，與他卷之例同。小史、御覽卽録自魏收書，故於高氏父子，微功小善，纖悉畢書，黄鉞殊禮，飾讓僞辭，亦必詳載。乃至歡、澄往來鄴都、晉陽之間，皆書於策，如起居注之體。北史皆削之，別見於齊本紀，北齊書本紀已殘闕，卽用北史補之。此其所以異也。修文殿御覽修於北齊後主武平之中，見陽休之及顔之推傳。固得備載魏收之書。然今之太平御覽又與修文御覽不同。太平御覽惟於卷四百六十四引魏收魏書一條，卷七百七十三引魏收後魏書一條，其餘援引甚多，並不著撰人名氏。卷首引書目中並無後魏書，未詳其故。勘驗其文，蓋魏收、魏澹二書兼採，不專一家，誠有如提要所云者。如所引孝武紀，自永熙三年以後，全與今魏書不同，必是採自魏澹書。卽如卷一百四所引東魏孝静皇帝事，直斥高氏父子之名，書法幾全同北史。於天平元年書「孝武崩於長安」，二年書「是歲，西魏文帝大統元年也」，北史同。皆不類北齊臣子之言，必不出於魏收之手。然敍事又與北史詳略互異，故提要疑爲取諸魏澹書。但考史通古今正史篇云：「澹以西魏爲真，東魏爲僞，故文恭列紀，孝靖同「静」。稱傳。」今御覽所引開篇卽云：「孝静皇帝諱善見，清河文宣王亶之子也。」豈復是列傳之體？然則亦非魏澹書也。余嘗反復推求其故，疑爲唐人所改。何以言之？宋修太平御覽，本用修文御覽、藝文類聚、文思博要及諸書分門編定。見本書卷首引國朝會要及玉海卷五十四引實録。今觀其書，列後魏、北周於皇王，黜宋、齊、梁、陳及北齊於偏霸，予奪之際，殊乖至公。此定非宋人之特筆，必將有所因襲而然。觀其於後魏之事，引用魏收書中已佚之篇及魏澹之史，皆非宋人所得見，其爲因襲唐人類書，固已甚明。夫以魏繼晉，當仍修文御覽之舊規；以周繼魏，必是文思博要之創例。北堂書鈔、初學記帝王部，至晉而止。藝文類聚晉後繼以宋、齊、梁、陳，不數北朝。惟太平御覽爲獨異，故疑其沿襲文思博要。其後宋真宗時修册府元龜，亦以魏周入帝王部，而置南朝及東魏、北齊於閏位，蓋亦沿襲唐人，習非勝是。又因太平御覽爲先朝所修，故率由舊章，不敢立異耳。文思博要爲唐太宗詔高士廉等所修，見舊唐書士廉傳。以貞觀十五年奏上。見唐書藝文志及唐會要卷三十六，士廉傳作「十六年」。士廉序云：「魏之皇鑑，卽皇覽。登巨川之濫觴；梁之遍略，標崇山之層構。歲月茲多，論次逾廣。類苑、耕録，齊玉軑而並施；要略、御覽，揚金鑣而繼路。雖草創之指，義在兼包，明刊英華誤作「廉也」，據全唐文卷一百三十四校改。而編録之內，猶多遺闕。」見文苑英華卷六百九十九。然則博要卽繼御覽諸書而作，意在補其闕遺。舊唐書令狐德棻傳載德棻言於高祖曰：「陛下既受禪於隋，復承周氏歷數，國家二祖，謂高祖祖父李虎、李昞。功業並在周時。」此可悟唐初君臣所以尊周之故，錢大昕潛研堂答問卷十二言之詳矣。高士廉爲北齊清河王岳之孫，隋洮州刺史勱之子。岳雖北齊宗室，然是高歡之從父弟，宗誼本疏，又以無罪爲高洋所殺。勱則歷事周、隋，以功名終。士廉既以北朝爲正統，自不得不以周繼魏，以魏繼晉，而斥南朝及北齊爲偏霸。御覽修自北齊，所採魏收書於北周多所指斥，故博要於後魏孝武以後換用魏澹之史。但士廉雖不得不僞北齊，而於東西魏初無適莫，故仍附孝靜於皇王，而改彼列傳之文，令從本紀之例。所謂去泰去甚，得折中之規者矣。史通世家篇論梁武通史語。太平御覽沿襲不改，此其所以與北史及今本孝靜紀皆牴牾不合也。凡茲所陳，雖求之書傳，苦乏明徵；而揆之事情，頗爲冥合。如曰不然，請俟來哲。簡明目録卷五魏書條下云：「今本又闕卷十二孝靜帝紀、卷十三皇后傳，不知以何書補亡？以太平御覽所引魏澹書校之，疑亦取澹書也。」不知太平御覽本未著明其爲魏澹，且其所引已非澹書元善見列傳之舊。今本孝静紀稱高洋爲「今上」，尤必不出於澹。若皇后傳雖與御覽字句多同，亦復與北史大體不異，其爲補以北史，而用高氏小史、修文御覽附益之，宋人已有明文。是仍多出於魏收，無以見其爲魏澹之史也。至於太平御覽所載西魏四帝五后，其爲取自澹書固無疑義。然提要遂謂宋初所存澹書尚不僅一卷，則又不然。御覽所引用書名，特因以前諸家類書之舊，非宋初實有其書。陳振孫固嘗言之矣。見直齋書録解題卷十四。方劉恕等校書之時，高氏小史、修文御覽尚存，史館舊本魏書固在，持本對校，寧復有訛？提要不考其校語，故引證雖繁，葛藤彌甚耳。

收以是書爲世所詬厲，號爲「穢史」。今以收傳考之，如云「收受爾朱榮子金，故減其惡」。其實榮之凶悖，收未嘗不書於册。至論中所云「若修德義之風，則韓彭伊霍夫何足數」，反言見意，正史家之微詞。指以虚褒，似未達其文義。又云「楊愔、高德正勢傾朝野，收遂爲其家作傳。其預修國史，得陽休之之助，因爲休之父固作佳傳」。案愔之先世爲楊椿、楊津，德正之先世爲高允、高祐，椿、津之孝友亮節，允之名德，祐之好學，實爲魏代聞人。寧能以其門祚方昌，遂引嫌不録！況北史陽固傳稱固以譏切聚斂爲王顯所嫉，因奏固剩請米麥，免固官。從征硤石，李平奇固勇敢，軍中大事，悉與謀之。不云固以貪虐，先爲李平所彈也。李延壽書作於唐代，豈亦媚陽休之乎？又云「盧同位至儀同，功業顯著，不爲立傳。崔綽位止功曹，本無事蹟，乃爲首傳」。夫盧同希元乂之旨，多所誅戮，後以乂黨罷官，不得云功業顯著。綽以卑秩，見重於高允，稱其道德，固當爲傳獨行者所不遺。觀盧文按當作「斐」。訴辭，徒以父位儀同，綽僅功曹，較量官秩之崇卑，爭專傳附傳之榮辱，原注云：魏書初定本，盧同附見盧玄傳。崔綽自有傳，後奉敕更審，同立專傳，綽改入附傳。是亦未足服收也。蓋收恃才輕薄，有「驚蛺蝶」之稱，其德望本不足以服衆。又魏、齊世近，著名史籍者，並有子孫，孰不欲顯榮其祖父？既不能一一如志，遂譁然羣起而攻。平心而論，人非南、董，豈信其一字無私！但互考諸書，證其所著，亦未甚遠於是非。穢史之説，無乃已甚之詞乎！

案收魏史既成，時論言收著史不平，前後投訴者至百有餘人。其間或不免有不得志之徒，欲私其祖父，如提要所云者。然既衆口一辭，號爲「穢史」，足見人心不平，然後多言可畏。其見於訴牒，喧於羣口者，未必純構虛辭，都無實據。作提要者處千載而下，而欲爲之平反，衆證既亡，書闕有間，所據者魏書、北史而已。魏書既收所自著，北史又以收書爲藍本，而乃摭引浮詞，遽翻成案，是猶讞獄未備兩造，率臆折以片言，詎能盡當日情事哉。且今北齊書收傳已亡，其事之可考者惟有北史。按其本傳，則收於修史諸人宗祖姻戚，多被書録，飾以美言；夙有怨者，多沒其善。每言「何物小子，敢共魏收作色，舉之則使上天，按之則使入地」，以及許陽休之作佳傳，受爾朱榮子金，此皆史臣敍事之辭，非盡出自投訴者之口也。李延壽書作於唐代，不媚陽休之，豈獨雠魏伯起乎？爾朱榮傳論固屬反言見意，然擬人必於其倫，韓、彭固不足論，爾朱榮何人，而可輕比伊、霍？宜其有受金之嫌也。又本傳云：「衆口諠然，號爲『穢史』，投牒者相次，收無以抗之。時左僕射楊愔、右僕射高德正二人勢傾朝野，與收皆親。收遂爲其家並作傳，二人不欲言史不實，抑塞訴辭，終文宣世，更不重論。」此亦史臣敍事之詞，非陳牒者所説。當時王松年及盧斐、李庶，並以謗史抵罪，二人既勢傾朝野，豈復有人敢捋虎鬚？史言收遂爲其家並作傳者，謂收與二人有親，遂使兩家之人多被書録，二人因己之宗親並得佳傳，故不欲言其不實，非謂楊椿、高允等不當立傳也。提要之言，無乃未達文義也乎？傳又云：「休之父固，魏世爲北平太守，以貪虐爲中尉李平所彈，獲罪，載在魏起居注。收書云：『固爲北平，甚有惠政，坐公事免官。』又云：『李平深相敬重。』」提要據北史以爲固爲王顯所奏免官，不云以貪虐先爲李平所彈。考魏書陽固傳附陽尼傳後。云：「除給事中，出爲試守北平太守，甚有惠政。久之，以公事免官。後除給事中，領侍御史，轉治書。」然後載其世宗末與中尉王顯問對，譏顯爲聚斂之臣，顯因奏免固官。是則固之免官，前後兩事，其在北平，自坐公事，不因王顯奏劾，與收本傳合。又考魏書、北史李平傳北史附李崇傳。均言徵拜度支尚書，領御史中尉。後王顯代平爲中尉。是平之爲中尉在王顯之前，與魏收、陽固傳並合。惟北史陽固傳亦附楊尼傳後。削去其爲北平太守一節。提要未考魏書，不知有北平免官之事，遂混王顯之奏劾爲一談。以此爲魏收平反，收可幸免乎？陽固之爲李平所彈，載在魏起居注。按隋志有後魏起居注三百三十六卷，兩唐志作二百七十六卷，是其書唐代尚存。收傳所言，確有實證，安可據後人重修之史以駁當時記注之書耶？提要據固傳言李平奇固勇敢，與謀軍中大事，以爲固必不爲平所彈。不知此正收本傳所謂李平深相敬重，譏收之書法不實者也。李延壽既著此事於魏收傳，又載李平奇固勇敢之說於陽固傳。蓋延壽作史，號爲過本書遠甚者，不過刪略穢詞，見新書本傳。考正之功蓋寡。此於陽固傳既從魏收，於收傳又依李百藥，各自爲謀，不相照應，持矛刺盾，彼固無辭。然無以見陽固傳之必是，而魏收傳之必非也。收本傳載盧斐與收往復之詞云：「斐曰：『臣父仕魏，位至儀同，功業顯著，名聞天下。與收無親，遂不立傳。博陵崔綽，位至本郡功曹，更無事迹。是收外親，乃爲傳首。』」斐之所争，惟在專傳、附傳，又以其父與崔綽較量官閥，固爲可鄙，提要譏之是也。然考魏書崔鑒傳，僅云：「父綽，少孤，學行脩明，有名於世，與盧玄、高允、李靈等俱被徵。語在允傳。」及考高允傳，亦不見崔綽事迹，但載允所作徵士頌云：「茂祖綽字。煢單，夙罹不造。克己勉躬，聿隆家道。敦心六經，遊思文藻。終辭寵命，以之自保。」如是而已。則盧斐所言綽更無事迹，諒非誣詞。本傳載：「收曰：『綽雖無位，道義可嘉，所以合傳。』帝曰：『卿何由知其好人？』收曰：『高允曾爲綽讚，稱有道德。』帝曰：『司空才士，爲人作讚，正應稱揚。亦如卿爲人作文章，道其好者，豈能皆實？』收無以對，戰慄而已。」然則當時已爲文宣所詰，理屈辭窮。其後武成敕收更審，收遂爲盧同立傳，崔綽反更附出。於時盧斐已因謗史死於獄中，見北史盧同傳。何所顧忌，而遷就若此！且前後陳牒投訴者凡百餘人，收未嘗一一爲之改作。盧同之爲人，本可不立專傳，而收竟曲從盧斐之言，豈非有親無親之言深中其病，内愧於心乎？乃提要猶拾收之遁辭，以爲高允稱綽之道德，固爲傳獨行者所不遺。收書實無獨行傳，卽傳獨行，亦不可以空言立傳。高允所讚者凡三十四人，固未嘗人人有專傳也。文人標榜，名士品題，雖爲一時之美談，豈便千秋之信史。文宣之言，深得其理。史通浮詞篇曰：「周史稱元行恭因齊滅得回，庾信贈其詩曰：『虢亡垂棘反，齊平寶鼎歸。』陳周弘正來聘，在館贈韋敻詩曰：『德星猶未動，真車距肯來。』其爲信、弘正所重如此。夫文以害意，自古而然，擬非其倫，由來尚矣。必以庾、周所作皆爲實録，則其所褒貶非只一人，咸宜取其指歸，何止採其四句而已。」夫賦詩斷章，引以爲重，猶且不可，況僅據讚詞，便立專傳乎？提要此篇，持論既短，考證尤疎，空言爭辯，殊爲可已而不已也。

李延壽修北史，多見館中墜簡，參核異同，每以收書爲據。其爲收傳論云「勒成魏籍，婉而有章，繁而不蕪，志存實録」，其必有所見矣。今魏澹等之書俱佚，而收書終列於正史，殆亦恩怨併盡，而後是非乃明歟？收敘事詳贍，而條例未密，多爲魏澹所駁正。北史不取澹書，而澹傳存其敍例，絶不爲掩其所短，則公論也。

案：北史魏收傳論曰：「伯起少頗疎放，不拘行檢。及折節讀書，鬱爲偉器。學博今古，才極從横，體物之旨，尤爲富贍，足以入相如之室，游尼父之門。勒成魏籍，追蹤班、馬，婉而有則，繁而不蕪。持論序言，鉤深致遠，但意存實録，好抵陰私。至於親故之家，一無所説，不平之議，見於斯矣。」其於魏收固褒多於貶，然謂「親故之家，一無所説」，則所謂「意存實録」者，但施於非親故之人，其史筆之不直，已可概見。提要裁去下句，甚失立言之旨。且考史通浮詞篇曰：「今之記事也則不然。或隔卷異篇，遽相矛盾；或連行接句，頓成乖角。是以齊史之論魏收，良直邪曲，三説各異。」自注云：「李百藥齊書序論魏收云：『若使子孫有靈，竊恐未挹高論。』至收傳論又云：『足以入相如之室，游尼父之門。但意存實録，好抵陰私。』於爾朱暢傳又云：『收受財賄，故爲榮傳多減其惡。』是謂三説各異。」按今北齊書外戚傳有爾朱文暢傳，末附其弟文略事云：「文略嘗大遺魏收，請爲父作佳傳。收論爾朱榮比韓、彭、伊、霍，蓋由是也。」與史通注所引不同。蓋外戚傳已亡，後人取他書以補之，非北齊書本文。北史文暢、文略附爾朱榮傳，載遺魏收金事，與今北齊書同。考太平御覽卷六百三引三國典略曰：「時論收爲爾朱榮作傳，以榮比韓、彭、伊、霍者，蓋由得其子文略黄金故也。」是賂遺魏收者是文略，非文暢。蓋傳聞異辭，不得以駁史通也。據其所言，知北史之論魏收，全用百藥之舊文，本非延壽之特筆。而百藥之持論，事成首鼠，言無準的，亦浮詞篇語。自相矛盾，不知何所適從。安得援此片言目爲定論！史通曲筆篇云：「夫史之曲筆誣書，不過一二，語其罪負，爲失已多。而魏收雜以寓言，殆將過半。固知倉頡以降，罕見其流。而李氏齊書稱爲實録者，何也？蓋以重規亡考未達，李百藥字重規，亡考謂李德林。伯起以『公輔』相加，字出大名，事同元歎。北史李德林傳云：「李德林字公輔，少孤，未有字。魏收謂之曰：識度天才，必至公輔，吾輒以此字卿。」既無德不報，故以虚美相酬。然必謂昭公知禮，吾不信也。」然則百藥之以實録稱收，出於報德之私意。若竟信其讆言，將伯起果足以追蹤班、馬乎？李延壽嘗奉詔修晉書及隋書十志，固當曾見館中墜簡。然劉知幾三爲史臣，再入東觀，見自序篇、忤時篇。亦嘗見館中墜稾，見雜説篇。自言「自漢中興已降，迄乎皇家實録，年十有七，而窺覽略周」。見自序篇。觀其史通之所援引，自六家、二體以至偏記、小説，何止數千百卷？莫不掎摭利病，如數家珍。才既鴻矣，學亦博矣。彼其參核異同，豈遽不如延壽。而其評量諸史，深惡魏收，其古今正史篇曰：「收諂齊氏，於魏室多不平。既黨北朝，又厚誣江左，性憎勝己，喜念舊惡。甲門盛德與之有怨者，莫不被以醜言，没其善事。遷怒所至，毀及高、曾。」此其罪狀伯起，可謂深切著明，其他各篇語及後魏，必摘取收書，指其疵玷。其時魏澹之書及諸家雜史咸在，彼豈毫無所見而云然乎？李延壽之修南、北史也，手寫八代正史，以次連綴之。更勘雜史，於正史所無者皆以編入。其所上表曰：「若文之所安，則因而不改，不敢苟以下愚自申管見。」見北史自序。是但整齊舊聞，因人成事。以世稱魏史者，既以收書爲主，見史通正史篇。而彥淵之改魏收，以非易非，彌見其失，見史通雜説篇。魏澹字彥淵。故不得已而仍取收書，豈真信其文皆實録哉。且以魏書、北史互校，往往不同，證以現存太宗紀，知亦兼採魏澹。提要謂北史不取澹書，亦未必盡然也。

北齊書五十卷

唐李百藥奉敕撰。蓋承其父德林之業，纂輯成書，猶姚思廉之繼姚察也。大致仿後漢書之體，卷後各繫論贊。

嘉錫案：隋書李德林傳、舊唐書李百藥傳於撰齊書事，均不甚詳。北史德林傳僅言其在齊撰國史，新書百藥傳並不言撰齊書事。惟史通正史篇云：「隋祕書監王劭、內史令李德林，並少仕鄴中，多識故事。李在齊預修國史，創紀傳書二十七卷。至開皇初，奉詔續撰，增多齊史三十八篇。已上送官，藏之祕府。皇家貞觀初，敕其子中書舍人百藥仍其舊録，雜採它書，演爲五十卷。」可以見此書編纂之始末。史通論贊篇曰：「蕭、李南、北齊史，大唐新修晉史，皆依范書誤本，篇終有贊。夫每卷立論，其煩已多，而嗣論以贊，爲贖彌甚。」然則百藥原書每卷皆有論贊，體製全同范書，不僅大致相仿而已。

然其書自北宋以後漸就散佚，故晁公武讀書志已稱殘闕不完。今所行本蓋後人取北史以補亡，非舊帙矣。今核其書，本紀則文襄紀脊集冗雜，文宣紀、孝昭紀論辭重複。

案：文襄紀後各本均有宋人校語曰：「臣等詳文襄紀，其首與北史同，而末多出於東魏孝靜紀。其間與侯景往復書，見梁書景傳，其所序列，尤無倫次。蓋雜取之以成此書，非正史也。」提要所謂「脊集冗雜」者，本此。蓋謂此紀乃取北史及後魏書、梁書雜集成篇，決非李百藥本書也。今細考之，似不盡然。此篇自首至「可復前大將軍，餘如故」，皆與北史一字不異。自此以下，則實李百藥原文，蓋錄自高氏小史也。何以言之？文襄與侯景往復書，雖與梁書侯景傳略同，然景傳敍其事曰：「齊文襄慮景與西南合從，方爲己患，乃以書喩景。」此紀則曰：「議者咸云侯景猶有北望之心，但信命不至耳。又景將蔡遵道北歸，稱景有悔過之心。王以爲信然，謂可誘而致，乃遺景書。」所敍較景傳爲詳。又景傳於景答書之後更無餘語，此紀則曰：「王尋覽書，問誰爲作，或曰其行臺郎王偉。王曰：『偉才如此，何因不使我知。』王欲間景於梁，又與景書而謬其辭，云本使景陽叛，欲使圖西，西人知之，故景更與圖南爲事。漏其書於梁，梁人亦不之信。」其事皆不見梁書。惟南史賊臣侯景傳云：「時蔡道遵言景有悔過志。高澄以爲信然，乃以書喻景。景報書不從。」又王偉傳云：「偉爲景報澄書，其文甚美。澄覽書曰：『誰所作也？』左右稱王偉之文，澄曰：『才如此，何由不早使知耶？』」蓋卽採自北齊書而小變之，知今本實百藥本文也。又今本所録高澄、侯景兩書，較梁書删落甚多，姑不具論。而時有溢出之句，爲梁書所無。如「閫門大小，悉在司寇」下多「意謂李氏未滅，猶言少卿可反。孤子無狀招禍，丁天酷罰，但禮由權奪，志在忘私」六句。「屬以炎暑，欲爲後圖」下多「且令還師，待時更舉。今寒膠向折，白露將團」四句。「進得保其禄位，退則不喪功名」下多「今王思政等，皆孤軍偏將，遠來深入。然其性命，在君掌握，脱能刺之，想有餘力，卽相加授，永保疆埸」九句。「受制於人，威名頓盡」下，梁書作「空使兄弟子姪，足首異門，垂髮戴白，同之塗炭。聞者酸鼻，見者寒心，剝伊骨肉，能無愧也」，此作「得地不欲自守，聚衆不以爲彊，空使身有背叛之名，家有惡逆之禍。覆宗絶嗣，自貽伊慼。戴天履地，能無愧乎」。又侯景報書「禽獸惡死，人倫好生」梁書此下有「送地拘秦，非樂爲也」兩句。北齊紀上下互易，文亦小異。下多「僕實不幸，桓、莊何罪」八字。「且梁書作「但」。尊王平昔，見與比肩」下多「戮力同心」四字。其異同如此，則非録自梁書也。考文苑英華卷六百八十五有高澄與侯景書，較兩史更詳，當是原稾。英華蓋由唐人總集録出。姚思廉、李百藥各以意删節，故互有不同耳。至此紀敍澄之無禮於東魏主事，固與魏書孝靜帝紀相同，然今本孝靜紀亦非魏收原書，此節乃後人據北史補入。說見魏書條下。北史敍孝靜禪位時事，採自北齊書高德政傳，此傳乃李百藥原書，北史高德正傳删削甚多。則其敍高澄事亦必卽採自北齊書文襄紀，不得謂非李百藥原書所有也。凡後人採南、北史及高氏小史以補南北七史者，往往各録原文，不能一律修改。故一卷之中，稱謂互異。北史於高澄例稱文襄，魏書則稱齊文襄王，梁書或稱謚，或稱名。今此紀後半，凡敍事處皆稱之爲「王」，明是録自高氏小史也。但宋人校此書者，其學不如劉恕等，不知考之高氏小史，故謂爲雜採成書耳。武英殿本孝昭紀論後考證云：「臣荃編修朱荃。按：此論自『高祖平定四方』原文實作「神武平定四方」，惟文宣紀作「高祖平定四胡」。以下，與文宣紀後論一字不易。其實不同者凡十五字。詳其文義，似宜在此篇之後。」不知文宣紀乃百藥原書，孝昭紀則採自北史。李延壽之例，凡帝紀多合數人爲一卷，卷爲一論，卽用各書史臣論連綴成文。其齊本紀，以文宣、廢帝、孝昭爲一卷，而總論之，故其前半與文宣紀論同。朱荃謂當在孝昭紀後，固屬强作解事，卽提要但謂兩紀論辭重複，亦尚未能分析言之也。此書既殘缺失次，今本爲後人所補，宋時校勘諸臣已不能盡得其出處，故各篇後有注有不注。其帝紀八篇，惟於文襄紀本紀第三。言其雜取以成書，於廢帝紀、第五。武成紀、第七。後主紀第八。後注云：「此卷與北史同。」其實神武紀、第一、第二。孝昭紀第六。亦出自北史也。史通雜説下篇云：「其有可書而不書者，不應書而書者。李齊於後主紀則書幸於侍中穆提婆第，於孝昭紀則不言親戎以伐奚。」今孝昭紀於皇建元年十一月書云：「帝親戎，北討庫莫奚，出長城，虜奔遯。分兵致討，大獲牛馬，括總入晉陽宮。」而後主紀不書幸穆提婆第事，足證其非劉知幾所見之本矣。八篇之中，惟文宣紀於歡、澄皆稱廟號，敘事亦與北史不同，篇末有論有贊，故錢大昕謂是百藥元本。詳見後。今既不得盡見百藥真面目，唐人類書復多不存，他書引用者又少，惟太平御覽出於文思博要，宜可供校讐。及考其偏霸部第一百三十、第一百三十一兩卷，名雖引北齊書，文實同於北史。其高澄條末，自「七年五月文襄帥師赴潁州」以下，與今北齊書微不同，以今本出於高氏小史，而彼自用北史故也。惟高洋一條，前半全同今本，實百藥原書；後半自「帝素沈敏，有遠量」以下，又似參用北史，而復不同。又有馬總通歷，作於中唐之時，亦可以備考證。其敘南北朝事，雖不著出處，觀其所引史論，知用李延壽史。然其齊文宣一條，亦與北史不合。今北齊紀篇末總敘文宣平生事甚略，北史則加詳。而御覽、通歷所引，又有出於北史之外者，如「令各黃頭御覽作「黃顯」。與諸囚自金鳳臺乘紙鳶以飛」是也。且其敘事亦多不同，如敘文宣得罪太后，脱背就罰事，北齊書無此事。北史云：「太后嘗在北宮，坐一小榻。帝時已醉，手自舉牀，后便墜落，頗有傷損。醒悟之後，大懷慚恨，遂令多聚柴火，將入其中，太后驚懼，親自持挽。又設地席，令平秦王高歸彦執杖，口自責疏，脱背就罰，敕歸彦『杖不出血，當即斬汝』。太后涕泣，前自抱之，帝流涕苦請，不肯受於太后。太后聽許，方捨背杖，笞脚五十，莫不至到。衣冠拜謝，悲不自勝，因此戒酒。一旬，還復如初。」御覽及通歷則云：「帝沉湎日甚，婁太后舉杖擊之曰：『如此父生如此兒！』帝曰：『天子母豈不如共壻眠時，即當嫁老母與胡。』通歷老母上有「箇」字。太后大怒，自此不復開顏。帝免冠辭謝，乃設席於地，脱背就罰，苦請笞脚五十。因此戒酒。一旬，還復如初。」其異如此，竟不知御覽及通歷所引何書。通鑑卷一百六十六則合兩事爲一，謂「帝言『即當嫁此老母與胡』，太后大怒，遂不言笑。帝欲太后笑，自匍匐以身舉牀，墜太后於地，頗有所傷」云云。以下略同北史。似通鑑乃原文，而御覽、通歷出於節録者。蓋今之北史又有脱誤，非其舊也。按李延壽南、北史成於唐高宗顯慶四年，見唐會要卷六十三。而文思博要則成於貞觀十五年，見魏書條下。不應先引北史。疑爲宋人修御覽時所换易，然仍題爲北齊書，名實不符，其謬甚矣。自來學者喜據御覽以校今本，余恐後人或誤以所引北齊書爲李百藥原文，故詳考之如此。

列傳則九卷、十卷、十一卷、按提要所言乃全書卷數，此於列傳爲第一、第二、第三。十四卷、十五卷、列傳第六、第七。二十六卷、二十七卷、第十八、十九。二十九卷至四十卷第二十一至三十二。俱無論贊；二十八卷第二十。有贊無論；十二卷、第四。四十六卷、四十七卷、四十八卷、四十九卷第三十八至四十一。有論無贊。

案：錢大昕廿二史考異云：「南監本本紀第五、廢帝。第七，武成。按：宋本第八後主紀後亦有校語，南監本脱去。列傳第二、按宋本列傳第三亦有校語，南監本脱去。第四、第六、第七、第廿五、第廿六、第廿七末宋本第三十亦有校語。俱云『此卷與北史同』。又列傳第二十卷末云『此卷牽合北史而成』。第廿一卷末云『此卷雖非北史，而無論贊，疑尚非正史』。第廿九卷末云『此傳與北史同，但不序世家，又無論贊，疑非正史』。汲古閣本皆無之，或明人校刊者所題也。」考錢氏所舉校語，宋本皆有之。蓋與文襄紀後校語同出於宋館閣諸臣之手，非明人所題也。至王鳴盛作十七史商榷，僅據汲古閣本，則并不知有此等校語矣。見商榷卷六十六。武英殿本亦僅存文襄紀後一條，故提要重考之如此，可與宋人之説互證。然卷四十六至四十九乃有序無贊，未嘗有論也。錢氏又云：「按李百藥北齊書本紀八篇、列傳四十二篇，共五十卷。今據世所傳本審正之，惟本紀第四，原注云：文宣帝。此下小字皆原注。列傳第五、趙郡王琛等。第八、段榮。第九、斛律金。第十、孫騰等。第十一、賀拔允等。第十二、張瓊等。第十三、高乾、封隆之。第十四、李元忠等。第十五、魏蘭根、崔㥄。第十六、孫搴等。第十七、張纂等。第卅三、暴顯等。第卅四、陽斐等。第卅五、李稚廉等。第卅六、儒林傳。第卅七、文苑傳。第四十二，恩倖傳凡十八篇係百藥元本，其餘大抵取北史補足之。其列傳第十八、薛琡。第十九、万俟普等。第廿一、李渾等。第廿二、崔暹等。第卅二、尉瑾等。文與北史異，而無論贊。第卅八、循吏傳。第卅九、酷吏傳。第四十、外戚傳。第四十一、方伎傳。亦與北史異，而有序無贊。似經後人刪改。或百藥書亡，而以高氏小史補之乎？潛研堂文集卷二十八有北齊書跋，與考異略同，惟此句下多一節云：「其餘紀七篇、傳十六篇，大率取諸北史。庫狄干傳，末附見其孫士文。士文仕于隋代，不應入齊書，蓋鈔撮北史之文而失於刊去。此漢人所譏作奏雖工，宜去葛龔者也。裴讓之、張晏之、陸卬、王松年、辛術皆失書本貫，此亦鈔北史而不知其宜增入者。當時校刊諸臣，麤疏至此，真令人絶倒也。」嘉錫案：嘉祐七史皆用祕閣及藏書家異本校勘刻行，諸史殘缺，用他書補之，亦舊本所有，校刊諸臣已明著之於逐卷之末矣。錢氏以麤疏責之，非其罪也。以其說可與提要相發明，故附録之於此。凡紀、傳中有史臣論、有贊及稱高祖、世宗、顯祖、肅宗、世祖廟號者，皆李史之舊文；其稱神武、文襄、文宣、孝昭、武成者，則北史之文。晁公武謂百藥避唐朝名諱，不書世祖、世宗之類，不知承規修史在貞觀初，其時『世』字並不回避，李勣之名至高宗朝始去『世』字，梁、陳、周書皆不避『世祖』『世宗』字。承規與思廉、德棻同時，何獨異其例乎？蓋嘉祐校刊諸史之時，此書久已殘闕，而雜采它書以補之。卷首神武紀卽是北史之文。晁氏不加詳審，遽以爲例有不一，其實非也。」錢氏之說，較提要更爲詳明，讀北齊書者不可不知也。然謂北齊書本不諱「世」字，則又非是。史通雜說中篇曰：

「皇家修五代史，館中墜稾仍存，皆因彼舊事，定爲新史。觀其朱墨所圍，鉛黄所拂，猶有可識者。或以實爲虚，以非爲是。其北齊國史，皆稱諸帝廟號。及李氏撰齊書，其廟號有犯時諱者，自注云：謂有「世」字，犯太宗文皇帝諱也。卽稱謚焉。至如變世祖爲文襄，按文襄廟號世宗，非世祖。改世宗爲武成，按武成廟號世祖，非世宗。苟除兹『世』字，而不悟襄、成有别。史通原文如此。蓋謂百藥但見「世」字卽便塗改，而倉猝之間，失不詳審，至誤改世祖爲文襄，世宗爲武成，不悟文襄武成既非一人，隨意亂改，則時代全非，致成巨謬也。浦起龍作通釋，乃妄改世祖爲世宗，世宗爲世祖，又謂「襄、成有别」句意未足，恐有脱字。不知百藥若果變世宗爲文襄，改世祖爲武成，則不過易廟號而稱謚法，事實並無謬誤，知幾何須饒舌也。不通文義而竄亂古書，深爲可惡。諸如此謬，不可勝紀。」晁公武謂百藥不書世祖、世宗，其説卽出於此。知幾親見館中墜稾，觀其朱墨所圍，鉛黄所拂，則是李百藥親筆原稾固宜避太宗之諱，改世宗、世祖之廟號，而稱謚法矣。觀史通自注，明白如此，安得如錢氏之説，謂貞觀初「世」字並不回避乎！蓋武德中雖有「世、民兩字不連續者，並不須諱」之令，見舊唐書太宗紀。不過於偶犯偏諱者，不罪之而已。至於臣下曲致恭謹，避而不書，固非功令所能禁也。舊唐書李勣傳云：「本名世勣，永徽中，以犯太宗諱，單名勣焉。」新書因之。但云高宗時。然閻若璩補正日知録潛邱劄記卷四。云：「吾邑晉祠有唐太宗貞觀二十年御製碑，碑陰載當日從行諸臣姓名，已去卻『世』字，單稱勣。是唐太宗在日已如此，不待永徽初也。」然則兩唐書之言，未可全據。疑世勣在貞觀間，惟於章奏之中不去「世」字，以遵功令。至其他署名，仍自回避也。錢氏猶援此以證百藥之不諱「世」字，豈偶忘潛邱之說乎？王懋竑讀書記疑卷十謂隋書成於貞觀時，而以「世」爲「代」，以「民」爲「人」，固未嘗不諱。王氏就其第一卷舉證甚詳，今略去。豈隋書當諱，北齊書獨不當諱乎？至於梁、陳、周諸書之不避「世」字，當由後人所回改。即如百藥原書十八篇，仍稱世宗、世祖，不作文襄、武成，與史通之言不合，此明是後來所改，不得據今日傳刻之本以疑知幾所見之原槀也。惟晁公武所見，當已不異今本，而猶襲史通之言爲口實。良由不知中有北史之文，誤以爲其例不一，誠失之於不詳審，宜爲錢氏之所譏耳。太平御覽所引北齊書諸列傳，余曾校數十條，以太多，未全校。皆與今本不異，其中亦有誤引書名者，如卷二百二十四引北齊書宋弁爲散騎常侍云云，乃後魏書也。未嘗見原書佚文，知宋初所見即是此本。然御覽於北魏書仍修文御覽、文思博要之舊，多用魏收原本及魏澹之書，何以於北齊書獨用當時殘缺之本？此事之不可理解者，俟再考之。

又史通引李百藥齊書論魏收云：「若使子孫有靈，竊恐未挹高論。」又云：「足以入相如之室，游尼父之門。志存實録，詆訐姦私。」今魏收傳無此語，皆掇拾者有所未及也。

案：凡宋、魏、周、齊等書殘缺，出於後人所補者，其取材大抵出於南、北史，再以修文御覽、周、齊書又在修文御覽之後。高氏小史附益之而已。其意在連綴成篇，首尾完具，非如宋以後輯佚書者，於片言隻字皆所不遺也。提要責以掇拾未盡，蓋非其理。又史通浮詞篇自注云：「李百藥齊書序論魏收云：『若使子孫有靈，竊恐未挹高論。』」然則此二句乃齊書之序，非傳論也。詳見魏書條下。提要截去「序」字，亦非。

周書五十卷唐令狐德棻等

晁公武讀書志稱宋仁宗時出太清樓本，合史館、祕閣本，又募天下書，而取夏竦、李巽家本下館閣，是正其文字。其後林希、王安國上之。按所引見讀書志卷五周書條下。是北宋重校，尚不云有所散佚。今考其書，則殘闕殊甚，多取北史以補亡，又多有所竄亂，而皆不標其所移掇者何卷，所削改者何篇，遂與德棻原書混淆莫辨。今案其文義，粗尋梗概，則二十五卷、「二十五」當作「二十四」，於列傳爲卷第十六盧辯傳。二十六卷、列傳第十八長孫儉等。三十一卷、第二十三韋孝寬等。三十二卷、第二十四申徽等。三十三卷，第二十五庫狄峙等。俱傳後無論。其傳文多同北史，惟更易北史之稱周文者爲太祖，韋孝寬傳連書周文周孝閔帝，則更易尚有所未盡。至王慶傳連書大象元年、開皇元年，不言其自周入隋，尤剽取北史之顯證矣。又如韋孝寬傳末刪北史「兄夐」二字，則韋夐傳中所云「與孝寬並馬」者，事無根源。盧辯傳中刪去其曾事節閔帝事，則傳中所云「及帝入關」者，語不可曉。是皆率意刊削，遂成疏漏。至於遺文脫簡，前後疊出，又不能悉爲補綴。蓋名爲德棻之書，實不盡出德棻。且名爲移掇李延壽之書，亦不盡出延壽，特大體未改而已。

嘉錫案：續資治通鑑長編卷一百九十四云：「嘉祐六年八月庚申，詔三館祕閣校宋、齊、梁、陳、後魏、後周、北齊七史書，有不完者，訪求之。」玉海卷四十九引兩朝志云：「咸平中，校三國志、晉唐書，後又校隋書、南北史。獨唐書以訛略不用，改修。又以宋、齊、梁、陳、後魏、北周、齊七史，各有正書或殘缺，令天下悉上異本。崇文院校定，與唐書鏤板頒之。」郡齋讀書志卷五在宋書條下。云：「嘉祐中，以宋、齊、梁、陳、魏、北周、齊書舛謬亡闕，始詔館職讎校。曾鞏等以祕閣所藏多誤，不足憑以是正，請詔天下藏書之家悉上異本。久之始集。治平中，鞏校定南齊、梁、陳三書上之，劉恕等上後魏書，王安國上周書。政和中，始皆畢，頒之學官。」以此三書之言考之，曰不完，曰殘缺，曰舛謬亡闕，是則宋初祕閣所藏七史，多非完本，雖經校讐，猶未盡善。故今所傳本，頗多譌闕，而後魏、後周、北齊三書尤甚。周書既有太清樓本、史館本、祕閣本，又募求天下之書，亦以其殘闕故也。其後雖得夏竦李巽家本，豈遂能補綴完好，頓復舊觀乎！提要謂北宋重校時不云有所散佚，誤矣。宋蜀刻元明遞修本及明南監本，列傳第二十四卷後有校語云：「右此卷內申徽、陸通、柳敏、唐瑾傳，全與北史同。」又第二十五卷後有校語云：「右此卷楊薦、王慶傳，全與北史同。」又第二十九寇傳等。史臣論末有小字注云：「附高賓贊缺。」此條北監本亦有。此雖不著姓名，以魏書序録言各疏于篇末之例推之，知其必出於嘉祐校勘諸臣之手也。然則當北宋重校之時，固已明明有所散佚矣。特王安國等之學，不能如劉攽、劉恕等之精，故惟於此兩卷全與北史同者，始敢疏于篇末；其與北史文有異同，而實非德棻本書者，則不能辨别也。目録後有序題曰：「臣燾、臣安國、臣希昧死上。」錢大昕廿二史考異卷卅二周書目録序條云：「臣燾者，安燾也；臣安國者，王安國也；臣希者，林希也。此序不云史有殘闕。按此是行文之疏，亦以列傳後已有校語耳。今考紀、傳，每篇皆有史臣論，惟列傳第十六、盧辯。第十八、長孫儉等。第廿三、韋孝寬等。第廿四、申徽等。第廿五、庫狄峙等。無之；蓋非德棻元本。其廿三、廿四兩卷，全取北史，廿五卷亦取北史，而小有異同。十六、十八兩卷與北史多異，而十六卷尤多脱漏。」錢氏所考與提要同，足以互相發明。余謂其所以與北史多異，名爲移掇李延壽之書而不盡出於延壽者，提要語。蓋皆取之於高氏小史耳。王安國等不能博考而明著之，則其學之疏也。大抵宋人校勘北朝三史，魏書較精，齊書次之，周書最下。

劉知幾史通曰：「今俗所行周史，是令狐德棻等所撰。其書文而不實，雅而不檢，真迹甚寡，客氣尤繁。尋宇文開國之初，事由蘇綽，軍國詞令，皆準尚書。太祖敕，朝廷他文悉準於此。蓋史臣所記，皆禀其規，柳虬之徒，從風而靡。案綽文雖去彼淫麗，存兹典實，而陷於矯枉過正之失，乖乎適俗隨時之義。苟記言若是，則其謬愈多。爰及牛弘，彌尚儒雅，即其舊事，因而勒成，務累清言，罕逢佳句。而令狐不能别求他述，用廣異聞，惟憑本書，重加潤色，遂使周氏一代之史多非實録。」又譏其以王劭、蔡允恭、蕭韶、蕭大圜、裴政、杜臺卿之書中有俚言，故致遺略，其詆諆德棻甚力。然文質因時，紀載從實，周代既文章爾雅，仿古製言，載筆者勢不能易彼妍辭，改從俚語。至於敵國詆謗，里巷謡謡，削而不書，史之正體，豈能用是爲譏議哉。況德棻旁徵簡牘，意在摭實，故元偉傳後，於元氏戚屬事迹湮没者，猶考其名位，連綴附書，固不可槩斥爲疏略。庾信傳論仿宋書謝靈運傳之體，推論六義源流，於信獨致微辭。良以當時儷偶相高，故有意於矯時之弊，亦可見其不耑尚虚辭矣。知幾所云，非篤論也。晁公武讀書志祖述其語，掩爲己説，聽聲之見，尤無取焉。

案：知幾持論，大抵謂史臣敍事、紀言，當具載俚詞，存其口語，務從實録，不失本真。如江芊之罵商臣曰「呼役夫」，漢王之怒酈生曰「豎儒，幾敗乃公事」，不須改作華詞，强效書語。其評論周書，尤再三致意於此。不止如提要所引也，其言語篇曰：「夫三傳之説，既不習於尚書；兩漢之詞，又多違於戰策；足以驗甿俗之遞改，知歲時之不同。而後來作者，通無遠識，記其當世口語，罕能從實而書。方復追效昔人，示其稽古。然自咸、洛不守，龜鼎南遷，江左爲禮樂之鄉，金陵實圖書之府，故其俗猶能語存規檢，言喜風流，顛沛造次，不忘經籍。自注云：「若梁史載高祖在圍中見蕭正德而謂之曰：『啜其泣矣，何嗟及矣。』湘東王聞世子方等見殺，謂其次子方諸曰：『不有其廢，君何以興。』」皆其類也。而史臣修飾，無所費功。其於中國則不然。何者？於斯時也，先王桑梓，翦爲蠻貊，被髮左衽，充牣神州。其中辯若駒支，學如郯子，有時而遇，不可多得。而彥鸞修僞國諸史，崔鴻十六國春秋。收、弘撰魏、周二書，魏收魏書，牛弘周書。必諱彼夷音，變成華語，等楊由之聽雀，如介葛之聞牛。斯亦可矣。而其間則有妄益文彩，虚加風物，援引詩書，憲章史漢，遂使沮渠、乞伏，儒雅比於元封；拓跋、宇文，德音同於正始。華而失實，過莫大焉。唯王、宋著書，敍元、高時事，王劭齊志，宋孝王關東風俗傳。抗詞正筆，務存直道，方言世語，由此畢彰。而今之學者，皆尤二子，以言多滓穢，語傷淺俗。夫本質如此，而推過史臣，猶鑑者見嫫姆多媸，而歸罪於明鏡也。又世之議者，咸以北朝衆作，周史爲工，蓋賞其記言之體，多同於古故也。夫以枉飾虚言，都捐實事，便號以良直，師其楷模，是則董狐、南史舉目可求，班固、華嶠比肩皆是者矣。」其敍事篇曰：「自雜種稱制，充牣神州，事異諸華，言多醜俗。至於翼犍道武所諱，黑獺周文本名，而伯起革以他語，德棻闕而不載。按魏書序紀云：「昭成皇帝諱什翼犍。」周書文帝紀云：「太祖文帝，帝姓宇文氏，諱泰，字黑獺。」則伯起、德棻未嘗諱之。詳其語意，蓋謂當稱名之處則闕而不載。如所謂「賀拔公雖死，宇文諱尚存」者，本當作「宇文黑獺」耳。齊書則不然，高歡嘗自稱曰賀六渾，由李百藥兼採王劭齊志，故猶能存其本語也。蓋尨降、蒯聵，字之媸也，重耳、黑臀，名之鄙也，舊皆列以三史，傳諸五經，未聞後進談講，別加刊定。況齊丘之犢，彰於載識，自注云：杜臺卿齊記載識云「首牛入西谷，逆犢上齊丘」也。按此謂翼犍。河邊之狗，著於謡詠，自注云：「王劭齊志載謡云「獾獾頭團圞，河中狗子破爾菀」也。按此謂黑獺。明如日月，難爲蓋藏。此而不書，何以示後？」其雜説中篇曰：「自漢已降，風俗屢遷，求諸史籍，差覩其事。或君臣之目，施諸朋友；或尊官之稱，屬諸君父。曲相崇敬，標以處士、王孫；輕加侮辱，號以僕夫、舍長。亦有荆楚訓多曰夥，廬江目橋爲圯，南呼北人曰傖，西謂東胡曰虜。渠們底箇，江左彼此之辭，乃若君卿，中朝汝我之義。斯並因地而變，隨時而革，布在方策，無假推尋。足以知甿俗之有殊，驗土風之不類。然自二京失守，四夷稱制，夷夏相雜，音句尤媸。而彦鸞、伯起，務存隱諱；重規、德棻，志在文飾；遂使中國數百年内，其俗無得而言。」其雜説下篇曰：「覩周、齊二國，俱出陰山，必言類互鄉，則宇文尤甚。自注云：案王劭齊志，宇文公呼高祖曰漢兒。夫以獻武音詞，未變胡俗，王宋所載，其鄙甚多矣。周帝仍稱之以華夏，則知其言不逮於齊遠矣。而牛弘、王劭，並掌策書，其載齊言也，則淺俗如彼，其載周言也，則文雅若此。夫如是何哉？非兩邦有夷夏之殊，由二史有虚實之異故也。夫以記宇文之言，而動遵經典，多依史漢，自注云：周史述太祖論梁元帝曰：「蕭繹可謂天之所廢，誰能興之者乎？」又宇文測爲汾州，或譖之，太祖怒曰：「何爲閒我骨肉，生此貝錦。」此並六經之言也。又曰：「榮權，吉士也，寡人與之言無二。」此則三國志之辭也。其餘言皆如此，豈是宇文之語耶？又案：裴政梁太清實録稱元帝使王琛聘魏，長孫儉謂宇文曰：「王琛眼睛全不轉。」公曰：「瞎奴使癡人來，豈得怨我。」此言與王宋所載相類，可謂真宇文之言，無媿於實録矣。此何異莊生述鮒魚之對，而辯類蘇張；賈生敍鵬鳥之辭，而文同屈宋？施諸寓言則可，求諸實録則否矣。世稱近史編語，唯周多美辭。夫以博採古文，而聚成今説，是則俗之所傳有鷄九錫、酒孝經、房中志、醉鄉記，或師範五經，或規模三史，雖文皆雅正，而事悉虛無。豈可便謂南、董之才，宜居班、馬之職也。」其言皆明白痛快。合而觀之，則其所以詆諆周書者，可以知其故矣。提要所引，亦見於雜説篇，尋其語意，猶是爲其枉飾虛言而發也。其所以牽引蘇綽者，特因綽之文體悉準尚書，自文帝懸爲準則，於是柳虬、牛弘之徒，迭秉史筆，莫不摹擬經史，塗澤語言，以紀當時之事。其弊實自蘇綽發之。觀其言曰「苟記言若是，則其謬愈多」，斯其命意，固自瞭然。而提要駁之曰「文質因時，紀載從實，周代既文章爾雅，仿古製言，勢不能易彼妍辭，改從俚語」。夫既曰「文質因時」，則宇文言類互鄉，辭多醜惡，質既如此，文之奚爲？既曰「紀載從實」，則周書博採古文，動遵經典，所載若斯，實於何有？知幾第謂不當易彼俚語，改作妍辭耳，未嘗謂本紀録大誥之篇，列傳載六條之詔，亦當變厥文言，譯爲俗語也。若謂牛弘之書，仿古製言，德棻以弘書爲本，不能擅自改易，則知幾固嘗言之矣。其雜説篇自注曰：「案宇文氏事，多見於王劭齊志、隋書及蔡允恭後梁春秋。其王褒、庾信事，又多見於蕭韶太清記、蕭大圜淮海亂離志、裴政太清實録、杜臺卿齊記，而令狐德棻了不兼採，以廣其書。蓋以其中有鄙言，故致遺略。」即提要所節引。然則德棻苟志存實録，非無所取材，而乃唯憑本書，重加潤色，疏略之譏，知難幸免已。夫知幾惡牛弘之文雅，獎王劭之質朴，嗜好既與俗殊，或不免主張過度。然其言揚榷古今，洞達體例，實南北諸史之諍臣，亦詞人秉筆者之良藥也。固不必强相駁詰，爲令狐德棻輩左袒矣。

隋書八十五卷

唐魏徵等奉敕撰。貞觀三年，詔徵等修隋史。十年，成紀、傳五十五卷。十五年，又詔修梁、陳、齊、周、隋五代史志。顯慶元年，長孫無忌上進。據劉知幾史通所載，撰紀、傳者爲顔師古、孔穎達；原注云：案集古録據穎達墓碑，謂碑稱與魏鄭公同修隋書，而傳不著。蓋但據舊唐書言之，未考知幾書也。撰志者爲于志寧、李淳風、韋安仁、李延壽、令狐德棻。

嘉錫案：邵晉涵有隋書提要稿，總目此篇多所改竄，惟自篇首至「已不能畫一」止見後。爲邵氏原文。其注中駁正集古録之語，則館臣所增加，閣本提要與今本又不同，亦無此注。欲以突過前人，而不知其説之非也。孔穎達碑云：「十年，奉敕共祕書監鄭公修隋書。良直著乎青史，徽婉表於丹書，跨固超遷，含劉孕謝。特蒙恩詔，賜□增班□散騎常侍、行□庶子、兼國子司業，封如故。」上虞羅氏昭陵碑録卷上據趙世駿所藏謝安山宋拓半截本及其所自藏何夢華整本，録其文如此。集古録卷五跋云：「右孔穎達碑，其文摩滅，然尚可讀。今以其可見者質於唐書列傳，傳所闕者，不載穎達卒時年壽；其與魏鄭公奉勑共修隋書，亦不著。」此指新唐書也。若舊書穎達傳，明云「又與魏徵撰成隋史，加位散騎常侍」，則固已著之矣。惟新書本傳乃闕而不載耳。凡集古録之引唐書，或加「新」「舊」字，或不加，其不加者皆新書也。此古今引書之通例，不獨歐公爲然。如同卷唐智乘寺碑跋引唐書宗室世系表，若指舊書，安得有表哉。提要方譏歐公未考史通，而已乃并舊唐書亦不肯一考，所謂目能見千里之外，而不能自見其睫者歟。且新書藝文志云：「隋書八十五卷，志三十卷，顔師古、孔穎達、于志寧、李淳風、韋安化、當作「仁」。李延壽與德棻、敬播、趙弘智、魏徵等撰。」此雖不如史通分敍紀、傳與志之明晳，然史臣姓名尚多敬播、趙弘智二人。弘智見舊書孝友傳，云「武德初，授詹事府主簿，又預修六代史」，蓋謂五代史及晉書也。新書卷一百六有傳，但云太宗時預論譔。昭陵碑録所載房玄齡碑云：「晉、梁、周、齊、陳、隋六代史，合三百二十七卷。」是當時原有六代史之名，足證弘智實嘗預修隋書。提要獨引史通爲據，豈惟不曾考舊史，并新史亦未嘗考也。

案宋刻隋書之後有天聖中校正舊跋，稱「同修紀、傳者尚有許敬宗，同修志者尚有敬播。至每卷分題，舊本十志內惟經籍志題侍中鄭國公魏徵撰；五行志序或云褚遂良作；紀、傳亦有題太子少師許敬宗撰者。今從衆本所載，紀、傳題以徵，志題以無忌」云云。是此書每卷所題撰人姓名，在宋代已不能畫一。至天聖中重刊，始定以領修者爲主，分題徵及無忌也。

案：隋書之末有宋人跋語二百六十餘字，大抵採史通古今正史篇之語，參之唐會要，以敍其緣起。又有小注二百八十餘字，蓋與跋語同出一時，提要所引皆在注中。其後又云：「時命臣綬，臣燁，提點左正言、直史館張觀等校勘。觀尋爲度支判官，續命黃鑑代之。」此亦小注。考宋會要第五十五册崇儒四。云：「仁宗天聖二年六月，詔直史館張觀，集賢校理王質、晁宗慤、李淑，祕閣校理陳詁，館閣校勘彭乘，國子監直講公孫覺，校勘南、北史、隋書，及令知制誥宋綬、龍圖閣待制劉燁提舉之。綬等又奏國子監直講黃鑑預其事。隋書有詔刻板，內出板樣示之。三年十月，板成。」與跋語並合。則此跋蓋卽綬等所作，特不知出何人之手。趙翼廿二史劄記卷十五以爲劉攽校刊時所記，此因攽曾校魏書而誤。非也。提要因此始知修史者有許敬宗、敬播。案舊書魏徵傳云：「有詔孔穎達、許敬宗撰隋史。徵受詔總加撰定，隋史序論皆徵所作。」又李延壽傳云：「嘗受詔與著作佐郎敬播同修五代史志。」是敬宗之修紀、傳，播之修志，舊史俱有明文，何必取證於宋人之跋乎？且敬播傳云：「貞觀初，舉進士。俄有詔詣祕書内省，佐顏師古、孔穎達修隋史，尋授太子校書。史成，遷著作郎。」「郎」上當有「佐」字，播於永徽初始拜著作郎。此必貞觀三年至十年之事。播蓋先受詔佐顏、孔撰紀、傳，逮遷著作佐郎之後，又與李延壽等同修五代史志。然則先撰史人重預修志之事者，令狐德棻之外，敬播亦其一人。史敍之既不詳，提要亦知其一不知其二也。

其十志最爲後人所推，而或疑其失於限斷。考史通古今正史篇，稱「太宗以梁、陳及齊、周、隋氏並未有書，乃命學士分修，仍以祕書監魏徵總知其務。始以貞觀三年創造，至十八年方就，合爲五代紀傳，併目録凡二百五十二卷。書成，下於史閣。惟有十志，斷爲三十卷，尋擬續奏，未有其文。太宗崩後，刊勒始成，其篇第編入隋書，其實別行，俗呼爲五代史志」云云。是當時梁、陳、齊、周、隋五代史本連爲一書，十志卽爲五史而作，故亦通括五代。其編入隋書，特以隋於五史居末，非專屬隋也。後來五史各行，十志遂專稱隋志，實非其舊。乃議其兼載前代，是全不核始末矣。

案：考之諸書，貞觀間之修梁、陳、齊、周、隋五代史及晉書，皆無于志寧，獨其後修隋書十志，以志寧居首。而令狐德棻爲作墓碑云：「既而監修國史、實録及五代史等。」見金石萃編卷五十六。是德棻固以隋志爲卽五代史之志矣。舊書李延壽傳亦云：「受詔與敬播同修五代史志。」此在唐人，蓋無不知之者。洎劉知幾明白著之於史通，由是宋天聖閒校刊之跋，以及鄭氏之通志、通志藝文略本無解題，但亦閒附案語，隋書卽其一也。晁氏之讀書志、陳氏之書録解題，無不申述其語，以告讀者，未聞有人疑其失於限斷也。提要之言，不知所指何書。考史通斷限篇深譏漢書表、志失於限斷，且繼之曰：「固之踳駁，既往不諫，而後之作者，咸習其迷。宋史則上括魏朝，隋書則仰包梁代，永言其理，可爲歎息。」與其古今正史篇所敍不同，提要所指，必是此篇無疑。夫史通之言，前後兩歧，自相違伐，讀者咸知其不安，本可置之不論。提要既欲指駁，無妨明目張膽揭出書名，持矛刺盾，是非立見。而乃憚其名高，不敢指斥，遂隱約其詞，曲爲之諱。夫諱之可也，既已諱之，而又引其言以攻之則不可。譬猶與人争論是非，不能折之以理，乃佯爲不識其人，舉其平生之言爲口實，而曰「吾嘗聞某人言其事如此，汝不知也」，聞者必至撫掌大笑。提要之言，何以異是。

惟其時晉書已成，而律曆志所載備數、和聲、審度、嘉量、權衡五篇，天文志所載地中、晷影、漏刻、經星中宮、二十八舍、十煇諸篇，皆上溯魏、晉，與晉志複出，殊非史體。且同出李淳風一人之手，亦不應自勦己説。殆以晉書不在五史之數，故不相避歟？

案：律曆、天文兩志，惟曆法代有變更。至於律與天文，如提要所指諸篇，既非紀事之文，不過記其象數而已。若果出於二人之手，其立說容或有異。今晉、隋兩志，既皆淳風一人所作，則其數同，其象同，其文安得不同？提要乃譏其勦說，此豈科目場中爲人假手，一題數篇，必別出新意，翻空出奇，以避雷同者哉！漢書之與史記，各自名家，及爲天文作志，乃與天官書同者十居七八，不避勦說之嫌。晉、隋兩志，同出一手，或偶相因，遽謂非體，吾不知其何理也。且淳風所作晉、隋書天文、律曆、五行三志，自唐史臣已稱其深明星曆，善於著述。見舊唐書房玄齡傳。後之學者，推服無異詞。惟劉知幾於唐初官修諸史，深所鄙棄，故於淳風獨持異論。其書志篇曰：「夫兩曜百星，麗於玄象，非如九州萬國，廢置無恒。故海田可變，而景緯無易，古之天猶今之天，今之天即古之天也。必欲刊之國史，施於何代不可也？但史記包括所及，區域綿長，故書有天官，讀者竟忘其誤。榷而爲論，未見其宜。班固因循，復以天文作志，志無漢事，而隸入漢書，尋篇考限，覩其乖越者矣。降及有晉，迄於隋氏，或地止一隅，或年才二世。而彼蒼列志，其篇倍多，流宕忘歸，不知紀極。方於漢史，又孟堅之罪人也。」今案漢書天文志爲馬續所作，古今正史篇具有明文。縱使未臻盡善，亦不當歸罪孟堅。況後半篇自漢元年五星聚東井起，至哀帝元壽元年歲星入太微止，文占全志十分之四，皆記西京之天變，安得言志無漢事？考其紀年，無違於斷限，曾何乖越之有乎？若夫有晉初起，雖僅據中原，及太康平吳，已囊括宇內。

觀其星紀之分野，其地豈止一隅？隋志所書五代災變，晉志題「天變史傳事驗」，隋志題「五代災變應」，皆居全志之半。上起梁武，下盡隋煬，北括齊、周，南苞陳氏，所紀二十餘君，何謂「年才二世」？知幾之言，動成乖謬矣。至於漢志，才及一篇，晉、隋輒盈三卷，故謂「其書倍多」。然煩省篇不云乎，「地之偏小，年之窘迫，適使作者，採訪易洽，巨細無遺，耆舊可詢，隱諱咸露。小國之史，所以不減大邦」。然則卽令典午建國，地止一隅，普六傳家，楊堅父忠，賜姓普六茹氏。年才二世，亦何慊於文字之多乎？蓋知幾天姿高邁，於書非其所喜，輒難爲諷讀。見自敍篇。故於史傳所載之辭賦，尚嫌其交錯紛擾，閱之懵然。見載言篇。而淳風撰志，喜敍源流，星占月會之文，渾圖周髀之說，連篇累牘，惟恐不詳。知幾多所未通，尤爲厭薄，遂廢書而歎，掩卷不觀。因譏近史之非，並糾前書之失。故其言曰：「國史所書，宜述當時之事。必爲志而論天象也，但載其時彗孛氛祲，薄食晦明，裨竈、梓慎之所占，京房、李郃之所候。至如熒惑退舍，宋公延齡；中台告坼，晉相速禍；星集潁川而賢人聚；月犯少微而處士亡。如斯之類，志之可也。若乃體分濛澒，色著青蒼，丹曦素魄之躔次，黃道紫宮之分野，既不預於人事，輒編之策書，故曰刊之國史，施於何代不可也。」知幾此說，固不爲無理。然漢書天文志，其前僅述星宿日月風雷雲氣，晉、隋兩書，又益以天體儀象之屬，此誠無預於人事，議之可也。所議亦未是，說詳於後。至於篇末所記，無非當世之事，與知幾之言不謀而合。儻能閲之終篇，必將撫掌稱快，喜其先得我心。奈何觀書如走馬看花，發言似無的放矢，徒誚人之買菜，不覺己之亡羊乎！嘗試論之，自司馬遷以太史公世掌天官，不治民，故其撰史記作律、曆、天官之書，今史記律書、曆書皆後人補作，故漢書不用其説。與天文志之襲天官書者不同。以明文史星曆之學，所以誌家傳，重官守也。後世史官沿之，不廢其學，既匪專門，不免違才易務。惟李淳風之於唐，以太史令兼領著作，與修兩書，撰此諸志，爲能才堪其任，用盡其長。繼軌龍門，一人而已。知幾以「流宕忘歸，不知紀極」議之，不知欲記其事，必先明其理。魏、晉以後，天文家之説正自多途，陳壽魏書闕而不志，沈約宋史志而不詳，儻不收拾放墜，將致湮没不傳。知幾論史，重紀、傳而輕表、志，遂多不滿之論。提要因之，亦復吹毛求疵，所謂短人觀場，隨聲附和者矣。

五行志體例與律曆、天文三志頗殊，不類淳風手作。疑宋時舊本題褚遂良撰者，未必無所受之。

案：律曆、天文志才兩篇耳，而提要謂之「三志」，所未解也。邵晉涵稿但云「五行志體例與律曆、天文志異」，無「三」字。天聖間，宋綬等跋云：「天文、律曆、五行三志，皆淳風獨作。五行志序，諸本云褚遂良作。案本傳，未嘗受詔撰述，疑祇爲一序，今故略其名氏。」然則宋時舊本題褚遂良撰者，僅止五行志之序而已。遂良未嘗奉詔修五代史志，綬等考之甚明。提要遽謂五行志全篇皆遂良所作，其言何所受之耶？尋遂良之所以獨撰此序者，蓋貞觀時之修五代史及晉書，皆在修史所。遂良嘗受詔監修晉書，實卽修史所之監修。其後晉書已奏上，而五代史志尚未成，故遂良亦得參與筆削，遂爲五行志作序。猶之梁、陳書爲姚思廉所撰，齊書爲李百藥所撰，而魏徵以監修各爲之總論也。見舊書徵傳。然新書藝文志於隋書下無褚遂良姓名，舊書亦不著其事，則以所撰僅寥寥短篇，用力不多，亦猶梁、陳、齊三史不題魏徵之名耳。提要僅節取宋人跋語之單文，遽欲翻淳風撰此三志之定案，不惟與唐史臣之言不合，亦非宋人意也。

四庫提要辨證卷四

史部二

正史類二總目卷四十六

北史一百卷唐李延壽

延壽既與修隋書十志，又世居北土，見聞較近，參覈同異，於北史用力獨深。視南史之多仍舊本者，迥如兩手。惟其以姓爲類，分卷無法。南史以王、謝分支，北史亦以崔、盧繫派，故家世族，一例連書。覽其姓名，則同爲父子，稽其朝代，則各有君臣，參錯混淆，殆難辨別。甚至長孫儉附長孫嵩傳，薛道衡附薛辯傳，遥遥華胄，下逮雲仍，隔越抑又甚矣。考延壽之敍次列傳，先以魏宗室諸王，次以魏臣，又次以齊宗室及齊臣，下逮周、隋，莫不皆然。凡以勒一朝始末，限斷分明，乃獨於一二高門，自亂其例，深所未安。至於楊素父子，有關隋室興亡，以其系出弘農，遂附見魏臣楊敷傳後。又魏收及魏長賢諸人，本非父子兄弟，以其同爲魏姓，遂合爲一卷，尤爲舛迕。觀延壽敍例，凡累代相承者，皆謂之家傳，豈知家傳之體，不當施於國史哉。

嘉錫案：南、北史於一姓相承，輒都爲一傳，紀敍奕葉，綿歷歲時。開卷方覩晉年，終幅忽逢隋代。苟不悉其世家，無由得其篇第。故論其檢閱之不便，提要之説，吾無間然。但以史法言之，則猶有可商榷者。劉知幾之論史，分爲六家，自東漢以下諸史，皆屬漢書家；惟梁武通史、元暉業科録、李延壽南北史則屬之史記家。舊唐書經籍志以梁武及延壽之書別爲一類，附於正史之末，號曰「都史」；新志則謂之「集史」；鄭樵藝文略始用梁武之名，定爲「通史」之目。然則通史之體與班、范以下斷代之書，固不可同年而語矣。史通二體篇論史記云：「編次同類，不求年月，後生而擢居首帙，先輩而抑歸末章。遂使漢之賈誼將楚屈原同列，魯之曹沫與燕荆軻並編。此其所以爲短也。」夫六家、二體各有短長，未可偏廢。漢書者，紀十二帝之時，有限斯極；史記者，載數千年之事，無所不容。史通斷限篇語。既未可屈馬而伸班，亦安得是丹而非素。史記家既以上下通達爲體，六家篇論梁武通史云：上下通達，臭味相依。則同在一書之中，自可隨意分合，本無限斷之可言。屈賈、曹荆尚可同傳，豈子孫獨不可附先祖乎？南北朝年祀短促，一人輒歷仕數姓，故有身卒齊朝，傳編宋史，事在魏代，人入齊書。於此而言限斷，頗難位置得宜。延壽所以變爲通史之體，亦不得已也。若曰通史之中又有限斷之例，則必如歐陽修五代史分爲雜傳及梁、唐、晉、漢、周臣傳，然後可矣。史記以開國承家世代相續者爲「世家」，其後班書以向、歆附元王，范史將秉、恭綴耿弇，秉爲弇之弟子，恭又爲秉之弟子。雖無世家之名，實用合傳之體。六朝之俗，以閥閱相高，一門之中，往往人人有傳。國有廢興，而家無衰替，九世之卿族，何異嗣封之公侯。昔宋何法盛作晉中興書，改列傳之名爲録，文選注及北堂書鈔諸書所引有陳郡謝録、瑯玡王録等編。詳見章宗源隋書經籍志考證卷一。是已於正史之中，全用家譜之例，與史記「世家」名異實同。雖劉知幾工於詆訶，未聞以此爲譏議也。延壽用法盛之例，爲一二高門作家傳，使讀之者於當時國家之興亡，譜牒之世系，與夫文章、學術之淵源，士大夫、寒門之争競，開卷可覩，一覽無遺。擬之史遷，可謂貌異心同。夫法有因創，例有正變，王、謝、崔、盧既與南北朝相終始，則因事起例，以家傳入國史，奚爲而不可哉。自提要有此説，於是王鳴盛作十七史商榷，於延壽峻辭醜詆，不遺餘力。見商榷卷五十三新唐書過譽南北史條，卷五十九皇子槩作合傳爲非條、謝王聚於一處條，卷六十諸列傳位置皆非條，卷六十八併合各代每一家聚爲一傳條、楊玄感李密條。非惟隨聲附合，抑亦短人觀場。惟錢大昕潛研堂答問第九文集卷十二。云：「問：『史以勸善懲惡，父子兄弟趨向不同，往往各自立傳。況事隔數朝，賢否不一。而延壽列傳，但以家世類敘，不以朝代爲限斷，是乃家乘之體，豈史法乎？』曰：『延壽既合四代爲一書，若更有區别，則破碎非體，又必補敍家世，詞益繁費。且當時本重門第，類而次之，善惡自不相揜。愚以爲甚得史記合傳之意，未可輕議其失。』」孫志祖讀書脞録續編卷三亦云：「史家列傳之體與譜牒不同，其子孫功名不甚顯著者，本可不載。或入仕異代，尤不當附傳，致乖限斷之例。惟李延壽南北史本合數代爲一史，故可牽連附傳，使讀者便於尋檢，此又史例之變也。王西莊譏其以家爲限斷，不以代爲限斷，非是。」李慈銘桃華聖解盦日記辛集第二集越縵堂日記第二十九册。云：「南史之改并宋、齊諸書，誠多未善。惟其以氏族連合爲傳，則別有深意，殊未可非。蓋當時既重氏族，而累經喪亂，譜牒散亡。北朝魏收魏書猶多子孫合傳，南朝則沈約、蕭子顯、姚思廉等專以類敍，於兄弟子姓分析太甚，李氏故力矯之。其書本爲通史之體，與八書各自行世，故先以四代帝紀，次以四代后妃，而各代列傳又皆先以諸王，其諸臣則有世系者皆連綴之，以存譜學。若欲考時代先後，則區分類別，自有本書，固並行不悖者也。大凡古人著述，須細推其指，不可率爾譏之。」是真通人之見，余因推廣其意，論之云耳。

且南、北史雖曰二書，實通爲一家之著述。故延壽於裴藴傳云「祖之平，父忌，南史有傳」，王頒傳云「父僧辯，南史有傳」，卽互相貫通之旨也。乃南史既有晉熙王昶傳矣，北史復有劉昶傳；南史既有鄱陽王寶寅傳矣，北史復有蕭寶夤傳；南史既有豫章王綜、樂良王大圜傳矣，北史復有蕭贊、原注云：蕭綜入魏改名贊。蕭大圜傳。朱修之、薛安都諸人，南史則取諸宋書，北史則取諸魏書，不爲删幷。殆專意北史，無暇追删南史，以致有此誤乎？

案：朱脩之見南史列傳第六，北史附毛脩之傳。北史敍朱脩之事甚略，不過因毛脩之傳中涉及朱脩之，因附著其降魏及還江南之始末，且云脩之在宋顯達，事並具南史。而毛脩之則南、北史均有專傳，提要不應舍毛脩之不言，而獨舉朱脩之以譏延壽。蓋因兩人皆名「脩之」，（毛脩之南史作「修之」。）又同在一傳，翻閱之頃，因而致誤也。讀書脞録續編卷三云：「毛脩之、薛安都二人南、北史俱有傳。愚細考之，毛脩之入魏後貴顯，位次崔浩之下，且身没於魏，自當傳於北史，南史不爲立傳可也。薛安都反復無常，其始功名顯於宋代，而究以魏臣終，亦宜入北史。至朱脩之者，雖暫没於魏，不久即南還宋土，爲雍州刺史，立功於孝武之世。自當傳於南史，又何必附見於北史毛脩之傳後乎！且南、北史俱李延壽一人所作，尤不應如是之宂複也。若南朝帝子羈旅異國者，北史彙在第二十九卷。（列傳第十七。）如宋文帝子劉昶，齊明帝子蕭寶夤，（原注：南史作「寅」。）寶夤兄子贊，（原注：南史作「綜」，入梁武帝諸子傳。）梁武帝弟臨川王宏子蕭正表，梁武帝弟南平王偉子蕭祗，梁武帝弟鄱陽王恢子蕭退、蕭泰，梁武帝弟安成王秀子蕭撝，梁武帝孫（按以上文之例推之，此「孫」字當作「子」。）武陵王紀子蕭圓肅，梁簡文帝子蕭大圜，南史於各帝諸子傳中不得不附見其名，並略記其事迹，又非一人兩傳之比也。李氏於每卷首目但標某帝諸子而已；其各卷總目臚列諸子之名以便檢閱者，乃後人所增也。然李氏體例亦有未能畫一者，蕭退、蕭泰並梁鄱陽王恢子，乃南史恢傳後敍泰而不及退。又安成王秀傳不及撝，武陵王紀傳不及圓肅。豈以身没北朝而略之邪？此又李氏之自亂其例者矣。」孫氏之説較提要爲能持平，論南、北史一人兩傳者，當以此爲定論矣。夫劉昶、蕭寶夤等，在南史中本無專傳，其人皆南朝之子而北朝之臣也。提要謂當删并南、北史爲一，則不知將於南史諸帝子傳中没其名乎，抑并載其在北朝之事跡於南史傳中乎？自史記以至南、北史，其卷首目録皆後人所編，故往往失作者之意。如史記於子貢，既列傳於仲尼弟子中，又列其目於貨殖傳。仲尼弟子傳既不列人名目録，貨殖傳亦不當有。漢書既有夏侯勝傳，南監本目録勝自爲一傳，殿本於夏侯始昌下注「族子勝」。又列其目於儒林傳。如僅據目録言之，是亦一人兩傳矣。若用提要之説，删并爲一，使子貢不見於仲尼弟子傳，夏侯勝不見於儒林傳，可乎？延壽於劉昶等，既列傳於北史，又附見於南史中，亦猶是史漢之舊法耳。讀書當明體例，不可執一而論也。然自宋以後，魏書、北齊書、周書皆殘闕不全。惟此書僅麥鐵杖傳有闕文，荀濟傳脱去數行，其餘皆卷帙整齊，始末完具。徵北朝之故實者，終以是書爲依據。故雖八書具列，而二史仍並行焉。

案：元大德本北史據涵芬樓影印本。麥鐵杖傳於「惜其勇捷，誠而釋之」之下，「陳亡後，徙居清流縣」之上有空格五，故殿本北史乃於「誠而釋之」下注云「闕五字」。考南監本並無空格，亦無此注，隋書及通志卷一百六十四麥鐵杖傳亦皆不空闕。各本皆同。則北史此傳是否果有闕文，抑刻本之誤，莫能明也。惟荀濟傳「館于崔悛家」句下實有脫文耳。然北史之殘闕，固不僅此，廿二史考異卷卅八北史煬帝紀條引王懋竑曰：「此紀全是隋書之文，略無增減。詔令載於南、北史者，較本書不過什之二三，獨此紀皆載全文，大業八年征遼詔千有餘言，亦備載不遺一字。疑北史闕此卷，後人以隋書補之耳。北史本紀例稱『帝』，此篇獨稱『上』，亦一證也。」按同治中王凱泰所刻讀史記疑卷九有論北史隋煬紀一條，其文較略。錢氏所據，蓋別一稾本。錢氏自注云：「大昕按：北史紀、傳後皆有『論曰』，獨此篇稱『史臣曰』。」

今案：宋以後書引北史煬帝紀者皆與今本同，惟唐馬總通曆敘南北朝事，大率取之李延壽書。其卷十煬帝一篇，稱文帝，不稱高祖，於煬帝皆稱「帝」，不稱「上」。敘事雖刪節太多，頗爲簡略，然與隋書不盡同。如言：「帝在江都，聞唐公起兵，動容者久之。以手撫案曰：『渠有奇相，得之矣。』如此再三。」此爲隋書所無。又敘帝崩時云：「時宿衛諸將皆秦人，各有懷土之心。宇文化及因人之心，與裴虔通作亂。入犯宮闈，宿衛皆走，遂執帝。將出示衆，數以十罪後引入。帝求鴆不得，令狐行達牽頓使坐，以練巾縊之，時年五十九。按「九」字衍。及崩，化及驅率百寮，擄掠妃主，幷宮殿珍寶、羽儀文物、傳國神璽，幷還北。宮人撤户扇爲棺，瘞帝於後閣。後江都太守陳稜欲葬帝，求靈柩不得，乃設祭慟哭。帝遂見形於所葬之地，掘而得之，容貌如生，改葬生公臺下。初，帝每引鏡自照，歎曰：『好頭頸，誰當斫之！』在位十三年而崩。」此下敍蕭后事，乃自后妃傳迻入，非本紀之文。其文與隋書大異，且與北史宇文述、陳稜等傳亦不同，是真李延壽煬帝紀之原文也。惜王氏、錢氏未及見耳。御覽卷一百六引隋書煬帝紀，篇末乃與通曆略同，蓋亦參用北史也。十駕齋養新録卷六云：「北史魏孝文六王傳，廣平王懷全篇闕佚，僅存廿二字；汝南王悦篇亦多脱文。京兆王愉之子爲西魏文帝，清河王懌之孫爲東魏孝静帝，而傳末皆不見其名，知此卷文字脱漏多矣。」列傳第三十一邢卲傳云「後楊愔與魏元义及卲請置學，奏曰：『二黌兩學，盛自唐殷』」云云，廿二史考異卷卌九邢卲傳條云：「按史敍此事於太昌之後，自注云：太昌，孝武年號。元义死已久矣，北齊書以爲魏收者爲近之。然考之魏書李崇傳，此奏實出於崇，與楊愔、邢卲、魏收諸人初不相涉。其文云：『伏聞朝議以高祖大造區夏，道侔姬文，擬祀明堂，式配上帝。』蓋孝明熙平二年太師高陽王雍等議以高祖配明堂，故有此奏。其時靈太后臨朝攝政，元义亦用事，故有靈太后之令也。竊意自『請置學』至『累遷尚書令，加侍中』凡六百六十七字，皆李崇傳文，錯入此篇耳。」今案：北史李崇傳卽在邢卲傳之後，故崇傳脱簡，誤入於此。然今北齊書爲北宋嘉祐時據舊本校刊，其邢卲傳闕，卽以北史補之。傳中亦有李崇此奏及靈太后令，則北史之譌脱亦已久矣。又列傳第四十四魏收傳云：「自序漢初魏無知封高良侯，子均。均子恢。恢子彦。彦子歆，字子胡，幼孤，有志操，博洽經史，位終本郡太守。子悦，字處德，性沈厚，有度量。宣城公趙國李孝伯見而重之，以女妻焉。位濟陰太守，以善政稱。子子建。」子建卽收之父。李慈銘北史札記卷三云：「案魏書序傳『博洽經史』句下云『成帝世，位終鉅鹿太守，仍家焉』。成帝者，蒙上『漢』字言之，則爲漢成帝無疑。而下云『歆子悦』，悦爲李孝伯之壻，則已在魏太武時。考北齊書魏收傳云：『曾祖緝，祖韶，父子建。』緝、韶之名與此不同，蓋中有脱文甚多，或卽在『性沈厚，有度量』之下。悦之與子建相距四五百年，不知更隔幾世。今魏書序傳已亡，後人卽取北史此傳補之。凡自序之體，所述先世，皆務爲繁縟，無如此之簡略者。北史此傳，本取收之自序，不幸前亦脱落，十數世遂無可考。而北齊書收傳亦亡，亦取此傳補之。其前稱『曾祖緝』等，與此不同者，以逐補必出宋人，爾時北史尚不脱也。」此説亦甚精。册府元龜卷五百六十一引魏收後魏書自序亦云「收祖父悦，濟陰守。子建，益州刺史」，與北齊書魏收傳不同。蓋修元龜時所據魏書亦脱誤之本矣。綜以上所舉，煬帝紀則全篇俱闕，魏孝文六子傳、李崇傳、魏收傳所脱亦無慮數百字。其他小小脱誤，經諸家校出者，尤不勝枚舉。是今之北史已非完書，特其殘闕尚不至如魏、齊、周三書之甚耳。提要乃謂此書僅麥鐵杖、荀濟傳有闕文，餘皆卷帙整齊，始末完具，蓋僅粗加檢閲，未嘗細考也。

舊唐書二百卷

晉劉昫等奉敕撰。五代史記昫本傳不言昫撰此書，史漏略也。

嘉錫案：舊唐書雖題劉昫撰，然詳考之，昫實無功於唐書，故本傳不言，非漏略也。宋吴縝進新唐書糾繆表見糾繆卷首。云：「唐室未有國史，暨五季天福之際，有大臣趙瑩之徒，綴緝舊聞，次序實録，草創卷帙，粗興規模，僅能終篇，聊可備數。」是吴氏謂此書乃趙瑩等所撰，竟不及昫。錢大昕十駕齋養新録卷六云：「予嘗疑五代史劉昫傳不載修唐書事。後讀義門讀書記，謂『昫在唐明宗朝爲門下侍郎、監修國史，國史卽唐書也』，義門此言，欲以彌縫歐公之闕。今考之，殊不然。莊宗祀唐七廟，自稱中興，以唐史爲國史，固其宜矣。但宰相監修國史，沿唐故事，雖有監修之名，初無撰述之實。昫之監修，不過宰相兼銜而已。五代會要：『晉天福六年二月，敕户部侍郎張昭、自注云：本名昭遠。起居郎賈緯、秘書少監趙熙、吏部郎中鄭受益、左司員外郎李爲先等修撰唐史，嘉錫按：「李爲先」當作「李爲光」。仍令宰臣趙瑩監修。其年四月，緯丁憂，以吕琦爲户部侍郎，尹拙爲户部員外郎，令與張昭等同修唐史。開運二年，史館上新修前朝李氏書紀、志、列傳二百卷，幷目録一卷。賜監修宰臣劉昫、修史官張昭、直館王申等繒綵銀幣各有差。』其云前朝李氏書者，避晉高祖嫌名，權易之耳。修唐書乃在後晉之世，初命趙瑩監修，瑩罷相而昫代之。何氏未考五代會要，乃臆造此説耳。歐公於趙、劉二傳俱不及監修事，而於賈緯傳云與修唐書，蓋以監修無秉筆之職，例不當書。如新唐書刊修，但載歐、宋二人傳，何嘗及監修之曾公亮哉。自注云：張昭卒於宋初，不入五代史，故於緯傳見之。此史家之成例，不可議其缺漏。」潛研堂集卷十三略同。趙翼廿二史劄記卷十六云：「薛、歐二史劉昫傳俱不載其有功於唐書之處，但書其官銜監修國史而已。蓋昫爲相時，唐書適訖功，遂由昫表上，其實非昫所修也。今據薛、歐二史及五代會要諸書考之，晉天福五年詔張昭遠、賈緯、趙熙、鄭受益、李爲光同修唐史，宰臣趙瑩監修。晉紀。嘉錫按：舊五代史卷七十九晉紀作天福六年二月。瑩以唐代故事殘缺，署能者居職，纂補實録及正史。瑩傳。賈緯丁憂歸，瑩又奏以刑部員外郎呂琦、侍御史尹拙同修。晉紀。瑩又奏請據史館所缺唐書、實録下敕購求。況唐咸通中宰臣韋保衡與蔣伸、皇甫燠撰武宗、宣宗實録，皆因多事，並未流傳。請下三京諸道，凡有此數朝實録，令其進納，量除官賞之。會昌至天祐垂六十年，李德裕平上黨，有武宗伐叛之書；康承訓定徐方，有武寧本末之傳。凡此之類，令中外臣僚有撰述者，不論年月多少，並許進納。從之。五代會要。是此事趙瑩爲監修，綜理獨周密，故瑩本傳謂唐書二百卷，瑩首有力焉。昭宗一朝，全無記注，天福中張昭遠重修唐史，始有昭宗本紀。五代史補。是張昭遠於此事搜輯亦最勤，故劉昫上唐書時，與昭遠同署名。昭遠尋加爵邑，酬修史之勞也。晉紀。賈緯長於史學，以武宗之後無實録，采次舊聞，爲唐年補録六十五卷。入史館，與修唐書。緯傳。今舊唐書會昌以後紀傳，蓋緯所纂補。又趙熙修唐書成，授諫議大夫，賞其筆削之功。熙傳。是則舊唐書之成，監修則趙瑩之功居多，纂修則張昭遠、賈緯、趙熙之功居多，而劉昫傳並不載經畫修書之事。今人但知舊唐書爲昫所撰，而不知成之者乃趙瑩、張昭遠、賈緯、趙熙等也。故特標出之。」今按：趙氏所考與吴縝之言正合。蓋縝時去五季不遠，故猶知唐書非劉昫所修也。王鳴盛十七史商榷卷六十九謂「舊唐書始自唐明宗之長興，成於晉出帝之開運，歷年宰輔皆領其事，俱以監修列銜。而吴縝因有趙瑩修舊唐書之語」。此蓋不知吴縝之意而曲爲之説。提要之言殊失之不考矣。

新唐書二百二十五卷

宋歐陽修、宋祁等奉敕撰。是書本以補正劉昫之舛漏，自稱「事增於前，文省於舊」。劉安世元城語録則謂事增文省正新書之失，而未明其所以然。今即其説而推之，史官記録具載舊書，今必欲廣所未備，勢必蒐及小説，而至於猥雜。唐代詞章，體皆詳贍，今必欲減其文句，勢必變爲澀體，而至於詰屈。安世之言，所謂中其病源者也。

嘉錫案：馬永卿元城語録卷下曰：「先生與僕論作史之法，先生曰：新唐書敍事好簡略其辭，故其事鬱而不明，此作史之敝也。且文章豈有繁簡也，意必欲多，則冗長而不足讀；必欲其簡，則僻澀令人不喜讀。假令新唐書載卓文君事，不過止曰『少嘗竊卓氏以逃』，如此而已。班固載此事乃近五百字，讀之不覺其繁也。且文君之事亦何補於天下後世哉，然作史之法不得不如是，故可謂之文如風行水上，出於自然也。若不出於自然，而有意於繁簡，則失之矣。唐書進表云『其事則增於前，其文則省於舊』，且新唐書所以不及兩漢文章者，其病正在此兩句也。又反以爲工，何哉！然新、舊唐史各有長短，未易優劣也。」宋王正德餘師録卷二引元城語與此合，惟字句小異。據此則劉安世之於新唐書，但病其文章過於僻澀。意謂敍事之文不宜太簡，故事增則文亦當與之俱增，今事既增於前，而文反省於舊，此其所以不及古人也。觀其語意，至爲明白，何嘗未言其所以然哉。徒以直齋書録解題引用不詳，見卷四。第曰「劉元城亦謂事增文省，正新書之失處」，而不言其所以然，於是邵晉涵不知其出於元城語録。其所作新唐書提要稾曰：「曾公亮表進其書，謂其事則增於前，其文則省於舊，語似誇詡。陳振孫又謂事增文省，正新書之失。以今考之，皆不明史法者也。夫後人重修前史，使不省其文，則累幅難盡；使不增其事，又何取乎重修？故事增文省，自班固至李延壽莫不皆然，原注云：班固撰蕭何傳，較史記增載勸入漢中事。撰李廣傳，較史記增載武帝詔。至其芟損史記字句，不可勝舉。不得以此爲誇詡，亦不得轉以此爲詆諆。新書之失在增所不當增，省所不當省爾。夫唐大誥、唐六典，爲一代典章所係。今紀、傳既盡去制誥之辭，而諸志又不能囊括六典之制度，徒刺取卮言小説以爲新奇，於史例奚當乎？芟除字句，或至失其本事，原注曰：山堂考索云，舊史段秀實與大將劉海賓、何明禮、姚令言判官岐靈岳同謀朱泚。新史乃削去「判官岐靈岳」五字。夫姚令言乃涇原節度使，與朱泚同反，舊史乃謂令言之判官岐靈岳。新史削去五字，誤矣。案新書之誤實不止此。不獨文義之蹇躓也。」邵氏所持之論，亦自平淡無奇，而遽以此議陳振孫，似謂其智不足以知此。不知振孫之言出於劉安世，安世受業於司馬光，所學雖或不及其師，亦何至不明史法乎！且其言曰「唐大誥、唐六典爲一代典章所係」，唐大誥不知何書，遍考史志並無此名，恐是唐大詔令之誤。其書雖有關於典章，然若録入紀傳，則載之不可勝載。史之爲志，當具載一代之制度，記其因革損益，以明其變遷。六典成於開元之末，書雖奏進，迄未行用，見書録解題卷六引韋述集賢記注。本非經常之典，證以前後史實，有合有不合。若諸志悉據以紀事，豈得謂之實録。況新書百官志卽本之六典而增損之，趙彦衛雲麓漫鈔卷五嘗言唐書百官志乃唐六典，王鳴盛十七史商榷卷八十一有新舊官志皆據開元六典一條。未嘗棄而不用也。邵氏乃責以諸志不能囊括六典之制度，不知如曆、天文、五行、地理、藝文諸志，向六典中何處取材，而欲加以囊括乎？是亦徒爲高論，未可謂之深明史法也。逮四庫館纂修總目，於新唐書條廢邵氏稾不用，別加撰定，具如今本。閣本新唐書所附提要與此兩篇皆不同，當是初稾。知陳振孫所引出於元城語録，而又不肯覆考原書，誤以爲語録之言祇此兩句，遂揣摹其意而爲之説，而不知安世之意並不如此，其亦可笑也已。

若夫史、漢本紀多載詔令，古文簡質，至多不過數行耳。唐代王言，率崇縟麗，駢四儷六，累牘連篇。宋敏求所輯唐大詔令多至一百三十卷，使盡登本紀，天下有是史體乎？祁一例刊除，事非得已，過相訾議，未見其然。

案：宋祁筆記卷上云：「文有屬對平側用事者，供公家一時宣讀施行似便快，「似」原作「以」，從通考卷一百九十二引改。然久之通考無此二字。不可施於史傳。余修唐書，未嘗得唐人一詔一令「嘗」通考作「能」。可載於傳者，惟捨對偶之文，近高古通考「捨」作「拾」，古下有「者」字。乃可著於篇。大抵史近古，對偶宜今，通考作「非宜」，「今」字屬下讀。以對偶之文入史策，如粉黛飾壯士，笙匏佐鼙鼓，非所施云。」「施」通考作「宜」。此新唐書不載對偶文字之説也。且不惟不載詔令而已，卽羣臣章疏文用駢儷者，皆所不録。偶或節取，亦必點竄字句，易雙成隻，往往佶屈聱牙，詞不達意，此其僻也。歐陽修與祁分修紀、傳，意見原自不合，修於宋不滿，見書録解題。獨於刊除駢文，沆瀣一氣。夫列傳不載詔令，猶之可也；本紀不載詔令，則爰自史、漢以迄八書，從無此體。修棄遷、固之良規，效宣尼之筆削，吴、楚僭王，貌同心異，卒之事蹟牴牾，義例紛歧，可謂畫虎不成，見豺而恐者矣。書録解題曰：「本紀用春秋例，削去詔令，雖太略猶不失簡古。至列傳用字多奇澀，殆類虬户銑谿體，識者病之。」此蓋怵於修之盛名，不敢攻擊，姑作遜詞，猶之汪應辰作唐書辨證，專攻列傳，不及紀、志，亦見書録解題卷四。亦此意也。其實新書以志、表爲上，列傳次之，本紀疏漏率略，斯爲最下。日知録卷二十六曰：「昔人謂宋子京不喜對偶之文，其作史，有唐一代遂無一篇詔令。如德宗興元之詔，不録於書，徐賢妃諫太宗疏、狄仁傑諫武后營大像疏，僅寥寥數言，而韓愈平淮西碑則全載之。夫史以記事，詔疏俱國事之大，反不如碑頌乎？柳宗元貞符乃希恩飾罪之文，與相如之封禪頌異矣，載之尤爲無識。」此專就不載駢文言之，其説雖是，然祇詆祁而不及修，亦非事理之平也。至於提要此篇，謂唐大詔令不能盡登本紀，而曰祁一例刊除，事非得已。不知新書本紀宋祁之所作歟，抑亦歐陽修之所作歟？修作本紀，祁何以能刊除詔令。文義不倫，殊堪怪詫。夫修史之當載詔令，亦不必高談典謨，遠徵班、馬。姑以歐陽修之言證之，其文忠集卷一百十一論編學士院制詔劄子曰：「臣伏見國家承五代之餘，建萬世之業，誅滅僭亂，懷來四夷，封祀天地，制作禮樂。至於大臣進退，政令改更，學士所作文書，皆繫朝廷大事。示於後世，則爲王者之訓謨；藏之有司，乃是本朝之故實。自明道以前，文書草稾，尚有編録；景祐以後，漸成散失。使聖宋之盛，文章詔令，廢失湮淪，緩急事有質疑，有司無所檢證。臣今欲乞將國朝以來學士所撰文書，各以門類，依其年次，編成卷秩，號爲學士院草録。有不足者，更加求訪補足之。」夫禮樂征伐，賞罰號令，皆國之大事，必宣之以詔令，書之於簡策。此乃古今之所同，唐與宋豈有異哉。今修官翰院，則於本朝依樣壺盧之文章皆取而類聚之，不使有遺，秉史筆則雖有唐大手筆之制作，亦奮然芟除之，惟恐不盡。貴近賤遠，薄古愛今，一至於此，不知其何理也。提要謂宋敏求所輯唐大詔令至一百三十卷，以太多不能盡登，故不如一例刊除，此又不明體例之言也。所貴乎良史者，爲其有筆削之才，鑒裁之識也。故史傳所載之詔令，不過千百之中存其一二而已，豈盡取册府之故紙而編輯之哉。考之隋書經籍志，有晉朝雜詔至義熙副詔凡十七部，三百六十六卷，較唐大詔令多至三倍。如因其多而遂盡刊除也，則唐修晉書，不應尚録詔令也。當修等作新唐書時，吴兢、韋述等之唐史猶存，高祖至文宗實録亦尚在，唐志尚有武宗實録三十卷。書録解題卷四云，更五代，武録不存。其書皆兼載詔令。修等果循史、漢之舊法，從而删其繁富，補其闕遺，足矣。新唐書表上於嘉祐五年，宋敏求唐大詔令自序題熙寧三年，修等蓋未之見。敏求身在史局，亦不聞以示修等。然則此書本不爲唐書而作，惡得而登之本紀哉。韓愈名能爲古文，號稱起八代之衰，其所作順宗實録，采録對偶詔令甚多。修平生以愈自命，及作唐書本紀，盡棄詔令不録，主張乃欲過於愈，究之終不及愈，正在於此。提要曲爲之辯，亦非有愛於修等，特以邵氏謂新書不當盡去制誥，援唐大詔令爲證，遂激而翻案，强詞奪理。此文士好勝之習氣，非學術之公評也。

編年類 總目卷四十七

元經十卷

舊本題隋王通撰，唐薛收續，併作傳，宋阮逸注。晁公武讀書志曰：「案崇文無其目，疑阮逸依託爲之。」陳振孫書録解題曰：「河汾王氏諸書，自中説以外，皆唐藝文志所無。其傳出阮逸，或云皆逸僞作也。唐神堯諱淵，其祖景皇諱虎，故晉書戴淵、石虎皆以字行。薛收唐人，於傳稱戴若思、石季龍，宜也。元經作於隋世大業四年，亦書曰『若思』，何哉？」以上陳振孫説。今考是書，晉成帝咸和八年，書張公庭爲鎮西大將軍。康帝建元元年，書石虎侵張駿。公庭卽駿之字，猶可曰書名書字，例本互通。至於康寧三年，書「神虎門」爲「神獸門」，則顯襲晉書，更無所置辨矣。且於周大定元年，直書楊堅輔政。通生隋世，雖妄以聖人自居，亦何敢於悖亂如是哉。陳師道後山談叢、何薳春渚紀聞、邵博聞見後録並稱逸作是書，嘗以槀本示蘇洵。薳與博語未可知，師道則篤行君子，斷無妄語，所記諒不誣矣。

嘉錫案：文中子中説屢言及元經，敍其著作之意甚詳。舊唐書文苑王勃傳云：「祖通，依春秋體例，自獲麟後歷秦、漢至於後魏，著紀年之書，謂之元經。」皮日休文藪卷四文中子碑云：「先生有元經三十一篇。」是唐人相傳，實有此書。舊唐書言自獲麟後至後魏，而今本始於晉惠至陳亡，顯然不合，似可爲作僞之據。然中說王道篇、問易篇具述始晉惠之意，述史篇又自言止於陳亡之義。則今本與中說合，書之真僞初不在此。晁、陳言其書爲崇文目及唐藝文志所無，蓋謂通之原書至唐末宋初已不復存，今本出於阮逸僞作耳。皮錫瑞師伏堂筆記卷三云：「王通元經，宋阮逸注。晁公武曰疑阮逸依託爲之，陳振孫曰河汾王氏諸書，自中說外，或云皆逸僞作。陳師道、何薳、邵博皆稱逸作是書。錫瑞案：阮逸宋人，諸人皆與逸年代不相遠，而其說相同，且謂逸以稿本示蘇洵，似爲逸作，可無疑矣。乃考宋史，有可疑者。太祖建隆三年四月，太常寺博士聶崇義上三禮圖，尹拙駁正，詔下中書集議。吏部尚書張昭等奏議曰：『尹拙所述禮神之六玉，稱取梁桂州刺史崔靈恩所撰三禮義宗，崇義非之，以爲靈恩非周公之才，無周公之位，一朝撰述，便補六玉闕文，尤不合禮。臣等竊以劉向之論洪範，王通之作元經，非必挺聖人之姿，而居上公之位。有益於教，亦爲斐然。』據此奏議，則王通元經宋初已有其書。阮逸天聖五年進士，建隆三年至天聖五年凡六十七年，當時逸尚未生，而奏議引之，則書必出宋前。不得以崇文目不載，遂指爲逸作也。晁、陳諸人殆未見張昭奏議乎？」愚謂皮氏所舉張昭奏議，誠爲前人所未言。惟張昭之意，不過舉古之非聖人而作經者，以駁聶崇義，故以王通元經與劉向洪範幷言。洪範論之佚文，見於漢書五行志，而元經之大意亦見於中説。洪範論既是亡書，則所謂「有益於教，亦爲斐然」者，不必便是元經在宋初見存之據也。大抵文人用典，例難徵實，恐不可以是駁晁、陳。惟其説亦言之成理，足備考證，故録存之。

中興小紀四十卷宋熊克

是編排次南渡以後事蹟，首建炎丁未，迄紹興壬午，年經月緯，勒成一書。宋制，凡累朝國史，先修日紀，其名「小紀」，蓋以別於官書也。

嘉錫案：宋史藝文志編年類，熊克中興小曆四十一卷。書録解題卷四、通考卷一百九十三同，李心傳建炎以來朝野雜記卷六亦作中興小曆。玉海卷四十七云：「熊克中興紀事本末，一名中興小曆。」然則此書本名小曆，並無「小紀」之名。且宋制，累朝未修實録之前，先修日曆，有日曆所，隸秘書省。其沿革見於宋史職官志，其故事存於宋會要，第七十册。亦無所謂「日紀」。疑提要此條乃館臣避高宗御名改「曆」爲「紀」。考歷代因避諱而改書名者，固多有之，然大抵以義近之字爲代。如唐太宗諱「世」之字曰「代」，諱「民」之字曰「人」。改世本爲代本，四民月令爲四人月令，唐高宗諱「治」之字曰「理」，改羣書治要爲羣書理要是也；未有隨意取一字以爲代者。「曆」字以「歷」字代，著於功令。

即以總目本卷言之，其繫年要録、編年備要、靖康要録條下，提要皆有「日歷」字，未嘗改爲「日紀」。再以天文算法類言之，其著録之書有聖壽萬年歷、律歷融通、古今律歷考、歷體略、歷象考成、歷算全書、大統歷志、勿菴歷算書記等，皆只用代字，未嘗改其書名。乃獨於此書，忽别創一例，改「曆」爲「紀」，按之功令既不合，推之全書復不通，可謂進退失據，自相牴牾者矣。余嘗舉以告張孟劬爾田，孟劬云：「想是因御名之上加一『小』字，嫌於不敬也。」斯言近之。

陳振孫書録解題稱克之爲書，往往疏略多牴牾，不稱良史。岳珂桯史亦摘其記金海陵南侵，誤以薰風殿之議與武德殿之議併書於紹興二十八年，合而爲一。蓋以當時之人記當時之事，耳目既有難周，是非尚未論定，自不及李心傳書纂輯於記載詳備之餘。然其上援朝典，下參私記，綴輯聯貫，具有倫理。其於心傳之書，亦不失爲先河之導，剏始難工，固未可一例論也。

案朝野雜記云：「商人戴十六者，私持子復熊克字中興小曆及通略等書渡淮，盱眙軍以聞。遂命諸道帥臣察郡邑書坊所鬻，及事干國體者，悉令毁棄。中興小曆者，自建炎初元至紹興之季年，雖已成書，未嘗進御。其書多避就，不爲精博，非長編之比。」可見李心傳於此書頗致不滿，其作繫年要録，駁正小曆之誤，幾於指不勝屈。心傳之書自是以李燾長編爲法，不假此爲先河之導也。

宋史藝文志載克所著，尚有九朝通略一百六十八卷。今永樂大典僅存十有一卷，首尾零落，已無端委，僅此書尚爲完本。惟原書篇第爲編纂者所合併，舊目已不可尋。今約略年月，依宋史所載原數，仍勒爲四十卷。

案：徐松所輯宋會要第五十六册云：「十一年淳熙十二月四日，知台州熊克進九朝通略六十册。詔特轉一官，其書付秘書省。」玉海卷四十七略同，惟「六十册」作「一百六十八卷」，注云一百册，無「其書付秘書省」一句。且云：「倣通鑑之體，作繫年之書，一載釐爲一卷。簡要不如徐度之紀，徐度有國紀五十八卷，見書録解題。詳備不如李燾之編。」其書之體例尚可考見。九朝者，包北宋一代。小曆之作，蓋與通略相續而成也。小曆見於著録者，皆四十一卷，今提要既云依宋志所載原數，乃止勒成四十卷，亦小疏也。

靖康要録十六卷

不著撰人名氏。陳振孫書録解題曰「靖康要録五卷，不知作者。記欽宗在儲時及靖康一年之事，案日編次。凡政事制度及詔誥之類，皆詳載焉。其與金國和戰諸事，編載尤詳」云云。是振孫之時，已莫知出誰手矣。

嘉錫案：書録解題卷五云：「靖康要録五卷，不著撰人名氏。通考作不知誰撰。自欽廟潛邸迄靖康元年十二月事。」通考卷一百九十七引同，並無「案日編次」以下云云。書録解題亦由四庫館自永樂大典内輯出，不知提要此條所引何以多出數十字，此不可解也。今觀其書，記事具有月日，載文俱有首尾，決非草野之士不睹國史、日曆者所能作。考書録解題又載欽宗實録四十卷，乾道元年修撰洪邁等進。此必實録既成之後，好事者撮其大綱以成此編，故以「要録」名也。

案：書録解題卷四欽宗實録條作「乾道四年，修撰洪邁等進」。通考卷一百九十四引同，此作元年者誤。考徐松所輯宋會要第七十册職官類第十八實録院條下云「三年乾道三年也五月十一日，起居舍人、兼權中書舍人、兼同修國史、實録院同修撰洪邁言：得旨編修欽宗實録、正史，案：正史者，謂當時并修欽宗本紀。除日曆所發到靖康日曆及汪藻所編靖康要録，并一時野史雜説，與故臣家搜訪到文字外，緣歲月益久，十不存一」永樂大典卷一萬六千六百五十引。云云。是此書乃汪藻所撰，洪邁資之以修欽宗實録。提要謂實録既成之後，好事者抄撮之以成書，所考適得其反矣。宋史藻本傳載藻於紹興二年上言：「今踰二十年，無復日曆。乞許臣訪尋故家文書，纂集元符庚辰以來詔旨，爲日曆之備。」制可。八年，上所修書，自元符庚辰至宣和乙巳詔旨，凡六百六十五卷。今案浮溪集卷二乞修日曆狀略云：「臣昨待罪禁林，嘗于經筵面奏：太上皇帝、淵聖皇帝及陛下建炎改元至今三十餘年，並無日曆，乞詔有司纂述，未見施行。恭惟太上皇帝聰明睿哲之資，孝友温恭之德，疇咨臣下，言必成文，裁決事機，動皆合道。在位二十餘年，未嘗刑一無罪，殺一不辜。涵養生靈，耕桑萬里，視唐虞三代，無不及焉。淵聖皇帝恭儉憂勤，招延聽納。雖登至尊之日淺，而膏澤浹于人心。止緣姦臣誤朝，馴致遐狩。今若無書紀，實恐千載之後，徒見一朝陵遲禍亟，不知二聖積累之功深。茲事非輕，羣臣當任其責。」又云：「臣政和中爲著作佐郎，修太上皇帝日曆，東觀凡例，臣預聞焉。今所領州，案藻時知湖州。又幸經兵火之餘，獨不殘燬，視諸故府，案牘具存。伏望睿慈，許臣郡政之餘，將本州所有御筆手詔賞功罰罪文字，截自元符庚辰至建炎己酉建炎三年三十年間，分年編類，繕寫進呈，以備修日曆官採擇。」貼黃云：「臣契勘御筆手詔賞功罰罪文字，但見當時所頒命令，若除受、差遣、黜陟，與臣僚出處始終，則有所授劄或家集、行狀。今湖州士著及流寓士大夫家，未嘗被兵，藏書具在。如陛下從臣纂集，乞并賜移文于逐家，取上件文字録訖付還，庶幾粗成編帙。伏候敕旨。」詳讀此狀，則藻奏請修書之初意，乃欲上起元符，其書始自元符庚辰，即徽宗即位之年。下止建炎，舉徽、欽兩朝及中興初年之事蹟，編爲一書，不僅録徽宗一代已也。又欲并記朝廷之除授、差遣、黜陟，與臣僚之出處始終，則亦不止於纂集詔旨而已。蓋藻之修書，原以備日曆之用。日曆之體，以事繫日，以日繫月，見宋會要七十册實録院條，著作郎何掄上言。凡詔令謨訓、賞罰刑政、降授拜罷皆記之。見宋會要七十册國史日曆所條，兵部尚書張叔椿上言。遇有臣僚薨卒，則爲之立傳。見宋會要五十三册日曆所條，權秘書少監劉儀鳳上言。故藻欲於御筆手詔之外，詳考士大夫之家集、行狀，纂入於書，以供史官之採擇也。乃其書既修成，僅録徽宗之詔旨，名元符庚辰以來詔旨，一名徽宗皇帝詔旨，見本集卷五諸謝表。不惟不及臣僚之事，且並欽宗一朝胥闕焉。此書之作，蓋以自續其元符詔旨，猶是乞修日曆狀之意也。故其書成，卽藏之日曆所。見前引洪邁奏。書中記事具有日月，載文俱有首尾，正是日曆之體，特不能爲諸臣立傳而已。夫元符至宣和，僅録詔旨，而靖康乃能繫年紀事，豈非以徽宗一朝事蹟太繁，非一人之力所能辦；靖康則首尾僅一年，事皆目覩，雖經兵燹，文獻具存，故搜採易爲力歟？其後史臣採元符詔旨以修徽宗實録，見宋會要七十册國史院條，資政殿學士傅伯壽上言。採此書以修欽宗實録，是其書爲一朝國史之所自出，誠非草野傳聞與夫抄撮實録、日曆以成書者，所得幷日而談也。宋王明清玉照新志卷五云：「靖康元年，虜人初犯京師，种師道爲宣撫使，李伯紀以右丞爲親征行營使。伯紀命大將姚平仲謀刼賊寨，數日前行路皆知之，虜先爲備。初出師，以爲功在頃刻，令屬官方允迪爲露布。忽報失利，上震驚，於是免伯紀，師道亦罷，復建和議。汪彦章靖康詔旨云方會之文，非也。」今考靖康要録卷二云：「初种師道爲宣撫使，李綱爲親征行營使。姚平仲謀刼寨，數日行路皆知之，虜先爲備。二月一日出師，以爲功在頃刻矣。御營使司屬官方會封邱門草露布，按考之要録卷一云：「大觀六年四月，以給事中方會爲詹事。八月，方會罷。」則此時實有方會其人。考會，興化人，弟軫以劾蔡京流嶺外，京以鄉曲故，猶用會爲待制。見揮麈後録卷三。然詳審此處文義，蓋謂諸屬官方聚會於封邱門耳，本不以「方會」爲人姓名。明清實誤讀而誤辨。忽馳報失利，上震驚。于是罷綱，解其職，俾待命浴室院。師道亦罷宣撫，以右丞蔡懋代之。復議講和。」其文與玉照新志所引相脗合。此書之爲汪藻所撰，又得一證，且知其一名靖康詔旨矣。郡齋讀書志卷六有藻所編金人背盟録、此書七卷，藻所自著，見玉海卷四十七三朝北盟集編條下。圍城雜記、避戎夜話、金國行程、南歸録、朝野僉言此五書爲他人所撰，藻蓋合編之爲叢書。等書；書録解題卷五有裔夷謀夏録七卷，三朝北盟會編卷首引書目有汪藻裔夷謀夏録，一云金人請盟叛盟本末，則此書疑即金人背盟録也。翰林學士新安汪藻撰。足見藻留心靖康時事，以搜集史料自任矣。王聞遠孝慈堂書目有宋欽宗日録二卷，注云卽孝慈淵聖皇帝要録，蓋卽此書之别名。雖卷數多寡不同，然有六册四百十番，見自注。與今本葉數亦約略相當，今十萬卷樓刻本凡十六卷，五百二十二葉。知其必是一書也。

紀事本末類 總目卷四十九

三朝北盟會編二百五十卷

宋徐夢莘撰。夢莘，字商老，臨江人，紹興二十四年進士。爲南安軍教授，改知湘陰縣。官至知賓州，以議鹽法不合，罷歸。事蹟具宋史儒林傳。夢莘嗜學博聞，平生多所著述，史稱其恬於榮進。每念生靖康之亂，思究見顛末，乃網羅舊聞，會萃同異，爲三朝北盟會編。自政和七年海上之盟，迄紹興三十一年，上下四十五年，凡敕制、誥詔、國書、書疏、奏議、記序、碑志，登載靡遺。帝聞而嘉之，擢直祕省云云。今其書鈔本尚存，凡分上中下三帙。上爲政宣，二十五卷；中爲靖康，七十五卷；下爲炎興，一百五十卷。其起訖年月，與史所言合。所引書一百二種，雜考、私書八十四種，金國諸録十種，共一百九十六種。而文集之類尚不數焉。史所言者，殊未盡也。凡宋金通和用兵之事，悉爲詮次本末，年經月緯，案日臚載。惟靖康中帙之末有諸録雜記五卷，則以無年月可繫者，別加編次，附之於末。其徵引皆全録原文，無所去取，亦無所論斷，蓋是非並見，同異互存，以備史家之採擇，故以「會編」爲名。

嘉錫案：提要既言是編年經月緯，案日臚載，則何以不隸之編年，而乃屬之紀事本末者，則以所記純關於宋金通和用兵之事，且其諸録雜記五卷，無年月可繫，正是本類小序所謂「不標紀事本末之名，而實爲紀事本末者，亦併著録」也。然紀事本末之體，始於袁樞，夢莘登第在樞之前，故宋人之論此書者，大抵仍以爲編年體。樓鑰攻媿集卷一百八直祕閣徐公墓誌銘云：「收羅野史及他文書，多至二百餘家，爲編年之體，會稡成書。」則在當時，不以爲紀事本末亦明矣。王應麟玉海卷四十七亦云：「徐夢莘收羅野史及他文書，多至二百餘家，爲編年之體，會稡成書。傳聞異辭者，又從而訂正之，號三朝北盟集編。自政和七年海上之盟，迄逆亮之亂，上下四十五載，具列事實，制敕、詔誥、國書、奏疏、記序、碑誌之文，成二百五十卷。又綱目一册，慶元二年下臨川軍鈔録以進。十一月，除直祕閣。後又得未見之書，再編集補三帙。」

蜀鑑十卷宋郭居仁

不著撰人名氏。前有方孝孺序，稱「宋端平中，紹武李文子嘗仕於蜀，蒐採史傳，起秦取南鄭，至宋平孟昶，上下千二百年事之繫乎蜀者，爲書十卷」云云，世遂題爲文子作。考亭淵源録亦載李文子字公瑾，光澤人，原注云：按光澤卽紹武之屬縣，今尚仍古名。李方子之弟，紹興四年進士，案：紹興疑當作紹熙。官至知太安軍，綿、閬州，潼川府。著蜀鑑十卷。然考端平三年文子所作序中稱「燕居深念，紬繹前聞，因俾資中郭允蹈緝爲一編」云云，則此書爲資州郭允蹈所撰，文子特總其事耳，世卽以爲文子作，亦猶大易粹言本曾穜命方聞一作，直齋書録解題遂誤以爲穜作也。

嘉錫案：此書卷末有嘉熙丁酉元年文子自跋云：「余與資中士友郭允蹈居仁既爲蜀鑑一編，使凡仕蜀者，知古今成敗興衰治亂之蹟，以爲龜鑑。」又有淳祐五年古郢別□跋云：

「余向帥江陵，郭湛溪仕蜀而出，遂爲江陵寓公。每語余以蜀事，而不知其著此書也。後十餘年，蜀道洶洶，余自邇列出鎮長沙，名爲『託裹』。時全蜀已破，故用重臣守長沙以防蜀，謂之「託裹」，言如瘰癧疽者之用託裹湯，使毒不内攻也。而其子涉出示此書，於是湛溪卽世亦幾十年矣。」則此書之爲允蹈所作，不止見於文子自序。允蹈蓋名居仁，湛溪其自號也。作跋之古郢別某，當是別之傑。之傑字宋才，郢州人，宋史卷四百十九有傳。嘗以直敷文閣知江陵府，兼湖北安撫使，又以祕閣修撰知江陵，兼京湖制置副使。淳祐二年，授同知樞密院事，兼權參知政事，進資政殿學士、湖南安撫使，兼知潭州，皆與跋合。允蹈之出蜀寓江陵，下距之傑鎮長沙時已十餘年，當是寶慶、紹定間事。考之宋史，自寧宗開禧三年吳曦平後，至嘉定十年十二月，金人犯四川，據大散關，蜀遂頻年被兵。十二年二月，金人破興元府，又破大安軍，守臣李文子棄城去，復焚洋州。及金人退，而興元軍士權興、張福相繼作亂，攻陷州郡。其年七月，福始伏誅，蜀中由此殘破。以上見寧宗紀。至理宗寶慶三年十二月，元兵破關外諸隘，四川制置鄭損棄三關。紹定四年八月，元兵破武休，入興元，攻仙人關。九月，破蜀口諸郡。以上見理宗紀。於是蜀難又作。允蹈之出蜀客江陵，當不出此數年間。自紹定四年至淳祐二年別之傑鎮長沙，時凡十二年。若自寶慶三年下數，則爲十六年。及至端平三年十二月，元兵入蜀，一月之間，五十四州俱陷，見宋季三朝政要卷一。則允蹈已出蜀數年，故不罹其難。本書卷四蜀人杜弢等流徙荆湘篇，載杜弢與應詹書，因極論蜀流民之當招撫，蓋爲時事而發。然又言蜀士衣冠，不務糾鄉閭，爲討僭逆守墳墓計，乃輕脆易驚，率然東下，隕踣異鄉，亦蜀士之永鑑，其言甚壯，則出蜀非允蹈本意也。之傑跋作於淳祐五年，而言湛溪卽世亦幾十年，是允蹈於端平三年成書之後不久卽卒矣。自端平三年至淳祐五年，首尾恰十年。文子自守大安州棄城遁去，其後又歷知綿、閬、潼川三州、府，蓋能以功自贖者。當蜀事大壞之時，乃與允蹈述爲此書，雖爲蜀士亡羊補牢計，然觀其羅尚抗李雄、杜弢流徙荆湘、元温卽桓温，避欽宗諱改討李勢諸論，深譏陶侃之不能取蜀，均見卷四。又爲江左不用蜀一篇，卷五。明爲宋末君臣而發，似有歸咎廟堂之意，殆亦以此自解歟？要之，寧、理兩帝及史彌遠、鄭清之等之昏庸無策，卒失全蜀，誠如本書尉遲取蜀篇卷六，所謂「非魏能取之，梁自亡之」也。允蹈仕履雖不可考，讀別之傑跋，則其平生出處尚約略可推，提要乃無一語及之，知其未嘗閲至終卷矣。又案宋史卷四百八吴昌裔傳云：「會稡周、漢以至宋蜀道得失，興師取財之所，名蜀鑑。」所言體例與此書合，而撰人不同，豈别一書歟？抑宋史誤歟？不可知也。

其書每事各標總題，如袁樞通鑑紀事本末之例；每條有綱，有目，有論，如朱子通鑑綱目之例。其兼以考證附目末，則較綱目爲詳贍焉。宋自南渡後，以荆襄爲前障，以興元漢中爲後户，天下形勢恒在楚蜀。故允蹈是書所述，皆戰守勝敗之蹟，於軍事之得失，地形之險易，恒三致意。而於古人用兵故道，必詳其今在某處，其經營擘畫，用意頗深。他如辨荆門之浮橋，引水經注以證荆州記之誤；陳倉之馬鳴閣，引蜀志以證寰宇記之誤；斜谷之遮要，引輿元記以補裴松之注之缺；諸葛亮之築樂城，引通鑑以辨華陽國志、寰宇記之異同，於地理亦頗精核。

案本書卷一岑彭吳漢由江道取蜀篇曰：「述遣其將田戎、任滿、程汎將數萬人下江關，擊破馮駿大軍，遂拔巫及夷道、夷陵，因據荆門、虎牙，横江水起浮橋、鬬樓，立攢柱以絶水道，結營跨山以塞陸路，拒漢兵。此用通鑑卷四十二之文，而通鑑又采自後漢書岑彭傳，略有損益耳。荆州記云：南荆門，北虎牙，二山臨江，楚之西塞。酈道元注水經云：公孫述依二山作浮橋，拒漢師，下有急灘，名虎牙灘。郭璞江賦曰：虎牙高聳以屹崒，荆門闕竦而盤礴。淵九回以奔騰兮，流雷呴而電激。寰宇記云：虎牙山有石壁，其色黄，間有白文，亦有牙齒形。夷陵志云：上有城，下有十二碚，有灘甚惡，在今峽州。」其文如此，未嘗言荆州記之誤。提要蓋見所引荆州記虎牙是楚西塞山名，而據水經注則但有虎牙灘，不言山名虎牙，故以爲誤。不知所謂公孫述依二山作浮橋者，正指荆門、虎牙二山也。山下有灘，亦因虎牙而得名耳。若以荆州記爲誤，則下文所引江賦及寰宇記豈皆誤耶？考文選江賦注引盛弘之荆州記曰：「郡西泝江六十里，南岸有山，名曰荆門；北岸有山，名曰虎牙。二山相對，楚之西塞也。虎牙石壁紅色，間有白文，如牙齒狀；荆門上合下開，開達山南，有門形，故因以爲名。」水經注卷三十四江水注曰：「江水又東，歷荆門、虎牙之間。荆門在南，上合下開，闇徹山南，有門像虎牙，在北，石壁色紅，間有白文，類牙形。並以物像受名。此二山，楚之西塞也。」後漢書光武紀注引此惟有數字不同。兩相對照，知酈道元卽用盛弘之語修改成文。而謂據水經注可以證荆州記之誤，所未喻也。又今本酈注曰：「漢建武十一年，案當作建武九年。公孫述遣其大司徒任滿、翼江王田戎，將兵數萬，據險爲浮橋，橫江以絶水路，營壘跨山，以塞陸道。光武遣吳漢、岑彭將六萬人，擊荆門。漢等率舟師攻之，直衝浮橋，因風縱火，遂斬滿等矣。」與此書所引既不同，且無灘名虎牙之語。考輿地紀勝卷七十三引水經注云：「荆門在南山之半，虎牙在北山之間。二句與今本及後漢書注所引皆不同，恐是引書者以意竄亂，非原文。公孫述遣將依二山作浮橋，距漢師。下有急灘，名虎牙灘，一名武牙。」唐人諱「虎」，改爲「武」，末四字非酈道元語。與此書合。宋人所見酈注，容有與今本不同者矣。

所載羅尚之抗李雄，張羅之據犍爲，亦較晉書載記及十六國春秋爲詳，皆足裨史乘之考證。

案本書卷四羅尚抗李雄篇所敍之事，固有出晉書載記及十六國春秋之外者。然細考之，皆見於華陽國志卷八大同志中，並無珍聞秘記可資搜討。學者欲考證史乘，自有常璩之志在，何用此抄撮之書乎？至於張羅之事，不過此篇之一條。其文曰：「折衝將軍張羅進據犍爲之合水。華陽國志云：巴蜀爲語曰，譙登治涪城，文石在巴西。張羅守合水，巴氐那得前。」如是而已，並非專篇紀事，何可與羅尚抗李雄並論。且其事已具於十六國春秋卷七十七李雄録中，不知提要所謂紀載較詳者安在。羅以永嘉四年據合水，而常璩志於五年三月書三府文武共表巴郡太守張羅行三府事。羅自討叛氐隗文，敗績身死。亦見本書李雄僞定蜀地篇。此與前官折衝將軍者，必是一人。然則羅據合水，不過一年，旋卽敗没，別無他事可書。提要於所紀千三百年之中，忽獨有取於此，亦不知其何意也。豈非瀏覽之餘，信手拈出，未暇觀其究竟歟？

唯所論蜀之地勢，可以北取中原，引漢高祖爲證，則與李舜臣江東十鑑同意，姑以勵恢復之氣耳。諸葛亮所不能爲，而謂後人能之乎？

案本書卷一漢高帝由蜀漢定三秦論曰：「漢高帝留漢中，未幾，反其鋒以向關中。足跡雖未嘗至蜀，然所漕者巴蜀之軍糧，陷陳者巴渝之勁勇。由故道戰陳倉，定雍地，而王業成矣。孰謂由蜀出師不可以取中原哉。」南宋人著書，涉及此事，其立論固不得不如此。四庫館臣服官清代，承詔撰述，自不敢主宋人恢復之説。故於江東十鑑、江東十考、南北十論等書，不能不加以痛闢，見兵家類存目提要。亦其勢則然。況就歷史觀之，南宋之卒不能恢復者，已然之事也。據蜀漢江東之地利，可以北取中原者，不必然之論也。援已然之事，以破不必然之論，於是其説乃牢不可破，其論乃必不可移。若夫假設事實，以爲快意，如馬融所謂屈平適樂國，介推還受禄，及明徐渭所譜四聲猿者，此特文章家詼詭之談，非可以論史也。雖然，時有不同，則勢有不同，乃至一事之曲折，莫不因之而大異，而其成敗遂不可同年而語。古今來英雄，百計圖之而不足，及時移勢異，遂使豎子足以成名者，皆是也。提要謂以諸葛亮之智而不能北取中原，何況南宋之末流。允蹈之持此論，所以勵恢復之氣，其説似也。然從古至今，無一成不變之事，縱或不變，亦必始末不同，庸詎知數百年後國異三分，敵非仲達，而其並肩作戰者亦匪孫、吳。雖亦偏安西蜀，其人不足爲諸葛之重儓，而因利乘便，竟能北取中原者乎？提要謂後人不能者，鑒於明末之事，不得不如此立言耳。

四庫提要辨證卷五

史部三

別史類總目卷五

東觀漢記二十四卷

案東觀漢記，隋書經籍志稱長水校尉劉珍等撰。今考之范書，珍未嘗爲長水校尉。且此書創始在明帝時，不可題珍等居首。案范書班固傳云：明帝始詔班固與睢陽令陳宗、長陵令尹敏、司隸從事孟異共成世祖本紀。固又撰功臣平林新市公孫述事，作列傳、載記二十八篇。此漢記之初創也。劉知幾史通古今正史篇云：安帝詔史官謁者僕射劉珍、諫議大夫李尤雜作紀表，名臣、節士、儒林，外戚諸傳，起建武，訖永初。范書劉珍傳亦稱鄧太后詔珍與劉騊駼作建武以來名臣傳，此漢記之初續也。

嘉錫案：嘗考隋書經籍志著録之例，其所注撰人，大率沿用舊本，題其著書時之官，故有一人所著書而前後署銜不同者。此書既題長水校尉劉珍等撰，必其在東觀作漢記之時，正居是官耳。考范曄書文苑傳云：「劉珍永初中爲謁者僕射，鄧太后詔使與校書劉騊駼、馬融及五經博士校定東觀五經、諸子傳記、百家藝術。永寧元年，太后又詔珍與騊駼作建武以來名臣傳。遷侍中、越騎校尉。」案漢制，謁者僕射，僅比千石，五校尉則皆比二千石。其位次之序，首屯騎，次越騎，次步兵，次長水，次射聲。見續漢書百官志。前漢有八校尉，後漢省并其三。劉珍蓋以謁者僕射入東觀校書，遂受詔撰漢記，旋遷長水校尉。書成之後，始轉爲越騎耳。本傳不言長水之遷者，以其居此官不久，略之也。此當據隋志以補范書，不當執范書以疑隋志。提要謂珍未嘗爲長水校尉，不免刻舟求劍矣。至於此書始創於班固，而隋志獨以珍等居首者，蓋亦有說。班固傳云：「有人上書顯宗，告固私改作國史者，而郡亦上其書。顯宗甚奇之，召詣校書部，除蘭臺令史，與前睢陽令陳宗、長陵令尹敏、司隸從事孟異，共成世祖本紀。遷爲郎，典校秘書。固又撰功臣平林新市公孫述事，作列傳、載記二十八篇，奏之。」史通古今正史篇則謂明帝詔固等作之。余嘗推究其事，蓋明帝見固所作漢書而奇之，知其有著作之才，因思先帝之功業，不可無紀述，遂詔固與陳宗等作爲本紀。又因以及諸功臣，與所平服之羣雄，以彰世祖之威德。東平王蒼傳云：「帝以所作光武本紀示蒼，蒼因上光武受命中興頌。」以固等所撰而謂之自作，或者帝愼重其事，亦嘗有所點定於其間。可見帝之所留意，獨在於本紀，其列傳自二十八篇之外，皆不復作。雖有草創之功，猶未足爲建武一朝之完史也。且其著作之地在蘭臺及仁壽闥，見馬嚴傳。不在東觀。其書或稱漢史，北海靖王興傳。或稱建武注記，馬嚴傳。尚未定名爲漢記。後來雖編入劉珍等所作書中，此猶班固於太初以前全同太史，未聞有於漢書之下追題馬遷之名者，何獨怪東觀漢記之不題班固耶？及夫劉珍等之奉詔著書也，其地已移於東觀，其書有紀，有表，有名臣、節士、案范書北海靖王傳云：「平望侯毅與劉珍著中興以下名臣列士傳。」疑史通所謂節士，卽列士也。儒林、外戚諸傳，至是始具國史之形。蓋鄧太后意嫌班固所作并建武一代事蹟亦未全，其命珍等作漢記，實責以整齊舊聞。故珍等撰成上進時，自當并固等所作苞入其中，珍等亦必有所删潤，非直録之而已。李尤傳云：「召詣東觀。安帝時爲諫大夫，受詔與劉珍俱撰漢記。」漢記之名蓋始於此。吴志韋曜傳載華覈上疏救曜曰：「昔班固作漢書，文辭典雅。後劉珍、劉毅等作漢記，遠不及固，敍傳尤劣。」隋志正史類小序亦云：「先是，明帝召固爲蘭臺令史，與陳宗等共成光武帝紀。擢固爲郎，典校秘書。固撰後漢事，作列傳、載記二十八篇。其後劉珍、劉毅、劉陶、案劉陶，後漢書有傳，不言其入東觀，此當是劉騊駼之誤。伏無忌等相次著述東觀，謂之漢記。」其言明白如此。然則著述東觀，實自珍等始。漢記之稱劉珍等撰，蓋漢人舊本所題如此，故自三國至唐，相承無異詞。提要乃謂不可以珍等爲首，詎當改漢人之舊題，以未入東觀之班固爲首耶？且提要此篇所舉漢記撰人姓名，僅以史通正史篇爲主，并後漢書及史通他篇亦檢閱未周，故不能完備。范書北海靖王興傳齊武王縯子，附縯傳後。云：「興子復爲臨邑侯。復好學，能文章，永平中與班固、賈逵共述漢史。」案賈逵曾與修漢史，僅見於此。而張澍養素堂集卷二十書東觀漢記後乃曰：「和帝永和時中郎將賈逵，與諫議大夫李尤共纂，安帝永寧時，賈逵又與尚書令劉陶、謁者僕射劉珍、平望侯劉毅共纂。」不知所據何書，俟更詳考。馬嚴傳援兄子云：「有詔留嚴仁壽闥，與校書郎杜撫班固等雜定建武注記。」本書卷十馬嚴傳略同，亦見御覽卷一百八十四引東觀漢記。史通覈才篇亦引傅玄云：「觀孟堅漢書，實命代奇作，及與陳宗尹敏杜撫馬嚴撰中興紀傳，案杜撫在儒林傳內，不言曾與班固共定注記。其文曾不足觀。」是與班固等共成紀傳者，尚有劉復賈逵馬嚴杜撫四人也。北海靖王興傳又云：「復子騊駼及從兄平望侯毅，並有才學，永寧中鄧太后召毅及騊駼入東觀，與謁者僕射劉珍著中興以下名臣列士傳。」按劉毅，文苑傳有傳，不言入東觀撰漢記。史通史官建置篇云：「按劉曹二史皆當代所撰，能成其事者，蓋惟劉珍蔡邕王沈魚豢之徒耳，而舊史載其同作，非止一家，如王逸阮籍，亦預其列。」考范書文苑傳不言逸曾著作東觀，但云「元初中舉上計吏，爲校書郎」而已。知幾所謂舊史，蓋指謝承司馬彪等書言之，然則與劉珍等俱撰漢記者，又有劉毅王逸二人。逸事雖不甚著，而華嶠及隋志固以珍毅並舉，此皆提要所未詳者也。玉海卷四十六云：「安帝永初、永寧間劉珍騊駼張衡李尤等撰集爲漢記。」則於史通所舉諸人外，又增出張衡。案衡本傳云：「永初中劉珍劉騊駼等著作東觀，撰集漢記，因定漢家禮儀，上言請衡參論其事，會病卒，而衡常歎息，欲終成之。及爲侍中，上疏請得專事東觀，收檢遺文，畢力補綴。書數上，竟不聽。及後之著述，多不詳典，時人以爲恨。」是珍等雖嘗請衡參論，而以珍等旋卒，中輟不行。衡雖自請補綴，亦不見聽，故時人以其不得秉史筆爲恨。史通覈才篇曰：「以張衡之文，而不閑於史。」正以衡未嘗修史，猶之陳壽不常綴文也。章懷注載衡表自稱「臣仰幹史職」者，謂太史令耳，本傳前已稱太史令爲史職。非謂史官之職。及至元嘉中伏無忌等奉詔撰集，則衡死已久矣，衡卒於永和四年，下距元嘉凡六年。玉海之説非也。

史通又云珍尤繼卒，復命侍中伏無忌與諫議大夫黃景作諸王王子功臣恩澤侯表、與單于西羌傳、地理志。元嘉元年，復令大中大夫邊韶、大軍營司馬崔寔、議郎朱穆、曹壽，雜作孝穆崇二皇及順烈皇后傳，又增外戚傳入安思等后，儒林傳入崔篆諸人。寔壽又與議郎延篤雜作百官表、順帝功臣孫程郭願鄭衆蔡倫等傳，凡百十有四篇，號曰漢記。范書伏湛傳亦云元嘉中桓帝詔伏無忌與黃景崔寔等共撰漢記。延篤傳亦稱篤與朱穆邊韶共著作東觀，此漢記之再續也。蓋至是而史體粗備，乃肇有漢記之名。

案史通正史篇云：「伏無忌與黃景作南單于西羌傳。」南單于者，南匈奴單于也。提要引作「與單于」，蓋館臣筆誤耳。殿本閣本皆作「與」，知非手民之誤。史通又云：「復令太中大夫邊韶、大軍營司馬崔寔、議郎朱穆、曹壽，雜作孝穆崇二皇及順烈皇后傳。」大軍營司馬官名，殊不經見。考之范書崔寔傳云：「召拜議郎，遷大將軍冀司馬，與邊韶延篤著作東觀。」蓋史通傳刻，脱一「將」字，淺人因不知冀爲大將軍之名，遂妄改爲「營」，提要但知循文照録，而不之覺也。至於浦起龍通釋謂「孝穆崇二皇」五字傳寫譌脱，當作獻穆孝崇二皇后，則又非是。黄叔琳訓故補不言有譌脱。獻穆皇后乃曹操之女，獻帝之后，薨於魏景初元年，崔寔等死已久矣，安得爲之作傳乎？考桓帝紀云：「本初元年閏月即皇帝位。九月，追尊皇祖河間孝王曰孝穆皇，皇考蠡吾侯曰孝崇皇。」以其位號出於追尊，故皇而不帝，且不作紀而作傳也。起龍不知此事，而欲輕改舊文，妄孰甚焉！史通又云：「寔壽又與議郎延篤雜作百官表、順帝功臣孫程郭願及鄭衆蔡倫等傳。」按順帝即位時宦官以功封侯者十九人，姓名具見范書宦者孫程傳，無郭願其人，此蓋郭鎮之誤。鎮延光中安帝末爲尚書，及誅江京，鎮率羽林士擊殺衛尉閻景，封定潁侯，事蹟附見郭躬傳。鎮，躬弟子。蓋順帝時功臣甚衆，有宦者，有士人，不可勝數，故舉孫程郭鎮二人，以概其餘耳。提要又不知其誤，而反於鄭衆蔡倫之上删去一「及」字，則似衆倫二人亦順帝功臣矣。衆卒於安帝元初元年，倫卒於鄧太后崩後，蓋安帝之建光元年。何其不思之甚哉！又考范書鄧禹傳云：「閶妻耿氏有節操，鄧閶，禹之孫。養河南尹豹子嗣爲閶後，耿氏教之書學，遂以通博稱。永壽中與伏無忌延篤著書東觀，官至屯騎校尉。」玉海及張澍書後中均有鄧嗣，蓋本於此。是與伏無忌等同著書者，又有鄧嗣，史通偶遺其名，提要亦不能補也。史通所謂凡百十有四篇者，謂合安帝永初中劉珍李尤等之所撰，珍於永初中撰集漢記，見張衡傳。及桓帝元嘉中伏無忌黃景無忌景及崔寔於元嘉中奉詔，見伏湛傳。邊韶崔寔朱穆曹壽延篤等之所作，共得百十有四篇耳。其中兼有蔡邕楊彪之作，説詳於後。益以班固等所撰之二十八篇，加目録一篇，新唐志有録一卷。正如隋志著録一百四十三卷之數。古書多以一篇爲一卷。知幾生於初唐，故其所見之本，與隋志無以異也。所謂「號曰漢記」者，總一百四十二篇言之也。漢記之名，永初中已有之，提要誤以爲邊韶崔寔延篤等所作爲百十有四篇，故謂至是乃肇有漢記之名，其實史通之意，並不如此。姚振宗補後漢藝文志卷二所考，勝於提要，而言之未甚詳明，故更考之如右。所説庸有相合者，振宗云史通謂元嘉時邊韶等著作以後，綜其書爲百十四篇，號曰漢記。漢記之名，實定於安帝時。而非襲取之也，覽者當自知之。

史通又云熹平中光禄大夫馬日磾、議郎蔡邕、楊彪、盧植，著作東觀，接續紀傳之可成者，而邕別有朝會車服二志，後坐事徙朔方，上書求還，續成十志。董卓作亂，舊文散逸，及在許都，楊彪頗存注紀。案范書蔡邕傳，邕在東觀與盧植韓説等撰補後漢記所作靈紀及十志，又補諸列傳四十二篇。因李傕之亂，多不存。盧植傳亦稱熹平中植與邕說並在東觀，補續漢記。又劉昭補注司馬書引袁崧書云，劉洪與蔡邕共述律歷紀，又引謝承書云，胡廣博綜舊儀，蔡邕因以爲志。又引謝沈書云蔡邕引中興以來所修者爲祭祀志，章懷太子范書注稱邕上書云，臣科條諸志，所欲删定者一，所當接續者四，前志所無，臣欲著者五，此漢記之三續也。

案史通原文續成十志下云：「會董卓作亂西遷，史臣廢棄，舊文散逸。及在許都，明本無「及」字，此從通釋。楊彪頗存注記，至於名賢君子，自永初以下闕續。魏黄初中，唯著先賢表，故漢記殘缺，至晉無成。」所謂董卓作亂西遷者，謂初平元年三月卓挾獻帝遷都長安時也。隋書牛弘傳云：「孝獻徙都，吏民擾亂，圖書縑帛，皆取爲帷囊，所載而西，裁七十餘乘，屬西京大亂，一時燔蕩。」經籍志序所言董卓之亂云云，卽本於此，惟改西京爲兩京，非是。蔡邕所著漢記之散逸，蓋由於此。邕本傳云：「其撰集漢事未見録，以繼後史，適作靈紀及十志又補諸列傳四十二篇，因李傕之亂湮没，多不存。」案初平三年五月、興平二年三月、十一月，皆有李傕之亂。董卓傳言傕汜共追乘輿，大戰弘農東澗，董承楊奉軍敗，輜重御物，符策典籍，略無所遺，事在興平二年十一月。據獻帝紀。此遷都長安後圖書之又一厄也。蔡邕所著，或散於此時，亦未可知。史通所言，與後漢書年月不同，情狀亦異。知幾蓋別有所本，今亦莫詳其孰是，要之皆在建安以前耳。邕及楊彪所著，知幾似皆未見其書，故並不言篇數，與敍班固劉珍等異。然靈帝紀即邕所作，而隋志云：「東觀漢記一百四十三卷，起光武記注至靈帝。」則靈紀尚存，邕所奏上十志之章，劉昭律曆志注載其全篇，不遺一字。在本志末。邕雖有「分別首目，并書章左」之言，實未録其篇目。而章懷注邕傳節録其文，末忽多出有律曆志第一、禮志第二、樂志第三、郊祀志第四、天文志第五、車服志第六，二十九字，王先謙以爲乃章懷就當時所有者言之，非邕書辭，是也。見集解卷六十下校補。知幾與章懷同時，不應所見本有異。然則邕所作紀志，并未全亡，當時雖爲王允所惡，未見録以繼後史，而隋唐之際，則其殘篇已編入漢記矣。今聚珍本有靈帝紀及律曆志、禮志、樂志、郊祀志、車服志，獨天文志全闕耳。楊彪所注記，知幾未言其有所亡佚。北堂書鈔卷三十四引有東觀漢記袁紹傳原無「傳」字，凡二條：一條言賓客所歸，傾心折節。一條言士無貴賤，與之抗禮。今本無紹傳。及今本王允孔融蔡邕等傳，必出彪手無疑。知幾不容不見，而竟不言其篇數，蓋與蔡邕殘稾。即在劉珍等所撰百十有四篇之內，知幾雖未暇檢點，然亦知中有邕彪之作，故補敍之於後，讀者勿以辭害意可也。又案：蔡邕奏上十志章續漢律曆志注引作蔡邕戍邊上章云：「臣自在布衣，常以爲漢書十志下盡王莽，而世祖以來，惟有紀傳，無續志者。不在其位，非外吏庶人所得擅述。天誘其衷，得備著作郎，建言十志皆當撰録。遂與議郎張華等分受之，難者皆以付臣。先治律曆，以籌算爲本，天文爲驗。郎中劉洪密於用算，故臣表上洪與共參思圖牒，尋繹度數。」則與邕同撰志者，劉洪之外尚有議郎張華，此亦提要所未知者。華即邕本傳所言與邕及楊賜馬日磾單颺同被召入崇德殿，使中常侍就問災異者也。

其稱東觀者，後漢書注引洛陽宮殿名云，南宮有東觀。范書竇章傳云，永初中，學者稱東觀爲老氏藏室、道家蓬萊山。蓋東漢初，著述在蘭臺，至章和以後，圖籍盛於東觀，修史者皆在是焉，故以名書。

案後漢書安帝紀云：「永初四年二月乙亥，詔謁者劉珍及五經博士校定東觀五經諸子傳記百家藝術，整齊脱誤，是正文字。」注引洛陽宮殿名曰：「南宮有東觀。」提要於出處不詳，故復引焉。元河南志卷二引陸機洛陽記曰：「東觀在南宮，高閣十二間。」廣弘明集卷三阮孝緒七録序曰：「哀帝使歆嗣其前業，歆遂總括羣篇，奏其七略。及後漢蘭臺，猶爲書部。言後漢於蘭臺校定羣書，猶依七略之部分也。又於東觀及仁壽闥撰集新記。」隋志序略同。史通史官建置篇云：「漢氏中興，明帝以班固爲蘭臺令史，詔撰光武本紀及諸列傳載記。又楊子山爲郡上計吏，獻所作哀牢傳，爲帝所異，徵詣蘭臺。見後漢書楊終傳。斯則蘭臺之職者，蓋當時著述之所也。自章和以後，圖籍盛於東觀，凡撰漢記，相繼在乎其中，而都謂著作，竟無他稱。」提要之言，全本史通。

隋志稱書凡一百四十三卷，而新、舊唐志則云一百二十六卷，又録一卷，蓋唐時已有闕佚。隋志又稱是書起光武，訖靈帝。今考列傳之文間紀及獻帝時事，蓋楊彪所補也。

案新唐志著録此書固云「一百二十六卷，又録一卷」。然舊唐志實作一百二十七卷，此雖僅於目録有不入卷數與入卷數之分，其書并無異同。但提要竟混稱新舊志，不加分別，則非也。劉知幾史通作於中宗神龍時，自敍云：「今上即位，敕撰則天大聖皇后實録，退而私撰史通。」考晁志卷六則天實録撰於神龍二年。所見漢記尚爲一百四十二篇，不云有所闕佚，僅除目録不數耳。舊唐志鈔自開元九年以後毋煚所作之古今書録，見志序。相去不過十餘年，而此書竟佚去十六卷者，蓋煚但據集賢書院官本著録，其實民間所藏，固不僅如此也。唐末日人藤原佐世當唐昭宗時日本國見在書目録云：「東觀漢記百四十三卷，起光武，訖靈帝，長水校尉劉珍等撰。右隋書經籍志所載數也。而件漢記，姚振宗隋志考證卷十一云：「而件猶華言此件，前件。」案此用古訓，而，如也。吉備大臣所將來也。其目録注云此書凡二本，一本百二十七卷，與集賢院見在書合。一本百四十一卷，與見書不合。又得零落四卷，又與兩本目録不合。真備在唐國多處營求，竟不得其具本，故且隨寫得如件，今本朝見在書百四十二卷。」考之續日本紀，日本史臣菅野道真等撰。吉備其姓，真備者其名，續紀卷十六云，聖武天皇天平十八年冬十月丁卯，從四位下下道朝臣真備賜姓吉備朝臣。於彼國孝謙天皇天平勝寶三年十一月爲入唐副使，見續紀卷十八。實唐玄宗之天寶十載也。其至長安當在次年。及天平勝寶六年正月，真備自唐歸國，船著益久島，見續紀卷十九。則爲唐之天寶十三載矣。集賢院爲天子藏書之處，唐六典卷九云：「集賢所寫，皆御本也。」是也。真備既得見其書而親檢之，而其本僅百二十七卷，可見已散佚不全。毋煚古今書録之所載，卽是此本矣。真備多處營求，而得百四十一卷之本，必係民間之所藏，宜其不著録於兩唐志也。至所得零落四卷，當是別一殘本，與兩本皆不同。真備訪得之後，以與兩本互校，删除複重，多出佚文一卷。故佐世言其國現在書爲百四十二卷耳。其書視隋志卷數所闕無幾，且已溢出集賢院本之外，而真備猶復多處營求，豈必欲其一卷不闕耶？抑偶聞漢記殘缺之言，誤以爲隋志所載亦非完本耶？不知史通所謂殘缺者，謂蔡邕所著散逸不全，楊彪亦未能盡補，故憾其殘缺無成，非謂魏晉以後有所亡失也。此將於何處求之乎？日本所得此書，遠過於唐中秘所藏，可謂藝林之星鳳。然彼國所有中國古籍，今已先後并出，而不聞有此書，則其亡也亦已久矣。考皇宋事實類苑卷四十三引楊文公談苑云：「景德三年予知銀臺進奏司，有日本僧入貢，遂召問之。僧不通華言，命以牘對，云身名寂照，號圓通大師。」又云：「書有史記、漢書、文選、五經、論語、孝經、爾雅、醉鄉日月、御覽、玉篇、蔣魴歌、老列子、神仙傳、朝野僉載、白集六帖、初學記，本國有國史秘府略、日本記、文館詞林、此非彼國人所撰，寂照誤也。混元録等書，釋氏論及疏抄傳集之類，多至不可勝數。」按寂照所對，雖不足以盡彼國儲藏之全，然既舉及醉鄉日月、朝野僉載諸短書，使東觀漢記而在，寧肯置之不言？以此推之，則真備之所營求，佐世之所著録者，蓋早已不存矣。此前人所未知，故不惜詳考之如此。

晉時以此書與史記、漢書爲三史，人多習之。故六朝及唐初人隸事釋書，類多徵引。自唐章懷太子集諸儒注范書，盛行於代，此書遂微。

案魏晉之間以此書與史漢爲三史者，以諸家後漢書未出，三史之名始見吳志呂蒙傳注引江表傳孫權之語，其時謝承書恐尚未成。或出而不爲人重耳。及宋范曄書出，能集諸家之成，梁代韋闡即有後漢音，隋志云：「梁有韋闡後漢音二卷，亡。」闡見梁書韋叡傳。雖不詳爲何家，以意推之，必范書也。剡令劉昭遂集後漢同異，以注范曄書，世稱博悉。見梁書文學傳。昭，天監中人也。北魏劉芳亦撰范曄後漢書音一卷見魏書卷五十五本傳及隋唐志。芳以其父與於劉義宣之難奔魏，事在宋孝武帝孝建元年，而卒於魏世宗宣武帝延昌二年，即梁武之天監十二年也。二人固未嘗相見，而其著書，先後同時。可見范曄之書已盛行於世，故爲南北學者所重視。夫書無音注，則不便於誦習，諸家後漢史，自范曄書外，不聞有音注。惟梁人王規嘗集後漢衆家異同，注續漢書二百卷，見梁書本傳。其體蓋與劉昭同。司馬彪之才，實不如蔚宗，規所以不惜殫力以注之者，以范書無志，究不得爲全書也。及宣卿注范書紀傳，取紹統之志以補之，斟酌盡善，其博悉蓋亦非規所及，故能後來居上，規書遂因之以亡。隋志云：「梁有王韶後漢林二百卷，亡。」姚振宗疑卽王規續漢書注，譌「規」爲「韶」，蓋是也。自劉昭以後，陳有宗道先生臧競范漢音訓，隋有蕭該范漢音。皆三卷，見隋唐志。蓋昭既爲范書作注，遂大行於世，爲學子所必讀，故競等爲作音訓，以便諷誦。東觀漢記以下諸家，由是漸微，然仍存於世。兩唐志可考。諸書引用不絕者，類事之家，以供漁獵；注書之人，用徵出典耳。至於考史，必據范書。史通所謂世言漢中興史者唯袁范二家，是矣。謝啓昆小學考卷四十九據隋志録劉芳以下後漢書音而論之曰：「隋唐之間諸家後漢書俱在，而攻治後漢作音注者，皆據范書，是當日范書，已高出諸家，諸家漸就湮没，非無故矣。」斯誠篤論，然則范書之盛行，何必待至章懷之作注也哉？章懷之注成，獨能令人棄劉昭注不讀，而競習東宫睿製之書耳。至於東觀漢記及諸家後漢書，其不行固已甚久，若其遂至亡佚，則當在唐天寶以後至五代之間，於章懷無與焉。提要謂六朝唐初人多徵引漢記，自章懷注范書，而此書遂微，今考徐堅初學記成於開元十五年，詳初學記本條下。其書裁三十卷，而引東觀漢記至百有八條，又引東觀記者二條。唐人劉賡者，不知何時人，作稽瑞一卷，其自敍曰：「方今元日朝會，上公上壽已，文部尚書奏天下瑞凡四。」案新唐書百官志云：「天寶十一載改吏部爲文部，至德二載復舊。」則賡亦玄宗時人也。其書當作於十二載至十四載之間，書僅寥寥數十葉，而引東觀漢記至十有四條，章懷注獻於儀鳳元年十二月，見舊唐書高宗紀。至是行於天下，近者五十年，謂至開元十五年。遠者七十餘年矣。謂至天寶十二載。二人著書，徵引漢記之多猶如此，然則何嘗因章懷之力而使之日及於微哉？提要之言，真臆說也。

北宋時尚有殘本四十三卷，趙希弁讀書附志、邵博聞見後録，並稱其乃高麗所獻，蓋已罕得。南宋中興書目則止存鄧禹吳漢賈復耿弇寇恂馮異祭遵景丹蓋延九傳，共八卷，有蜀中刊本流傳，而錯誤不可讀。上蔡任淵始以秘閣本讎校，羅願爲序行之，刻版於江夏。又陳振孫書録解題稱其所見本，卷第凡十二，而闕第七、第八二卷。卷數雖似稍多，而核其列傳之數，亦止九篇，則固無異於書目所載也。自元以來此書已佚，永樂大典於鄧吳賈耿諸韻中並無漢記一語，則所謂九篇者明初卽已不存矣。

案：聞見後録卷九云：「神宗惡後漢書范曄姓名，欲更修之，求東觀漢記，久之不得。後高麗以其本附醫官某人來上，神宗已厭代矣。至元祐年高麗使人言狀，訪於書省，無知者。醫官已死，於其家得之，藏於中秘。予嘗寫本於呂汲公家，亦棄之兵火中矣。」高麗獻書之事，不見於續通鑑長編及宋史。然邵博以世家子記當時事，其言當必不虛。若趙希弁則去元祐遠矣，讀書附志內亦無此書，惟於卷上列子條下論及此事，與邵博略同，但刪去其末兩語，蓋卽剽取聞見後録耳。二人并不言其書爲若干卷，通考經籍考雜史類引羅鄂州序曰：「願聞之上蔡任涉文源曰：涉家舊有東觀漢記四十三卷，丙子紹興二十六年渡江，亡去。後得蜀本，錯誤殆不可讀，用秘閣本校讎，删著爲八篇。洎見唐諸儒所引，參之以袁宏後漢紀、范曄後漢書，粗爲全具，其疑以待博洽君子。」則四十三卷者，任涉所舊藏之書也。不知提要何緣據以爲高麗本之卷數？邵博但稱高麗以其本來上，未嘗言其殘闕不完。雖羅序又云：「本朝歐陽公嘗欲求於海外，後復散亡，今所存纔此耳。」則任涉所藏自當卽是高麗本，然惡知醫官家所得、邵博所寫，非百二十七卷之舊，任涉所藏之四十三卷，爲渡江以前所據之本，已是散佚之餘也耶？羅序既言之不詳，提要遽合邵任兩本爲一事，言之鑿鑿，其亦不善闕疑矣。玉海卷四十六東觀漢記條下引中興書目云：「八卷，按隋志本一百四十三卷，唐吴兢家藏，已亡十六卷。今所存止鄧禹吴漢賈復景弇耿弇之「耿」，宋人避太宗嫌名改爲「景」。寇恂馮異祭遵景丹蓋延九傳。」此卽提要所據也。然其卷一百六十六漢東觀條又引中興書目景弇作耿弇，而無景丹，九傳作八傳。同引一書，而前後不同，未詳孰是。通考經籍考有東觀漢記十卷，引陳氏曰：「唐藝文志著録者一百二十卷，今所存者。惟吳漢賈復耿弇寇恂馮異祭遵及景丹蓋延八人列傳而已。其卷第凡十，而闕七、八二卷，未知果當時之書否也？」蓋書錄解題之元本如此，而聚珍本解題卷七傳記類此條，於一百二十卷作一百二十七卷，八人列傳作九人列傳。其卷第凡十，作其卷第凡十二。除「一百二十七卷」句下有館臣校語，知爲依唐志改正外，餘皆不知何據。夫振孫所舉吳漢等姓名，止有八人，則其列傳安得有九？振孫所著錄之漢紀爲十卷，而闕其第七、八二卷，故止八篇，則其卷第安得爲十二？疑亦館臣所妄改，而提要誤從之也。解題無鄧禹，而中興書目有之，此其顯然不同者。提要顧謂振孫所見之本無異於書目，豈其然乎？考高似孫史略卷三曾引漢記鄧禹傳序、吳漢傳序各一篇，序即傳後之贊，羅願云：傳後所題，有太史官曰，有序曰者，此班劉之所爲分也。羅願序亦曰：「觀高密侯一傳，而綱領見矣。」可見南宋官私各本之東觀漢記皆有鄧禹傳，而陳振孫所見者又有殘缺也。提要謂永樂大典於鄧吳賈耿諸韻中並無漢記一語，今案四庫全書考證卷三十二於漢記鄧禹祭遵兩傳內並引有永樂大典各一條，其殆得之他韻之中耶？提要明言九篇明初已不存，而葉昌熾藏書紀事詩卷一呂大防條下自注乃謂今四庫本輯自永樂大典，然則其書明初尚存，不亡於南渡；是并提要亦未讀也。

本朝姚之駰撰後漢書補逸曾蒐集遺文，析爲八卷。然所採祇據劉昭續漢書十志補注、後漢書注、虞世南北堂書鈔、歐陽詢藝文類聚、徐堅初學記五書，又往往掇拾不盡，掛漏殊多。今謹據姚本舊文，以永樂大典各韻所載，參考諸書，補其闕逸，所增者幾十之六。其書久無刻版，傳寫多譌，姚本隨文鈔録，謬戾百出。且漢記目録雖佚，而紀志表傳載記諸體例，史通及各書所載，梗概尚一一可尋。姚本不加考證，隨意標題，割裂顛倒，不可殫數，今悉加釐正，分爲帝紀三卷、年表一卷、志一卷、列傳十七卷、載記一卷。其篇第無可考者，别爲佚文一卷，而以漢紀與范書異同，附録於末。雖殘珪斷璧，零落不完，而古澤斑斕，罔非瑰寶。

案總目於此書之下雖注爲永樂大典本，其實館臣重輯時，係以姚之駰本爲主，參之以大典所載，然後旁考唐宋諸類書，自北堂書鈔至太平御覽以補之。觀提要此節，語意自明。若更讀本書校語及佚文，與夫四庫全書考證，尤可得其梗概。後人動稱殿本東觀漢記輯自永樂大典者，皆未細讀本書之過也。大典所載，蓋亦宋末或元明人所輯，初非采自元書。否則南宋秘閣已止存列傳九篇，安得如許之殘編斷句乎？姚本沿明人陋習，一概不著出處，館臣從而效之，亦不舉所出之書，遂使讀者，莫知所自來及其可信與否。夷考其實，卽諸類書所引，亦復掇拾未盡。最甚者御覽卷九十一章帝和帝條，均引有東觀漢記序數十言，今本竟不登一字。他若隋書音樂志牛弘等議樂引東觀書馬防傳凡一百八十二言，今本防傳只存防上言聖人作樂云云五十四言。詳見李慈銘越縵堂日記第三十三册。弘又引順帝紀陽嘉二年冬十月庚午，以春秋爲辟雍云云，文與范書不同，亦東觀書之順帝紀也。李氏亦言及之。漢書藝文志師古注引漢記尹敏傳云：「孔鮒所藏。」歷代名畫記卷四敍蔡邕事自注云：「見東觀漢記。」史記索隱於孝文帝紀注云東觀漢紀宋楊傳云宋義之後有宋昌。今本皆未輯入。餘如編珠開元占經證類本草記纂淵海玉海等書所引諸佚文，自一二條以至數條，今本亦一字不收。至於後來所出古書，若稽瑞類林雜説晏公類要史略之類，爲館臣所不及見者，更無論矣。以此推之，其所罣漏，豈可勝言！館臣又於光武紀中凡稱公、稱上、稱世祖處，皆改爲帝，稱王尋王邑爲二公處，二人皆莽之三公也。皆改爲尋邑，不惟失古書之真，直是不通文義。然則全書之中爲所妄改者，又不知凡幾矣。雖有搜集之功，不足抵疏謬之罪，安得博通之士起而網羅放失，重輯一完善之本乎。

又案此篇草創於三十年前，原稿陋略，不足道。後來屢加修改，三易其稿，至戊子一九四八年之夏始重付繕寫。其明年冬十一月，乃得見今人東莞莫伯驥五十萬卷樓羣書跋文，其史部二有此書跋云桐城姚柬之得一北宋刊本云云，而不言其何所本，徧考之不得。偶舉以問吾友鄧文如，之誠。久之始得復云：「此出近人劉聲木清四川總督秉璋之子撰萇楚齋隨筆，然恐不足信。」余既聞其說，已而大病五閱月而後愈，又久之，乃求得其書觀之，果見之於三筆卷十，略云：「東觀漢記原本一百四十三卷，自唐久已散佚，桐城姚柬之任大定府知府，於道光某年得一北宋刊本，全書共五十册，太守所得中缺兩册，初擬進呈内府，未果。旋燬於咸豐某年當是十年桐城失守，深爲可惜！」劉氏書他條多言見某書某卷，或聞之某人，獨此條不著出處。既與柬之生不同時，不識何以知之？劉氏自言嘗著有桐城文學淵源考及藏書紀事詩補遺，或曾於彼二書中詳著其説，故於此不復及之耶？編者按：據劉聲木先生近函云：「東觀漢記記得似係從桐城蕭敬孚（穆）手稿中録出，惟本無書名人名及來歷。」然柬之自著之伯山詩文集十八卷，固未嘗言有是書也。且據羅願序，任渋所藏北宋本尚只存四十三卷，今柬之所得原書乃有五十册。縱以一册爲一卷，亦已溢出任渋所藏本之外，以理推之，此必無之事也，則文如以爲不足信也固宜。姑記之於此，以俟續考。庚寅孟秋七月自記。

隆平集二十卷

舊本題宋曾鞏撰。鞏字子固，南豐人。事蹟具宋史本傳。是書紀太祖至英宗五朝之事，凡分目二十有六，體似會要。又立傳二百八十四，各以其官爲類。前有紹興十二年趙伯衛序，其記載簡略瑣碎，頗不合史法。

嘉錫案：此集卷一至卷三凡分聖緒、符應、都城、官名、官司、館閣、文籍附。郡縣、學舍、寺觀、宮掖、行幸、取士、招隱逸、卻貢獻、慎名器、革弊、節儉、宰執、祠祭、封爵附。刑罰、燕樂、愛民、方藥附。典故、河渠、户口、雜録二十六門，每門但分若干條，不具首尾，頗似隨筆劄記之體，殊不合史裁。疑是取當時官撰之書，如寶訓、聖政、會要及國史、實録、日曆之類，擇要録出，以備修五朝紀志之用，而未及編纂成書者。簡略瑣碎，誠所不免。至於卷四以下列傳二百八十有四篇，考之殘本宋太宗實録存二十卷。有傳者十有三人，曰沈倫李昉宋琪李穆賈黄中張洎石熙載李崇矩楊守一張美錢俶侯延廣田重進。恐猶有遺漏，俟再考。名臣碑傳琬琰集所選之實録有傳者三人，曰張齊賢潘美王全斌。此十六人者，東都事略及宋史亦大都有傳。惟侯延廣一人事略無傳，宋史附侯益傳後。今試取彼三書與此集比而觀之，輒覺彼繁而此簡。姑以宋琪潘美兩傳言之，實録宋琪傳六百五十餘字，卷七十九。事略三百五十餘字，卷三十一。宋史演至四千二百餘字，卷二百六十四。此集則僅百餘字。卷四。實録潘美傳一千九百餘字，琬琰集下編卷一。事略九百九十餘字，卷二十七。宋史一千六百餘字，卷二百五十八。此集則僅四百二十餘字而已。卷十一。蓋宋國史之於實録已有所删潤，事略以國史爲本，而稍以野史附益之，見玉海卷四十六。又宋會要第五十六册亦云洪邁奏言王稱爲東都事略，其非國史而得之於旁搜者居十之一。宋史雜采國史實録，而去取無法。此集純就五朝國史加以删修，故其事不大增於前，其文則極省於舊。雖其行文過求峻潔，於事實多所刊落，簡略之譏，固自難免；然瑣碎之處，則可保其必無。提要之言，殆專爲卷端二十六篇發耳。究之，有宋一代正史別史，筆力之高，莫過於此。卽其剪裁洗伐之功，已非王稱脫脫輩所能幾及，此豈後人所能僞作者哉？

晁公武讀書志摘其記太平御覽與總類爲兩書之誤，疑其非鞏所作。今考鞏本傳不載此集，曾肇作鞏行狀及韓維撰鞏神道碑，臚述所著書甚備，亦無此集。據玉海元豐四年七月鞏充史館修撰，十一月鞏上太祖總論，不稱上意，遂罷修五朝史。鞏在史館，首尾僅五月，不容遽撰此本以進，其出於依託，殆無疑義。然自北宋之末已行於世，李燾作續通鑑長編，如李至拜罷等事，間取其說，則當時固存而不廢。至元修宋史，袁桷作搜訪遺書條例，亦列及此書，以爲可資援證。蓋雖不出於鞏，要爲宋人之舊笈，故今亦過而存之，備一說焉。

案宋史藝文志、通志藝文略、直齋書錄解題，於此集皆不著錄，僅見於郡齋讀書志卷六。蓋其書紹興時始付刻，而未大行於世，故見之者少耳。讀書志曰：「隆平集二十卷，記五朝君臣事蹟，其間記事多誤，如以太平御覽與總類爲兩書之類，案見本書卷一館閣門。或疑非鞏書。」此所引衢本也，袁本卷二上無「其間」以下二十五字。公武之言雖如此，然其卷十九寇忠愍詩條下則曰：「或又謗之云，在相位時與張齊賢相傾，朱能爲天書降乾祐，準知而不言，曾鞏明其不然，曰準審如是，丁謂拂鬚，固足以悅之。」按晁氏所引見本書卷四寇準傳。是公武仍自信其爲曾鞏所作，未嘗斷言其僞也。考遂初堂書目有五朝隆平集，不著撰人。吳曾能改齋漫録卷五引曾南豐撰國史劉沆列傳凡百二十許字，與本書卷五劉沆傳一字不差，可見此書爲所撰五朝史之底稾。趙伯衛序所謂副存於家，不誣也。漫録卷十二晏元獻節儉條又云曾南豐與公同鄉里，元豐間神宗命以史事，其傳公云「雖少富貴，奉養若寒士」。今晏殊傳亦見本書卷五，果有此二語，可與前條互證。余又考李燾續通鑑長編引隆平集者二，一見長編卷四十八，一見卷九十六。引曾氏隆平集者一，見卷九十五。書名之上，冠以曾氏，則亦信爲鞏作也。其卷一百七十二記孔宗旦事，燾自注引曾鞏書，乃指南豐類稾卷十五與孫司封書言之，非謂隆平集也。李心傳舊聞證誤卷一引王文正遺事，記張師德兩詣王旦門不得見，旦謂師德奔競，心傳辨之曰，「曾子固隆平集云：『尚賢師德字守道不回，執政不悦，在西掖者九年，語見本書卷十四張師德傳。則似非奔競者。」此則直指爲曾子固矣。吳曾號爲博洽，有宋一代史學之精，自司馬光外，無如二李者，而其於此集均信爲曾鞏所作，未嘗稍疑其僞。燾於考證最密，如王禹偁建隆遺事，雖屢引之，而屢言其僞託。見卷十七開寶九年十月及卷二十二太平興國六年九月燾自注。使此集稍有可疑，燾豈得獨無異辭？心傳著書，專證人之誤，纖悉必舉，又豈肯援用僞書，貽人口實邪？提要獨執晁公武之單辭，便毅然斷爲依託。公武之學，既不博於吳曾，尤不及二李，未必能別黑白而定是非，況其言又自相矛盾，忽信忽疑，原非定論也乎？此書最早鋟木於紹興時，原本説郛卷九十四載李元綱厚德録引此書三十條，直名爲曾子固隆平集。李氏書，直齋書録解題卷七著於録，稱沈濬道原爲作序。濬，沈畸之子，宋史卷三百四十八附見畸傳，乃南宋初人。是則書甫刻行，卽爲人所採用，逮至紹熙甲寅杜大珪編名臣碑傳琬琰集，其中編卷三十八、下編卷三、卷五，共收列傳四十三篇，題爲太史曾鞏，均由是書採出，此可以悟吳曾引爲國史之故矣。其證據明白如此，尚得謂鞏未嘗作是書乎？提要又據玉海以爲鞏在史館首尾僅五月，不容遽撰此本。余按玉海卷四十六元豐修五朝史條云：「四年七月二十四日己酉詔，直龍圖閣曾鞏，素以史學見稱士類，見修兩朝史將畢，當與三朝史通修成書，原注云，是年十一月廢編修院入史館。宜以鞏充史館修撰，專典史事。十一月鞏上太祖總論，不稱上意，五年四月遂罷修五朝史。」夫廢編修院與罷修五朝史，自是兩事。編修院雖廢，鞏之爲史館修撰，專典史事如故也。據續長編元豐五年四月丙子史館修撰曾鞏試中書舍人。自此以前鞏仍爲修撰，遷官後越二日戊寅，始罷修五朝史。提要引玉海削去「五年四月」四字，遂以罷修史爲四年十一月事，故云首尾僅五月，豈非信晁公武之言，遂不惜委曲附會，以成其説歟？今以續長編及元豐類稾考之，長編所録元豐四年七月己酉手詔，與玉海同，但於「專典史事」句下尚有數語云：「取三朝國史，先加考詳，候兩朝國史成，一處修定，仍詔鞏管勾編修院。」卷三百十四。按長編敍此事於四年七月，而類稾卷三十六有擬辭免修五朝國史狀云：「臣去年八月伏奉敕命充史館修撰。」與此不同。蓋手詔雖下於七月二十四日，而鞏奉到敕命，實在八月之初也。類稾卷十有進太祖皇帝總序狀，長編載之於四年十月甲子日，案是十月十一日。玉海以爲十一月鞏始上太祖總論者，誤也。長編并云：「詔曾鞏今所擬修史格，若止如司馬遷以下編年體式，案司馬遷安得有編年體，詔語殊誤。宜止倣前代諸史修定，或欲別立義例，即先具奏。」卷三百十七。是神宗於閱太祖總序後尚諄諄以修史之體式義例問鞏，何嘗如玉海所言以總論不稱上意，遂罷修五朝史也哉？是月二十八日辛巳，鞏言臣修定五朝國史，要見宋興以來，名臣良士嘉言善行，歷官行事，軍國勳勞，乞委開封府縣逐路監司州縣，博加求訪，所有事迹或文字，盡納于史局，以備論次，并中書編集累朝文字御札手詔副本，送本局以備討論。此即類稾卷三十一史館申請狀三道。從之。見長編卷三百十八。是則鞏進太祖總論之後，神宗閱之，雖不稱意，然未嘗停其史職。詳見後。鞏之博訪史事，正爲從事撰修，安有僅進總論一篇，即行輟筆者乎？類稾史館申請狀，除長編所載外，其前尚有三條，略云：「一、羣臣拜罷見於百官表；一、刑法、食貨、五行、天文、災祥之類，各見於逐志；一、名位雖崇而事迹無可紀者，更不立傳。」由此可知鞏修五朝史之體例。今此集不獨無表志，即列傳除儒學行義外，亦祇以名位分類，與所言不合者，蓋甫經草創，其撰述尚未竟，本非成書故也。長編於十一月末書云：「是月廢編院入史館。」卷三百二十。蓋宋初嘗置編修院，翰院新書卷六引續會要云置院於宜徽北院之東。專掌國史實録，修纂日曆，據長編卷四百四十九。本年曾命鞏管勾，至是以將改官制，故廢除之，併其事入史館，則鞏更不須管勾，非罷鞏修史也。鞏於五年二月十五日丁卯上言，乞詔諭典客，問高麗使臣以高氏復國之後嘗傳幾君，及王建之所以興，欲以補舊史之闕。見長編卷三百二十三，類稾未載。是鞏尚擬撰高麗傳，此集無之，蓋亦未成耳。類稾中之擬辭免修五朝國史狀，未知何時所作。然其首既云「去年八月伏奉敕命」，則當上於五年。考洪邁容齋三筆卷四云：「本朝國史凡三書，元豐中三朝已就，兩朝且成，神宗專以付曾鞏使合之。鞏奏言，五朝舊史皆累世公卿、道德文學、朝廷宗工所共準裁，既已勒成大典，豈宜輒議損益，詔不許，始謀纂定，會以憂去，不克成。」邁所引鞏奏，卽此狀也。邁言因辭而不許，始謀纂定，及以憂去，史乃不克成，雖未必盡然，然邁卽撰四朝史之人，所言辭而不許，自必實有其事。鞏之上此狀，距其進太祖總論之時，亦既數月矣，而神宗猶不許其辭，則後之罷修五朝史，必當別自有故，而非僅怒其總論之不佳可知也。長編卷三百二十五云：「五年四月戊寅月之二十七日。罷修五朝史。自注云，當考求所以罷修之故。先是曾鞏上太祖本紀，篇末論所論事甚多，而每事皆以太祖所建立勝漢高祖爲言，上於經筵諭蔡卞曰：鞏所著乃是太祖漢高孰優論爾，人言鞏有史材，今大不然。於是罷鞏修五朝史。」自注云：「此據神宗寶訓宇文粹中所編者，當考。」刻本據字下誤衍鞏上二字，今删去。長編既據神宗寶訓明著神宗因閲太祖總論不稱意，遂能鞏修史，而又以總論之進與五朝史之罷，相去已半年，非一時之事，心疑寶訓之説爲不然，故於自注之中一則曰：「當考求所以罷修之故。」再則曰：「當考。」特以考之未得，遂未能修改正文耳。余嘗以諸書反覆考之，則鞏之罷修五朝史，蓋爲言者所攻擊也。王銍麈史卷中云：「曾子固作中書舍人還朝，自恃前輩，輕蔑士大夫，徐德占爲中丞，越次揖子固，甚恭謹。子固問：『賢是誰？』德占曰：『禧姓徐。』子固答曰：『賢便是徐禧。』禧大怒而忿然曰：『朝廷用某作御史中丞，公豈有不知之理？』其後子固除翰林學士，德占密疏罷之，又攻罷修五朝史。」案元豐五年四月乙丑徐禧兼御史中丞，丙子史館修撰曾鞏試中書舍人，戊寅罷修五朝史。均見長編卷三百二十五。與銍所言之年月先後，無一不合。朱弁曲洧舊聞卷十云：「曾子固性矜汰，多於傲忽，元豐中爲中書舍人，徐德占雖與子固俱爲江西人，然生晚，不及相接。子固中間流落外郡十餘年，迨復還朝，而德占驟進至御史中丞。中丞在法不許出謁，而子固亦不過之。德占以其先進，欲一識其人，因朝路相值，迎接甚恭。子固卻立曰：『君是何人？』德占因自敘。子固曰：『君便是徐禧耶？』領之而去。」弁蓋聞之於昭德晁氏，故能曲盡當日之情事，足見鞏與徐禧實嘗有隙矣。弁雖不言禧曾攻鞏，然考陸游老學庵筆記卷六云：「王性之銍字記問該洽，尤長於國朝故事，對客指畫誦説，動數百千言，退而質之，無一語謬，予自少至老，惟見一人。」據此則銍所記徐禧之兩度攻鞏，必確有其事可知也。否則平時信口講説，尚無一語之謬，豈有著書記及國家文獻，而反謬者乎？筆記卷七又云：「南豐元豐中還朝，被命獨修五朝史，會南豐上太祖紀，敍論不合上意，修五朝史之意寖緩。未幾，南豐以憂去，遂已。」游雖不知五朝史係爲徐禧所攻罷，然言神宗修史之意寢緩，則得之。蓋神宗讀鞏所上太祖總論後，雖甚不悦，尚未欲遽行廢罷，特其意寖緩而已。惟其神宗之意已緩，故讒毁之言易入。此所以徐禧之疏甫上，而五朝史卽罷修矣。長編僅據神宗寶訓修入，而未考他書，宜其不知所以罷之故也。據元豐類稾及長編所載，文俱見前。鞏蓋自元豐四年八月奉敕充史館修撰，以後至五年四月罷修史以前，皆從事編纂，未嘗中輟，容齋五筆言鞏奏辭不許，始謀纂定，乃措詞疏略處，非事實。是以有此二十卷之成就。提要謂鞏在史館首尾僅五月，不容遽撰此本以進，實則鞏入館修史，凡八閱月始罷，不只五月也。且以後來之事例之，洪邁以淳熙乙巳六月重入史館修四朝國史，至丙午十一月成列傳百三十卷奏進。見洪文敏公年譜及容齋三筆卷十三。計其時纔十有八月耳，而能成書百餘卷，縱使鞏在館僅五月，亦何不可撰此二十卷之書乎？以意度之，此二十卷者，蓋卽史館草創之作，未及成書，而史已罷。既罷之五月，而鞏丁母憂，元豐五年九月鞏丁母憂。明年四月遂卒，均見類稾卷五十一附録。雖欲整齊修飾之而未能也。其子弟以其爲官書，且是未成之稾，姑藏之於家，存其手澤而已。此行狀神道碑所以不載也歟？南宋董氏萬卷堂本見天禄琳琅書目後編卷四及明清諸刊本均有紹興十二年淄國趙伯衛序，其略曰：「南豐曾鞏子固爲左史日，嘗撰隆平集以進，自太祖至於英宗五朝凡一百六年，爲書二十卷。當時號爲審訂，須付史館，副存於家。曾大父淄王昔典宗正，嘗授此書，不敢顓秘，庶幾宦學君子，有所考質。」案宋史卷二百十七宗室世系表三，表第八。伯衛乃太祖子燕王德昭之六世孫，贈太師淄王世雄之曾孫，世雄爲德昭之曾孫，舒國公惟忠之孫，韓國公從藹之子。贈正奉大夫令郯之孫，贈朝請大夫子⿰山巠之子，其仕履無考。宗室傳卷二百四十四云：「世雄少力學知名，徽宗卽位，以世雄於太祖之宗最爲行尊，拜崇信軍節度使，襲安定郡王，知大宗正事，崇寧四年薨，年七十五，贈太尉。表作贈太師，與此不合。追封淄王，謚恭憲。」序稱其曾大父與表傳皆合。序既云：「曾鞏撰隆平集頒付史館，副存於家。」又云：「曾大夫淄王昔典宗正，嘗授此書。」則世雄蓋於徽宗時録副本於曾氏，以授其子孫者也。或卽是授之伯衛。以其崇寧四年年七十五推之，當生於仁宗天聖九年辛未，而曾鞏則生於真宗天禧三年己未，見疑年録卷二蓋據行狀神道碑言元豐六年卒，年六十五推得之。計二人之年，世雄纔少鞏十二歲耳。生既同時，又同朝爲顯官，使此書不出鞏手，世雄豈有不知，而漫録而傳之耶？或疑卽趙氏祖孫所僞作，則世雄者，不聞其能文。觀伯衛之序，敘其曾祖得書之事且不明瞭，知其才斷不足以及此也。

以李燾李心傳之學，而於此書信之不疑，其必有所考矣。或問曰，鞏之弟肇作鞏行狀曰：「手詔曾鞏宜典五朝史事，遂以爲修撰，公夙夜討論，未及屬藁。」又曰：「公未嘗著書，其所論述，皆因事而發。既沒，集其藁爲元豐類藁五十卷，續元豐類藁四十卷，外集十卷。」鞏在史館既未及屬藁，平時又未嘗著書，則安得有所謂隆平集者，子顧堅持以爲鞏作，豈其弟之言猶不足信歟？應之曰：肇之行狀，必作於未葬以前，鞏此書或已棄之敝篋之中，肇蓋未之見耳。且鞏之著述不見於行狀者，不獨此一書而已。宋史藝文志小説家有曾鞏雜識識原誤職一卷，遂初堂書目作南豐雜識。劉壎隱居通議卷十四謂元豐續藁有雜識二三兵事，然朱子固未見續藁者，説詳元豐類藁條下。而其所編名臣言行録引南豐雜識多至七條，五朝名臣卷六之一吕夷簡下引一條，卷八之二狄青下引一條，卷九之六尹洙下自注引一條，卷九之九孫甫下引二條。三朝名臣卷三之一文彦博下引一條，卷五之三吕誨下引一條。則不只續藁所收二三兵事而已。餘若宋文鑑卷百二十六有曾鞏雜識二首，一記孫甫，一記狄青，皆與名臣言行録所引同。老學庵筆記卷四引曾子固雜識一條，所引僅正月二十開天章閣賞小桃二句。施注蘇詩，亦引有雜識。此義門讀書記所言，余檢之未得，俟再考。張淏雲谷雜記卷四云：「吳曾能改齋漫録載王安國夢游靈芝宮，此事本曾子固所記，見于南豐雜識中。」皆不稱爲元豐續藁。可見雜識一編在南宋時猶有單行之本，而行狀亦無一言及之。然則行狀所謂公未嘗著書者，其可盡信乎？提要遽據之以斷此書之僞，可謂信所不必信，疑所不當疑矣。

東都事略一百三十卷原題宋王偁今考定爲王稱

宋王偁撰。偁字季平，眉州人。

嘉錫案：陸心源儀顧堂續跋卷七宋槧東都事略跋云：「目録後有木記云『眉山程宅刊行，案五松堂翻本，程宅作程舍人宅。已申上司，不許覆板』兩行，宋諱避至惇字止，蓋光宗時刊本也。是本爲蘇州汪士鐘零星湊配而成，有初印者，有後印者，有以明覆本配者。稱之名，提要作偁，此本及明覆本皆作稱，俟考。」陸氏所言宋槧本明覆本，今雖未見，然有五松閣仿程舍人本，全書皆作稱，光緒九年淮南書局刻本即從此本出。可以爲證。四庫所收，蓋明人刻本，誤稱爲偁，提要信之，因謂「學海類編中所刻之王稱張邦昌事略，改王偁爲王稱」，爲「愈僞愈拙」。見總目卷六十四傳記類存目六。自提要有此説，於是一切官私著述及刻書者，凡涉及作東都事略之王稱，皆改作偁矣。錢綺嘗用影鈔宋本校五松閣本，錢自序謂不知何人所刻，張均衡跋謂錢所校卽五松閣本。作校勘記云：「劄子書首附洪邁薦龔敦頤王稱劄子一頁九行，王稱姓名，掃葉山房重刊本稱作偁，以下及卷首題銜傳贊並同。事略列傳之贊，均署臣稱曰。按説文禾部之『稱』解作銓，人部之『偁』解作揚，今王稱字季平，取銓衡之義，自當從禾。況偁乃孝宗父秀王名，書中遇從人之偁皆缺筆，豈有當時所諱，而反以命名之理？明永樂中別有王偁，預修永樂大典按王偁字孟揚，著有虛舟集。或明人因此王偁而誤改耳。」余友陳援菴垣謂余曰：王季平之名當爲王稱，吾於錢氏所舉之外，又得二證焉。學海類編之西夏事略張邦昌事略，原卽東都事略之一篇，均題曰王稱撰，可見曹溶所據之本原作「稱」字，一也；海源閣藏宋蜀刻二百家名賢文粹，其序題王稱撰，又爲眉州人，則與撰東都事略者同爲一人無疑，「偁」之當作「稱」是亦一證，二也。嘉錫更考之讀書附志卷上云：「東都事略一百三十卷，承議郎知龍州王稱所進也。」玉海卷四十六云：「淳熙十三年八月二十六日，知龍州王稱上東都事略百三十卷。」據元刻明修本。三十，原本誤作十三。其字皆作「稱」，可見宋人所見之本無作「偁」者，書録解題卷四作王偁，蓋四庫館所改。提要翻以作「稱」者爲僞改，失之不詳考也。分類夷堅志有眉州異僧一條，余未見分類本，此條見涵芬樓編印本夷堅志補卷十四。末云：「眉山王稱季舉所傳。」與書録解題作字季平者不同，未詳孰是。

契丹國志二十七卷

宋葉隆禮撰。隆禮號漁林，嘉興人，淳祐七年進士，由建康府通判歷官秘書丞，奉詔撰次遼事爲此書，所録頗有可據，存之亦可備參考。惟其體例參差，書法頗舛，忽而内宋，則或稱遼帝，或稱國主；忽而内遼，則以宋帝年號分注遼帝年號之下；既自相矛盾，又書爲奉宋孝宗敕所撰，而所引胡安國説，乃稱安國之謚，於君前臣名之義，亦復有乖。

嘉錫案：隆禮之別號籍貫科目，契丹國志皆不載。厲鶚宋詩紀事卷六十六從至元嘉禾志采取隆禮煙雨樓詩一首，其小傳云：「葉隆禮號漁林，嘉興人，淳祐七年進士，官建康府西廳通判，改國子監簿。」提要所敍，全本於此。隆禮進書表云：「臣奉敕命，謹採摭遺聞，删剔繁冗，緝爲契丹國志以進。」末題淳熙七年三月日秘書丞臣葉隆禮上表。淳熙者，孝宗年號，故提要云：「歷官秘書丞，書爲奉孝宗敕所撰也。」閣本提要亦云隆禮于孝宗時奉詔撰次遼君臣事蹟爲此書。不思淳祐乃理宗年號，由淳祐七年上數至淳熙七年，凡六十八年。使此書果爲淳祐進士葉隆禮者所撰，安有釋褐登朝，迴翔館閣，又歷六十餘載，年將大耋，方登進士第之理乎？厲鶚嘗撰遼史拾遺，引用契丹國志至夥，於隆禮表末署銜，不容不見，而小傳中竟不言官秘書丞，蓋因時代先後不合，疑其非一人耳。案至元嘉禾志卷十五宋登科題名，淳祐七年張淵微榜有葉隆禮。又卷十六碑碣類有進士題名序一篇，此嘉興府之題名。自稱前進士葉隆禮，末題咸淳改元九月吉日書。又卷三十一題詠類此卷皆屬嘉興縣。煙雨樓詩，有葉隆禮漁林一首。景定建康志卷二十四西廳通判題名云：「葉隆禮承奉郎淳祐十年十月到任，至十二年二月改除國子監簿離任。」以上皆厲氏小傳所本，可見其無一字無來歷也。考周密浩然齋雅談卷上曰：「葉隆禮士則謫居袁州，袁之士友醲酒以招之。蜀士張汴朝宗作樂語一聯云：掃地焚香，有蘇州之雅淡；仰天拊缶，無楊氏之怨傷。士則大稱之。」萬姓統譜卷三十九云張汴字朝宗，度宗時文天祥起兵辟爲參謀，空坑兵敗，爲亂兵所殺。明朱存理珊瑚木難卷四。趙子固梅竹詩後有跋一篇，末題「咸淳丁卯五月晦日隆禮書于春詠堂，」其下有小字注曰葉士則。知士則爲隆禮之字，可補厲氏所未及。丁卯爲咸淳三年，上溯淳熙七年，凡八十八年，隆禮必不能爲淳熙時秘書丞亦明矣。千頃堂書目卷三著録此書，注爲元人，則隆禮蓋已入元，必非孝宗時人也。若謂孝宗時別有一葉隆禮，則除進書表年月一行外，毫無顯據。考之中興館閣正續録，上起建炎初元，下終淳熙五年，不獨秘書丞中無葉隆禮姓名，卽遍檢館閣羣官，亦未嘗有是人也。續録起於淳熙五年，其目録後有跋云：「中興館閣録淳熙四年成書，其後附録者，多訛舛缺略。嘉定三年十月重行編次，是正訛舛，其缺略者增補之，名曰館閣續録。逐卷之末，不題卷數，貴在他日可以旋入，繼今每於歲杪分委省官，取歲中合載事，略加删潤，刊於卷末。」據舊鈔本。嘉定三年，上距淳熙五年，纔三十有二年，時代既近，考訂自易，既經重行增補，不當猶有缺略，以後則每屆歲終，隨時增入，尤不當遺漏姓名，是進書表末所署年月官職，皆可疑也。或謂今本館閣録爲四庫館臣從永樂大典内輯出，安保其無所脱誤，則又不然。余嘗假得友人于思泊省吾所藏舊鈔本，其先歷爲章壽康葉德輝所藏，有楊守敬及葉氏手跋。其續録中，有錢大昕手鈔數卷，黄丕烈逐卷以宋刻本校過，正録未校。點畫小異，纖悉必具。宋本亦頗有闕葉，然官聯中秘書丞題名，實完好無闕，亦無葉隆禮姓名，是隆禮固未嘗爲是官也。或者秘丞題名，止于咸淳三年，隆禮之拜官，尚在其後，表末淳熙七年乃咸淳七年之誤，則不可知耳。夫隆禮之書，既係奉敕撰集，且嘗表奏進御，則立言之間，當倍極恭慎，乃其書法，竟或内遼而外宋，宜非當時臣子之所敢爲，疑是後人所僞撰，假隆禮之名以行，猶之大金國志託名宇文懋昭耳。懋昭始末雖不可考，亦必實有其人。其書陳氏書録解題及宋史藝文志皆不著録。元袁桷清容集卷四十一有修遼金宋史搜訪遺書條列事狀一篇，所列遺書，凡一百四十餘種，尚無此書。可見元初未行於世，至蘇天爵滋溪文稾卷二十五三史質疑始云：「葉隆禮宇文懋昭爲遼金國志，皆不及見國史，其説多得之傳聞。」知其書當出於中葉以後矣。黄丕烈有元刻本，見士禮居藏書題跋記卷二。縱屬僞作，亦出自元人之手，未嘗不可備參考也。又考咸淳臨安志卷四十九郡守表云，理宗開慶元年己未，葉隆禮台州人，十一月一日「以朝散郎直秘閣兩浙運判除軍器少監，兼知。謂兼知臨安府事。閏十一月二日磨勘，轉朝奉大夫，景定元年庚申正月一日，除軍器監，兼職仍舊。二月六日隆禮除直寶文閣知紹興府。」又卷五十兩浙轉運題名云：「葉隆禮開慶元年十月爲運判，十一月知臨安府。」寶慶會稽續志卷二安撫題名即知府題名，以南宋知紹興府者，例兼安撫使也云：「葉隆禮景定元年二月以朝奉大夫除直文閣知，十六日到任，四月二十六日交割，以次官離任。」以次官，謂下文所載後任官。此與撰契丹國志者同時同姓名，似即一人，惟一作秀州嘉興人，一作台州人，爲不同。疑臨安志本作秀州人，以點畫殘缺，誤寫爲台耳。姑附於此，容俟再考。

大金國志四十卷

舊本題宋宇文懋昭撰。懋昭既降宋，即當以宋爲內詞，乃書中分注宋年，又直書康王出質及列北遷宗族於獻俘，殊爲失體。故錢曾讀書敏求記嘗稱爲無禮於君之甚者。然其可疑之處，尚不止此，詳悉檢勘，紕漏甚多。如進書表題端平元年正月十五日，而金亡即在是月十日，相距僅五日，豈遽能成書進獻？又紀錄蔡州破事如是之詳，於情理頗不可信。又端平正當理宗時，而此書大書宋寧宗太子不得立，立其姪爲理宗。於濟邸廢立，略無忌諱，又生而稱謚，舛誤顯然。又懋昭以金人歸宋，乃於兩國俱直斥其號，而獨稱元兵爲大軍，又稱元爲大朝，轉似出自元人之辭，尤不可解。又開國功臣傳僅寥寥數語，而文學翰院傳多至三十二人，驗其文皆全錄元好問中州集中小傳，而略加刪削。考好問撰此書時在金亡之後，原序甚明，更不應豫襲其文，凡此皆疑竇之極大者。其他如愛王作亂等事，亦多輕信僞書，冗雜失次，恐已經後人竄亂，非復懋昭原本，故牴牾若此。然其首尾完具，間有與金史異同之處，皆足資訂證。所列制度服色，亦能與金史各志相參考，故舊本流傳不廢，今亦著其僞，而仍錄其書焉。

嘉錫案：此書之爲僞作無待言，然提要所指摘，亦尚未盡。李慈銘荀學齋日記癸集下云：「閱大金國志，此書前人多疑之，余謂實僞作也。宇文懋昭之名，亦是景譔，蓋是宋元間人鈔撮諸紀載，間以野聞里説，故多荒謬無稽，複沓冗俗。而亦時有遺聞佚事，爲史所未及。其載世宗之荒淫，章宗之衰亂，世宗有元悼太子允升，因謀害晉王允猷，事發，叛亡。章宗誅鄭王允蹈，後其子愛王大辨以大通節度使據五國城以叛，屢敗國兵。及章宗母爲宋徽宗子鄆王楷之女，又有鄭宸妃爲宋華原郡王鄭居宗之曾孫女，皆委巷傳聞，絶無其事。又載明昌二年三月拜經童爲相。經童，僧童也。是不知胥持國由五經童子科出身，但聞當時有經童作相、監女爲妃之説，妄以經童爲僧童，尤作僞之顯證。至謂元韃靼其先與女真同類，皆靺鞨之後，別有朦骨國亦曰蒙兀，在女真東北，人不火食，夜中能視，金末漸强，自稱祖元皇帝，其後韃靼乃自號大蒙古國。然二國居東西，兩方相望，凡數千里，不知何以合爲一名，其語尤荒謬。蓋是南人全不知東北邊事者，謏傳妄説。所云朦骨，似卽俄羅斯也。其言愛王搆兵，與北朝通，定約以國家初起之地及故遷封疆，自溝内以北歸之於北，溝南則爲己有，累歲結謀用兵，愛王無分毫得也。章宗太和四年六月，愛王發疾，卒。其子雄三大王立，北朝約以進兵，雄畏懼而從。疑當日西北有假鄭王子孫之名，嘯聚擾邊，蒙古陰與之通，伺釁而發，故一聞衛王之立，遂致興兵入犯，此書與張希顏南遷録所以異說滋紛耳。」頗可以與提要互證，故録之。

續後漢書四十七卷宋蕭常

陳志先主傳稱封涿縣陸城亭侯，而常於昭烈紀但云封陸城侯，不知常何所本。然常之所長，不在考證，殆偶然筆誤，非別有典據也。

嘉錫案：李慈銘桃華聖解盦日記丙集云：「四庫提要舉其昭烈紀封陸城侯與陳志云封陸城亭侯異，不知其有所本，則蕭氏於音義首一條已據漢書王子侯表，言之甚明。案班表，中山靖王子貞封陸城侯，固無『亭』字，而地理志中山國下有陸城縣，則貞之爲亭侯、縣侯，固未可定。自注，顧亭林錢竹汀皆據西京無亭侯之說。蕭氏去之是也。封陸城侯者爲昭烈之先世，提要不分析言之，幾似爲昭烈之封矣。」

尚史一百七卷清李鍇

康熙中鄒平馬驌作繹史，採摭百家雜說，上起鴻荒，下迄秦代，仿袁樞紀事本末之體，各立標題，以類編次。凡所徵引，悉録原文。雖若不相屬，而實有端緒。鍇是編以驌書爲稾本，而離析其文，爲之翦裁連絡，改爲紀傳之體。自序謂始事於雍正庚戌，卒業於乾隆乙丑，閱十六載而後就，其用力頗勤。考古來漁獵百家，勒爲一史，實始於司馬遷。今觀史記諸篇，其出遷自撰者，率經緯分明，疏密得當，操縱變化，惟意所如，而其雜採諸書以成文者，非唯事迹異同，時相牴牾，亦往往點竄補綴，不能隱斧鑿之痕，知鎔鑄衆說之難也。此書一用舊文，翦裁排比，使事迹聯屬，語意貫通，體如詩家之集句。於歷代史家，特爲創格，較鎔鑄衆說爲尤難。雖運掉或不自如，組織或不盡密，亦可云有條不紊矣。至於晉逸民傳中列杜蕢狼瞫鉏麑提彌明靈輒，逆臣傳中列趙穿而不列趙盾，亂臣傳中列郤芮瑕呂飴甥，嬖臣傳中列頭須，魯列女傳中列施氏婦，予奪多所未允。又諸國公子，皆別立傳，而魯宋蔡曹莒邾六國，則雜列諸臣中。叛臣傳中如巫狐庸叛楚入吴，吴楚兩見；公山不狃叛魯入吴，吴魯兩見；已爲重出。而屈巫見於楚，不見於晉；苗賁皇見於晉，不見於楚；又復自亂其例。如斯之類，不一而足，亦未能一一精核，固不必爲之曲諱焉。

嘉錫案：史通六家篇於史記一家，先舉司馬遷書，次及梁武帝通史、元暉科録、李延壽南北史，而綜論之曰：「尋史記疆宇遼闊，年月遐長，而分以紀傳，散以書表。每論家國一政，而胡越相懸；敍君臣一時，而參商是隔；此其爲體之失者也。兼其所載，多聚舊記，時採雜言，故使覽之者事罕異聞，而語饒重出，此撰録之煩者也。況通史以降，蕪累尤深，遂使學者寧習本書，而怠窺新録，且撰次無幾，而殘缺遽多，可謂勞而無功，述者所宜深戒也。」夫馬遷創紀傳之體，爲史家不祧之宗，昭垂天壤，追配六經，固非後人所宜輕議。徒以同爲一事，分在數篇，斷續相離，前後屢出，不如左傳之於同年共世，莫不備載，理盡一言，語無重出；遂爲史通所不滿。見二體篇。然史記於春秋以前惟本紀世家較備，取其國別爲篇，便於後人考索，至於名卿大夫，則立傳者寥寥無幾，誠以經傳具存，無勞改作也。居今日而欲考上古以至周秦之事，有尚書逸周書以載言，春秋左傳史記通鑑並外紀以紀事，輔之以紀年國語國策，參之以諸子百家及古器物文字，而又有宛斯繹史以爲之緯，是皆學者所必讀。博觀愼取，傳信傳疑，其亦可矣。而李鍇者曾不之悟，好爲其難，勇過司馬，妄等譙周，遂奮筆而竄典謨，攘臂而據繹史，解剥其篇章，摭拾其翰藻，國爲世家，人修列傳，事皆熟聞，詞非己出，取譬宛斯，可謂貌同心異，雖志切於攀龍，徒見誚其類犬耳。是不足爲李延壽之徒隸，安敢上擬馬遷乎？使子玄見之，必將撫掌大噱矣。

別史類存目總目卷五十

季漢書五十六卷明謝陛

沈德符敝帚軒剩語稱世之議陛者，謂吴中吴尚儉已曾爲此書，不知元時郝經、宋時蕭常，俱先編葺。原注，案宋史藝文志又有李杞改修三國志六十七卷，不止蕭常，此未詳考。不特謝書非出創見，即吴之舊本，亦徒自苦，其言誠當矣。

嘉錫案：北史儒林傳云：「梁祚撰幷陳壽三國志，名國統。」祚北魏時人，則改撰三國志，自南北朝時已有之。宋劉克莊後村先生大全集卷百三十一答翁仲山禮部書云：「某伏承寵示新修蜀漢書四册，讀之與考亭大旨合，陳同父有此意，然所見頗疎宕，惟公此書甚精密。」又卷一百七十八詩話續集云：「三國志帝魏而卑吳蜀，翁浦仲山作蜀漢書以矯之，游丞相亟稱其書，仲山亦求序於余，余觀其書大意闕一字是，但書後主爲安樂公，欲以著其不能負荷之罪。復翁書云：『後主不能負荷，史官貶抑之，可也；豈可因曹氏貶抑之稱？』會仲山仙去，其論未竟。後得廬山貢士蕭常所作續後漢，大綱與仲山同，但蕭氏自名其書曰續後漢，仲山猶加蜀字耳。」然則宋人修三國志者，蕭常之外，又有翁浦，不止李杞而已。觀詩話之言，則其書已修成，不知何以從來不見著録，殆無刻本行世也。浦亦不知何人，俟再考。元史隱逸傳云：「張樞字子長，取三國時事，撰漢本紀、列傳，附以魏吳載記，爲續後漢書七十三卷，朝廷取其書，寘宣文閣。」是元時作續後漢書者，不止郝經矣，其書亦不傳。

雜史類總目卷五十一

鮑氏戰國策注十卷

宋鮑彪撰。案黄鶴杜詩補注、郭知達集注九家杜詩引彪之語，皆稱爲鮑文虎説，則其字爲文虎也。縉雲人，官尚書郎，此注成於紹興丁卯。

嘉錫案：提要只言彪官尚書郎，而不知其隸何曹司。考建炎以來繫年要録卷一百八十四云：「紹興三十年歲次庚辰，左宣教郎尚書司封員外郎鮑彪引年告老，吏部郎官楊樸虞允文葉謙亨胡沂洪邁司勳郎官陳俊卿考功郎官陳棠等言，彪篤學守道，安于靜退，甲科及第，處選調二十年，了無遺佚阨窮之歎。其博物洽聞，可以備議論；清介端慤，可以表縉紳。制曰，可。特授左奉議郎守尚書司封員外郎，賜緋魚袋致仕。」又考咸淳毗陵志卷九州學教授題名有鮑彪，宋會要第四十册禮五十八有左宣教郎太常博士鮑彪所撰洪忠宣謚議，金石萃編卷一百四十九有宋人所書四十二章經碑在杭州六和塔，當時朝臣四十二人，人書一章，各具書人銜名，其第三十三人爲左宣教郎守尚書司封員外郎鮑彪。其碑立於紹興己卯，在書成後十二年，即致仕之前一年也。彪之仕履，於此可見。

渚宮舊事五卷補遺一卷

一名渚宮故事，唐余知古撰。書本十卷，唐書藝文志著録。此本惟存五卷，止於晉代。考晁公武郡齋讀書志載渚宮故事十卷，則南宋之初，尚爲完本。至陳振孫書録解題所言已與今本同，則宋齊以下五卷，當佚於南宋之末。元陶宗儀説郛節鈔此書十餘條，晉以後乃居其七，疑從類書引出，非尚見原本也。

嘉錫案：此書新唐志、崇文總目、卷十八宋史藝文志、通志藝文略、郡齋讀書志卷八著録地理類皆十卷，惟讀書志作「舊事」，餘皆作「故事」。書録解題卷七改入傳記類，云：「渚宮故事五卷，後周太子校書郎余知古撰。知古唐文宗時人，見新唐志注。此云後周，誤，已爲提要所駁。載荆楚事，自鬻熊至唐末，本十卷，今止晉代，闕後五卷。」此提要所本。考王象之輿地紀勝卷六十五江陵府碑記門渚宮故事條下云：「李淑邯鄲志即邯鄲圖書志之簡稱，見讀書志卷九載渚宮舊事十卷，唐余知古撰。自鬻熊至唐江陵君臣人物事迹，史子傳記所載者，悉纂次之，按此與讀書志字句全合，蓋晁公武即襲用邯鄲志之文。今第有五卷云。」案云今第有五卷者，乃王象之之語，象之與陳振孫正同時人，可以互證。輿地紀勝，四庫未收，故提要不能引用也。象之所見既只五卷，則亦當止於晉代，而江陵府景物門萍實及一柱觀兩條下引渚宮故事，乃皆劉宋之事，一柱觀條與説郛同，萍實條尚不及説郛之詳。蓋亦自他書轉引，紀勝之例，往往即以類書爲出處，如白氏六帖、晏公類要之類。其不引類書者，殆亦不免展轉販稗，未必盡出本書也。提要所引説郛，乃陶珽刻本，非陶宗儀原書。渚宮故事載第十七弓，即卷字。今涵芬樓排印明鈔本，無此書。

東觀奏記三卷

唐裴庭裕撰。庭裕字膺餘，聞喜人，官右補闕。其名見新書宰相世系表，所謂裴氏東眷者也。王定保摭言稱其乾寧中在內庭，文書敏捷，號下水船，其事蹟則無可考焉。

嘉錫案：唐摭言卷三慈恩寺題名遊賞賦詠雜記條云：「小歸尚書榜裴起部，與邠之李搏先輩爲友，以詩賀廷裕，既而復以二十八字誚之，裴有六韻答。」其贈答詩皆用成都故事，蓋庭裕及第，在僖宗幸蜀時故也。徐松唐登科記考卷二十三援據諸書，推知庭裕爲僖宗中和二年進士，知貢舉者爲禮部侍郎歸仁澤。勞格郎官石柱題名考卷五採庭裕名入司封郎中內，并考其始末甚詳。今録之於此云：「新表東眷裴氏道護後紳子庭裕，字膺餘。唐詩紀事六十一，僖宗幸成都，裴廷裕登第。石刻大唐故內樞密使知內侍省事吳承泌墓誌，翰林學士朝議郎守尚書司封郎中知制誥柱國賜紫金魚袋裴廷裕撰。錢珝授裴廷裕左散騎常侍敕：具官裴廷裕，國之用才，在乎稱職，況詞臣之任，君命所垂，苟詳慎之有乖，繫事機而實重。既聞輿論，得以移官。以爾學植素深，文鋒甚鋭，自居侍從，亦謂勤勞，乃推游刃之功，庶叶匪瑕之道。未能降秩，且復立朝。珥貂猶假於寵光，夾乘仍親於左右，將存大體，以息多言。可依前件。自注：文苑英華三百八十。唐摭言十三，裴廷裕乾寧中文書敏捷，號下水船。梁太祖按摭言此處有受禪二字，明在即位之後問及廷裕行止，學士姚洎對曰：頃歲左遷，今聞旅寄衡水。新書藝文志雜史類裴廷裕東觀奏記三卷，原注：大順中詔修宣懿僖實録，以日曆注記亡缺，因摭宣宗政事，奏記於監修國史杜讓能。廷裕昭宗時翰林學士，左散騎常侍，貶湖南，卒。」勞氏自注云：案此書今存，題史官右補闕。以勞氏所引諸書考之，則廷裕於昭宗大順中官右補闕兼史館修撰，乾寧時遷司封郎中、翰林學士知制誥，坐事改左散騎常侍，復因事貶湖南，唐亡後猶存。其平生仕履，尚歷歷可見，提要考之未詳。

其書專記宣宗一朝之事，前有自序，稱上自壽邸即位二年，監修國史丞相晉國公杜讓能奏選碩學之士十五人，分修三聖實録，以吏部侍郎柳玭、右補闕裴廷裕、左拾遺孫泰、駕部員外郎李允、太常博士鄭光庭，專修宣宗實録。自宣宗至今垂四十載，中原大亂，日曆起居注不存一字，謹采耳目聞覩，撰成三卷，奏記於晉國公，藏之於閣，以備討論。蓋其在史局時所上監修稾本也。序末不署成書年月，考杜讓能以龍紀元年三月兼門下侍郎，十二月爲司徒，景福元年守太尉，二年貶死。昭宗之二年，即大順元年。此序云奏記於監國史晉國公，則當在大順景福之間。其云自宣宗至是垂四十年，蓋由大中以來約計之辭，若以宣宗末年計至光化初年，始爲四十載，則杜讓能之死已久，無從奏記矣。

案唐會要卷六十三云：「大順二年二月敕史部侍郎柳玭等修宣宗懿宗僖宗實録，始丞相監修國史杜讓能以「以」字原缺，據玉海引補三朝實録未修，乃奏吏部侍郎柳玭、右補闕裴廷裕、左拾遺孫泰、駕部員外郎李允、太常博士鄭光庭等十五人蘇局本作五人，據玉海卷四十八引，補十字修之，踰年竟不能編録一字，惟庭裕採宣宗朝耳目聞覩，撰成三卷，目曰東觀奏紀，納於史館。」是此書之成，會要具有年月，且唐書藝文志亦明注爲大順中，提要乃僅據杜讓能歷官推其年月，考證至二百餘言，徒爲詞費耳。

五代史補五卷

宋陶岳撰。岳字介立，潯陽人。宋初薛居正等五代史成，岳嫌其尚多闕略，因取諸國竊據累朝創業事蹟，編次成書，以補所未及。

嘉錫案：提要於陶岳仕履，略不一及，蓋以爲無可考也。陸心源儀顧堂題跋卷三有是書跋云：「按岳字舜咨，湖南祁陽人，侃之後。自署潯陽者著族望，非潯陽人也。太平興國進士，與寇萊公同年。岳調密州幕，屬萊公守密州，年且少，講少長禮，岳納之。後有啓謝萊公云：『與韓非同傳，於老子何傷；以叔向爲兄，是仲尼太過。』累官太常博士，尚書職方員外郎，知端州。余靖過端州，父老言前後太守不求硯者，惟包拯與岳二人而已。五爲郡守，有清名，著有文集及此書，贈刑部侍郎。子弼，宋史有傳。見山谷集陶君墓誌及范公偁過庭録、劉忠肅集、明一統志。」今人李洣（字佩秋）。陶邕州（弼）小集跋云：「商翁（弼字）詩文奏議十八卷，見黃山谷商翁墓志，此小集僅詩七十二首。商翁之父岳，字舜咨，雍熙二年進士，其知賓州，爲乾興壬戌。後四十年，商翁繼之。又後四十年，商翁之姪達繼之。

郡宅有繼政堂。陸存齋跋五代史補亦略有所考，然誤以舜咨爲太平興國進士，且知其撰五代史補，而不知又撰有荆湘近事十卷、零陵總記十五卷也。」今案宋史藝文志地理類有陶岳零陵總記十五卷，又霸史類有陶岳荆湘近事十卷。

大金弔伐録四卷

不著撰人名氏，其書紀金太祖太宗用兵克宋之事，故以弔伐命名，蓋薈萃故府之案籍，編次成帙者也。金宋自海上之盟，已通聘問，以天輔六年以前舊牘不存，故僅於卷首一條，略存起事梗概。

嘉錫案：本書卷首與宋主書一條，題下有原注云：「天輔七年正月己卯，其以前者，軍上不留。」故雖題爲與宋主書，而其文實從天輔元年宋主遣馬政通問敍起，提要所謂略存起事梗概者也。然天輔七年以前宋金往來國書，金人軍中雖未存稿，而宋徐夢莘三朝北盟會編具録其文，粲然可考。如卷四所載宣和二年金太祖天輔四年。七月金人國書，九月宋國書，又宣和三年正月金人議夾攻國書，卷五載同年八月宋國書，卷七載宣和四年五月金人國書，卷九載同年九月宋國書及事目，卷十一載同年十一月金人國書，卷十二載同年十二月宋國書及金人國書，卷十三載宣和五年金天輔七年正月宋國書，凡十篇，皆此書所無。又載正月二十七日金人國書一篇，即此書首條所載往歲越海云云之書也。然彼係全篇，此爲節畧，仍可據以補闕。蓋金人崛起氈裘之中，庶事草創，典章未備，不知保存文獻。宋人雖播遷之餘，而衣冠文物，盡歸江左，故府圖書猶有存者，士大夫亦網羅放失，著作如林，故夢莘得而録之耳。

自天輔七年交割燕雲，及天會三年四月再舉伐宋，五年廢宋立楚，所有國書、誓詔、册表、文狀、指揮、牒檄之類，皆排比年月，具録原文，迄康王南渡而止，首尾最爲該貫。後復附以降封昏德公、重昏侯、海濱詔書及所上各表，而終於劉豫建國之始末。所録與徐夢莘三朝北盟會編詳畧互見，不識夢莘何以得之？考張端義貴耳集曰：道君北狩，凡有小小吉凶，喪祭節序，金主必有賜賚，一賜必要一謝表，集成一帙，刊在榷場中博易四五十年，士大夫皆有之。余曾見一本云云，此書殆亦是類歟？

案本書卷四賀俘宋主表之前尚有遼主耶律延禧降表、遼主謝免罪表、降封遼主爲海濱王詔、遼主謝封海濱王表，凡四篇。蓋其書雖記伐宋始末，而滅遼廢齊之事，亦以次附入；若曰是亦大金之弔民伐罪云爾。提要云：「後復附以降封昏德公、重昏侯、海濱詔書。」不知徽欽二帝何嘗封於海濱耶，其亦近於不詞矣。考文溯閣本提要亦如此，則非刻本脱誤也。所録文字，大凡百六十一篇，國書外所附事目，亦以篇計，惟別幅載禮物名數者不計。而見於三朝北盟會編者四十九篇，故提要疑當時有刻本在榷場交易，而夢莘得之。考明沈德符萬曆野獲編卷六曰：「予所見金國所刻名弔伐録者，備載破宋滅遼廢齊諸詔令書檄，及徽欽二帝在北地謝金主諸表文甚備。」是此書實有金時刻本，然夢莘所載文字，卻非得自此書。如天輔七年以前往來諸國書，固非是書所有，而會編卷三十又有欽宗賜皇子郎君書，斡离不回謝賜物上奏，本書卷一亦有回謝宋主書，然文字全不同，當别是一篇。卷三十一有請歸康王書及斡离不送還康王書，卷三十六有致大金皇子郎君都統敍别書，與本書所載宋主回謝書亦不同。卷五十有致元帥皇子第二書，卷五十六有遣工部侍郎王雲使軍前致大金皇帝書，亦皆爲此録所不載。然則宋之掌故具在，文獻足徵，其無藉於是書亦明矣。會編卷五十載致元帥皇子第一書，卽此録卷二宋再遣使乞免割三鎮增歲幣書。係采自宣和録。卷七十一載孫覿所草降表，只引十句，分見此録兩表之中，而字句不盡同。係采自宣和録及遺史。卷五十八載因虜使還朝密賜耶律太師書，此録卷二題作宋主回書。卷七十一載欽宗降表，只載篇首六句，卽此録卷三宋主降表改定本。卷七十九載在京士民郭鐸等狀，卽此録軍民耆老狀，乞立趙氏。卷八十四載册立張邦昌文，皆采自靖康要盟録。卷七十八載金元帥府遣吳幵莫儔持入城書，卽此録行府下前宋宰執舉一人。卷七十九載孫傅第一狀以至第六狀，第六狀卽此録乞命張邦昌治國狀。皆采自僞楚録。孫傅第二狀以下不引書名者，蒙上文言之也。凡此諸條，並有書名，著其出處，其非采自金人所刻之弔伐録，昭然甚明。然則其他所載諸篇，其必采之案牘及宋人著作之中，固無疑義。

提要謂不識夢莘何以得之，是不知會編之體例也。即如會編卷八十所載御史中丞秦檜狀，長至一千五百二十三字，而此書卷三所載秦檜乞立趙氏狀，僅寥寥二百二十二字，全篇無一句相同。此亦夢莘未見弔伐録之一證。考宋王明清揮麈後録卷十一第百九三條記姚宏令聲之言曰：「今世所傳秦所上書，與當來者大不同，更易其語，以掠美名，用此誑人，以僕嘗見之，所以見忌。」是則弔伐録所載者，檜當時所上之書也；會編所載者，檜後來所更易以誑人者也。然明清雖記姚宏此言，而其揮麈三録卷二第十五條所載秦會之議狀，仍與會編同。繫年要録卷二及東都事略張邦昌傳亦然。要録且據檜所撰僞狀以辯馬伸等未嘗連名，蓋除姚宏之外，南宋士夫舉無有見檜原稿者矣。今宋史檜本傳節録檜所進狀，亦即後來更易之本也。案揮麈餘話卷二謂秦會之議狀，乃馬伸先覺之文。先覺爲監察御史，屬稿就，以呈會之，會之猶豫，先覺率同僚合辭力請，會之不得已，始肯書名。玉照新志卷三亦明清所著及宋史馬伸傳記此事，雖不云狀稿爲誰所撰，然其議發於馬伸，約檜與連名則略同。故弔伐録所載狀雖前後皆具檜銜名，文内亦自稱曰檜，而其辭則只就國事立言，皆公共之語，蓋狀後必尚有諸御史連名，録文者省去之耳。會編及諸書所載，其開端便曰：「右檜竊緣自祖父以來，七世事宋，身爲禁從，職當臺諫，荷國厚恩，甚愧無報。」是檜一人之語矣。使此狀果爲檜所獨進，諸御史皆不署名，則何以揮麈三録載秦埧所藏第二狀稿，此狀他書皆不載。又三稱檜等乎？以此證之，知弔伐録爲獨得其真，會編諸書皆不免爲檜所愚也。夢莘著書，紀敍檜之奸邪，不遺餘力，使夢莘得見弔伐録，有不具載議狀原文，明其先後不符，以發其覆者乎？乃知提要疑夢莘曾從榷場得見弔伐録者，特抽閲其中數卷，而未嘗細核全書也。

然夢莘意存忌諱，未免多所刊削，獨此書全據舊文，不加增損，可以互校闕譌，補正史之所不逮，亦考古者所當參證也。永樂大典所載，未分篇目，不知原本凡幾卷，今詳加釐訂，析爲四卷，著於録。

案明文淵閣書目卷六雜史類有弔伐録一部二册，此即永樂大典所據之本，故提要不知其爲幾卷。然考黄虞稷千頃堂書目卷五别史類著録金人書，有金人弔伐録二卷，注云：「記金人伐宋，往來文檄盟誓書。」虞稷及周在浚徵刻唐宋秘本書目亦云：「金人弔伐録二卷，蓋金人所編，與宋爲海上之盟，迄於北狩，往復書札文移也。」則此書實二卷矣。虞稷所見，必從金刻本出，其易大金爲金人，則出於後人之手。疑元明時别有刻本，張海鵬據超然堂吴氏本刻入墨海金壺，亦作上下二卷，蓋猶舊本。然以閣本校之，吴本脱譌動至數十百字，似所據者乃展轉傳鈔之本，非金刻也。絳雲樓書目有此書一册，也是園書目作一卷，蓋出後人省併耳。野獲編曰：「金國所刻名弔伐録者，其初與宋童貫書，署題曰元帥粘罕與亡宋故宣撫使廣陽郡王閹人童貫書，至後以納平州張覺與兵犯闕所傳檄文，謂元符王亡，後謂哲宗崩也。趙佶本不當立，交結宦官童貫，越次僭竊，以此寵任，命主兵柄，爵以真主。」今閣本與童貫書，題作與宋閹人河北河東陝西等處宣撫使廣陽郡王童貫書，視野獲編已爲小異。至於元帥府左副元帥右監軍右都監下所部事跡檄書，止云：「况趙佶越自藩邸，包藏禍心，陰假黄門之力，賊其冢嗣，盗爲元首。」無「元符王亡，趙佶交結宦官童貫」諸語，是永樂大典所據之本與沈德符所見金刻又大不同，未詳其故也。

雜史類存目一　總目卷五十二

左逸一卷短長一卷

是書凡左傳逸文三則，戰國策逸文三則，二書各有小引，前稱嶧陽樵者獲石篋，得竹簡漆書古文左傳，讀之，中有小牴牾者三，余得而録之，或謂秦漢人所傳而託也，余不能辨。後稱耕於齊野者地墳，得大篆竹策一袠，曰短長。劉向敍戰國策，一名短長，所謂短長者，豈戰國逸策歟？然多載秦及漢初事，意文景之世好奇之士僞託以撰。前題延陵蔣謹手次及子世枋重訂，又冠以世枋序，稱二帙爲其先人手録，貯篋中者四十年，未詳作者誰氏，幷所序嶧陽、齊野二説，亦不知何人。惟是紀事用意，非秦漢以下所能道隻字云云。漆書竹簡，豈能閲二千年而不毁，其僞殊不足辨也。

嘉錫案：千頃堂書目卷十二雜家類有王世貞短長二卷。總目別集類二十五卷一百七十一王世貞弇州山人四部稾，提要曰：「正稾，説部凡七種：曰劄記内篇，曰劄記外篇，曰左逸，曰短長，曰藝苑巵言，曰巵言附録，曰宛委餘篇，皆世貞爲鄖陽巡撫時所自刻。」今考四部稾卷一百四十一載左逸一卷，其前有小引，略云「讀之有小牴牾者凡三十五則，余得而録之」，云云，而其書實只三十則，不知何以闕其五，豈刻本譌誤失校歟？其卷一百四十二及一百四十三兩卷，皆題短長上卷三十三則，下卷十七則，其前亦有小引，與提要所引略同而加詳。則此二書之爲世貞所撰，灼然無疑。蓋世貞爲文，以摹擬秦漢爲工，故作是狡獪，以擬左國，自以爲其文果似秦漢，故詫言秦漢人之所僞託云耳。然既刻入四部稾中，則明示人爲其所自撰，未嘗贗古以欺世也。四庫所著録兩書各僅三則，較原書不足十分之一，疑係蔣謹録其所最喜者而藏之，并改左逸小引中有小牴牾者三十五則句爲有小牴牾者三，以泯其跡。其書本無世貞姓名，蔣世枋未見四部稾，不知其所自來，遂以爲真秦漢人所作，固不足怪。四庫館臣既已見之，而於此篇竟莫知爲誰撰，蓋官書雜成衆手，前後不相檢照類如此。

青溪寇軌一卷

宋方勺撰。勺字仁聲，婺州人。元祐中蘇軾知杭州，値省試，嘗薦送之。浙江通志載潘良貴之言，稱其超然遐舉，神情散朗，如晉宋間高士，似以隱遯終身者，而所作泊宅編中記虔州安遠龍南二縣有瘴，因自述其管勾常平季點到邑事，則亦曾官於江右也。

嘉錫案：元吳師道敬鄉録卷五云：「方勺字仁聲，著泊宅編十卷，今世有之。默成潘公集內有贈方仁聲詩云：學道悠悠未見功，敢言凡質有仙風。他年一鉢江湖去，先向苕溪訪葛洪。前有序云：公吾里人，客寓吳興，神情散朗，如晉宋間高士。晚得官，無奕進意，築菴西溪，名曰雲茅，以衞生養性爲事。詩文雄深雅健，追古作者，云云。凡二百餘言，稱重甚至。」潘良貴明言勺晚得官，則非隱遯之士也，第不知其所得何官耳。

孤臣泣血録一卷

舊本題宋太學丁特起撰，載汴京失守，二帝播遷之事。徐夢莘北盟會編頗采之，其中稱范瓊爲高義，而於瓊殺吳革一事，亦無貶詞，頗乖公論。特起不知何許人，又直書太學生丁特起上書者三，皆不似自述之語。前載特起自序，粗鄙少文，其敍事亦多俚語，豈當時好事者所爲，以特起上書有名，故以託之歟？

嘉錫案：北盟會編卷一百引小臣孤憤録總敍云：「是年夏四月一日，太上皇帝、靖康皇帝北狩，五月一日上即位於南京，九月遂幸揚州。某待罪江上，得太學生丁特起所著孤臣泣血録，又從諫官袁彦範得痛定録、武廣嘗膽録，已而復有人致李綱傳信録及太學擇術齋記、史略者，乃取諸人所録，編而次之。」是此書初出之時，著述之家已加援用，未嘗疑其依託，且不獨見採於徐夢莘而已。會編卷八十六引遺史（趙甡之撰）曰：「邦昌命董逌諭諸生，慰勞備至，巡齋宣布邦昌之意。蓋自圍閉，諸生困於虀鹽，多有疾病，迨春尤甚，日死不下數十人者。邦昌具知，乃用撫諭之使，又命選醫官十人，於諸齋日逐看候，人人給藥餌之資。由是諸生感悦，故泣血等諸書，太學諸生所記，其間不無爲邦昌敉拭其事者。」是其敍事之不能盡符公論，時人固已言之矣。建炎以來繫年要録於此書引用亦多，皆署名丁特起，然則非僞撰也。樓鑰攻媿集卷八十五先妣行狀云：「及見宣和盛時暨靖康間事，言之皆有端緒，如痛定泣血等書，間能指其不然者。」可見其書在當時已盛行，雖閨房之中亦熟知其得失矣。要録卷一云：「太學生徐揆與諸生丁特起等各爲書，欲遺二帥，留守司不許。特起，合肥人。」又卷九十二云：「紹興五年八月貴州文學丁特起特差鼎州龍陽縣尉。」是特起之里貫仕履，皆有可徵，提要云不知何許人，失之不詳考也。書録解題卷五云：「孤臣泣血録三卷，拾遺一卷，丁特起撰。」今本只一卷，不知是否完本。

北狩行録一卷

舊本題宋蔡鞗撰。然是書卷末云，北狩未有行紀，太上語王若沖曰：一自北遷，於今八年，所履風俗異事，不爲不多，深欲紀録，未得其人，詢之蔡絛，以爲學問文采無如卿者，爲予紀之云云。則是此書爲若沖所作。惟是宋史藝文志亦以此書爲蔡絛撰，疑不能明。或絛述其事，而若沖潤色其文歟？馬端臨文獻通考載是書，亦並列二人之名，是時去靖康僅百餘年，當尚見舊本，獨其以絛爲條，則刊本之誤。

嘉錫案：余曾將宋史藝文志徧檢數過，並無此書，不知提要何以云然？通考卷一百九十七雖作蔡條王若沖撰，然書録解題卷五正作蔡絛王若沖，則通考條字，自是傳寫之誤。宋熊克中興小歷卷十七云：「是歲紹興三年道君在五國城，一日諭王若沖曰：一自北遷，於今八年，所履風俗異事多矣，深欲著録，未有其人，詢之蔡絛，以爲無如卿者，高居山東躬耕之餘，爲予記之，善惡必書，不可隱晦，將爲後世之戒。」與本書合。又卷十八云：「甲子紹興五年夏四月也。道君皇帝崩于五國城。先是，道君嘗命隨行王若沖録北遷事迹，未克成書。丙寅淵聖命若沖以謂先王嘉言善行，不可無紀，乃許隨行官吏，各具見聞，送若沖編修，仍令蔡絛提點。未幾書成，即所謂太上道君北狩行録是也。」提點猶之監修，其銜名當居纂修之上，諸本或題蔡絛，或並題二人之名者，以此提要以爲絛述其事而若沖潤色之者，非也。宋會要第六十四册職官七云：「徽宗政和五年二月十四日，內侍王若沖管勾左右春坊事。」靖康要録卷十五云：「御批令王若沖邵章成按當作邵成章衛護皇太子赴宣德門議事。」北盟會編卷六十五云：「侍御史胡舜陟上言，今大臣皆非其人，唐恪聶昌尤務爲奸，恪之智慮，但長於交結内侍盧端王若沖與之密交。」書中敍事有内侍王若沖，則其人蓋宦官之能文者。

南渡録二卷竊憤録二卷舊題宋辛棄疾

此二書所載語並相似，舊本或題無名氏，或並題辛棄疾撰。蓋本出一手所僞託，所載全非事實。

嘉錫案：馮舒詩紀匡謬云：「宋人竊憤録一書，記徽欽北狩事，容齋極辨其妄。案偏考容齋五筆無論竊憤録語，不知馮氏何以云然。萬曆末年郡中人從嚴氏鈔本鬻之，本無撰人。余邑有吳君平者，妄增辛棄疾三字於卷首。余問之曰：此從何來？君平曰：世人不知書，若無名氏，便爾見忽，故借重稼軒。此僅可欺不知者，如公自不必怪也。」然則此書所載，雖非事實，而其書本無名氏，初非僞託。其題辛棄疾之名，特吳某所妄增，不得以此併歸罪於作者也。至南渡録亦并署辛棄疾，則馮舒所未言，疑後人又師吳某之故智而爲之耳。

煬王江上録一卷

不著撰人名氏。敍宋内侍梁漢臣爲金人所得，謀欲弱金事。所載漢臣勸金主都燕山，營汴梁，開海口，進兵采石，退至瓜洲爲其下所害諸事，皆首尾畢具。觀其煬王之稱，當爲金人所撰，故虞允文拒守之事，畧不一言也。

嘉錫案：此書載入三朝北盟會編卷二百四十三，其敍采石之戰畧云：「亮駐兵和州，兩岸相對，欲謀渡江。是日淮東劉兩府錡擁兵淮楚，舍人虞允文督張振將建康龍灣采石軍船分布上下流。」又云：「張振王琪虞允文督催措置，防守江岸。時十一月八日，虜主臨江西岸築壇，遣奉國大將軍乞伏赤朱押戰船一千餘隻，出揚林口，沿江擺布。虜主臺上用黄旂一剌，千餘隻戰船擺爲一字，直趨東岸而進。張振登山，見賊船指東采石岸進，用諸軍號帶旂指使諸軍戰船及艨艟鬬艦海鰍等船出岸西，兩勢包掩，鼓聲震天，飛箭如雨，旌旂盈江，喊聲如雷。兩勢掩擊，戰士奮勇，争先鏖戰，艨艟戰艦，江上逆水如飛。虜船低小，盡没於江，活捉番賊不知其數，跳水死者千餘人。虜船千餘隻走西岸，諸軍踏東船趕殺。」其敍虞允文拒守之事如此，安得謂之畧不一言，豈四庫所收之本有删節耶？其書稱亮曰虜主，稱宋曰大宋，亦非金人之詞也。

襄陽守城録一卷

宋趙萬年撰。萬年里籍未詳，開禧二年元兵二十萬圍襄陽，趙淳新知府事，以萬餘人禦之。自十一月至次年二月，大戰者十二，水陸攻劫者三十有四，措置多方，出奇制勝，元兵竟解去。萬年時爲幕僚，詳録其事，後附戰具諸法頗詳。惟文多殘闕，不盡可辨，爲足惜耳。

嘉錫案：宋詩紀事卷七十七據石倉詩選録萬年詩二首，亦不詳其里籍。乾隆一統志卷三百三十四福建福寧府人物云：「趙萬年字方叔，長溪人，慶元武舉，爲襄陽制置司幹辦官。開禧二年金人圍襄陽，宣帥諸司相繼遁，萬年繕兵峙糧，力贊招撫趙淳爲死守計，相拒九十餘日，賊遁出，以功進武德大夫，有守城録及裨幄集。」王士禎居易録卷二十六曰：「車駕主事龔蘅圃借襄陽守城録寫本一卷，記南宋開禧二年荆襄都統趙淳守襄陽事，首署門生忠訓郎趙萬年編。無名氏跋云：按史，開禧用兵，止載畢再遇戰有功而詳其事，趙淳止有焚樊城而遁之計，魏友諒突圍而去事，今幕客記注乃若此，豈史臣多遺逸，而不及見此耶，抑誇張失真而不之取耶，皆不可考也。」黄國瑾訓真書屋遺稾黔南叢書排印本，不分卷裨幄集跋云：「裨幄集一卷，宋趙萬年撰。萬年有守城録，提要入存目中。據此書魏了翁序稱守城裨幄二録，則兩書本並行，提要但有守城録而無此編，蓋散失也。明萬曆戊午吴仕訓曾刻之，此鈔卽從仕訓刻本過録，是怡親王府藏書，國初寫本。提要稱萬年里籍未詳，今據諸序，知爲福建長溪人，慶元丙辰進士。開禧二年皇甫斌唐鄧之敗，金人進圍襄陽。萬年時以制幹佐都統趙淳守城，策先據南萬闕山大旺三山形勝，遏金人糧道。以弱制强，卒解城圍。集分文類詩類，皆是年十二月至次年二月危城中作，末附誅呂始末紀。副都統魏友諒輕敵致敗，總管呂渭孫謀奪友諒官。萬年設計緩渭孫，故友諒得誅渭孫以弭亂。宋師敗挫之餘，自相殘躪，萬年外籌禦侮，内息鬩牆，厥功甚偉。以裨幄名集，蓋因集中條具便宜有『仰裨帷幄』之語，鶴山目擊其艱難之狀，謂微制幹周旋其間，趙侯不能獨濟。可見所紀非妄自張大，宋史不爲立傳，此編又未著録，惜哉！」今案守襄陽之趙淳，宋史亦無傳，不獨萬年而已。寧宗本紀記襄陽事亦甚畧。先續宋編年資治通鑑卷十三云：「開禧二年十一月乙未，金人遊騎渡漢，辛丑圍襄陽府。是金將至，趙淳焚樊城而憂悸成疾，賴諸將協力守禦，城得以完。」可見趙淳直一恇怯無謀之人，强兵壓境，而使如此人爲帥，若無人焉爲之運籌帷幄，雖諸將協力，必無救於敗亡。萬年之功，於斯大矣。守城録蓋以淳爲主將，不能不歸功於淳耳。了翁序不見於鶴山大全集，蓋偶失收。今守城録已刻入粤雅堂叢書，而裨幄集則絶未之見，不知猶有傳本否也。

丁卯實編一卷

宋毛方平撰。方平不知何許人，安丙害楊巨源時，方平爲四川茶馬司幹辨公事，因作此書，大旨與張革之同。案張革之撰誅吳録一卷，以鳴楊巨源之寃，提要亦存目於此條之前。自序云：一夫不獲，則六月飛霜；匹婦抱恨，則三年致旱。其詞至爲痛切。考郭士寧平叛録案提要平叛録一卷，即在此條之後。與巨源陰謀誅曦者九人，方平爲首，所記當爲實録。曰丁卯者，曦之叛在開禧二年丙寅，而誅於三年丁卯也。陳振孫書録解題作李珙撰。今檢永樂大典標題及序中署名，均作方平，則振孫所載誤矣。

嘉錫案：總目於南宋人雜史記吴曦事附入存目者，凡三種：曰誅吴録，曰丁卯實編，曰平叛録，宋史藝文志皆不著録。李心傳建炎以來朝野雜記乙集卷九曰：「武興之亂，時人記録者，有新舊安西樓記、原注云「安觀文自撰」，案此節書名下小字，皆心傳原注，後仿此。靖蜀編、宣撫司準備差遣胡西仲編。耆定録、長沙板行，不得姓名。海濱漁父記聞、沔州板行。楊巨源自敘書、上劉閣學者。楊巨源事蹟、益昌士人撰。楊巨源傳、武臣李珙傳。李好義誅曦本末、李好古自記。復四川本末、李好古自記。實入僞官人數、李好古自記。李好義行狀、白子申撰。平蜀實録、楊君玉撰。新沔見聞録、不得姓字。切齒録、士人任光旦編。固陵録、李直院季允編。毛氏寓録、茶馬司幹辦公事毛方平撰。公議榜、成都府學士人撰。佚罰録。朝奉郎趙公宅撰。而士大夫之在新沔者，又或有日録辨誣等書，最後西陲泰定録乃盡采而輯之，取舍是非，一從公論，其本末亦麤備矣。」西陲泰定録，即心傳所撰。見書録解題卷五。此所載諸野史，蓋其所搜集以資著書之用者，故臚列劇詳。然亦無誅吴平叛二録，雖有毛方平之作，而其書名毛氏寓録，不名丁卯實編，與永樂所收本不同，惟直齋書録卷七傳記類有丁卯實編一卷，解題云：「成忠郎李珙撰。誅曦之功，楊巨源爲多，安丙忌而殺之，珙爲作傳，上之於朝，以昭其功而伸其冤。」據朝野雜記，則李珙所作，乃楊巨源傳，非此書也。宋史卷四百二楊巨源傳列傳一百六十一亦云：「巨源死，忠義之士爲之扼腕，成忠郎李珙投匭獻所作巨源傳爲之訟冤。」是李珙之獻書，乃仿唐李翰撰張巡傳之故事，其書自當是楊巨源傳。若泛然名之爲丁卯實編，則非爲巨源訟冤之意矣。至於毛方平此書，雖係隨筆之雜記，而其文亦必具敍巨源生平，頗與列傳相似。陳振孫所得之本，蓋未署姓名，又亡其自序，振孫第習聞李珙嘗爲巨源作傳鳴冤，以爲卽是此書，故遂因以致誤耳。提要謂「方平不知何許人」。余考周南山房集，涵芬樓秘笈本卷五題四川耆定録云：「衢州士人毛方平仕於蜀，遭吴曦亂後毁印紙，案宋人有出身印紙，蓋小官所得之劄付，失之則須罷官。久之敍雪得伸，過吴見訪，出此相惠。此編于蜀亂最詳，其所著從亂逆黨，蜀師怯懦，與事變初聞，廟堂無策，恐不爲不當。其痛楊巨源之死由彭輅，案事見宋史楊巨源傳。皆别録所不能及，方平頗負氣云。」知方平爲浙東衢州人，李心傳謂耆定録作者不知姓名，據此則亦方平所著。蓋方平紀吴曦之亂，既有耆定録，又有毛氏寓録。第不知此丁卯實編與寓録是一是二？今兩録既亡，此編亦未見傳本，無以考其異同矣。

庚申外史二卷

明權衡撰。衡字以制，號葛溪，吉安人。元末兵亂，避居彰德黃華山，明初歸江西，寓居臨川以終。是書見於明史藝文志者，卷目與此相合。所紀皆元順帝卽位以後二十八年治亂大綱，時順帝猶未追謚，以其庚申年生，故稱之曰庚申帝。又元史亦尚未修，故別名曰史外見聞録，所言多與元史相合。惟其中稱順帝爲瀛國公子一條，最爲無稽。厥後袁忠徹著之於文集，寧王權載之於史略，程敏政又選忠徹之文入明文衡，錢謙益又引余應之詩證實寧王權之説，其端實自此書發之。蓋元之中葉，宋遺民猶有存者，因虞集草詔，有「託歡特穆爾非明宗之子」一語，遂造此言，以洩其怨。明人又讎視元人，遂附合而盛傳之，核以事實，渺無可據，實爲荒誕之尤，非信史也。

嘉錫案：此書所敍，自順帝卽位至出亡，凡三十六年之事，不止二十八年也，二十八年特至正紀年耳。錢謙益有書瀛國公事實一篇，見初學集卷二十五。提要既已見之而斥爲荒誕，錢之爲人，誠不足以取信，今亦不具録，録後人之説與錢氏相合者。萬斯同羣書疑辨卷十一書庚申君遺事後云：「或問曰：世言元順帝卽宋恭帝子，其説可信乎？曰：奚爲不可，恭帝以元世祖至元十三年丙子亡國，時方六歲，至仁宗延祐庚申四月生順帝，年已五十，其時固相接也。恭帝以至元十九年二月徙上都，案元史世祖紀，事在十九年十二月乙未，此誤作二月。其日卽殺文丞相，蓋因奸民薛保住告變，謂有興復宋室之謀也。以二十五年十月學佛法于土蕃，年方一十八，則侍臣獻謀，將見害之時矣。袁尚寶符臺外集謂大師往西天受佛法，過朔北謁周王，王見瀛國后罕禄魯氏，愛而納之，生妥懽帖木耳，其歲月不符矣。瀛國初尚公主，後娶罕禄魯氏，必在公主既亡之後。權衡庚申君大事記按即庚申外史謂瀛國奉詔居甘州山寺，有趙王者，憐公老且孤，贈以回回女子，延祐七年四月十六日夜，生一男子。是順帝既生，而後周王乞之，非先納其母而後生子也。以余應詩合，則權説爲信，而袁説不足據矣。瀛國既往土蕃，距其生庚申帝閲三十有二年。此三十二年之内，不知以何時返上都，以何時徙甘州，度公主尚在，必去而後返。其生庚申帝爲周王所乞也，王時年二十一，而瀛國已半百矣。既已披緇三十年，即無室家亦可，故并妻子悉予之。説者謂周王見罕禄魯氏美而奪之，因並奪其子，意在其母，不在其子也。此亦情理所有。考順帝本紀謂母罕禄魯氏名邁來迪，郡王阿爾厮蘭之裔，此正瀛國之妻，與諸家所載悉符，則順帝之爲恭帝子，可無疑矣。」又再書庚申君遺事後云：「宋太祖以庚申年受周禪，因陳希夷怕聽五更頭之説，命宮中於四更末即轉六更而不轉五更，後遂循爲定制，不知五更之暗寓五庚也。自建隆元年庚申太祖始踐祚，至真宗天禧四年爲一庚，至理宗景定元年爲五庚，而元世祖即于是年即位。希夷所謂怕聽五更頭者，於斯驗矣。僅閲十七年，遂以亡國。厥後順帝之生，亦在庚申，是又宮中六更之説也。方順帝在位時，天下皆稱爲庚申帝，其爲趙氏之遺胤，人皆知之而不敢顯言。逮明師北征，庚申帝以洪武元年八月北遁，而其次年卽得太行隱士權衡所著庚申君遺事記，其書明言順帝爲宋恭帝子，則其事元明已盛傳。故閩中余應原誤隱賦詩紀其事，而袁忠徹黄潤玉並有是言。原注云：「黄溥閩中今古録稱先大父南山先生卽潤玉也。」諸公皆明初人，聞見相接，所言必不誣也。縱諸公之紀載不足信，元文宗之詔書亦不足信乎？順帝雖惡此言，而其實卽帝亦所不知也。天下乞養之子，固有旁人盡知而己反不知者。帝之踐祚，方十三齡，其先則遠徙高麗之海島，不與人接，復徙東南之静江，與罪人之流竄者無異，誰復以此事相告？及既爲天子，中外自不敢言，帝安從知之，此所以忍於絶文宗之後也。然帝不自知而天下俱知之，此權余諸公之記載所由作也。夫元之混一天下，止八十九年，而順帝乃反得三十六年，天之所以報趙氏者，豈不厚哉！」斯同據外史以駁袁忠徹言明宗先納罕禄魯氏而後生順帝之誤，與謙益同，其他所考證，則欲以補謙益之不足者也。全祖望結埼亭集外編卷二十九跋庚申外史云：「姚江黄氏南雷書目載有庚申君大事記，元答禄與權著，予博訪之未得也。今盛傳於世者，惟太行山隱士權衡庚申外史，其中尚有可疑者。方至順時謂庚申君非明宗子，黜寘江南，虞道園實草詔，已而庚申踐祚，未悉前事，召諸老臣赴上都。道園與焉。馬伯庸以宿憾發之，於是有皮繩馬尾之逮，其事錯見於元史本傳、續資治通鑑綱目、葉盛水東日記諸書。今依外史則伯庸亦同草詔者。按是時奉詔書其事於脫卜赤顏者，翰林學士承旨阿隣帖木兒、奎章閣大學士忽都魯篤彌實，而播告中外之詔，道園草之，不聞有他人也。且使伯庸預聞是事，方且株連是懼，掩諱不遑，更何暇爲道園下石？況中丞並非簪筆之官，大抵爲傳聞之失也。若閒中今古録又以大事記爲劉尚賓作。或者別有一書，俟更考。」又卷四十二答史雪汀問宋瀛國公遺事帖子云：「來諭以宋瀛國公事諸書所載多相牴牾，兼之不見正史爲疑。此在元史順帝本紀及虞集傳已啓其端，但未詳紀。通鑑續編因元史，綱目又因通鑑，是以其事多未悉者。常熟錢尚書薈萃諸書，考其顛末，已無滲漏。符臺外集，宋幼主北遷時，降封爲瀛國公。一夕世祖夢金龍舒爪纏殿柱，明日瀛國來朝，立所夢柱下，世祖感其事，欲除之，謀諸臣下。瀛國知之，大懼，遂乞從釋，號合尊大師，往西天受佛法，獲免。按宋恭帝以元世祖至元十三年丙子亡國，時方六歲，以至元十九年二月徙上都，其日卽殺文丞相，蓋因奸民薛保住告變，謂有興復宋室之謀也。以二十五年十月學佛法於吐番，時年祇十八耳。余應詩曰：『皇宋第十六飛龍，元朝降封瀛國公。元君詔公尚公主，時蒙賜宴明光宮。酒酣舒指爬金柱，化爲龍爪驚天容。元君含笑語羣臣，鳳雛難與凡禽同。侍臣獻謀將見除，公主夜泣沾酥胸。瀛公晨馳見帝師，大雄門下參禪宗。幸脫虎口走方外，易名合尊沙漠中。』是也。原注云：湖山類稿瀛國公爲僧，號木波講師。庚申外史，瀛國爲僧白塔寺，已而奉詔居甘州山寺。有趙王者，因嬉遊至其寺，憐國公年老且孤，留一回回女子與之。延祐七年女子懷娠，四月十六日夜，生一男子。明宗適自北方來，早行，見其寺上有龍文五采氣，卽物色得之，乃瀛國所居室也。因問：『子之所居，得毋有重寶乎？』曰：『無有。』固問之，則曰：『今早五更後，舍下生一子。』明宗大喜，因求爲子，并其母以歸。元史順帝本紀，母罕禄魯氏，名邁來迪，郡王阿爾斯蘭之裔孫。初太祖取西北諸國，阿爾斯蘭帥其衆來降，乃封爲郡王，俾領其部族。及明宗北狩過其地，納罕禄魯氏。延祐七年四月丙寅，生帝於北方。此與外史言雖參錯，然實相合。余應詩云：『是時明宗在沙漠，締交合尊情頗濃。原注云：何番新注，延祐丙辰仁宗命明宗出鎮雲南，明宗不受命，逃之漠北，其與瀛國公締交，蓋在斯時。合尊之妻夜生子，明宗隔帳聞笙鏞。乞歸行宮養爲嗣，皇考崩時年甫童。』是也。元史順帝本紀，當泰定帝之崩，太師燕鐵木兒與諸王大臣迎立文宗。文宗既卽位，以明宗嫡長，復遣使迎立之。明宗卽位於和寧之北，而立文宗爲皇太子。及明宗崩，文宗復正大位。至順元年四月辛丑，明宗后八不沙被讒遇害，遂徙帝於高麗，使居大青島中，不與人接。閱一載，復詔天下，言明宗在沙漠之時，素謂非其己子，移於廣西之靜江。虞集傳文宗將立其子阿剌忒納答剌爲皇太子，乃以妥懽帖睦爾太子乳母夫言明宗在日素謂太子非其子，黜之江南馹，召翰林學士承旨阿隣貼木兒、奎章閣大學士忽都魯篤彌實書其事於脱卜赤顔，又召集使播詔書告中外。余應詩云『文宗降詔居南海』是也。庚申外史，文宗疾大漸，召皇后及燕帖木兒曰：『昔者晃忽叉之事，爲朕平生大錯，悔之無及。燕帖古思雖朕子，然今日大位，乃明宗之位，顧召妥懽帖木兒立之，庶可見明宗於地下。』言訖而崩。晃忽叉者，乃明宗皇帝從北方來飲毒而崩之地。燕帖木兒内懼，躊躇累日，自念晃忽叉事己實造謀，恐妥懽帖木兒至而治其罪，姑祕遺詔不發，因謂文宗后曰：『阿婆且權守上位，妥懽帖木兒居南徼荒瘴之地，未知有無，我與宗戚諸王徐議之可也。』是時燕帖木兒以太平王爲右相，宗戚諸王無敢言者。逗遛至至順四年三月，上位虚攝已久，内外頗以爲言。始迎明宗幼子懿璘只班登位，不發詔，不改年號，踰月而崩，廟號寧宗。燕帖木兒復欲立燕帖古思，文宗后固辭曰：『天位至重，吾兒年少。妥懽帖木兒在静江，可取爲帝，且先帝臨崩，言猶在耳。』燕帖木兒知不能已，遂遣使去廣取妥懽帖木兒，太子來京，行至良鄉，以郊祀鹵簿禮迎之，欲以此取悦太子之意。既而燕帖木兒驅馬並行道上，舉鞭指示太子以國家多難，遣使奉迎之由，太子訖無一言以答之。燕帖木兒心疑懼，留連至六月，方使登位。通鑑綱目燕帖木兒疑太子意不可測，故至京久不得立，適太史亦言其立則天下亂，用是議未能決。遷延數月，至是燕帖木兒死，皇太后乃與大臣定議立之，且約後當傳於燕帖古思，若武宗仁宗故事。余應詩云『五年仍歸居九重』是也。庚申外史，太后每言帝不用心治天下，而乃專作嬉戲。至元五年乙卯，臺官奏曰：『太皇太后非陛下母，乃陛下嬸母也。前嘗推陛下母墮燒羊爐中以死，父母之讐，不共戴天。』乃貶太后東安州安置，太子燕帖古思番陽路安置，尋皆遇害。尚書因希旨謂文宗在日謂陛下素非明宗子，帝大怒，撤去文宗廟主，並逮當時草詔者。瞿宗吉詩話，時虞集已謝病在家，以皮繩拴腰，馬尾縫眼，夾兩馬間，逮捕至大都。疾之者爲作十七字詩曰：『自謂非其子，如今作天子，傳語老蠻子，請死。』至則以文宗親改詔稾呈上，帝覽之曰：『此朕家事，外人豈知。』脫脫亦爲之言，得釋。然兩目由是喪明。水東日記，後至元二年追尊帝生母邁來迪爲真裕雲徽后，余應詩云：『壬癸枯乾丙丁發，西江月下生涯終。原注云：何喬新注，壬癸水，丙丁火，元水德王，宋火德王。故老相傳順帝北遁，殂於應昌，倉卒取西江寺梁，以供梓宮之用，梁間隱隱有字，亟視之，乃西江月一調，有「龍蛇跨馬亂如麻，可汗卻在西江寺下」之句。或曰太保劉秉忠所作。至今兒孫去沙磧，吁嗟趙氏何其隆。惟昔祖宗受周禪，仁義綽有三王風。雖因浪子失中國，世爲君長傳無窮。』是也。其間印合之奇，又有不可解者。宋太祖以庚申卽位，聞陳希夷只怕五更頭之言，命宮中於四更末卽轉六更，方嚴鼓鳴鐘。太祖之意，恐有不軌之徒竊發於五更之時，故終宋之世，宮中無五更，而不知更之爲庚也。歷眞宗天禧四年一庚，神宗元豐三年二庚，高宗紹興元年三庚，寧宗慶元六年四庚，至理宗景定元年爲五庚。而元世祖以是年卽位，希夷所謂怕聽五更頭也。越十七年遂以亡國。從乃世祖至元元年歷仁宗延祐七年，又得庚申，則六庚也，而庚申君適以是生，原注云：並見閒中今古録及甘露園短書。非所謂莫之爲而爲者乎？又陶弘景胡笳曲有『負扆飛天曆，終是甲辰君』之句，元文宗生年甲辰，紀年天曆，當時以爲受命之符。乃元讖亦有曰『大元之後有庚申』，彭瑋以爲甲辰君者，元之所以亡也。庚申君者，宋之所以復也。符臺集又載永樂中常侍太宗觀歷代帝王遺像，至宋太祖以下，太宗笑曰，雖都是胡羊鼻，其氣象清癯，若太醫然。至元列帝曰，都吃綿羊肉者。及順帝曰，惟此何爲類太醫也？忠徹俯首不能對，退問同里黃潤玉得之，因歎不得以此對爲恨。是其賦形之異，又有冥合，非異事乎。楊維楨曰，宋太祖之德至矣，肇造帝業，不傳諸子，而傳諸弟。太宗負約，金人之禍，舉族北遷，而太祖之末孫，復紹大統，有江南者百餘年，爲元所滅，而瀛國公陰纂元緒，世爲漠北主，天之報太祖，一何厚也！庚申君以洪武元年北遁，而其次年卽得太行隱士權衡所著外史，是其事在元人皆知之，而明寧王奉太祖詔，纂序博論，直云瀛國外婦之子，綿延宋末六更之讖，正與國史所書相爲證助。錢謙益謂元史潦草卒業，原屬未成之書，然則庚申軼事，直元史一定案，不得以呂嬴牛馬之疑，等諸曖昧也。」祖望此帖子蓋綜合錢氏萬氏之説而疏通證明之，尤於錢氏所舉，幾於包括無遺。然考鮚埼亭集二十八所爲萬貞文先生傳臚舉斯同平生著述，僅有庚申君遺事一卷而無羣書疑辨，何以此帖子所言與疑辨多同？殆斯同書後兩篇本附在庚申君遺事内，全氏嘗見其書而用之歟？庚申君之事，三人之所考詳矣。雖然，猶有可疑者，文宗既以妥懽帖睦爾非明宗子，布告天下，然未言其爲何人之子，及其臨終自悔弒兄，何以遺言告皇后及燕帖木耳，不直令其立明宗之親子懿璘質班，即寧宗。而乃欲召立其乞養子妥懽貼睦爾，此豈足以見明宗於地下乎？然則謂妥懽帖睦爾非明宗子之詔，不過據一時之流言以誣之，而其心則實以順帝爲明宗之所生也。故庚申帝是否爲宋恭帝之遺胤，當别求其他證據，而不可以文宗之詔爲定案，亦已明矣。然而權衡之史，余應之詩，不過記其所傳聞，故余於庚申帝爲瀛國公子之説，雖頗信之，而苦於不得確證，則錢氏萬氏全氏之所考，亦姑存其説可也。觀全氏之言，於順帝之爲瀛國公子，疏通證明之，幾乎深信不疑，則權衡之説，恐未可盡以爲荒誕也。王國維觀堂集林卷二十一書宋舊宫人詩詞湖山類稾水雲集後云：「少帝入吐番後事，史無所言，惟元明盛傳元順帝爲宋少帝之子，至國朝全謝山先生猶主此説。初疑此語乃南宋遺民不忘故國者所爲，後讀釋念常佛祖通載，乃知其不然。通載紀至治三年四月賜瀛國公合尊死於河西。案見通載卷三十六。

案元人之待南宋，較遇金人爲優，少帝入元，歷世祖成宗武宗仁宗英宗五世，其降元之歲爲至元十三年，年六歲。十九年徙上都，年十二歲。二十五年學佛法於吐番，年始十八。至至治三年賜死於河西，年五十三。而順帝之生適前於此三年。元人不忌之於在大都之時，而忌之於入吐番爲僧之後，又不忌之於少壯之時，而忌之於衰老之後，此事均非人情。以事理推之，當由周王既取順帝母子，藉他事殺之。以滅口耳。又順帝之母乃邁迪氏生順帝後，亦未幾而殂，其中消息可推而知。時周王以武宗嫡長，失志居邊，以順帝之生，有天子瑞，因取爲己子，正如魏豹取薄姬故事，亦不足怪。瀛國公之禍，正微示此事實，念常之書，謝山未見，他人亦從未引及。此事足爲謝山諸人添一左證，不獨示宋室三百二十年之結局而已。」今案佛祖通載所謂賜瀛國公合尊死於河西事，在至治三年四月，必英宗有詔賜之死也。其年八月英宗被弒。若謂因明宗奪其妻子而殺之以滅口，則何以不言周王殺合尊或明宗賜合尊死乎？英宗之殺之也，當别自有故。雙槐歲鈔卷一謂合尊與其子完普爲僧，俱坐説法聚衆見殺，其説當有所本，必非因其子爲明宗所取而忌之也。蓋自仁宗延祐三年，明宗已不受出鎮雲南之命而逃之漠北金山之陰，見明宗紀。是已爲朝廷之叛臣，彼其取何人之子以爲己子，非朝廷所得過問，充其極不過以異姓子襲周王之位而已。此與帝室有何關係，而乃爲之代除其所忌，豈預料妥懽貼睦爾終必爲登帝位，懼瀛國以天子之父爲趙氏復讎而忌之殺之乎？王氏之言，亦先有庚申帝爲瀛國公子之成見，從而傅會之耳。

雜史類存目二 總目卷五十三

姜氏秘史一卷 明姜清

案明史稾例議辨野史所載「建文元年二月燕王來朝，行御道，登陛不拜，爲御史曾鳳韶所劾」，以爲必無之事，而是書載鳳韶劾燕王事，云本吉安府志，又證以南京錦衣百户潘瑄貼黄册内載「校尉潘安三月二十三日敍撥欽隨侍燕王還北平住坐」云云，據此，則來朝明矣，第不知所云潘瑄貼黄者，果足徵信否也。

嘉錫案：潘檉章國史考異卷四云：「靖難事蹟云洪武三十一年閏五月，太祖不豫，遣中官召上，已至淮安。太孫與齊泰等謀，詐令人齎敕符令上歸國。及太祖大漸，問左右，燕王來未？凡三問，無敢對者。乙酉，太祖崩，是夜卽斂，七日而葬，皇太孫遂矯詔嗣位。改明年爲建文元年，踰月始訃告諸王，且止毋奔喪。夫以成祖之至淮安，爲出太祖密召，此卽前屬意建儲之説也。案靖難事蹟謂太祖以懿文太子柔弱，燕王仁孝有文武才，屬意欲立之。又謂太祖以長孫弱不更事，欲達燕王爲儲貳，潘氏已辨其附會，事詳本卷。且皇太孫矯詔嗣位，是何等語耶？而遜國記云建文元年二月燕王來朝，行皇道；入，登陛不拜；監察御史曾鳳韶劾王不敬，户部侍郎卓敬上書論劾，皆不報。三月成祖還國，燕世子及其弟高煦高燧留京師，未幾，遣還北平。按史載此所謂史，指明實録言之。元年十一月，上還北平，上書于朝，有曰：『自皇考賓天之後，臣居喪且病，足跡未嘗至外庭。』四年六月駐龍潭上，又曰：『比爲姦惡所禍，不度此江數年。』此則成祖自淮安歸國之後，未嘗入朝之明證也。考其時朝廷已命謝貴張昺覘察王府動静，猜疑之形已著，成祖安得束身入朝，輕試不測之險，而又傲然行皇道不拜，自干祖訓，授權臣以口實耶？以成祖之智而嫻於禮，決不爲此。王氏二史考引傳信録云，高帝鼎成，建文卽位，燕王來奔喪而不朝，謂已叔父行也。給事中金華龔叔安奏曰：『象簡朝天，殿下行君臣之禮；龍衣拂地，宫中序叔姪之情。』此出玉堂清話，爲宋杜審琦内宴事，則傳信録所傳，亦附會也。余按革除遺事曾鳳韶傳云時藩王入覲，有馳皇道入且不拜者，鳳韶時侍班，有『殿上宜展君臣之禮，宫中乃敍叔姪之倫』之言，聞者駭愕。此與傳信録龔叔安事相類，但鳳韶傳泛言藩王入覲，未嘗詆斥燕邸，遜國記何所據而大書特書耶？朝野彙編引南京錦衣衛百户潘暄貼黄册内載校尉潘安二十三日撥欽隨侍燕王還北平住坐，以拿張昺功陞職，以爲燕王來朝之證。不知潘安卽事蹟所云齊泰等令人齎勑符令上歸國者也。安得以淮安之事，誤繫于明年乎？」按潘氏之辨，至爲明確。據此則成祖曾奔喪南下至淮安而北還，初未入朝，知潘暄貼黄之説，出于朝野彙編，明史藝文志雜史類屠叔方建文朝野彙編二十卷，四庫附存目中。非姜清所自見。又知貼黄所紀雖不害其爲真，而所謂隨侍燕王還北平者，乃敕之歸國，而不足以證其來朝也。今明史成祖紀亦書洪武三十一年閏五月太祖崩，皇太孫即位，遺詔諸王臨國中，毋得至京師，王自北平入奔喪，聞詔乃止。提要之言，猶爲知其一不知其二矣。潘氏既以莊氏史案誅死，所著國史考異乃禁書，故館臣不之見，即見亦必不敢引用，宜其不能知此耳。

雜史類存目三總目卷五十四

平寇志十二卷

舊本題管葛山人撰，不著姓名。前有序文，題曰龍湫山人李確著，以「著」之一字推之，疑即出於確手。案海鹽縣志李天植字因仲，前明癸酉舉人，甲申後遁跡龍湫山中，改名確，字潛初，當即其人也。

嘉錫案：著者稱管葛山人，序者稱龍湫山人，其非一人，顯然可見。楊鳳苞秋室集卷二南疆逸史跋第五篇舉明季稗史有平寇志，注其姓名爲彭貽孫，乃孫貽之誤。李文田跋孫貽客舍紀聞振綺堂叢書排印本曰：「按陳其年篋衍集有彭孫貽字仲謀，浙江海鹽人。

又浙江省查辦奏繳應燬書目有西人志，彭孫貽著。此書有記及湯若望事，西人志雖不傳，以意度之，則其紀若望爭曆法事無疑也。又有平寇志，彭孫貽著，以明史藝文志考之，雜史類有彭孫貽平寇志十四卷，（案千頃堂書目卷五別史類同，卽明志所本。）今四庫目有平寇志十二卷，疑爲海鹽李確，殆非也。余家有平寇志十二卷抄本，題管葛山人彭孫貽著。蓋卽羨門之從兄弟，羨門名孫遹，海鹽人。」李氏藏明人書極富，尤熟於明末史事，據其家藏本所題如此，則此書爲彭孫貽所著無疑。管葛山人，蓋孫貽別號也。孫貽別著有山中聞見錄，（玉簡齋叢書本。）亦祇題管葛山人，不著名姓，與此書同。西人志卽其書之第八卷，乃紀西北套虜事，（第九卷爲東人志，考女真事，卽滿洲之先代。）蓋單篇別行之本。篇中有「清人勃起於建州，蠶食插漢邊界」等語，以後稱建人東人處甚多，中清廷之忌，故列入禁書。李氏蓋偶未之見，誤以西人爲指大西洋，遂意擬爲紀湯若望爭曆事矣。李天植爲孫貽之友，全祖望結埼亭集卷十三有蜃園先生神道表，爲天植作也，稱彭仲謀作先生傳云云。孫貽所作詩名茗齋集，（四部叢刊續編本。）其第四卷爲嶺上吟，（李序題爲嶺吟集。）前有一序，亟稱仲謀之忠孝，末題龍湫山人道確拜草。道確之名，他書未見，疑爲天植披緇後之名耳。（披緇事見神道表。）茗齋集卷七有四君子詩寄懷李潛夫先生，（天植改名確，字潛夫，海鹽縣志作字潛初者，誤也。）比之爲陶元亮謝皋羽林霽山鄭所南，可見二人之志同道合。故孫貽著此書，而天植序之，以孫貽不欲署名，故序中亦不言爲誰作，提要遂以爲天植所著，誤矣。此書有康熙時刻本，北京圖書館據以排印行世，民國二十年印。王世禎撰彭孫貽傳，徐盛全撰孝介先生傳均見茗齋集卷首，孝介，孫貽私謚也。及全祖望跋，均稱爲流寇志，蓋其別名也。

是編載明末羣盜之亂，分年紀載，起崇禎元年，迄國朝順治十八年平定滇南張獻忠餘黨孫可望李定國等而止，敍述頗爲詳悉。其間有關於兵機之勝負，國事之興亡者，附以論斷，其持議頗爲平允。然體例未免蕪雜，敍事亦不無重複參錯。如以郭中傑爲副總兵充督撫中軍，已見於甲申正月己酉日下，復見乙卯日下。賊射僞詔於城中，都城未陷以前之事，而敍於莊烈帝崩後。王章死於彰義門外，城初陷時事，而編於帝出宫之後。丁未都城始陷，而敍内城陷及帝幸南宫於丁未之先，又於帝崩之下，附所作大行輓詞八首，殊非史例。又如孫傳庭而此作傅庭。陳永福降賊，而此云爲賊所殺。襄城伯李國楨降賊，已久經論定，而此云斬衰徒步哭大行殮畢自縊。尚仍野史之誤。周奎被賊拷不死，後復還吳，而此云賊令擔水執爨以死。閻爾梅卽世所稱閻古古，康熙中尚在，而此僅附存其疑。皆記載之失實者。蓋自甲申以後，南北間隔，傳聞異詞，故所載不能盡確也。

案提要所指此書誤處，大抵皆是也。惟謂其於帝崩之下附所作大行輓詞爲非史例，則尚有可商者。此詩見本書卷九，題爲甲申夏五聞大行輓詞八首，茗齋集卷二載此詩與平寇志一字不異，足證志爲孫詒所作，而非李確矣。其卷七已先載巡按湖南御史劉熙祚題驛壁詩矣。此後所載殉節諸臣絶命詩尤多，甚至如先降賊後縊死之魏學濂，亦載其詩二首。見卷十一何獨於此輓詞譏之乎？或謂敍他人之事，載其詩所以見其人。若修史者自載其詩，則無此先例。此又拘墟之見，未達作者之心也。夫此私史非國史，且雜史非正史也，固與新朝之臣奉命修史者不同。苟非節外生枝，無故闌入其所作，以露才揚己，則藉韻語以代論贊，有何不可，惡得盡以史例繩之乎？且提要惟未知作者爲何如人也，儻知其人，論其世，則可以意逆志矣。此書作者彭孫貽，故死節忠臣期生之子也。期生唐王時以太僕寺卿明史卷二百七十八、小腆紀傳卷二十五，期生並附見楊廷麟傳，言其爲太常寺卿誤也。孫貽有太僕行略可證。守贛州，城破自經死。孫貽嘗間關兵燹中，徒跣以求父骨，不得，久乃得之。江右義故送歸，見王士禎所撰傳。遂隱居不仕，抱節以終。觀其著作，頗能危行言孫，以保其身。故所作客舍偶聞言及清初朝政，輒多頌揚之語。此書於崇禎甲申以後，亦卽用順治紀年，全書並無違碍字句。蓋欲其書之傳世，不得不如此。然其心固當終不忘明。此書之成，在康熙之世，距明亡已久。當其執筆紀懷宗殉國時，必有感慨悲痛不能自已者，故既極言當時如果車駕南遷，猶可不至於亡。因推論諸臣宜死而不死，帝可以無死而死，其言皆絶沈痛，而意猶未盡，遂并録其輓詞八章於後，欲以長歌當哭。所謂言之不足，故長言之，長言之不足，故嗟歎之也。史記微子世家云：「箕子過殷故墟，感宮室毀壞生禾黍，欲哭，則不可；欲泣，爲其近婦人；乃作麥秀之詩以歌詠之。」孫貽之録輓章，其情何以異是，而提要譏其非史例，不知禮以義起，苟其情之所不能已者，雖自我作古可也。文章之體，與時俱變，安有一成不易之例也哉？結埼亭集外編卷二十九跋彭仲謀流寇志云：「前太常林蠒菴先生曰：案蠒菴名時對，鄞縣人，魯王時官太常卿，著有蠒菴逸史，見結埼亭集卷二十六。彭仲謀流寇志，但憑邸報流傳，全無實據。凡啓釁、養亂、徙薪、潰癰、以至督撫賢否、將士勇怯、勦撫乖宜、勝敗失律始末，曾未抉出。至敍陷賊諸人，譌以承譌，更多誕妄。如左良玉於崇禎癸未秋避賊南下，大肆焚劫，陪都震動，南樞部熊明遇束手無策。適李忠文公邦華被召，便宜定亂，莊烈帝面諭有江南賴卿而定之語。而彭氏但稱南樞禦亂功，斯何説也？蔡忠襄公懋德撫軍山西，流寇至境，令巡按汪宗友守太原，而身以兵控平陽。宗友自求脱身，乃請晉王連檄促之歸，平陽遂陷。宗友反以輕棄平陽劾蔡，此山西人所不平者，而彭氏竟謂蔡公不聽宗友之言，以失平陽，不已謬乎！有明成例，凡皇子十齡方出封。崇禎己卯封皇三子爲定王，至甲申年十五。辛巳封皇四子爲永王，至甲申年十三。而彭氏謂定王年五歲，永王年三歲，則不知典禮之故也。河南大將陳永福曾射流寇中目，後因孫督師陣亡，同左光先降賊，賊不修舊怨，永福感恩，頗爲盡力，而彭氏以爲戰敗殺死。濟南府推官鍾性樸癸未進士，易代後，爲山東督學，而彭氏以爲殉難，是以失節之人爲死綏也。翰林方以智爲都御史孔炤子，陷賊不屈南歸，阮大鋮誣以僞命，入之六等，舉朝大譁，乃止。而彭氏以爲降賊，授庶常户部主事。介松年與前商邱令梁以樟避兵松關，松年病死，當時或訛傳其陷賊，以樟力辨其冤，而彭氏以爲官給事而降保定，是以無罪之人爲從逆也。周奎降賊，雖被拷掠，然未嘗死，其於北太子一案，尚預廷讞，而彭氏云流寇責令挑水數日而絶。閻爾梅參史閣部軍事，乙酉以還，刊章名捕，合肥龔鼎孳救之而免，而彭氏云斃於僞防禦武愫之手，亦以生爲死也。兵科顧鋐，雖非殉節，然以榜掠斃命，而彭氏入之勸進之列，并不知南都曾有節愍之謚也。蓋其失實尚難枚舉。太常三朝遺老，史學極博，桑海見聞，尤其身歷，其所辨正甚多。惜其身後子孫式微，無復收拾之者。因閲彭氏之志，乃述其緒言爲跋尾。」今案林時對駁彭氏之誤，其言固甚覈，然以今本考之，乃與所駁不盡相符。蓋林氏全氏所見者，是其初稟，而今之所傳，則其晚年之定本，已頗有所修改故也。如謂彭氏譏蔡懋德不聽汪宗友之言以失平陽。而今本卷七但論懋德返兵太原，貽誤封疆，爲罪無可逭。既未載宗友有何言論，亦未以此爲懋德罪，第於卷八載有宗友劾奏耳。林氏又以彭氏謂崇禎甲申定王年五歲，永王年三歲爲誤，而今本卷九於甲申三月丁未下，實作永王年十三，定王九歲。雖仍屬草野傳聞，據明史諸王傳定王以崇禎十四年封，年已十齡，至甲申當爲十三歲。永王以十五年封，至甲申當爲十二歲。彭氏林氏均誤。然與林氏所見本不同。林氏又謂顧鉉以搒掠絶命，而彭氏入之勸進之列。明史卷二百六十六金鉉傳云顧鉉輩特爲賊拷死。今本無顧鉉勸進事，惟於甲申三月戊申下書兵科給事中顧宏聞城陷自殺，此蓋當時傳聞如此，故宏光閒得賜謚入旌忠祠。又於四月戊午朔書顧宏被拷僕竊貲逃去，賊索無有，殺之。宏蓋鉉之誤。雖其所書前後矛盾，然其後説能不失實，必後來所改定無疑，否則林氏安得無的放矢乎？修提要時，未見鮚埼亭集外編，而此篇所駁陳永福周奎閻爾梅三事，乃能與之暗合，其考證頗爲不苟。今人晚明史籍考著録此書於第七卷，并録全氏跋於後，而不知其所跋與今本有不同，且删去篇首前太常林璽菴一語，而改其次句爲彭太常仲謀流寇志，是則孫貽以明之諸生遺老而忽官至九卿矣，豈不異哉！

四庫提要辨證卷六

史部四

詔令奏議類總目卷五十五

兩漢詔令二十三卷

西漢詔令十二卷，宋林虙編。東漢詔令十一卷，宋樓昉所續編也。虙字德祖，吴郡人，嘗爲開封府掾。

嘉錫案：儀顧堂題跋卷三有是書跋云：「案虙字德祖，福建福清人。祖概，父旦，伯父希。虙幼穎悟絶人，伯父希獲古鏡，有龍朔二字，希方諦思，虙在旁遽曰：『非唐高宗時物乎？』希大驚異，稱其當以大名繼祖，遂字之。孔常父掌揚州學，虙年十七往見，常父坐客或論尊號所起，虙避席對曰：『宇文周宣帝生號天元，唐高宗自稱天皇，自是美稱寖多矣。』衆嘉其敏。元豐中試太學第一，連黜於禮部。紹聖四年始登進士，教授常州，遷揚州，擢河北西路提舉學事，除開封府左司禄。時府尹以佞倖進，有所不樂，遂納禄去，歸隱大雲境。自號大雲翁，著有易説九卷，元豐寶訓二十卷，大雲集一百卷。見宋史藝文志、八閩通志及閩書、直齋書録解題。」

包孝肅奏議十卷

宋包拯撰。拯字希仁，廬州合肥人。天聖五年進士，歷官御史中丞，知開封府，終禮部侍郎、樞密副使，贈禮部尚書，謚孝肅，事蹟具宋史本傳。案宋志載拯奏議十五卷，今此本爲拯門人張田所編，自應詔至求退，分三十門，止有十卷。田序亦稱十卷，與宋志不合。然宋志顛倒悖謬，爲自來史家所未有，不可援以爲據，殆誤衍五字歟？惟是田所編次，多不可曉。文獻通考引汪應辰序曰：公奏議分門編類，其事之首尾，時之先後，不可考也。如請那移河北兵馬凡三章，其二在八卷議兵門，其一迺在九卷議邊門，其不相貫穿如此，所言與此本相符。序又云，今考其歲月，繫於每章之下，而記其履歷於後，若其歲月見於章中，與夫不可得而考者，不容以不闕也，庶讀者尚可以尋其大概。是應辰於是編固每篇皆爲箋注，而此本無之，蓋應辰箋注久佚，今存者仍原本耳。

嘉錫案：汪應辰文定集，四庫館已由永樂大典内輯出，編成二十四卷，用聚珍版刊行。此篇提要所引在其集第十卷，題爲題包孝肅奏議，蓋卽其所作箋注之題辭，馬端臨自文定集採出，原非張田所編本之序也。

東家雜記二卷

宋孔傳撰。傳字世文，至聖四十七代孫。建炎初，隨孔端友南渡，遂流寓衢州。紹興中官至右朝議大夫，知撫州軍州事，兼管内勸農使，封仙源縣開國男。是編上卷分九類：曰姓譜，曰先聖誕辰諱日，曰母顏氏，曰娶亓官氏，曰追封謚號，曰歷代崇封，曰世襲封爵沿改，曰改衍聖公，曰鄉官。

嘉錫案：錢大昕十駕齋養新録卷十三跋孔元措祖庭廣記云：「予嘗據宋元諸石刻，證聖妃當爲并官氏，今案東家雜記及此書，并官氏屢見，無有作亓字者，乃知宋元刻本之可貴。自明人刻家語，妄改爲亓，沿謁三百餘載，良可喟也。」今提要作亓官，則四庫所收東家雜記，亦明刻誤本也。考漢韓敕修孔廟禮器碑，并官聖妃，正作「并」，亦不始於宋元石刻。翁方綱兩漢金石記卷六魯相韓勑造禮器碑跋云：「并官氏聖妃，方綱謹案集韻增韻韻略諸書及唐林寶元和姓纂，皆不收此姓，獨宋鄧名世古今姓氏書辨證十四清内有并官複姓，引先賢傳孔子娶并官氏，生伯魚。顧南原隸辨、吳山夫金石文存，亦皆以『并』爲是。」方綱又於國學暨江寧府學見元明加封詔書碑，皆書作「并」，隸楷相承，愈可無疑。王虛舟乃以隸辨爲誤，蓋未之考耳。何義門曰孔子娶於并官氏，自王伯厚姓氏急就篇及宋本東家雜記皆作「幷」，而正義中反從流俗作「亓」，若非宋本，何以析疑。

錢曾讀書敏求記曰，宋槧本東家雜記首列杏壇圖説，記夫子車從出國東門，因覩杏壇歷級而上，顧弟子曰，茲魯將臧文仲誓將之壇也，覩物思人，命琴而歌。其歌曰：「暑往寒來春復秋，夕陽西去水東流。將軍戰馬今何在，野草閒花滿地愁。」考諸家琴史俱失載，附録於此，未知果爲夫子之歌否也，云云。案此歌僞妄，不辨而明，曾乃語若存疑，蓋其平生過尊宋本之失。然曾云三卷，此本實二卷，曾云首列杏壇圖，此本杏壇爲下卷第三篇，且有説無圖，亦無此歌，不知曾所見者，又何本也，其或誤記歟？

案養新録云：「考四十九代孫玠襲封衍聖公，其時傳已稱本家尊長，而卷中所述孔氏世系，訖于五十三代孫洙，計其南宋之季，蓋後來又別有增入矣。卷首杏壇圖説，與錢遵王所記正同。又有北山移文、擊蛇笏銘、元祐黨籍三篇，恐皆後人所增，非傳意也。」錢辛楣先生所見本亦作二卷，疑錢曾所云三卷者，爲筆誤。至杏壇圖説，則兩錢氏所見宋本皆同，知非遵王誤記也。陸心源儀顧堂題跋卷四云東家雜記二卷，首列杏壇圖説及琴歌，壇作三重，與錢遵王所載宋本合。瞿鏞鐵琴銅劍樓藏書目録卷十略同，且云：「即遵王所見之本，後有錢竹汀跋，與養新録略同。」然則兩錢氏所見者同是一本，敏求記三卷之「三」字爲筆誤無疑矣。

紹興十八年同年小録一卷

宋王佐榜進士題名録也。考劉一清錢塘遺事，宋時廷試放榜唱名後，謁先聖先師，赴聞喜宴，列敍名氏、鄉貫、三代之類具書之，謂之同年小録。是科爲紹興戊辰，南渡後第七科也，所取凡三百三十人，又特奏名四百五十七人。其四百五十六人原本佚闕，録内僅存一人。首載前一年御筆手詔，次載策問及執事官姓名，又次載進士榜名，末乃載諸進士字號、鄉貫、三代。後又有附録，記董德以下三十二人之事，而狀元王佐等三人對策之語亦載其略。皆附會和議甚力，不知何人所記，疑宋元間相續而成，非出一人之手也。宋代同年小録，今率不傳，惟寶祐四年榜以文天祥陸秀夫謝枋得三人爲世所重，如日星河岳，亙古長留，足以撑柱綱常，振興風教；而是榜以朱子名在五甲第九十，講學之家，亦自相傳録，得以至今。明弘治中，會稽王鑑之重刻於紫陽書院，改名曰朱子同年録。夫進士題名，統以狀頭，曰某人榜進士，國制也；標以年號，曰某年登科小録，亦國制也。故以朱子傳是書可也，以朱子冠是書，而黜特選之大魁，進綴名之末甲，則不可；以朱子重是書可也，以朱子名是書，而削帝王之年號，題儒者之尊稱，則尤不可。鑑之所稱，蓋徒知標榜門户，而未思其有害於名教。今仍以原名著録，存其真焉。

嘉錫案：是録後有弘治辛亥莆中鄭紀、會稽王鑑之兩跋，同時餘姚許浩所著復齋日記浩以歲貢官桐城縣教諭，其書四庫附存目。卷下云：「文公朱先生中紹興十八年王佐榜進士第五甲第九十人，祭酒莆田鄭先生得當時廷試録，抄託提督南畿學校御史王明仲鑑之字梓之，明仲訪得刻本於句容江璽，蓋璽之遠祖賓王當時爲糾彈官，得之而家藏，因校讐而梓行。」所記即本之跋語，而尤爲簡明。考之本録，江賓王即此榜之第四甲第一百五人，然則此録之傳，賓王以己爲新進士，兼充執事官，故取而藏之，以誌平生之鴻爪。其子孫亦自因爲其祖之遺蹟，從而珍惜之，以存先人之手澤，初不因第五甲之有朱子，始引以爲重也。惟就其本而傳鈔而校刻者，則自爲尊朱子故耳。然傳鈔者，既莫知爲何人，至校刻之鄭紀、王鑑之，亦莫由詳其行事，何從知其爲講學家乎？乃提要故爲抑揚其詞，特取而與寶祐四年小録相比，意謂彼榜有文陸謝三忠臣，世人視之如日星河岳，故重其書，若此榜則未有其人，特因有綴名末甲之朱子，講學家爲尊重其門户，故私相傳録耳。否則既不爲世人所重視，必無以傳至今日也。此蓋紀曉嵐之徒，深忌宋儒，故無端致其譏笑。不知自漢以來，每當易代之際，其臣子能仗節死義，見危授命者，寥落如晨星。洎前後五代之時，視其君如弈棋，漠然曾不少動其心，甚至雖蠻夷猾夏，而稽首穹廬，望風投拜者踵相接。若自忘其爲華夏之裔，神明之胄者。及宋明之亡，忠臣義士，乃決腔斷脰，赤族絶嗣，前仆後繼而不悔。此固由夷虜蹂躪我漢族之所激成，然而忠義之風，何以澌滅於前後五代，而勃興於宋元明清之際，此非經過百數十年之教化，養成倡導之不爲功，故理學諸儒之移風易俗者大矣。而集理學之成者朱子也，試問若文陸謝諸公，孰非讀朱子之書，而服膺其教者乎？充提要之意，似謂朱子如當易代之際，其所樹立必不能如諸公之赫然與日月争光，不知易地則皆然，朱子處此，必優於爲文陸，而文陸生平世，未必能如朱子，此則可斷言者也。

名臣言行録前集十卷後集十四卷宋朱熹

朱子自序謂讀近代文集及紀傳之書，多有裨於世教，於是掇取其要，聚爲此書。乃編中所録如趙普之陰險，王安石之堅僻，吕惠卿之姦詐，與韓范諸人並列，莫詳其旨。明楊以任序謂是書各臚其實，亦春秋勸懲之旨，非必專以取法；又解名臣之義，以爲名以藏僞，有敗有不敗者，其置詞頗巧。

嘉錫案：趙普爲佐命元勳，有宋開國規模，如罷諸將兵權，以文官知州事之類，多其所建明。其人雖非盛德之士，然以功業論，亦豈得不謂之名臣。王安石之行新法，急功近利，操切從事，遂致天下騷然，以其身爲怨府。然其文學操行，實負天下之盛名。邵伯温嘗謂安石不好聲色，不愛官職，不殖貨利，皆與司馬温公同。此邵氏聞見録語，言行録後集卷六采之。即當代正人如劉安世者，提要所稱爲氣節凜然争光日月者也，其論安石亦曰：「金陵亦非常人，其粗行與老先生略同，老先生謂温公也。其質朴儉素，終身好學，不以官職爲意，是所同也。但學有邪正，各欲行其所學耳，而諸人輒溢惡，此人主所以不信，而天下至今疑之。以其言不公，故愈毁之而愈不信也。凡人有善有不善，故人有毁有譽。若不稱其善而併以爲惡而毁之，則人必不信有是惡矣。故攻金陵者，只宜言其學乖僻，用之必亂天下，則人主必信，若以爲財利結人主如桑弘羊，禁人言以固位如李林甫，姦邪如盧杞，大姦如王莽，則人不信矣。蓋以其人素有德行，而天下之人素尊之，而人主考之無是事，則與夫毁之之言亦不信矣。」此馬永卿元城語録之語，言行録後集卷十二采之。是真持平之論。要之，安石之短，司馬光謂其不曉事而執拗，此温公日録語，又謂安石誠賢，但不曉事而愎，言行録後集卷七皆采之，其餘宋人稱頌安石之語甚多，兹不備引。一語足以盡之。蓋安石之政事，誠不能無弊，而其人之廉潔孝友，實未易及。以彼之名重天下，而不得謂之名臣，豈提要之意亦以安石爲姦邪如李林甫盧杞等輩乎？言行録於王安石所采凡四十四條，類皆顯著其過，稱美之詞殊少。又多采當時人評論之語，如元城語録、程氏遺書、上蔡語録、龜山語録之類，皆持論甚嚴，但不以爲姦邪耳。至録錢景諶答兗守趙度支書，詆之尤力。自邵氏聞見録采入。

蓋此書所録，本兼勸懲之旨，非專以取法，楊以任之説是也。歷代名臣，醇疵互見者多矣，豈必人人皆韓范乎。明胡應麟丹鉛新録卷六引楊慎論朱文公云：「王安石引用姦邪，傾覆宗社，元惡大憝也，乃列之名臣録，稱其文章道德。文章則有矣，焉有引用姦邪，而可名爲道德耶？」應麟駁之曰：「考亭所輯名臣言行録前後二集，前集五十五人，後集四十二人，皆南渡以上者也。通一代所謂名臣，必求粹白無疵，自漢唐不過二三，數宋諸君子李韓范馬外，趙普王旦，咸不免譏，矧其餘者。今南渡前名臣以百計，則此書義例可知也。蓋盡一代聲譽烜赫，事迹關涉者，備録於中。其間碌碌甚衆，如王介甫者，詎得而遺之哉？」又曰：「名臣録雖列文公，謂安石。所引諸家雜記稱與之詞，不過十之一，而貶剥之説，幾於四之三。又用修謂朱不當贊其道德，不知名臣録第綴輯前人議論，元無考亭一語，楊蓋未嘗細讀而驟譏之，果哉！」提要謂不當列王安石於名臣，蓋即陰用楊慎之説，而不知其已爲胡應麟之所駁也。至於姦詐反復如吕惠卿者，朱子實未嘗録其言行。此書今有涵芬樓影印涉園張氏藏宋刻本。在四部叢刊初編内，於「構」字「慎」字皆空格，注曰御名，當是此書最初刻本。五朝言行録十卷，即前集。凡五十五人，三朝言行録十四卷，即後集。凡四十二人，與書録解題七卷合。其間並無吕惠卿。余嘗取文津閣四庫全書本逐卷檢察，閣本無目録。求所謂吕惠卿者，亦未嘗有也。且閣本提要止云：「乃編中所録如趙普之陰險，王安石之堅僻，與韓范諸臣並列，不免後人之疑。」並無吕惠卿之姦詐一句，此必紀曉嵐重修提要時所增入。殆因王安石卷中屢見吕惠卿姓名，遂誤以爲朱子有取於惠卿。蓋原撰提要者尚知略觀本書，紀氏則僅稍一涉獵，即捉筆疾書，以快其議論，而前後皆未寓目也，是亦難免果哉之誚矣。

然劉安世氣節凜然，争光日月，盡言集、元城語録今日尚傳，當日不容不見，乃不登一字，則終非後人所能喻。

案閣本後集劉安世在卷十二，凡二十二條，宋本則多至三十七條，閣本因匆匆翻閲，未暇取兩本細校。記其嘉言懿行甚詳，安得謂不登一字？且録中引用元城語録甚多，無論安世本卷，卽王安石後集卷六司馬光後集卷七卷内，亦均徵引及之，皆明著書名，而提要乃想像擬議之曰「不容不見」，可見其爲束書不觀，而肆意妄言之也。閣本提要於引楊以任序「有敗有不敗者」句下作「皆未免曲爲之説」。其下即接云：「然是書所採，其人雖未必盡無可訾，而其中可爲士大夫坊表者，不可悉數。凡修身繕性之方，致君理國之具，無不備載，實可以昭準則而備法鑑，不容以一端之失概之也。」凡今本提要自「劉安世氣節凜然以下」悉閣本之所無，蓋皆紀氏所修改，欲以集矢於朱子也。魏源古微堂外集有書宋名臣言行録後二篇，其上篇曰：「乾隆中修四庫書，紀文達公以侍讀學士總纂。文達故不喜宋儒，其總目多所發揮，然未有如宋名臣言行録之甚者也。曰茲録於安石惠卿皆節取，而劉安世氣節凛然，徒以嘗劾程子，遂不登一字，以私滅公，是用深懟。自「徒以嘗劾程子」以下乃魏氏推紀氏之意，隱括言之，非引提要此條本文。是説也，於茲録發之，於元城語録發之，於盡言集發之，又於宋如珪名臣琬琰録發之，於清江三孔集發之，李慈銘荀學齋日記乙集下云宋如珪名臣琬琰録，並無其書，蓋是杜大珪名臣碑傳琬琰集之誤。清江三孔集條下，提要無一語及之，惟於珩璜新論略言平仲與安世蘇軾皆不協於程子，未嘗及朱子之言行録也。於唐仲友經世圖譜發之，昌言抨闢，汔再汔四，吾未知文達所見何本也。茲録前集起宋初，後集起元祐，而劉公二十餘事在焉。故南宋黃震日鈔品隲茲録諸人，亦廁劉公於王巖叟、范祖禹間，次第脗符。案閣本次第亦同。是宋本今本，五百年未之有改也，吾未知文達所見何本也。且朱子於劉公也，推其剛則視陳忠肅爲得中，劾伊川非私心，述折柳必非妄語，養氣剛大，殁致風雷，皜然秋霜烈日相高焉。而謂其百計抑之，終不能磨滅，然耶非耶？尋其由來，文達殆徒睹董復亨繁露園集之瞽説，案復亨字元仲，元城人，萬曆壬辰進士，官至吏部郎中，外轉布政司參議，未上而卒。著有繁露園集二十二卷，著録四庫總目卷一百七十九別集類存目中。總目卷一百二十一雜家類五元城語録條下提要云：朱子作名臣言行録，於王安石呂惠卿皆有所節取，乃獨不録安世。董復亨繁露園集有是書序曰：朱文公名臣言行録不載先生，殊不可解。及閲宋史，然後知文公所以不録先生者，大都有三：蓋先生嘗上疏論程正叔，且與蘇文忠交好，又好談禪。文公左袒正叔，不與文忠。至禪，則又心薄力拒者，以故不録其説，不爲無因。是亦識微之論。適愜其隱衷，而不暇檢原書，遂居爲奇貨夫董氏不學固無論，即以蘇黨及禪學二事爲劉公所以不登之由，則録中取二蘇言行不下二十餘事，而所臚宋初諸公雜禪學者，又十之七，何耶？矧是書成時，朱子悔黄魯直之孝友篤行而遺之，則即四科不列曾氏，尚未足爲記者闕失，矧未見顏色而言乎。」愚考紀氏所著閱微草堂筆記，於講學家譏笑嫚侮，無所不至，又於朱子深致不滿。魏氏坐紀氏以不喜宋儒，非過論也。愚又考晦菴集卷六十答劉君房原注云元城之孫書云：「先正忠定，有德有言，没而不朽。百世之下，聞者興起。而熹之外舅聘士劉公嘗得親見而師承之，熹少時猶及竊聞其餘論，於忠定公之言行志節詳矣，是以雖不得及其門牆，而想望聲容，猶若相接，不止於今世紙上所傳而已也。」又卷八十一跋劉元城言行録云：「劉公安世受學於司馬文正公，得不妄語之一言，拳拳服膺，終身不失。故其進而議於朝也，無隱情；退而語於家者，無愧辭；今其存而見於文字若此數書者，跋言行録而云數書者，蓋兼元城語録譚録言之。凜然秋霜夏日相高也。熹之外舅劉聘士勉之少嘗見公睢陽間，爲熹言其所見聞，與是數書略同，而時有少異。惜當時不能盡記其説，且其俯仰抑揚之際，公之聲容猶恍若相接焉，而今亦不可復得矣。」又卷九十聘士劉公墓表云：「道南都，見元城劉忠定公，劉公尤奇其才，留語數十日，告以平生行己立朝大節，以至方外之學他人所不及聞者，無不傾盡。」朱子嘗受業於劉勉之，而勉之問學於安世，淵源有自，故於安世景慕慨歎，低徊往復如此。於其通方外之學，亦不以爲非也。彼方恨不能盡記劉公之言行，悵然於其聲容之不相接，而謂其作名臣言行録有意抑之，欲以人力磨滅其精神，總目卷五十五詔令奏議類盡言集提要云：朱子作名臣言行録，於王安石呂惠卿皆有所採録，獨以安世嘗劾程子之故，遂不載其一字，則似乎有意抑之矣。要其於朝廷得失，知無不言，言無不盡，嚴氣正性，凛凛如生，其精神自足以千古，固非人力所能磨滅也。不亦誣乎？魏氏書後，雖不免小有舛誤，然其所以責紀氏者固當。乃李慈銘荀學齋日記又故作翻案，曲爲紀氏解免，謂言行録傳刻者多，衆本雜出，四庫所收，或非足本。今既知閣本之與刻本無大異同，不知李氏而在，當復何說之辭？且信如其說，執一後人删節不完之本，遂勇於厚誣古人，可乎？魏氏書後更有下篇，謂是録所載王安石十餘事，按不止十餘事。皆取元祐諸君子攻安石語，正猶纂楚詞附揚雄反騷，以藉著洪氏蘇氏貶詞，其說亦是也。

考呂祖謙東萊集有與汪尚書書曰：「近建寧刻一書，名五朝名臣言行録，原注云：案祖謙所見乃前集，故但稱五朝。云是朱元晦所編。其間當考訂處頗多，近亦往問元晦，未報，不知曾過目否。」晦菴集中亦有與祖謙書曰：「名臣言行録一書，亦當時草草爲之，其間自知尚多謬誤，編次亦無法，初不成文字，因看得爲訂正示及爲幸」云云。則是書瑕瑜互見，朱子原不自諱，講學家一字一句，尊若春秋，恐轉非朱子之意矣。

案影宋本五朝言行録卷九之五孔道輔條，引涑水紀聞記吕夷簡勸仁宗廢郭后事下有小注曰：「公孫中書舍人本中嘗言温公日録、涑水紀聞多出洛中人家子弟增加之僞，如郭后之廢，當時論者止以爲文靖不合不力争，及罷諸諫官爲不美爾，然後來范蜀公、劉原父、吕揩叔皆不以文靖爲非。蓋知郭后之廢，不爲無罪，文靖知不可力争而遂已也。若如此記，則是大姦大惡，罪不容誅，當時公論分明，豈容但已乎。」洪瑩刻本無此注。尋朱子之所以有此注者，蓋以祖謙於此事争之甚力，故姑存本中之説於此，以示己之無所固必爾。若果以紀聞之説爲僞妄，則何不逕删除之乎？朱子語類卷一百三十云：「涑水紀聞，吕家子弟力辨以爲非温公書，蓋其中有記吕文靖公數事，如殺郭后等。某嘗見范太史之孫某説親收温公手寫稿本，安得爲非温公書？某編八朝言行録，吕伯恭兄弟亦來辨。爲子孫者，只得分雪，然必欲天下之人從己，則不能也。」然則祖謙所謂當考訂處甚多者，亦即爲朱子採用涑水紀聞記其祖夷簡事而發也。朱子雖不敢自保其書之必無謬誤，然其意則實不欲與祖謙辨，以傷爲人子孫者之心，姑爲巽詞以謝之云耳。觀朱子之記吕夷簡，則其編此書之意，本自欲其瑕瑜互見，以爲法戒，可無疑於節取趙普王安石矣。講學家於朱子所編之綱目，推崇甚至，固有以麟經相比擬者。至於尊此書如春秋，未之前聞，不知提要所指何人何書也。

又葉盛水東日記曰：今印行宋名臣言行録前集、後集、續集、别集、外集，有景定辛酉浚儀趙崇硂引，云其外孫李幼武所輯。且云朱子所編，止八朝之前；士英所編，士英，幼武字。則南渡中興之後四朝諸名臣也。今觀後集一卷有李綱，二卷有吕頤浩，三卷有張浚，皆另在卷前，不在目録中。又闕殘脱版甚多，頗疑其非朱子手筆，爲後人所增損必多。蓋朱子纂輯本意，非爲廣聞見，期有補於世教，而深以虚浮怪誕之説爲非。今其間吕夷簡非正人，而記翦髭賜藥之詳；余襄公正人，而有杖臀懷金之耻；蘇子瞻蘇木私鹽等事，亦無甚關繫。若此者，蓋不一也。李居安所謂翦截纂要，豈是之謂歟？嘗見章副使繪有此書巾箱小本，又聞叔簡尚寶家有宋末盧陵鍾堯俞所編言行類編舉要十六卷前後集，尚俟借觀，以祛所惑，云云。則盛於此書亦頗有所疑，顧就其所録觀之，宋一代之嘉言懿行，略具於斯，旁資檢閲，固亦無所不可矣。

案閣本後集並無李綱、吕頤浩、張浚三人，宋本亦同。蓋此三人皆南渡後之宰相，不當入之八朝言行録也。葉盛所見，乃後人羼亂之本。提要於此，置不一言。似乎四庫所著録者，即盛之所見，豈不貽誤後學乎？言行録之體，皆採自羣書，直録其文，無一事爲朱子所自記。凡採録前人之文，有可删者，有不可删者。繁辭贅語，擘拇駢枝，去之而文省詞潔，此可刪者也。其詞與事雖無甚關係，而去之則事蹟遂無首尾，文義不相聯屬，譬之鶴頸雖長，斷之則悲，此不可刪者也。仁宗翦髭以賜呂夷簡，係採李宗諤所撰行狀。其採之之意，則以仁宗賜藥手詔中令其舉臣寮三五人，而夷簡遂薦范仲淹韓琦文彥博龐籍梁適曾公亮等，所以爲進賢者勸也。且人君敬禮大臣，亦是美事，則翦髭一節，自不得而刪去之。至於余靖之被知州杖臀及餉王仝以銀百兩，採自涑水紀聞；謝景温言蘇軾販私鹽蘇木，採自温公日録。影宋本作目録誤。司馬光賢者，天下後世所視以取信，豈有汙衊正人之事。其記余靖事，所以著錢子飛攻范仲淹之黨，宋章定名賢氏族言行類稾卷十七云：錢易子明逸，字子飛，希陳執中章得象之意，以排杜衍范仲淹富弼，由是三人者俱罷政事。摭靖微時細事劾之，而靖遂因以得罪杖臀。餉銀實有其事，何庸深諱。且本涑水紀聞之所記，與言行録何尤。若謂司馬光得而書之，朱子不得而録之，又不知其何理也。光記蘇軾事，歷敍軾與王安石不協，謝景温因採謗語劾之。此軾平生大節，何謂無甚關繫？私鹽蘇木，光特據所傳聞載之耳。言行録後集卷七又採温公日録自記垂拱登對時神宗謂曰：「蘇軾非佳士，韓琦贈銀三百兩而不受，乃販私鹽及蘇木甆器。」光曰：「凡責人當察其情，軾販鬻之利，豈能及所贈之銀乎？安石素惡軾，陛下豈不知以姻家謝景温爲鷹犬使攻之。」是則蘇軾販私鹽之事，光固不信，且從而辨之矣。一書之中，前後互見，其事自明。温公及朱子何嘗有藉此以詆毁東坡之意乎？要之，余靖之杖臀餉銀，蘇軾之私鹽蘇木，皆因記其生平出處，牽連書之，删去則其事不完。葉盛寡學，不能知古人著書之意，而妄有議論，提要徒喜其能疑朱子，亦遂不暇深考耳。

慶元黨禁一卷

不著撰人名氏，宋史藝文志亦不著録，惟見永樂大典中，題曰滄州樵叟撰，蓋與紹興正論均出一人之手。

嘉錫案：文淵閣書目卷六雜史類有慶元黨禁録一部一册，蓋即永樂大典所據之本。此書有知不足齋刻本，序題滄州樵川樵叟，較提要多「樵川」二字。序稱淳熙乙巳，則作於宋理宗十八年也。編者按：提要引「淳熙」，當爲「淳祐」之誤；「理宗十八年」當爲「理宗二十一年」之誤。考黨禁起於慶元二年八月，弛於嘉泰二年二月。是書之作，蓋距弛禁時又四十四年矣。

按宋史寧宗紀，慶元二年八月丙辰，以太常少卿胡紘請權住進擬僞學之黨。胡紘傳云：「詔僞學之黨，宰執權住進擬，用紘言也，自是學禁益急。」提要據之，故以爲黨禁始于此。然紀又於三年十二月丁酉書云：「以知緜州王沇請，詔省部籍僞學姓名。」四年四月書云：「是月右諫議大夫張釜請下詔禁僞學，五月己酉詔禁僞學。」據其前後所書，則僞學之被禁錮，雖在慶元二年，而黨人之置籍，則實在三年十二月，而重申禁令於四年四月也。以宋無名氏兩朝綱目備要卷四、卷五及劉時舉續資治通鑑卷十二考之，皆合。提要不知當時嘗籍録黨人姓名，故姑舉其被禁之始言之耳。宋趙升朝野類要卷三有脚色一條云：「初入仕，必具鄉貫戶頭、三代名銜、家口年齒、出身履歷，若注授轉官，則又加舉主有無過犯。崇寧間即云不係元祐黨籍。紹興間即云不係蔡京朱勔王黼等親屬，召保官結罪。慶元間人加即不是僞學，近漸次除去。」升著書於端平丙申，其時蔡京等親屬已盡，僞學黨禁已解，脚色中已無此等字樣，故云近漸次除去。宋詩紀事卷四十七引作「方與銓除」，蓋以意改，非本文也。

宋代忠邪雜進，黨禍相仍，國論喧呶，已一見於元祐之籍。迨南渡後，和議已成，外憂暫弭，君臣上下，熙熙然燕雀處堂。諸儒不鑒前車，又尋覆轍，求名既急，持論彌高，聲氣交通，賢姦混糅。浮薄詭激之徒，相率攀援，釀成門戶，遂使小人乘其瑕隙，又興黨獄以中之。蘭艾同焚，國勢馴至於不振。春秋責備賢者，不能以敗亡之罪，獨諉諸韓侂胄也。

案此乃苟欲詆毁道學家，而不考情事之言也。其實慶元之黨禍，與元祐時事迥異。元祐黨與熙豐黨争，起於諸君子之攻王安石；而慶元之黨，起於韓侂胄之擠趙汝愚。安石之與侂胄，人品相去天淵，不可以並論。且元祐所争者國事，特諸君子務反熙豐之政，操之已蹙，遂互爲消長。迨章惇蔡京之徒進用，而禍遂中於國家。至於侂胄之與慶元黨人，本無深仇積怨，直因不得節鉞，以賞薄怨望汝愚。因朱子爲汝愚所引，忌其名高，故先去之。又因當時人心憤憤不平，遂以叛逆坐汝愚，以僞學誣朱子，爲一網打盡計。小人得志，遂爾披猖，所謂患得患失，無所不至者也，於道學何尤乎？朱子嘗論僞學事云：「元祐諸公後來被紹聖羣小治時，卻是元祐曾去撩撥它來，而今卻是平地起這件事出。」見語類卷一百七。檢尋史鑑，知當時情形，實是如此，非朱子之飾説也。内禪之舉，朱子並非同謀，語類卷百三十二曰：「趙子直亦可謂忠臣，然以宗社之大計言之，亦有未是處，不知何以見先帝。」是朱子並不滿於汝愚矣。又嘗以手書致汝愚，勸用厚賞酬侂胄之勞，見朱子本傳。則侂胄之倒行逆施，亦非道學激之使然也。元祐之時，有蜀黨、洛黨、朔黨之目，君子與君子爭，慶元之黨無是也。獨其先朱子嘗劾唐仲友，又爲林栗所劾耳。然仲友、栗固不在黨籍中，即攻僞學之人，亦無一爲二人之徒黨者。此自截然各爲一事。朱子與陸九淵陳傅良輩講學雖亦不合，然仍以朋友相終始，未嘗如蜀洛之相攻，有何瑕隙，爲小人之所乘乎？侂胄雖興黨獄，然及身已悔之，黨禁僅及六年而解。朱子即贈官賜謚，餘亦死者追邮，生者復起。迨侂胄誅，而諸儒柄用不衰。且開禧用兵，旋即講和，又六十餘年而後國亡。提要言蘭艾同焚，國勢馴至於不振，曾不知其所謂也。夫君子與小人爭，君子常不勝，而小人得志，則無不禍國殃民。若謂君子不當攻小人，攻之不勝，則小人之罪，皆君子激成之。然則孔子亦嘗譏季氏之舞八佾旅泰山，及其動干戈以伐顓臾，則變色爭之，而卒無以勝季氏，至欲墮三都而不得，哀公卒被偪失國。豈季氏之罪，亦孔子激成之耶？今提要乃以侂胄敗亡之罪，歸過於道學諸儒，春秋責備賢者之義，恐不如是也。語類卷一百七亦以彭龜年之彈韓侂胄爲不曉事，激成後日之事，愚不謂然。謝深甫不云乎：「朱元晦蔡季通不過自相與講明其學耳，果有何罪。」見深甫本傳。深甫亦阿附侂胄者，尚能作此言，而提要乃以講學爲敗亡之罪，是不啻爲韓侂胄張目，而不知適爲謝深甫之所笑也。且光寧授受之際，趙汝愚等謀及宵人，復處之不得其道，致激成禍變，於謀國尤疏。恭讀御題詩章，於揖盜開門，再三致意，垂訓深切，實爲千古定評。講學之家，不能復以浮詞他説解矣。

按高宗御題詩自注云：「侂胄任羣小以攻僞學，終蹈誅殛，自取其罪。然跡其得志之由，則趙汝愚不能辭過。考寧宗之立也，汝愚時知樞密院，求能通意於慈福者，侂胄詭稱爲太皇太后親屬，按侂胄實太皇太后女弟之子，非詭稱也。汝愚遣入白，乃因內侍關禮請得入，使諭意汝愚，其論遂定。侂胄由此自謂有定策功，依託肺腑，居中用事，奸燄日熾，甚至竊擅兵權，交通吳曦，幾亂國是，汝愚亦因貶謫而没。宰臣當大事不以正道，顧乃委信僉邪，干求宮掖，冀欲藉此居功，不知適以貽害，開門揖盜，誰任其咎哉。」提要即依此立說，然責汝愚可也，而并以此責講學家，則汝愚之定策，朱子方遠在潭州，未嘗預聞其事也。以朱子嘗爲汝愚所薦舉，輒欲連坐之以罪，是真漢人治鉤黨之法矣。且滄州樵叟原序曰：「古者左右前後，罔非正人，所以嚴其選於近習，慮至深也。後世論親賢士遠小人，必宮中府中，俱爲一體，而作姦犯科，付之有司。所以嚴其法於近習者，慮益遠矣。慶元大臣，得君之初，收召羣賢，一新庶政，方將措天下於太平之盛。而宮府之間，近習竊柄，一罅弗窒，萬事瓦裂，國家幾於危壞而不可救。是則立紀綱，嚴界限，防微杜漸，在君相可一日不加之意哉。余於慶元黨禁而有感焉，因記其首末。」是作者固已見及之，其著書之意，正在於此。高宗詩注，即本其説而推衍之耳。夫既特著一書，主張道學，而先歸咎於慶元大臣之不能防閑近習小人，誠以汝愚之用侂胄，與儒者之因講學被禁，各爲一事也。侂胄雖羅織爲一案，而事實原自分明，何用以浮詞他説解乎？

書中所録僞黨共五十九人，如楊萬里嘗以黨禁罷官，而顧未入籍，其去取之故，亦頗難解。蓋萬里之薦朱子，實出至公，與依草附木攀援門户者迥異，故講學之家，終不引之爲氣類。觀所作誠齋易傳，陳櫟胡一桂皆曲相排抑，不使入道學之派。知此書之削除萬里，意亦如斯，未可遽執爲定論也。

案宋史儒林楊萬里傳云：「紹熙元年光宗年號出爲江東轉運使，朝議欲行鐵錢於江東諸郡，萬里疏其不便，不奉詔。忤宰相意，改知贛州，不赴，乞祠。除秘閣修撰，提舉萬壽宮，自是不復出矣。寧宗嗣位，召赴行在，辭。升煥章閣待制，提舉興國宮，引年乞休致，進寶文閣待制，致仕。嘉泰三年詔進寶謨閣直學士，給賜文帶。開禧元年召，復辭。明年升寶謨閣學士，卒。年八十三，贈光祿大夫。」萬里出處，明白如此，以誠齋集四部叢刊印景鈔宋本卷一百三十三所附歷官告詞證之，皆有年月日可考。其除秘閣修撰，提舉萬壽宮，在紹熙四年三月。其明年，光宗始內禪，韓侂胄始用事。其升煥章閣待制，在慶元元年七月。其進寶文閣待制致仕，在慶元五年三月。其進寶謨閣直學士，在嘉泰三年八月。其升寶謨閣學士，在開禧二年二月。皆韓侂胄專權之時也。且其慶元五年之致仕，出於萬里之陳乞。今集中卷七十有兩狀，一在慶元二年六月，一在三年七月，蓋首尾三年，而後得請，非侂胄排抑之也。蓋當侂胄用事之時，萬里久已去官家居，不與朝政，故能蕭然於黨禍之外，終其身獨蒙優禮，但聞遷官進秩耳，何嘗以黨禁罷官哉？本傳又曰：「韓侂胄用事，欲網羅四方知名士相羽翼，嘗築南園，屬萬里爲之記，許以掖垣。萬里曰：『官可棄，記不可作也。』侂胄恚，改命他人。卧家十五年，皆其柄國之日也。侂胄專僭日甚，萬里憂憤，怏怏成疾。家人知其憂國也，凡邸吏之報時政者，皆不以告。忽族子自外至，遽言侂胄用兵事，萬里慟哭失聲，亟呼紙書曰：『韓侂胄姦臣，專權無上，動兵殘民，謀危社稷，吾頭顱如許，報國無由。惟有孤憤。』又書十四言別妻子，筆落而逝。」是萬里實嘗忤侂胄，然未嘗罷官，更未嘗入黨籍也。今其本集卷一百三十三所附謚議，具載萬里子長孺等奏狀，所敍萬里出處，皆與宋史合，不知提要復何所本，而謂萬里嘗以黨禁罷官耶？羅大經鶴林玉露卷四云：「楊誠齋自秘書監將漕江東，年未七十，退休南溪之上，老屋一區，僅庇風雨，長鬚赤脚，纔三四人。人原誤尺。聰明强健，享清閒之福，十有六年。寧皇初元，與朱文公同召，文公出，公獨不起。文公與公書云：『更能不以樂天知命之樂，而忘與人同憂之憂，毋過於優游，毋決於遁思，則區區者猶有望於斯世也。』然公高蹈之志，已不可回矣。」是萬里與朱子雖同氣類，而出處不同，此所以獨免於黨禍也。考兩朝綱目備要卷五、續資治通鑑卷十二並云：「慶元三年十二月知綿州王沇乞置僞學之籍，仍自今曾受僞學舉薦關陞及刑法廉吏自代之人，並令省部籍記姓名，與閑漫差遣，從之。於是自慶元迄今以續通鑑無以上八字。僞學逆黨得罪者，五十有九人。」所書與是書並合。李心傳建炎以來朝野雜記甲集卷六則云：「自禁僞學之後，劉侍郎珏以故御史免喪入見，上言前日之僞黨，今日又變而爲逆黨，且獻策以消之。於是自慶元至今，以僞學逆黨得罪者，凡五十有九人。」俞文豹吹劍録外集亦云：「侍郎劉珏目爲逆黨，請置僞學逆黨籍，凡五十九人。」綜此諸書觀之，請置黨禁之人，或云王沇，或云劉珏，雖未知孰是，黨人之姓名官職亦時有小異，如陳傅良中書舍人兼侍讀，而諸書作兼侍講，詹體仁作張體仁，范仲壬或作危仲壬，所不同者兩三字耳。然其爲五十有九人，並無楊萬里，則無不同。蓋當時嘗置黨籍，據以貶黜禁錮，其姓名書於日曆，著於實録，諸人采以著書，萬里本不在黨籍之中，自不得而録入之也。而提要乃謂講學家不欲引之爲氣類，作此書者遂削除其姓名。夫以朝廷所定之黨籍，而一二人乃恣其胸臆，奮筆删除，此情理之所必無，亦事實之所不容有。撰提要者乃憑空臆決，言之鑿鑿，真無稽之談矣。

京口耆舊傳九卷

不著撰人名氏。明楊士奇文淵閣書目、焦竑國史經籍志皆載其名，亦不云誰作。考書中蘇庠傳末云，予家世丹陽，先人知其狀爲詳，又從其孫嘉借家傳，則作者當爲丹陽人。庠卒於紹興十七年，而作者得交其孫，則當爲南宋末年人也。其書採京口名賢事迹，各爲之傳，始於宋初，迄於端平嘉熙間。

嘉錫案：近人陳慶年橫山鄉人類稾卷十二京口耆舊傳撰人考云：「京口耆舊傳久經散佚，四庫館臣從永樂大典中録爲九卷，而爲之提要，但據本書所言籍里，以意推證其時代，而於撰書之人，未能質言之也。今按宋劉宰漫塘文集卷八回知鎮江史侍郎彌堅云：『昨荷郡博士不鄙惠書，道使君將修方志以重此邦，令某搜訪前輩行治以裨會粹，繼邑大夫過訪，出所得台翰，亦謂如此。顧惟晚末，豈足以知前言往行，第以奉命爲寵，不敢引辭，黽勉期年，幸已就緒。名曰京口耆舊傳，以私居之紙札俱謬，繕寫不虔，不敢徑達，謹納郡博士處。倘得台旨收上，略經電覽，賜以數語，冠諸篇端，庶藉品題，足傳不朽。』據此文，是京口耆舊傳爲金壇劉宰所撰也。考嘉定鎮江志卷十五宋太守史彌堅傳云：嘉定六年九月二十八日到，八年九月五日除寶謨閣直學士，依所乞宫觀，是彌堅守郡在嘉定癸酉甲戌乙亥之三年。其時爲鎮江教授者，爲天台盧憲子章。嘉定鎮江志卷十六教授盧憲注云嘉定六年癸酉三月至。元至順鎮江志卷十七教授徐倅德注云嘉定九年丙子七月至。是憲爲鎮江教授，前後凡三年有餘，與彌堅守郡，正在一時。宋方逢辰咸淳志序云嘉定七年史貳卿畀校官重修，貳卿謂史彌堅，所云校官，即劉漫堂。宰號漫塘，陳氏皆作堂，今仍其舊。此書之郡博士，皆謂盧憲也。今嘉定志中稱憲者四條，書中所載事蹟，亦惟史彌堅最詳，則漫堂書中所謂「荷郡博士惠書，道使君將修方志」者，即今嘉定鎮江志是矣。彌堅於守郡之明年，畀校官盧憲重修郡志，以搜訪前輩行治，屬之漫堂。漫堂所云「黽勉期年，幸已就緒」者，則嘉定之八年也。此回書又有「炎夏方中，甘霖繫望」，與「侍郎再歲此邦，百廢俱舉」云云，則此傳之成，在嘉定乙亥之夏間，是京口耆舊傳一書，漫堂正爲嘉定鎮江志而作，故其書所採京口名賢事蹟，皆迄於成書之前。本書卷二丹徒姜謙光傳，合敍艾謙三人事，考之漫堂文集卷三十艾澹堂先生墓誌，則謙卒於嘉定之初元也。又本書卷六金壇丁權傳附其孫丁明事，謂其卒於嘉定中，今考漫堂文集卷三十六金壇丁博雅先生誄云，其卒於嘉定辛未，則嘉定之四年也。又本書卷七金壇王萬全傳，嘉定癸酉卒，則嘉定之六年也。本書明言嘉定者，僅此二處，皆在嘉定七年以前。是生存人不録，必其卒於嘉定修志時者，方爲立傳，其例甚明。乃提要謂其各傳事迹，始於宋初，迄於端平嘉熙間，此但據王遂劉宰二傳言耳。遂爲王彦融之孫，王萬樞之子。四傳同在七卷，考彦融傳，既著其爲韶之孫與父宷云云，故於其子萬全萬樞兩傳，即不復再及。今乃於其孫遂傳，又鄭重而言之曰，遂，熙寧樞密韶，公之高祖也，樞密生著作郎宷，著作生淮南運判彦融，運判生吉州太守萬樞，吉州生公。其數典不忘，若其傳特起，與祖父不相承者。此必他人之所綴繫，而非漫堂之原有遂傳也。故其傳有公與漫堂同從黄公直卿游，公與漫堂共創社倉，又其女嫁漫堂子汝進云云，是遂傳明非漫堂所作，則涉及於端平間事，又何足疑。至卷九之末劉宰一傳，更爲宰嘉熙間卒後他人所爲，不得謂漫堂原書果迄於此也。漫堂先世，自滄來潤，初徙丹陽，後遷金壇，故於卷四蘇庠傳云余家世丹陽，先人知庠狀爲詳，先人謂雲茅居士劉蒙慶也。漫堂傳京口耆舊，止於雲茅居士，其傳但著其上世一再遷居，及居士與兄嗣慶分葬兩邑之故，而不略著其他行實，體與他傳爲殊。而於傳末又謂居士之没，王公萬樞狀其行，今不敢述，恐累於私，不足以光潛德云。此則確爲人子之詞，蓋其言固明且清矣。漫堂於潤守修志，搜訪前言往行，而於其親不敢多所稱述，以明其無私，漫堂蓋自謂其書可取信於後世云爾。漫堂一傳，蓋即修志者之所續撰，傳末載實齋王公狀、蒙齋袁公銘，謂二公非私且誣者，天下後世可視以取信云云。蓋亦猶漫堂之志也。漫堂撰集京口耆舊，而以先人終焉。續是編者，即殿以漫堂之傳，則是傳之爲漫堂所撰，復何所疑。館臣校寫是書，知以漫堂集各文參考其異同，而於漫堂回史侍郎書專言此事者，獨不一加檢照，亦其疏也。」陳氏之所考證，大抵皆是。惟謂王遂傳爲他人所綴繫，而劉宰一傳，蓋修志者之所續撰，則其説猶有未盡然者。考全書各傳，凡敍事皆用史法稱名，惟陳廓傳稱其字彦明。中間一稱公，蓋用碑誌之文，刊除未盡者。劉蒙慶傳稱居士，則以書出宰手，不敢名其父也。惟王遂劉宰二傳獨始終稱公，又皆卒於嘉定之後，是全書惟此二傳爲續入，其必出於一手，而與二人皆有瓜葛者亦明矣。於遂傳稱宰曰漫塘劉公，於宰傳則直曰御史王遂，是於二人之中，又有主客之分焉。宰傳語及其父，稱其别號雲茅而不名，傳末云：「實齋王公狀其行，蒙齋袁公銘其墓，二公非私且誣者，天下後世所視以取信云。」純是子孫之詞。若如陳氏之説，謂宰傳爲修志者所續撰，世安有於方志中爲人作傳，而懼天下後世之不信，必汲汲焉援他人之言以自明其非私且誣者乎？然則宰傳必劉氏子孫之所爲，又已明矣。宰有四子，曰符，曰汝遇，汝進，汝明。見本書。宋史卷四百一劉宰傳，不載其子。王遂傳云：「女嫁漫塘之子汝進。」此二傳當即出於汝進之手。蓋宰之耆舊傳，爲修鎮江志而作，非一家之言，故不敢敍其父事，恐累於私，第曰王公萬樞狀其行，欲使修志者自考之云耳。汝進録其父書，輒附其父及外舅之言行於其中，欲以爲家門光寵，然恐人議其録京口耆舊而私其父，故援行狀墓誌以自解焉。遂傳有寶祐丁巳事，提要以爲迄於嘉熙者亦非也。或者疑汝進之爲人，無所表見，未必能著書。余案元蔣子正山房隨筆云劉山翁汝進，漫塘幼子，學問宏深，文字典雅，與客九日游龍山，以「塵世難逢開口笑」分韻，翁得口字云：「縱步龍山顛，放舟龍蕩口。羣然雁鶩行，雜之牛馬走。我拙不能詩，我病不能酒。試問賞花人，還有菊花否？」衆服其工。至順鎮江志卷十九云：「汝進，宰季子，隱德不仕，以賦詠自娱。」由此觀之，此傳之爲汝進所續無疑也。

傳記類二總目卷五十八

保越録一卷

不著撰人名氏。載元順帝至正十九年明師攻紹興事。是時明將爲胡大海，禦之者張士誠將呂珍也。凡攻三月，卒不能下，乃還。是録稱士誠兵曰我軍，稱珍曰公，殆士誠未亡時紹興人所記。其中稱明爲大軍及太祖高皇帝字，則疑士誠亡後，明人傳鈔所改耳。所録張正蒙妻韓氏女池奴、馮道二妻抗節事，明史亦皆不書，尤足補史傳之遺。

嘉錫案：此書陸心源刻入十萬卷樓叢書，題作元徐勉之著，後有同治丁卯大興傅以禮節子跋云：「是書余所見有二本，一爲杭州吳氏瓶花齋舊鈔，不著撰人名氏，卷首併佚。其序中稱明兵爲大軍及太祖皇帝字樣。今著録四庫者，即祖是本。一爲明代越中槧本，並武備志坿古越書後，題曰元徐勉之撰，前有自序，結銜爲鄉貢進士杭州路海寧州儒學教授。中以明兵爲敵軍，明祖爲敵主，間有寇賊之稱。近時袖珍坊刻，即祖是本。顧越中舊槧，世不多見，自明以來，輾轉傳鈔，各名家著録，姓名互異。千頃堂書目但云張士誠幕客作，山陰志則屬之山陰郭鈺。惟王士禎居易録、許尚質釀川集作徐勉之撰。考紹興府志至正十九年，明將胡大海等攻紹興，自二月至五月，迄不得下而去。海寧州教授徐勉之著保越録記其事云云，與居易録、釀川集悉合，則是書出勉之手無疑。」此跋亦見華延年室題跋卷上。其所考據甚核。談遷棗林雜俎智集云：「張士信保越録蓋守紹興拒官兵全城事，出越人筆，詞多指斥，云紅寇。山陰祁彪佳有其書，常熟錢謙益録之，改帝號，非復舊本。」以談氏之言，合之傅氏所考，疑祁彪佳所藏者即明代越中槧本，而四庫之所著録及近代之所傳刊，則皆出於錢謙益改訂之本耳。至張正蒙妻韓氏女池奴抗節事，見於元史列女傳。正蒙夫婦爲元盡節，自應列於元史，提要乃求之明史中，其亦昧於限斷之義矣。惟馮道二妻及録中所載郁文景妻徐氏、蔡彦謙妻楊氏，元明二史俱不載，誠足補史傳之遺耳。

傳記類存目一 總目卷五十九

孔氏實録一卷

永樂大典本不著撰人名氏，末一條云，大蒙古國領中書省耶律楚材奏准皇帝聖旨於南京特取襲封孔元措，令赴闕里奉祀，原注云：案元措以金承安二年襲封衍聖公。此書或即元措等所撰歟。首録歷代褒崇之典，凡碑文詔旨皆載其略，末載孔氏鄉官甚詳。然敍次頗無體例，如首載聖母顔氏及聖配亓官氏，而孔子以上歷世之事，獨不一敍，疑或傳寫佚脱，非完帙也。考明文淵閣書目有孔子實録一册，永樂大典則作孔氏，未詳孰是。然文淵閣書目傳寫多譌，不足盡據。今仍從永樂大典之名，著於録焉。

嘉錫案：錢大昕十駕齋養新録卷十三云：「孔氏祖庭廣記十二卷，先聖五十一代孫襲封衍聖公元措夢得所編。此本最後有五行云大蒙古國領中書省耶律楚材奏准皇帝聖旨於南京特取襲封孔元措令赴闕里奉祀，來時不能挈負祖庭廣記印板，今謹校正重開，以廣其傳。壬寅年五月望日。壬寅者，元太宗六皇后稱制之年，距金亡已十年，蒙古未有年號，當宋淳祐二年也。」錢氏所見之本，今藏罟里瞿氏鐵琴銅劍樓書目卷十著録，今已影印入四部叢刊續編。末有黄丕烈跋曰：「余檢菉竹堂書目，有孔子實録五册，文淵閣書目有孔子實録一册。伏讀四庫全書提要云孔氏實録一卷，末一條云耶律楚材奏准特取襲封孔元措令赴闕里奉祀，元跋引與提要同，今從省節。此書或即元措所撰歟。今取證是書，與之悉合。方悟向來藏書目所云孔子實録、孔氏實録，即此孔氏祖庭廣記也。」黄氏之説似矣，然提要云：「首録歷代褒崇之典，凡碑文詔旨皆載其略。」而祖庭廣記則崇奉詔文爲卷二，崇奉雜事爲卷三，廟中古碑爲卷十卷十一。崇奉雜事，即歷代褒崇之典也。實録於碑文詔旨只載其略，而廣記則具載全文，是兩書不惟編次先後不同，即體例亦復大異，謂實録即是廣記，未見其然。提要又云：「首載聖母顔氏及聖配亓官氏，而孔子以上歷世之事，獨不一敘，末載孔氏鄉官甚詳。」今祖庭廣記卷八分子目六：曰姓譜，曰先聖誕辰諱日，曰母顔氏，曰娶并官氏，曰先聖小影，曰給灑掃廟户。卷九分子目五：曰鄉官，曰廟中古跡，曰廟外古跡，曰林中古迹，曰廟宅。所謂姓譜者，首敘契封於商，賜姓子氏，周成王時微子啓國於宋，次即歷敘世次，至於先聖，未嘗於孔子以上不一敘也。然則大典本之孔氏實録，實即取祖庭廣記中之卷二卷三卷十卷十一四卷，撮舉其要而移易其次序，又於卷八卷九兩卷中摘取其數門耳。考黄虞稷千頃堂書目卷三論語類。及錢大昕元史藝文志，譜牒類。均有元施澤之孔氏實録十二卷，書名與大典本同，而卷數與祖庭廣記同。提要云「大典本不著撰人名氏」，然余家藏有舊抄永樂大典書目殘本一册，道光戊申長洲顧沅屬友人太倉張應麐手録，有錢天樹跋云豐山馬笏齋明經寄贈，蓋從錢本傳録者。即四庫館臣自大典録出者，所録之書，多與今存大典册首館臣簽出佚書單合。中有孔子實録一卷，施澤之撰。在第十葉宋歐陽士秀孔子世家譜之後。則大典本實具有姓名，且書名孔子實録，與提要亦不合。疑大典或題孔子，或題孔氏，而館中鈔胥，自大典録出，則作孔氏，且失著撰人，提要因據以著録耳。然則此書乃施澤之所撰，其書蓋以孔元措祖庭廣記爲藍本，點竄删併，别題書名，攘爲己作，非余無以發其覆也。施書十二卷，而大典只一卷，則又删節不全之本。讀畫齋刻本文淵閣書目卷四有孔子實録一部五册全，此蓋十二卷之本。而提要及黄氏均引爲一册，豈所據之本不同歟？

聖賢圖贊無卷數

此書摹仁和縣學石刻，而不著刊書人姓名，首冠以明宣德二年巡按浙江監察御史海虞吳訥序，謂像爲李龍眠筆。高宗於紹興十四年即岳飛第作太學，三月臨幸，首製先聖贊，後自顔回而下亦譔詞，二十六年刻石於學。又稱舊有秦檜記，磨而去之。則是石刻之題識，非木本之跋語，故顔曾二子後皆有高攀龍贊，知爲近時人刻也。考玉海紹興十四年三月十一日己巳幸太學，覽唐明皇帝及太宗真宗御製贊文，令有司取從祀諸贊悉録以進。二十四日乙亥御製御書宣聖贊，令揭於大成殿，刻石，頒諸路州學。二十五年又製七十二賢贊，親札刻石頒降焉。二十六年十二月戊午廷臣請頒諸州郡學校，從之。據此，則高宗所撰宣聖贊刊石在紹興十四年，七十二賢贊刊石在紹興二十五年。訥序謂先聖及七十二賢贊，俱於二十六年十二月刊石，殊誤。

嘉錫案：吴訥字敏德，常熟人。以薦起家，官至南京左副都御史，卒謚文恪，明史卷一百五十八有傳。宋高宗聖賢圖贊文，見咸淳臨安志卷十一及金石萃編卷一百四十九。字句僅小異，而章次之先後，乃大不同，未詳其故。提要所引之玉海，見卷三十一，真宗下提要脱徽考二字。據其所言，則七十二賢贊已於紹興二十五年刻石，其二十六年頒諸州郡學校者，當是拓本爾。訥乃謂至是始刻石於學，故提要以爲誤。考建炎以來繫年要録卷一百五十一云：「紹興十四年三月己巳，上幸太學，祗謁先聖，乙亥上出文宣王贊，刻石賜學官，其後又悉贊七十二子。」紀此事甚不詳，不言七十二子贊刻於何時。中興小紀卷三十一云：「紹興十四年三月己巳，上幸太學，祗謁先聖先師，於是上親製文宣王贊，既又御製七十二子贊，并刻石置於太學。」又於卷三十七二十六年十一月下此下蓋脱去若干條，故不見十二月字書云：「初上親製孔子并七十二賢贊，皆灑以宸翰，至是臣僚請勒石國子監，以爲不朽之傳，仍摹本賜諸郡學，戊午詔從之。」所敍之事，既前後矛盾，又似孔子贊及弟子贊并刻於二十六年，與玉海所言尤牴牾不合。惟咸淳臨安志卷十一曰：「紹興十三年六月臨安守臣王㬇即岳飛宅建學成。繫年要録卷百四十八云紹興十有三年正月癸卯詔「以錢塘縣西岳飛宅爲國子監太學」。又卷百四十九云「六月丁酉知臨安府王㬇言太學將畢工」。又云秋七月癸未奉安至聖文宣王於國子監大成殿。十四年三月己巳，祗謁先聖。越六日，內出御製御書宣聖贊，置大成殿。二十五年又製七十二賢贊，親札付臨安府刻石。」同卷御製宣聖七十二賢贊并序題下有注云：「紹興二十六年十二月臣寮言，望詔有司奉安石刻於國子監爲不朽之傳，仍造碑本，徧賜州府軍監學校，用彰右文之化，從之。」以此諸書參互考之，然後知玉海所謂二十五年又製七十二賢贊刻石頒降者，謂命臨安府刻石後，以拓本頒賜近臣也。所謂二十六年廷臣請頒諸州郡學校者，謂將贊序石刻奉安國子監後，普頒拓本於諸州學也。吳訥舉其最終者言之，則并歸之二十六年，亦未可謂之爲誤也，提要自不能考耳。訥跋見陸容菽園雜記卷十二及金石萃編。至於圖贊石刻拓本，余家舊有之，今已亡失。其木刊本，則皆未之見也。

所列七十二子，較史記及唐六典所載七十七人，少十人，增五人。與宋史禮志所載八十二人，則少十人，與唐宋典制皆異。考玉海卷一百十三又云高宗七十二子贊，去史記公良孺公夏首公肩定顏祖鄡單句井疆罕父黑申黨原亢顏何公西輿如十一人，增申棖蘧伯玉陳亢林放琴牢申堂續六人，遂爲七十二人，與此書人數正合。然玉海謂所去十一人，内有申黨，而此書仍列申黨。玉海稱增申堂續，而此書於申黨之外乃增申棖，互相剌謬。

案：自史記仲尼弟子列傳、家語弟子解以及唐六典、卷四唐會要、卷三十五新唐書卷十五禮樂志、五皆七十七人，有申黨而無申棖。今家語作申續，乃申續之誤，續即黨也。惟通典卷五十三增至八十三人，於是申黨之外又有申棖。而蘧瑗林放陳亢琴牢琴張以次並入焉。然琴牢琴張實一人重出，通典於琴牢不詳其封地，於琴張稱贈南陵伯，而高宗圖贊琴牢亦贈南陵伯，通考載祥符追封有琴張無琴牢。通典明是重出。蓋所增者，凡五人，均無所謂申堂續者。續通鑑長編卷七十一云：「大中祥符二年五月乙卯朔，詔追封孔子弟子兖公顏回爲國公，費侯閔損等九人爲郡公，成伯曾參等六十二人爲列侯。」宋史真宗紀亦云：「大中祥符二年五月乙卯，追封孔子弟子七十二人。」玉海亦同。通考卷四十三且具載七十二人姓名封號，禮志乃言追封十哲爲公，七十二弟子爲侯，合之竟得八十二人，其誤顯然。提要以圖贊較宋志少十人爲疑，不知其不可信也。禮志又云：「大觀二年議禮局言史記弟子傳曰受業身通六藝者七十有七人，家語曰七十二弟子，皆升堂入室者。見弟子解篇末，與所載實數不合。按唐會要七十七人，而開元禮止七十二人，又復去取不一。本朝議臣，斷以七十二子之説，取琴張等五人，而去公夏首等十人。」此所謂本朝議臣，蓋指太祖真宗時言之。玉海祥符封孔子弟子條云：「初帝覽崇文院檢定七十二弟子，案史記唐會要凡七十七人，今曲阜廟唯七十二人。帝曰何故不同？王旦言國學七十二弟子，經太祖定議，曲阜準國學畫象。」是也。夫太祖既議定國學配享人數，自必載之開寶通禮，劉温叟等撰。以爲一代之制。朱子語類卷九十云：「陳膚仲以書問釋奠之儀，今學中儀，乃禮院所班，多參差不可用。唐開元禮却好，開寶禮只是全録開元禮，易去帝號耳。」然則開寶釋奠之儀，即盡采自開元禮。蓋開國草創，不遑制作，其減史記七十七人而爲七十二弟子，必是沿襲開元之舊，王旦所謂太祖議定者，歸美之詞云爾。及祥符追封時，方東封西祀，文飾太平，既由崇文院檢定，自必有所去取，不欲盡用草昧之制。觀其所追封之人，有公良孺勾井疆顔何公西輿如，高宗圖贊中悉無之，而別有秦祖潛研堂金石跋尾卷六以圖贊多出者爲秦商，非是。但秦商本贈上洛泊，而祥符加封時誤作少梁伯。少梁本秦祖所封，高宗作贊，始盡復其舊，錢氏觀之不審耳。廉潔後處樂欬四人，蓋公麟之畫，本自如此。高宗作贊時，若悉依祥符所追封，則此四人當用何等爵位，殊難下筆，既而考之開寶通禮，與公麟所畫正合，故遂盡題唐號云爾，固非數典而忘其祖也。惟高宗宣聖贊作於紹興十四年幸學之後，與七十二賢贊非一年所作。其時曾經進覽真宗、徽考御製贊，不應遽爾遺忘，而其贊於孔子名字下大書曰：「開元廿七年制，追謚爲文宣王。」不用玄聖或至聖之號，似乎有意爲之。蓋因玄聖之名，既已廢去，至聖之稱，又係避趙玄朗之諱，極爲不經。高宗方懲政宣道教之弊，故不欲題之也。觀朱子語類於論開寶釋奠儀後，卽繼言紹興七十二子贊不應只據唐爵，足見其爲沿用開寶舊題。提要謂與唐宋典制皆異，不知其正依兩朝通禮也。雖然，猶有不可解者。尋檢今本開元禮，光緒十二年公善堂刊本。其卷五十四國子釋奠於孔宣父篇，所載諸弟子姓名，自先師顏子以下凡八十二人，無不與通典相合，惟不書封爵，又不重出琴張耳。申黨之外有申棖，而林放琴牢陳亢蘧伯玉及公夏首等十人皆在列，與宋志所言，參差不合。考通典所載，係用開元二十七年八月制書，而開元禮先於二十年九月奏上，見舊書玄宗紀。故不稱文宣王，而稱孔宣父。大觀禮臣既言其止七十二人，又言與唐會要去取不一，則於會要七十七人中會要亦是廿七年之制，不應較通典少五人，蓋王溥失考。尚有所除去，必不如通典所載，取史記、家語、琴牢、陳亢文翁圖林放、蘧伯玉、申棖中諸姓名，盡集聚之，至於八十二人也。疑七十二人者，蕭嵩所上之原本，乃二十年以前之制，今本八十二人者，後人用二十七年詔書所修改也。高宗之贊，與玉海刺謬者，獨申黨之名未去，又無新增之申堂續，遂致牴牾不合耳。案困學紀聞卷七曰：「申棖，鄭康成云蓋孔子弟子申續，史記云申棠，字周；家語云申續，字周；翁元圻注云以上論語釋文之文。今史記注云仲尼弟子列傳以棠爲黨，家語注云弟子解以續爲績，傳寫之訛也。後漢王政碑云『有羔羊之絜，無申棠之欲』。案見隸續卷一。亦以棖爲棠。則申棠申棖一人爾，唐開元封申黨召陵伯，又封申棖魯伯。本朝祥符封棖文登侯，又封黨淄川侯，俱列從祀，黨卽棠也。一人而爲二人，失於詳考論語釋文也。史記索隱謂文翁圖有申棖申堂，今所傳禮殿圖有申黨無申棖。」梁玉繩人表考卷五云：「案申子有棖續二名，鄭注作申續，必有所據。故釋文邢疏引古本家語俱作續，績與續通，堂、棠本通，而古庚、陽合韻，棖從長得聲，故棖與堂、棠通用。詩鄭風俟我乎堂，箋云堂當爲棖。又文選靈光殿賦注掌或作棖，形並相近。黨、儻兩字，朱彝尊曝書亭集卷五十六孔子弟子考云申棠史記今本作黨，禮殿圖作儻。亦傳寫譌爾。唐宋已來，因稱名參錯，遂分爲二人，既封申棖，又贈申黨，與開元之並封琴牢琴張何異。」夫申棖申黨，分作兩人，誠爲失考，然其誤始於文翁之著圖，成於開元之贈爵，定於宋祖之議禮。高宗撰贊，述而不作，惡得而擅去之？至於申堂續者，自史記家語以至唐宋之封贈，皆無其人，蓋合史記之申棠、家語之申續聯綴爲一，此申棖之又一化身，高宗恐亦夢想不到，何從而擅增之也哉？蓋御書七十二贊中，實未嘗去申黨而增申堂續，玉海之言，失之不詳審耳。

又如顏子封復聖公，曾子封宗聖公，皆始於元至順中，紹興中作贊，安得標此？又考唐開元二十七年贈顏子兗公，閔子以下至卜商九人皆侯，曾參以降六十七人皆伯。宋祥符二年贈閔子以下至卜商九人皆公，曾參以下七十二人皆侯。今書標爵，皆襲開元。高宗作贊，亦不應近廢祥符而遠從唐制，疑非宋之原石。

案此書刊本於顔曾二子之用元代封號，與其附入高攀龍贊，皆明人竄亂古書之惡習，不得以此疑原贊爲贋作。觀臨安志及金石萃編，顔回下實作贈兗公，曾參下作贈郕伯，何曾有復聖、宗聖之稱哉？提要所言唐宋封爵人數，出於新唐書禮樂志及宋史禮志。其實開元於曾參以降贈伯者，多至七十二人，祥符於曾參以下封侯者，僅得六十二人。新唐志本之唐會要，宋史直是誤爾。詳見前若夫高宗作贊，近廢祥符而遠從唐制，則原文正自如此，宋人已屢言之矣。容齋隨筆卷十云：「唐開元中封孔子爲文宣王，顔子爲兗公，閔子至子夏爲侯，羣弟子爲伯。本朝祥符中進封公爲國公，侯爲郡公，伯爲侯。紹興二十五年太上皇帝御製贊七十五首，五當作三，各本皆誤。而有司但具唐爵，故宸翰所標，皆用開元國邑，其失於考據如此，今當請而正之可也。」朱子語類云：「高宗御製七十二子贊，曾見他處高宗贊既刻石太學，又頒諸州郡學校，朱子未見太學本，而見他處所重刻者。所附封爵姓名，多用唐封官號，本朝已經兩番加封，如何恁地？」又云：「且如紹興中作七十二子贊，只據唐爵號，不知後來已加封矣，近嘗申明之。」此皆足見高宗原本固如此，非明人所僞託也。提要既懷疑不決，縱不能博考，祇須取臨安志略一校讀，則其真僞可立見，何用如此紛紛辯論爲哉？

且李公麟北宋人，安得至紹興中作圖。其圖畫諸賢，多執書卷，既非古簡策之制，而樊遲名須，即作一多髯像；梁鱣字叔魚，即作手持一魚像；尤如戲劇，其妄決矣。

案爲圖像作贊，猶之爲書畫題跋，何必生存人所作而後爲之命筆哉。萃編王昶跋云：「公麟致仕於元符三年，則當卒於徽宗之世，距高宗製贊刻石，不過五十餘年，殆由畫像流傳江南，高宗得而製贊以刻石也。然高宗製贊，並不言及公麟之畫，或其語在秦檜記中，今檜記磨去，不可知矣。」昶言及此，殆即爲提要而發，所畫手執書卷，固不合古制，然畫家豈能每事考古。公麟未見諸賢之面，其畫自係想像爲之，因容態之異以寓其名字，使人望而可識，亦不得已中之一法。可見其慘淡經營。且樊遲縱不名須，何嘗不可多髯，梁鱣縱不字子魚，何嘗不可持魚哉？此其所畫，並未出於情理之外。提要詆爲戲劇，由於胸有成見故也。周亮工讀畫録卷一陳章侯洪綬小傳云：「章侯兒時學畫，便不規規形似，渡江揭杭州府學龍眠七十二賢石刻，閉門摹十日，盡得之，出示人曰：何若？曰似矣，則喜。又摹十日，出示人曰：何若？曰勿似也，則更喜。蓋數摹而變其法，易圓以方，易整以散，人勿得辨也。」洪綬以畫名天下，而其始實得法於此，遂爲公麟後一人。提要顧極訾其妄，是以不狂爲狂也。

東林點將録一卷

明王紹徽撰。紹徽，陝西咸寧人，萬曆戊戌進士，官至吏部尚書，事蹟具明史閹黨傳。其書以水滸傳晁蓋宋江等一百八人天罡地煞之名，分配當時縉紳。今本闕所配孔明樊瑞宋萬三人，蓋後人傳寫佚之。卷末有跋，稱甲子、乙丑於毗陵見此録，傳爲鄒之麟作，所列尚有沈應奎繆希雍二人，與此本不同。蓋其時門户蔓延，各以恩怨爲增損，不足爲怪。又稱許其孝陳保泰楊茂春郭鞏四人後列逆案，不知何以廁名。閻若璩潛邱劄記亦有與王宏撰書曰：頃聞點將録，果出貴鄉王紹徽手否？先生以此書實出阮大鋮，王偶失閹歡，謀所以解之術於阮，阮授以此書，而王上之，而世遂以名之。細思之殊不然，兒時讀點將録，記没遮攔穆宏乃大鋮，豈有自作此録，而竄入己姓名者，云云。則當時已傳聞異詞，然崇禎欽定逆案，以此録屬之紹徽，於時公論方明，諒非誣蔑。明史本傳亦以此書屬紹徽，然則輾轉傳寫，雖或有竄改，其造謀之人，要終不能以浮詞他説解也。

嘉錫案：此書自明末以及有清中葉，迄未付刻，見於各家藏書目録者，大抵皆傳鈔之本。一及乎後來以明人著述開雕，往往轉載是録。余所見者，凡有四本，而皆不同。一吳應箕兩朝剥復録卷十本，一文秉先撥志始卷上本，一劉繇五石瓠卷四本，庚辰叢編排印足本。一無名氏酌中志餘卷上本，武昌書局刊正覺樓叢書本。夫此四人者，皆明末人也，而吳應箕又爲留都防亂揭之起草者，見鮚埼亭集卷十一梨洲先生神道碑文。假使是録果出大鋮之手，豈肯聽其張冠李戴，不爲揭發之理，而兩朝剥復録卷一曰：「紹徽陰鷙，敢悖公論，作東林點將録，以傾陷善類，故其黨推爲盟主。」又卷二曰：「紹徽撰東林點將録，與逆璫謀害諸君子。」又其卷七周朝瑞傳曰：「初，朝臣王紹徽撰東林點將録，逆黨有指示忠賢者，曰此一百八人皆欲殺祖爺者也。」其所附載之點將録，則大書曰明王紹徽撰。然則即無崇禎逆案，紹徽亦終不能以浮詞他説解，後人可無庸置喙矣。此四本所配之人名既不盡同，則四庫之所著録，不知係用何本？然觀其所引卷末之跋，與酌中志餘所載者合，又謂録中佚去所配三人，而原跋亦云中缺姓名三四人，則四庫之所著録，疑即用酌中志餘本矣。惟今本并無許其孝等四人姓名，則不知其何故也。王士禎居易録卷二十六已引酌中志餘，徐秉義培林堂書目、黄虞稷千頃堂書目均著録。乾隆時兩淮進呈書目有明人酌中志餘十一種。香祖筆記卷五謂「點將録中之許其孝魏應嘉郭鞏陳保泰楊茂春皆以小人竄入其中者。」知當時實有此本，惟與今之傳本參差不合耳。原跋又云：「當時羅璫禍最慘，尚有周宗建黄尊素，而東林名目，尚有姚希孟，不應不在此中，又不敢以意增入。」及觀今之刻本酌中志餘，則周宗建配雙槍將董平，黃尊素配小李廣花榮，姚希孟配矮脚虎王英，剝復録則宗建配穆春，尊素配侯健。五石瓠同先撥志始，則宗建配陳達，尊素配索超，希孟配歐鵬。今之刻本乃與跋不合，是何也？且考明史卷二百十六希孟本傳云：「希孟入翰林望益重，尋請假歸。四年冬還朝，黨禍大作，希孟鬱鬱不得志，其明年以母喪歸，甫出都，給事中楊所修劾其爲繆昌期死黨，遂削籍。」是則希孟雖係東林黨，而其立朝未久，不致爲閹黨所深忌，固宜不在此録中矣。提要既置之不言，疑今本又經後人意爲增損，非其舊也。此書付刻既遲，則每經一度傳鈔，必有一番增改，蓋人亦孰無恩怨，小人以辱君子者，君子或以爲榮。出入之間，榮辱斯異，恩怨行焉。黃煜碧血録人變述略云：「初傳有天鑒、點將諸録，蓋逆兒所造，羅列諸正人，斥爲黨，獨未及吏部名。吏部慨然曰，此度遼有不與之恥也，益奮發無所顧忌。」吏部者，周順昌也。而今則剝復録中順昌配没遮闌穆弘，酌中志餘、先潑志始則以配玉旛竿孟康，五石瓠則一作菜園子張青。此必順昌死閹禍後，始各以意增入之，可見其初卽無一定之本。至於作者，凡有數説，而要以謂爲王紹徽撰者爲最多，大抵出自明末啓禎間人之口，深可保信。如陳貞慧卽共吳應箕同草留都防亂揭者也，其所作書阮大鋮造十八羅漢七十二金剛事云：「欲如王紹徽點將録故事，一網殺盡之。」使此書爲大鋮所作，則貞慧爲囈語矣。又若李遜之，應昇之子也，作三朝野記卷三曰：「時有東林點將録，計百餘人，以水滸傳天罡地煞姓名配之。又有同志録人益衆，皆王紹徽撰造，魏廣微爲之宣布，傳入禁中，魏忠賢揭於御屏，以次漸除焉。」文秉者，震孟之子也，作先撥志始，所載點將録，其末行雖題天啓四年甲子冬歸安韓敬造，此因敬造天鑒録而誤，詳見天鑒録條。而其前先附案語曰：「點將録舊傳王紹徽所作，或是韓敬因紹徽原本而增改之者耶？」秉又作甲乙事案，即荆駝逸史之顧炎武聖安本紀，兹據武昌徐氏舊抄本。卷一曰大鋮隨上孤忠被陷之疏，中云：「臣當天啓年間，從無一官之躐，一字之諛，一椽之建，甚且點將録勒大鋮名于其中，冀殺鋮爲快。鋮與崔魏諸黨，不惟風馬牛不相及，且冰炭水火之不相容，亦既昭然矣。」秉駁之曰：「謹案大鋮此疏，將以掩其逆案之枉，而不知適所以自供也。當南樂原注魏廣微。借内修怨楊左，嚴譴去國，是時徐大化朱童蒙俱中旨陞京堂用，大鋮以葉有聲薦，亦中旨陞京堂用，遂由堂少陞光禄，正楊左被逮時也。案熹宗實録天啓五年四月己亥，禮科給事中葉有聲薦原任吏科都給事中阮大鋮，得旨，阮大鋮起陞京堂，五月甲辰阮大鋮陞太僕寺少卿，非光禄寺少卿也。此微誤。又爾時苟非逆案所喜者，一登啓事，即遭削奪。大鋮既與崔魏若水火冰炭之不相容矣，何取京堂之中旨如寄，而當少光禄之推，隨推隨用，毫無阻牾何也。點將録抄布四方，并無大鋮姓名。假使有之，有聲豈敢薦剡乎，此理之最明者。」文秉雖於此録之撰人尚未經論定，而其辨録中并無大鋮姓名，可謂明辨以晰矣。夫謂録中有其名，自是大鋮之詭辯，因阻其進用之人，詈之爲魏奄餘黨，爭之甚力，故不得不設詞以自救。明知其無益，亦不過暫時假借之，以爲進身之階而已。及其得志，則日謀殺東林黨人以爲快，尚何有於區區之點將録哉。卽大鋮後來，亦必以列名於没遮闌爲耻也。乃因此竟有謂此録爲大鋮所作者，大抵起於易代以後。其説流傳頗盛，不止王宏撰一人云爾也。趙吉士魏忠賢始末云：「阮大鋮又進點將録。」計六奇明季北略卷二點將録條下自注云：「阮大鋮作獻魏閹，指爲東林惡黨。」其餘諸家似此者，不一而足，至謂大鋮原列録中號没遮攔者，尚見於他書，亦不止閻若璩一人也。明詩綜卷六十一李應昇條引静志居詩話云：「王紹徽撰點將録，阮大鋮名亦與焉。大鋮初與李忠毅應昇謚魏忠節大中謚相善，及忠節補吏垣，大鋮疑忠節有意逐之，遂結傅櫆黨於魏忠賢。其後居南京，諸生顧杲等一百四十人草檄討之，既而附馬士英得志，導之重翻三案，誅鋤正人，僉壬之反覆，真同鬼蜮。」又卷七十六顧杲字子方條下引詩話云：「崇禎戊寅南國諸生百四十人，具防亂公揭，請逐閹黨阮大鋮，子方實居其首，大鋮飲恨刺骨，而東林之讐在必報矣。大鋮名在東林點將録，號没遮攔，而閩人周之夔亦注名復社第一集，阮露刃以殺東林，周反戈以攻復社，君子擇交，不可不慎之於始也。」彝尊之説，與若璩可謂不謀同辭。二人並生於明末，彝尊長於若璩七年耳，彝尊生於崇禎二年，若璩生於崇禎九年。是必兒時所見之本相同矣。夫文秉與阮大鋮生際同時，已言點將録并無大鋮姓名，二人之所見，果可據耶？使其可據，則今日所傳諸本，何以無大鋮之名耶？以意推之，大鋮既欲自辯並非逆黨，至形之於章奏，則必先行竄入自己姓名，抄寫若干本，散之四方，使人信其果是當時之原本，以證所言之非虚。朱閣皆生長南方，故得讀而信之。王宏撰卒於康熙中年，已七十有五，自述其所聞見，當卽在明末。所謂王紹徽偶失閹歡，謀之於阮者，王之姻黨委曲自解之詞也。亦因大鋮有傳布斯録僞本之事，遂從而誣之耳。朱閣二人竟眞信爲録中之没遮攔，此無他焉，少時所讀，先入爲主故也。大鋮之欺乃得售，死而有知，將含笑入地，爲之齒冷耳。若夫趙吉士計六奇輩所著書，本爲稗官小説，但承流俗所傳聞者書之，又何從知其是與非耶？至於紹徽之著是書，不獨崇禎欽定之逆案，已有定論，逆案紹徽名下罪狀爲造點將録，佐中旨處分，見先撥志始卷下。并言官之奏劾，皆有明文可考。鄒漪啓禎野乘卷四毛御史傳云：「公諱羽健，爲雲南道御史，疏參舊冢宰王紹徽，創造妖書，名點將録，教猱升木，盡逐清流，請重加削奪，以爲傾害忠良者之戒。」明史卷二百五十八羽健本傳，不載此事，明史稿列傳一百四十二，亦無此疏。漪書頗可以裨史闕。羽健嘗劾大鋮反覆變幻，大鋮以此被斥。儻使此書果出於大鋮，羽健何爲不加以糾彈，而獨歸罪於紹徽，宏撰之説不然，明矣。明史卷三百六閹黨傳云：「紹徽在萬曆朝，素以排擊東林，爲其黨所推，故忠賢首用於居要地。紹徽倣民間水滸傳，編東林一百八人爲點將録，獻之。令按名黜汰，以是益爲忠賢所喜。」夫既云倣水滸傳，則梁山泊各頭領原只有三十六天罡，七十二地煞，故各書皆云，此録所列東林黨共一百八人，獨啓禎兩朝剥復録所附載者，多出十二人。所多者爲東林步軍頭領十二員，不列水滸諢名，内惟侯恂一員與前所配神醫安道全互出。考吴偉業梅村家藏稾卷二十六葉公傳云：「吾之先朝有相國者，指葉向高相天啓朝。與奄尹忤，奄之私人，取稗官家姓氏，以指目善類，凡百二十人，爲黨録，而吾宗爲之魁，無脱漏者。」此乃以寓言爲茶葉作傳，雖以文爲戲如毛穎、羅文之類，而其所謂黨録，實卽指此録言之也。又卷四十三太僕卿徐憲卿墓誌銘云：「奸黨側目，又爲蜚語造黨録，託稗官小説者家，首福唐葉公、高邑趙公，凡百二十餘人，公與焉。」案憲卿各本皆配出洞蛟童威，惟先撥志始作活閃婆。是偉業所見者，與吴應箕同。疑當時自有詳略兩本，並傳於世。著書者各就所得言之，此其所以互異歟？

天鑒録一卷

不著撰人名氏，題下注曰真心爲國，不附東林，横被排斥，久抑林野，及冷局外轉者，凡一百三人，皆魏忠賢之黨也。

嘉錫案：此書在酌中志餘之内，湖北書局始取志餘刻入正覺樓叢書，北京大學藏有舊鈔本。余嘗假出校過，不過姓名有幾字之異。如申永茂，鈔本作申周懋，宫應震抄本作官應震而已。其餘若題下小注及全書人數，無不與提要相合。然則四庫所著録者，殆卽酌中志餘本也。提要云不著撰人名氏，考明史卷三百六閹黨傳云：「忠賢以閱工，故日至外朝，呈秀必屏人密語，以間進同志諸録，皆東林黨人，又進天鑒録，皆不附東林者。令忠賢憑以黜陟，善類爲一空。」明史紀事本末卷七十一略同，但不言進同志録而已。計六奇明季北略卷二天鑒録條下亦云：「崔呈秀作，獻逆閹，指東林黨。」則撰此録者，自是崔呈秀，史有明文，不至不知名氏也。然而明末人書中，乃別有異説焉。談遷棗林雜俎和集云：「錦衣□□胡歧山，太監胡良輔從子也。德清蔡奕琛以置海寧中書吳忠彦家，嘉興岳和聲虞廷陛合謀作天鑒録，謂東林枉做小人，不贏東林，得爲君子。列名分注，凡五百七十人，品目三日夜，書成，託浙撫後牆把總□密致之逆賢，以把總其心腹也。又五千金託歧山壽崔呈秀謀薦起忠彦。」以余考之，談遷此説蓋得自草野傳聞，絶不足信。剥復録卷八載己巳崇禎二年京察中有河南司主事沈德元一名，其下所附條款云：「一本官與吳中彦同爲劉廷元門客、岳駿聲爪牙、勞永嘉兒女親家。」云云。又云：「一本官爲韓敬鷹犬，出死力害人，與敬暨駿聲永嘉中彦造天鑒録一書，凡與敬輩相厚者，俱稱爲君子；與彼相左者，俱指爲小人。將此書入京，送與徐大化霍維華楊維垣輩，令其參諸正人。一面又託周昌晉送與魏良卿，轉送逆璫魏忠賢。逆璫將此録黏于屏風，後來皆依此録，海内名賢殺戮削奪殆盡，皆德元所致也。」此次京察，乃吏部尚書王永光等所奏，乃知談遷所記，以譌傳譌。吳忠彦當作中彦，岳和聲因駁聲而誤。至於所謂把總某者，蓋子虛烏有之人也。此不獨談遷爲然也，卽如明史閹黨傳言呈秀屏人密語，以間進天鑒録者，亦只是據流俗之傳聞，未嘗考之官文書也。天鑒録自是魏良卿所轉送，於呈秀奚與哉？殆以呈秀參與密謀，以致衆惡皆歸焉耳。若夫談遷敍此録之撰人，忽將一虞廷陛無故牽入，則尤可異焉。熹宗實録卷六十五云：「天啓六年四月壬辰，工科給事中虞廷陛言要典集成，昭如日星，從前枝葉，斬盡葛藤，向後牽纏，統歸融釋。迺邇日相傳名類種種，有所謂天鑒録，又聞有點將録、初終録、同心録、石碣録、僞鑒録等本，不一而足。非書非傳，恣其筆端。皇上保治平明，禁嚴浮議。自今以後，悉以三朝要典爲憑，凡有私集，如前列諸種書，盡令毁絶。則僉壬反中之計窮，而臣僚公忠之益廣，於以培植正人，併力疆埸，未必無小補矣。得旨：『這本説的是，妖言惑衆，禁令甚嚴。世道清明，豈容魑魅罔兩，横行白晝。天鑒録諸書，誣捏不根，意在報復恩讎，傾陷異己，本當追究重處，姑且不究。今後凡係此等私書，一見卽爲焚燬，不得傳説，溷亂是非。有不遵的，着緝事衙門，訪拏治罪。目今時事多艱，朝廷用人，但以職事修廢，課其功罪。一切葛藤，悉宜掃絶，不許妄起事端，自分畛域。該部知道。』」談遷謂廷陛爲手撰此書之人，而廷陛奏請毁絶者以此書爲首，狐埋之而狐搰之，兒戲之事，亦不至於此。吾故曰談遷之説爲以譌傳譌，絶不足信也。雖然，廷陛逆案中人也，忠賢方奉天鑒等録爲聖書，見明史紀事本末卷七十一。而廷陛直攻擊之，頗不類其所爲。熹宗實録卷八十六云：「七年七月戊辰，禮部題三省正副考官山東户科左劉先春、吏科右虞廷陛。得旨，劉先春虞廷陛俱係門户，都着削了籍爲民，追奪誥命。」是竟因此賈禍矣。而後來定逆案，曾不末減其罪，是以李清三垣筆記卷下爲作不平之鳴，其説曰：虞給諫廷陛當魏璫方熾時，有「要典既明，紛嚣宜息」一疏，挽救良苦，且所糾乃孫司農居相，而逆案中誤謂糾趙太宰，故徐冢宰石麒、夏銓曹允彝，亦爲稱冤。今考允彝幸存録卷下論逆案果及廷陛事，與清之説同，然而清説不足據也。清祖思誠，名在逆案，清曾再疏爲之辨冤，而因其祖之故，推錫類之思，凡於逆案中人意存左袒，輒引幸存録之言爲證。此所以順德李文田疑幸存録爲清所僞作。繆荃孫藝風堂續集卷六有跋，言之詳矣。然則廷陛何爲犯魏璫之怒，而有此疏也。吾嘗求之熹宗實録而得其故焉。實録卷六十五云：「天啓六年四月丙子，大學士顧秉謙三載考滿，引年乞休，因言天鑒録誣臣爲東林脅從之首，風馬牛不相及。得旨，天鑒録原係不根之言，何必介懷。」是月癸酉朔丙子，爲月之初四日，而廷陛之疏即上於二十日壬辰，相去纔十六日，其爲受宰相之意旨，與之相爲呼應，昭然甚明。廷陛疏既上，忠賢不即怒，且得温旨，蓋秉謙爲首輔所票擬也。其云姑且不究者，以此書爲忠賢所重視，不敢究亦不能究也。廷陛猶得暫免於禍者，忠賢亦知其受意於首輔也。迨至明年七月，廷陛終不免於爲民，宰相亦熟視而無如之何。明史以爲秉謙爲人庸劣無恥，斯之謂矣。李清謂廷陛「要典既明」一疏，挽救良苦，夫其獨尊重要典者，誠以三朝要典爲奉旨所修，且有熹宗御製之序冠其首，藉王言以壓羣論，其勢甚易。且總裁三人，顧秉謙居其首，此疏既由秉謙所授意，則惡得而不尊重之。然東林諸君子，莫不以力争三案，得罪於當時，而要典之作，乃聚羣小人之言，以攻諸君子。今既以要典爲主，則將日取東林黨人貶竄放殺之，惟恐其不盡。李清謂之挽救良苦，吾不知其何説也。然則今本無所謂東林脅從，亦不以顧秉謙爲首，是何也？曰：是録傳抄既久，各本不同，如明史紀事本末、明季北略、花村談往所載是書姓名不同，人數亦異，大抵皆言録中有東林黨人，有不附東林，以見其對立，非如提要所言皆魏忠賢之黨也。至言是録有東林脅從孫鼎相徐良彦等，而非顧秉謙，則見於查繼佐罪惟録列傳卷二十九之魏忠賢傳。考東林朋黨録中秉謙正列東林脅從之首。蓋秉謙以天啓二年入相，其時忠賢之權，尚未大熾。秉謙之奉教承令，容或有不盡如響斯應者。故忠賢之黨造朋黨録及天鑒録，率以此誣之。及秉謙奏辯，自謂其於東林如風馬牛之不相及，忠賢亦覺其所票擬，事事能徇其意旨，乃不再堅持成見，遂改東林脅從爲真心爲國，不附東林之第一名矣。如花村談往卷一所載者是也。今本無顧秉謙魏廣微等，并去其東林黨葉向高等之名，與談往及北略皆不合者，非原本也。東林雜組言列名者至五百七十人之多，疑傳聞失實。張鑑冬青館乙集卷七引茅止生掌記云近日逆賢時同心録所稱姦黨二百五十八人，天鑒録又八十人。茅氏書，余未見。夫忠賢所謂姦黨者，東林黨人也，今本乃無一人，此尤參差不合者矣，余因之重有感焉。夫人之云亡，邦國殄瘁，不有君子，其能國乎。當天啓之時，明之君子，可謂衆矣。使同心協力，以謀國是，人亦孰得而亡之。天忽生一魏忠賢，殺戮放逐之，惟恐其不盡。至崇禎之時，其孑遺蓋亦僅矣。然後滿洲之人起而與之争天下，猶發蒙振落耳。若酌中志餘所刻各種，雖皆區區小册子，然而明清之興亡係焉，不可不察也。余自前年之冬（一九四九年）得志餘本，發憤欲加以考證，已而忽病，心念之不已。當疾劇之時，覺病榻之前後左右所陳列皆書也。病愈而考索愈力，未及終篇，忽轉爲風痹。卧床五月，而後能步履，今年始粗能作字，乃以前所創稾整理之如右，讀者能鑒余之苦心否乎？一九五〇年三月上巳

傳記類存目六 總目卷六十四

僞豫傳一卷

宋楊克弼撰，述劉豫降金僭號始末。其序稱以豫逆臣，不當稱僞齊，故削其國號，而名稱之，以示貶也。傳中載豫阜昌八年遣宣義郎楊克弼乞師大金，克弼他辭，乃改差韓元美。案北盟會編作韓元英。是克弼亦嘗仕豫，豫廢後，乃復歸宋耳。陳振孫書録解題作逆臣劉豫傳楊堯弼楊載等撰，與此本不同，克堯字形相近，未知孰是也。

嘉錫案：書録解題卷七逆臣劉豫傳之前尚有一條云：「二楊歸朝録一卷，楊堯弼楊載紹興八年所與撻辣兀朮書，原作所與達賚烏珠書，蓋館臣所改譯，今從通考經籍二十四所引回改。時僞齊初廢也。」其名亦作克弼。考三朝北盟會編卷首引書目但有楊堯弼上金人元帥書，蓋即所謂二楊歸朝録，而無逆臣劉豫傳之名。然其卷一百八十一及卷一百八十二兩卷之中，實已將此傳全部收入，其略云：「右從政郎楊堯弼作僞豫傳曰：謹案春秋大法，衛州吁、齊無知弑君自立，書名以賤之，削去官秩，除去族氏，以示誅絶，而彰暴罪惡於萬世。今豫雖廢，得免萬死爲幸，然尚稱爲僞齊，若不誅絶，何以昭示懲戒！當削其僭號，貶其官，除其姓氏，作僞豫傳，以爲亂臣賊子之戒云。」然則堯弼原書之稱僞豫，乃特意除去其姓氏，以示誅絶。書録解題稱爲逆臣劉豫，殆後人所改，雖欲以著其叛逆，然與堯弼自序之語不合矣。四庫著録之本，疑卽從北盟會編中録出，故書名亦仍其舊。至堯弼之作克弼，則傳寫之誤耳。建炎以來繫年要録卷十二建炎二年正月辛丑，劉豫除知濟南府條下原注，亦引楊堯弼所作僞豫傳，可以爲證。提要據本書之言，謂堯弼亦嘗仕豫，豫廢之後，乃復歸宋，是固然矣。然考繫年要録卷一百十八曰：「紹興八年正月辛丑，金國宣義郎總管府議事官楊堯弼、迪功郎楊憑，楊憑當作楊載，書録解題云載右迪功郎。獻書於左副元帥魯國王昌、右副元帥瀋王宗弼和議三策。上策，還宋梓宮，歸親族，以全宋之地，責其歲貢而封之；中策，守兩河，還梓宮；下策，以議和款兵，重邀歲幣，出其不意，舉兵攻之，僥倖一旦之勝。又言，今宋使以梓宮爲請，萬一不許，大軍縞素遮道。當此之時，曲在大金而不在宋，昌後頗用其言。」此蓋卽二楊歸朝録中所載之書，魯國王昌卽撻辣，史作撻懶。瀋王宗弼卽兀朮也。然則豫廢之後，堯弼又嘗仕金矣。其所畫上策，雖似爲宋游説，然當其時，豈敢自信其策之必行，不過姑爲此説，以明其心不忘宋而已。至於中下二策，可謂巧發奇中，是時宗幹等力争，不欲以廢齊舊地與宋，見金史撻懶傳。其謀蓋如此，而兀朮尤甚。幸而撻懶必欲以河南地歸宋，而兀朮之謀不得發。使當時卽行其言，則宋之見伐，不待紹興十年以後矣。堯弼蓋揣摩時勢，知金之對宋，不出此三策。使出於上策，則己重於宋；出於中下策，則己重於金；故先上書言之，以爲之券，意可攘臂以取富貴，而二國之勝負不與焉。是真有策士之風者。逮和議成而歸宋，遂貪天之功以爲己力，亟亟焉纂爲歸朝録，具載此書，以明其忠於謀國，得遷右從事郎。後又爲此傳痛詆劉豫，以自白其非叛黨，可謂巧於自謀矣。不幸而秦檜欲自擅和戎之功，遂使堯弼終不得大顯，則天也。堯弼身爲劉豫之臣，及其敗而著書，繩以春秋之大法，不知己之北面於叛臣，屈膝於醜虜，此於春秋尊王攘夷之義合乎，不合乎？然則堯弼之以口舌誅叛臣，其功尚不如蒼頭子密之於彭寵也，何足道哉！宋會要一百十九册選舉第三十一。曰：「乾道四年六月，新權發遣容州楊堯弼言，乞將廣西闕正官州縣，特破格差注一任，從之。」蓋秦檜死後，堯弼終以前功得稍稍敘遷。至孝宗時，遂典州郡，其計固已小售，但不聞大得志耳。余特惡其反覆狙詐，導夷狄禍中國以爲己利，而又著書欺世而盜名，故發其覆如此，非欲爲逆臣末減也。

史鈔類存目總目卷六十五

兩晉南北奇談六卷

舊本題宋王涣撰。涣爲仁宗慶曆末睢陽五老之一，不聞其著此書。考太學進士題名碑，弘治丙辰科有王涣，象山人。明史藝文志有涣所著墨池手録三卷。此本自稱墨池王涣，與墨池之號相合，知此書爲明王涣撰，其稱太原，蓋舉郡望耳。其書摘録晉書以下八史以下瑣語雜事。

嘉錫案：明李詡戒菴漫筆卷七云：「余少時見蘇城婦女祭所謂太嬀者，獻酒拜伏，必祝曰：

今夜獻過太媽娘娘三盃酒，願得我家養子像陸南、王渙、文徵明。遍城皆然，習以爲例，今人所皆知者惟文耳。」自注云：「王渙，號墨池，習見其所纂兩晉南北奇談六卷，其所著雜賦一卷，則衡山公餉余者，與陸偕中正德己卯科應天鄉舉。」黄虞稷千頃堂書目卷十二子部小説類有王渙墨池瑣録三卷，三字據鈔本補。自注云：「字渙之，長洲人，正德己卯舉人，嘉興府通判。」提要謂是弘治丙辰進士，丙辰係弘治九年，下距正德十四年己卯，已閲二十三年矣。惡有已中進士二十餘年，復舉於鄉者乎？且其籍貫不同，一象山，一長洲，明係二人，此是長洲王渙之所作，提要張冠李戴耳。

四庫提要辨證卷七

史部五

載記類總目卷六十六

吴越春秋十卷

漢趙煜撰。煜，山陰人，見後漢書儒林傳。是書前有舊序，稱隋、唐經籍志皆云十二卷，今存者十卷，殆非全書。又云楊方撰吴越春秋削繁五卷、皇甫遵撰吴越春秋傳十卷，今人罕見，獨煜書行於世。史記注有徐廣所引吴越春秋語，而索隱以爲今無此語，他如文選注引季札見遺金事，吴地記載闔閭時夷亭事，及水經注嘗載越事數條，類皆援據吴越春秋，今煜本咸無其文云云，考證頗爲詳悉，然不著名姓。漢魏叢書所載合十卷爲六卷，而削去此序併注，亦不題撰人，彌失其初。此本爲元大德十年丙午所刊，後有題識云，前有文林郎、國子監書庫官徐天祜音注。然後知注中稱徐天祜曰者，卽注者之自名，非援引他書之語。惟其後又列紹興路儒學學録留堅、學正陳昺伯、教授梁相、紹興路總管提調學校官劉克昌四人，不知序出誰手耳。

嘉錫案：吳壽暘拜經樓題跋記，言其先人曾從元刻補鈔徐天祜序並補注九條云云。今案音注，卽是天祜所作，則序自宜出於天祜之手，吳氏之説蓋是也。至於後列之留堅等四人姓名，不過因書刻於郡庠，因而幸附驥尾耳，惡得作此序乎？提要於天祜事蹟不詳。考寶慶續會稽志卷六進士題名云：「嘉定三年壬戌，方山京榜徐天祜。」萬姓統譜卷七云：「徐天祐（祜誤祐）字受之。父梠，朝奉大夫知惠州。天祐初有慧質，穎悟夙成，以惠州任爲將仕郎，銓試爲詞賦第一。註歸安尉，地近事煩，而尉職猶劇。天祐既試以吏事，衆皆驚服。貴人居邑者，將囑事，出謂人曰：『吾見尉，自不敢有所請。』中進士第，時年尚英妙，聲華籍藉，爲大州教授，日與諸生講經義，聽者感發。德祐二年，以文林郎、國庫書監召，不赴，退歸城南杜門讀書，與人交終不變。四方學者至越，必進謁。天祐高冠大帶，議論卓卓，見者咸以爲儀形。」宋詩紀事卷六十八云：「徐天祐字受之，山陰人，嘉定三年進士，與王修竹齊名。」至於天祐之序，其所考證，實不甚精，今特舉正之於此。案隋書經籍志有吳越春秋十二卷，趙曄撰，又有吳越春秋削繁五卷，楊方撰、吳越春秋十卷，皇甫遵撰。天祐序謂此二書，今人罕見，獨曄書行於世，蓋因隋志楊及皇甫二書均題撰字，遂疑二人別有所撰，與趙書不同也。今考皇甫遵之吳越春秋十卷，唐志作吳越春秋傳，通考經籍考同，並引崇文總目云：「唐皇甫遵注。唐字誤初趙曄爲吳越春秋十二卷，其後有楊方者，以曄撰爲煩，又刊削之爲五卷。遵乃合二家之書，考定而注之」云云。愚案楊方晉書附賀循傳後，云：「字方回，會稽人，官至高梁太守，更撰吳越春秋行於世。」崇文總目第云：「其後有楊方者」，而不言方爲何時人，殆未檢晉書歟？傳所言更撰云者，卽指削繁而言，非別撰一書也。皇甫遵之書，名之爲傳，卽是書之注，第既合曄與皇甫之書，其意必以爲曄書太繁，遵書太簡，故合二書斟酌乎繁簡之間以求適乎其中，故較原書少二卷。二人之書卽曄書，而云獨曄書行於世，誤之甚矣。此書十二卷之本，至宋時尚存，新唐志、讀書志、通考並著於録，宋史藝文志別史類有此書，已作十卷。考蔣光煦斠補偶録，有所校影宋本亦止十卷，則此二卷，當亡於宋末，皇甫遵之書正是十卷。宋本，疑卽用皇甫之本，而去其注。然則當云獨皇甫遵書行於世，不當如序所云獨曄書行於世也。序又云：「徐廣史記注引吳越春秋，而索隱以爲無其語。」考吳世家索隱云：「徐廣引吳越春秋云，王僚，夷昧子，今檢吳越春秋無此語」，序蓋卽指此條。考之本書吳王壽夢傳云：「吳人立餘昧子州于，號爲吳王僚也。」餘昧卽夷昧，徐廣所引，殆卽因此二語而檃括之。索隱以爲吳越春秋無此語，已誤，序從而疑此書，更誤矣。其餘若文選注諸書所引，亦當在所佚二卷之內。序乃云，今曄本咸無其文，若疑其在方遵書內也者，何其漫無考證哉！提要乃稱其考證頗爲詳悉，過矣！余十五歲時，嘗作吳越春秋辨證，既悔其少作，原稿又燬，姑撮其大指如此。

越絶書十五卷

不著撰人名氏，書末敍外傳記以廋詞，隱其姓名，爲會稽袁康所作，同郡吳平所定也。隋唐志皆云子貢作，非其實矣。

嘉錫案：徐時棟煙嶼樓讀書志卷十三云：「周時有越絶一書，所謂或子貢或子胥作者，今所傳越絶書，乃漢袁康所作。是越絶之傳，其後越絶亡而越絶書獨存，書中明白可考。不解數千年來讀是書皆復夢夢，卽以漢人之書，而疑子貢、子胥作也。其篇末詳記作書人姓名爲袁康，删定者爲吳平，既顯著名氏，毫不掩飾如此，而書中乃曰子貢作此書、子胥作此書，雖夢中囈語，無是理也。本事篇明云何不稱越經書記？謂此書何以不名曰越經、或越書、或越記，而乃名越絶，下文詳釋所以稱絶之故。今此書儼然名越絶書，而尚曰何不稱書，又夢中囈語所未有者。卽此兩端，今書顯爲越絶之傳，作者本是明白，並未作一夢語，而後之讀其書者，反皆憒憒説夢，可異也。餘證甚多，余將爲越絶考以發其覆，而解數千年不解之疑案，亦一快事也。」余案徐氏力駁子貢或子胥作越絶之説，固亦言之成理，自謂足解數千年之疑。顧其所作越絶考，余未之見，不知其説云何，其或將作之而未成耶？但前人有謂越絶，卽漢志雜家之五子胥八篇者。洪頤煊讀書叢録卷二十云：「雜家五子胥八篇，兵技巧家五子胥十篇、圖一卷。頤煊案武帝紀臣瓚曰，伍子胥書有戈船。又曰，伍子胥書有下瀨船。此當在兵技巧家十篇中。史記正義引七録云，越絶十六卷，或云伍子胥撰。藝文志無越絶，疑卽雜家之五子胥八篇，後人并爲一。故文選七命李善注引越絶書五子胥水戰兵法一條、太平御覽卷三百一十五引越絶書伍子胥水戰法一條，引伍子胥書，皆以越絶冠之。今本越絶無水戰法，又篇次錯亂，以末篇證之，越絶本八篇：太伯一、荆平二、吳三、計倪四、請糴五、九術六、兵法七、陳恆八，與雜家五子胥篇數正同。」今按洪氏之説，與徐氏正相反，雖其謂越絶卽五子胥八篇，無以見其必然，然有七録足據，況本書本事云「一説蓋是子胥所作」乎！徐氏謂書名越絶，不名越書、越記，而隋志實作越絶記十六卷、兩唐志則作越絶書十六卷，均著録雜史類，題爲子貢撰，而今本却每卷只題越絶第幾，並無記或書字，徐氏之説失之不考。本事篇云：「問曰越絶誰所作，吳越賢者所作也。」又云：「或以爲子貢所作，一説蓋是子胥所作也。」是古之越絶，雖袁康、吳平輩，已不能確指其人，吾謂當以吳越賢者所作近是。以其陳成恆篇記子貢一出，亂齊破吳與晉彊越，故或以爲子貢所作，以其有子胥水戰兵法及吳楚之事，故一説蓋是子胥所作。至於輯録者之爲何人，則已無姓名可考，惟相傳爲吳越古之賢者耳。若袁康、吳平輩，特爲作外傳，而非輯録越絶之人也。然其中實有子貢事及子胥兵法，徐氏力辯不出於二人者，非也。洪氏以爲卽雜家五子胥八篇，則陳恆一篇事極誣罔，純係戰國好事者爲之，豈出子胥之手！且使其事果實子貢一出，而破吳彊越，則子胥之仇也，何爲筆之於書，且從而鋪張之乎？計八篇惟兵法一篇，當出於五子胥書，然當在兵技巧十篇之中，非雜家也。蓋古之兵書，言水戰者，自子胥始，故其書有戈船下瀨船。太白陰經水戰具篇云：「水戰之具，始自伍員，以舟爲車，以楫爲馬。」漢志兵權謀有范蠡二篇、大夫種二篇。沈欽韓漢書疏證卷二十六云：「吳越春秋，大夫種言滅吳者有九術，史記作七術，越絶書九術同。」今越絶內經九術，在第十二卷，蓋卽大夫種之一篇，而卷五請糴內傳，其謀亦出於種，或亦其一篇歟。計倪爲范蠡之師，則卷四計倪內經疑出於蠡書也。若夫五子胥書，則除兵法篇今亡外，卷二之外傳，記吳地傳，原名吳太伯內傳卷一之荆平王內傳，當亦出子胥書。由是言之，則越絶中有兵家大夫種、范蠡二家書，而五子胥書，則兵技巧與雜家互有之，不專屬於雜家也。自來以越絶爲子貢或子胥作者，固非其實，而如提要及徐氏說，以爲純出於袁康、吳平之手者，亦非也。余以爲戰國時人所作之越絶，原係兵家之書，特其姓名不可考，於漢志不知屬何家耳，要之，此書非一時一人所作。書録解題卷五云：「越絶書十六卷，無撰人名氏，相傳以爲子貢者，非也。蓋戰國後人所爲，而漢人又附益之耳。」斯言得之矣。

鄭明選秕言引文選七命注引越絶書「大翼一艘十丈、中翼九丈六尺、小翼九丈」。又稱王鏊震澤長語引越絶書「風起震方」云云。謂今本皆無此語，疑更有全書，惜未之見。按崇文總目，稱越絶書舊有内記八、外傳十七，今文題闕舛，裁二十篇。是此書在北宋之初已佚五篇，選注所引，蓋佚篇之文，王鏊所稱亦他書所引佚篇之文。以爲此本之外，更有全書，則明選誤矣。

按：鄭明選字侯升，歸安人。萬曆己丑進士，官南京刑科給事中，見千頃堂書目。所著秕言十卷，見總目雜家類存目三。明人固多不學，明選尤不以考訂名其書，文淵閣既不著録，何足與之辯哉。孫詒讓籀高述林卷六題盧校越絶書云：「右越絶書，盧紹弓學士所校，余從德清戴君子高叚録之，蓋以明吳琯古今逸史本校張佳胤刻本，又取史記續漢志注及唐宋類書徵引之文，勘今本之奪誤，其舉正多精審，卷末自跋謂本事篇以越何不第一，而卒本吳太伯爲問其末篇。敘外傳記篇又云，始於太伯、次荆平、次吳人、次計倪、次請糴、次九術、次兵法，終於陳恆，是皆以太伯爲第一，吳地首稱太伯，當即此篇，然今本次在第三，其下次序皆不相應，疑爲後人所貿亂，此跋亦見抱經堂集九卷其説亦至塙。今攷文獻通考經籍考引崇文總目云，越絶書，舊有内紀八，外傳十七，今文題闕舛，纔二十篇。今本有内經二，内傳四，外傳十三，而無所謂内紀者，與總目所記不合，竊疑紀乃經字之誤。敍外傳記，所謂始太伯而終陳恆者，即内經八篇之目，古實無所謂内傳，盧君未考崇文總目，故未能得其要領也。今本惟計倪、九術兩篇尚稱内經；荆平王、吳人、請糴、陳成恆四篇，則改經作傳；吳地記一篇，則并改爲外傳矣，至兵法一篇今已亡失。李善文選注三十五引越絶書伍子胥水戰兵法内經曰：『大翼一艘長十丈，中翼一艘長九丈六尺，小翼一艘長九丈』，御覽三百十五引其文尤詳 正其佚文，而并引内經篇目，可藉見唐本舊式矣。今據敍外傳記所敍篇目次弟，合以崇文總目所紀舊本内經篇數，别爲越絶内經目録如左。」孫氏所爲目録，與盧氏、洪氏説無以異，兹不重録。乃孫氏竟一字不及洪氏何也？若夫越絶八篇，不盡出於子胥，吾既已言之矣。太平御覽三百一十五引越絶書曰：「伍子胥水戰法，大翼一艘，廣丈六尺，長十二丈，容戰士二十六人，櫂五十人，舳艫三人，操長鉤戈矛四吏僕射長各一人，九十一人當用長鉤矛長斧各四，弩各三十二，矢三千三百，甲兜鍪各三十二。」此果視選注爲詳。又七百七十引越絶書曰：「闔閭見子胥，敢問船運之備何如？對曰：『船名大翼、小翼、突冒、樓舡、橋舡。今舡軍之教，比陵軍之法，乃可用之。大翼者，當陵軍之車；小翼者，當陵軍之輕車；突冒者，當陵軍之衝車；樓舡者，當陵軍之行樓車也；橋舡當陵軍之輕足剽定騎也。』」此可見子胥水戰之具，太白陰經所謂以舟爲車者也。特以楫爲馬，未知其作用若何耳。

十六國春秋一百卷

舊本題魏崔鴻撰，實則明嘉興屠喬孫項琳之僞本也。鴻作十六國春秋一百二卷，見魏書本傳。隋志、唐志皆著録，宋初李昉作太平御覽猶引之。崇文總目始佚其名，晁陳諸家書目，亦皆不載，是亡於北宋也。萬曆以後，此本忽出，莫知其所自來，證以藝文類聚諸書所引，一一相同，遂行於世。論者或疑鴻身仕北朝，而仍用晉、宋年號。今考劉知幾史通探賾篇曰，鴻書之紀綱，皆以晉爲主，亦猶班書之載吳項，必繫漢年；陳志之述孫劉，皆宗魏世。喬孫等正巧附斯義，以售其欺，所摘者未中其疾。惟魏書載鴻子子元奏稱，刊著越、燕、秦、夏、梁、蜀遺載，爲之贊序，而此本無贊序。史通表曆篇稱，晉氏播遷，南據揚越；魏宗勃起，北雄燕代。其間諸僞，十有六家，不附正朔，自相君長，崔鴻著表，頗有甄明。而此本無表，是則檢閱偶疏，失於彌縫耳。然其文皆聯綴古書，非由杜撰，考十六國之事者，固宜以是編爲總匯焉。

嘉錫案：尤袤遂初堂書目僞史類有此書，則不得謂之諸家書目不載。尤卽南宋初人，亦不得謂之亡於北宋也。至於提要考論此書本末，其謂書中年號，當用晉、宋，及列傳本有贊序，皆是也。其以今本無年表爲失於彌縫者，則非也。且其所考，亦不如全祖望之詳，今録全氏之説於此，而後以吾説補其闕漏，讀者於此書之得失，可以瞭然矣。全氏結埼亭集外編卷四十三答史雪汀問十六國春秋書云：「來問崔鴻十六國春秋一書，此舍間所無者，前年曾從徐思沐家借看一過，係明萬曆間刊本，鄭堂讀書記云：萬曆己酉蘭暉堂刊本。然並非崔氏舊璧，請得以原委言之。當十六國時，僞史最多，崔氏盡取而裁定之，勒爲百卷，外别有年表一卷、序例一卷，在後魏永安中頒行，而諸史並絀。司馬温公通鑑薈萃諸書，其記南北朝事，除晉、宋諸正史外，以崔氏十六國春秋、蕭氏三十國春秋爲多。但晁説之述温公語，謂當日所見，疑非原本，而鄱陽馬氏通考經籍考中不列是書，則在宋時已鮮傳者。乃有明中葉以來，居然有雕本百卷行世，一二好學者，以其久没不見，視爲拱璧，若以愚觀之，則直近人撮拾成書，駕託崔氏，並非宋時所有也。宋龔穎運曆圖載前涼張寔改元永安、張茂改元永元、張重華改元永樂、張祚改元和平、張天錫改元太清、張大豫改元鳳皇，謂出鴻書。晁公武曰晉史張軌世襲涼州，但稱愍帝建興正朔，其間惟張祚篡竊，改建興四十二年爲和平元年，祚誅，復奉穆帝升平之朔，不知穎何所據？或云出崔氏書，崔書久不傳於世，莫能考也。愚以今本對之，並無此事。温公通鑑考異引鴻年表，則當是時年表必尚未失，而今本並無有。又本傳稱鴻書皆有贊序評論，在通鑑亦多引之，今本但取通鑑所引，附注傳尾，尚得謂非贋本耶？孔毅甫謂從古史法，兩人一事，必曰語在某人傳。晉書王隱諫祖約奕棋一簡，兩傳俱出，爲文煩複，是乃史法紊亂之濫觴。若在崔氏今本，有同一事而三四見者，況其列傳，大都寥寥數行，不載生卒，不敍職官，東塗西抹，痕跡宛然，是不辨而自見者，古今無此史例也。」全氏所考證，與提要多先後暗合，至其引通鑑及晁公武郡齋讀書志，則視提要加詳。惟提要及全氏均以今本無年表，斷爲作僞之據，則似有未盡然者。北史鴻本傳云：「劉元海等並因世故，跨僭一方，各有國書，未有統一，鴻乃撰爲十六國春秋，勒成百卷，因其舊記，時有增損褒貶，稽以長曆，考諸舊志，又別作序例一卷，年表一卷、凡一百二卷。」魏書本傳載鴻表亦云：「臣又別作序例一卷、年表一卷。」隋書經籍志：十六國春秋一百卷，魏崔鴻撰。新、舊唐志作一百二十卷，十字蓋誤衍。周中孚說然則鴻書本百卷，序例年表別行，隋志著録者是也，合之則爲一百二卷，新、舊唐志著録者是也。今本作一百卷，蓋輯書者自附於隋志著録之本，其書本無年表，惡得以此爲作僞之據？若必求一百二卷之本，則今本尚缺序例，又豈僅年表云爾耶！全氏又以前涼張氏年號不見今本爲言，考證固可謂精細，然而晁公武云，或云出崔鴻十六國春秋，夫或云者，疑之也，是亦未爲中其要害也。至若今本並無贊序，與列傳不具首尾，則固可謂出於輯録之證，雖有善辯者，不能爲之詞矣。玉海卷四十一引國史志云：「鴻書世有二十餘卷，舊志乃五十卷，蓋獻書者妄分篇第。」然則司馬温公通鑑所引十六國春秋，蓋卽此二十餘卷之本，故晁説之述司馬公休語（司馬公休者，温公子司馬康也。全氏誤作述温公語。）以爲非其全書，夫宋人國史志中明云止二十餘卷，則明末安得復有百卷之完書，此最爲佳證，而提要及全氏均未之引也。提要全氏之外，若周中孚之鄭堂讀書記，（卷二十六）其考此書原委，不獨不能别有所得，且更旁生枝節，以不誤爲誤。如劉知幾所謂鴻書之紀綱以晉爲主者，謂如劉淵傳云，遂以晉永興元年建元元熙，國號曰漢。劉曜傳云，遂以晉太興元年僭卽皇帝位之類是也。蓋猶以晉爲天下之共主，故知幾比之班書之繫漢年，陳志之宗魏室，輯書者能顧慮及此，故提要以爲巧附斯義，以售其欺，至於紀各國之事，自當用其本國之紀年，名從主人，更無疑義。周氏乃謂其紀年皆用各國年號，與史通不相合，不知其本無不合也。然而周氏之論斷此書，能作持平之論，則愚有取焉。其言此本之無贊序，蓋其才力祇能鳩合衆書以成書，而不能獨抒己見，自鑄偉詞，然較之同時人之作僞者，則大不侔，固當與後來吳氏十國春秋並傳。愚謂以此書與十國春秋較，則屠喬孫等尚屬獨爲其難，五代至今，時代較近，宋人著述，流傳尚夥，而吳氏十國列傳，亦復多寥寥數行，不具首尾，何可以此責難屠氏，失在不自居綴輯之名，而必追題崔氏，遂致有河豚贗本之譏耳。然詎不能與述異記、博物志之類並傳耶。且考吳壽暘拜經樓題跋記卷二載其父吳騫語云：「按屠喬孫等十六國春秋序，自謂輯録陳編，原未嘗作僞欺人，如於陵子、天禄閣外史之比也。」屠序今未見，不知其説云何？果如吳氏之言，則於此書尚何譏焉。

別本十六國春秋十六卷

舊本亦題魏崔鴻撰，載何鏜漢魏叢書中，其出在屠喬孫本之前，而亦莫詳其所自。十六國各爲一録，惟列僭僞之主五十八人，其諸臣皆不爲立傳，全爲載記之體，其非一百二卷之舊，已不待言。證以晉書載記，大致互相出入，而不以晉、宋紀年，與史通所説迥異，豈好事者摭類書之語，以晉書載記排比之，成此僞本耶？然考崇文總目有十六國春秋略二卷，不著撰人名氏，司馬光通鑑考異所引諸書，亦有十六國春秋鈔之名，則或屬後人節録鴻書，亦未可定也。

嘉錫案：晁説之嵩山集卷十五答賈子莊書云：「説之累年來嘗欲求崔鴻十六國春秋、蕭方等三十國春秋，勤未之得。司馬公休言，温公所考十六國春秋，亦非崔鴻之全書。」夫謂之非鴻全書，則或係殘缺之本，或爲從全書内鈔出，不可知。然玉海引國史志云：「鴻書世有二十餘卷。」詳見前篇而此本只十六卷，通鑑所引有表有贊序，而此本皆無之，則非温公所見之本也。至晁、陳志及宋史遂皆不著録，而突出於明代，其爲明人抄撮羣書，僞充古籍甚明，必非崇文總目所著録之十六國春秋畧也。

釣磯立談一卷

是書世有二本，此本爲葉林宗從錢曾家宋刻鈔出，後題臨安府太廟前尹家書籍鋪刊行，不著撰人名氏。前有自序云：「叟山東一無聞人也，清泰年中，隨先校書避地江表，始營釣磯於江渚，割江之後，先校書不禄，叟嗣守敝廬，不復以進取爲念。王師弔伐，時移事往，將就蕪没，隨意所向，跡之於紙，得二百二十許條，題之曰釣磯立談」云云。別一本爲曹寅所刊，卷首佚其自序，又卷首有楊氏奄有江淮趙王李德誠二條，其餘亦多異同，而題曰史虛白撰。蓋據宋史藝文志之文。考馬令南唐書，虛白，山東人，中原多事，同韓熙載渡淮，以詩酒自娱，不言其有所著述。觀書中山東有隱君子者一條，稱與熙載同時渡淮，以書干烈祖，擢爲校書郎，非其所願，遂卒不仕。又唐祚中興一條云，有隱君子作割江賦以諷，又有隱士詩云「風雨揭却屋，渾家醉不知」云云，與虛白傳悉合，則隱君子，當卽虛白。序中兩稱先校書，則作書者當爲虛白之子，宋志荒謬不足爲據，曹氏新本竟題虛白者，殊未考也。

嘉錫案：此書晁氏讀書志、陳氏書録解題皆不著録，僅見於尤氏遂初堂書目，不著撰人，鮑廷博據吳翌鳳所得汲古閣舊抄本，以校楝亭曹氏本，刻入知不足齋叢書，亦不題姓名。考明文淵閣書目卷八有南唐逸叟釣磯立談一部一册，當是據舊本所題，然則作者固自隱其姓名矣。宋史藝文志小説家乃有史虛白釣磯立談記一卷，不知何據，提要譏其荒謬是也。馬令南唐書卷十四云：「史虛白，山東人。」陸游南唐書卷七列傳第四云：「史虛白字畏名，世家齊、魯，虛白隱於嵩少著書。」輿地紀勝卷二十五云：「史虛白字畏名，北海人也，避地廬山。」阮閱詩話總龜卷十四引雅言系述云：「史虛白，嵩洛人，廖凝寄之詩曰『飯僧春嶺蕨，醒酒雪潭魚』。終於溢浦。」三者不同。蓋虛白本籍山東，故其子亦稱山東人；雅言系述稱爲嵩洛人，則因其嘗隱居嵩少致誤耳。鮑廷博跋曰：「右釣磯立談一卷，作者自稱曰叟，不署姓名，據十國春秋以爲南唐史虛白撰。按：鮑氏蓋不知宋志已題史虛白。楝亭曹氏刻于維揚，遂以其名列之首簡，予以自序及他書考之，蓋虛白仲子之筆也。虛白在烈祖時，曾爲校書郎，故序稱先校書。又龍衮江南野史云：『虛白二子，長早卒，次舉進士。孫温，咸平中擢第。』今序有云，使小子温成誦于口，知其出于仲氏矣。」所考與提要同，而舉證尤確，按陸游南唐書史虛白傳云：「孫温，天聖中仕爲虞部員外郎，獻虛白文集，仁宗皇帝愛之，追號虛白沖靖先生。」與江南野史可以互證。考徐松輯本宋會要第五十六册崇儒第六云：「仁宗天聖六年三月十六日，虞部員外郎史温之祖虛白追賜沖靜先生。虛白有高節，善爲文，五代亂離，隱居山巖，江南李氏累以禄秩誘之，介然不屈，至是以家集來上，特有追褒。」蓋卽陸游所本，續通鑑長編卷一百六與會要同，但稱虛白之孫名温，已爲小異，惜此書作者之名，終莫得而考矣。

江南野史十卷

宋龍衮撰。衮爵里未詳。

嘉錫案：揮麈後録卷六云：「龍衮字君章，所著江南野録，載歐陽觀傳，觀乃文忠父。衮，螺江人，與文忠爲鄉曲。」能改齋漫録卷五云：「野史，本吉州人龍衮所撰。」獨醒雜志卷七云：「江南龍君章野史列傳，曾氏有諱崇範者，獻書南唐，遂家金陵。」是衮之里貫，尚有可考也。宋董逌廣川畫跋卷六有龍衮百馬圖跋，則衮又善畫矣。彭元瑞知聖道齋讀書跋卷一云，龍衮，吉州人，今永新尚多龍氏。

地理類一 總目卷六十八

太平寰宇記一百九十三卷宋樂史

史進書序譏賈耽、李吉甫爲漏闕，故其書採摭繁富，惟取賅博，於列朝人物，一一並登，至於題詠古蹟，若張祜金山詩之類，亦皆並録，後來方志必列人物藝文者，其體皆始於史。蓋地理之書，記載至是書而始詳，體例亦自是而大變。然史書雖卷帙浩博，而考據特爲精核，要不得以末流冗雜，追咎濫觴之源矣。

嘉錫案：謂一統志不當及人物，其説始於萬斯同，而閻若璩稱述之，因謂著書自有體裁，苟其人其事無關地理，不容闌入。見閻氏校本困學紀聞卷十，及尚書古文疏證卷六上。然閻氏之言，特爲明一統志之誇多泛濫者發耳，於寰宇記之志人物，猶有取也。閻氏云：「近覽太平寰宇記，一州内或人物無，或僅姓名貫址，即間舉生平，亦寥寥數語，不似明一統志誇多泛濫，令人厭觀。」提要始謂地理書之記人物，自樂史始，體例自是大變，然猶稱其考據精核。至洪亮吉作寰宇記序，見更生齋文甲集卷三，及萬氏刻寰宇記卷首。遂謂史於地理外，又編入姓氏人物風俗數門，因人物又詳及官爵詩詞雜事。遂至祝穆等撰方輿勝覽，寧置建置沿革，而人物瑣事，必登載不遺，實濫觴於此，此其所短也。又謂史自序譏賈耽之漏落，吉甫之缺遺，不知己之病適與之相反，洪氏撰乾隆府廳州縣圖志，惟詳地理沿革，其餘一概削去，意在矯正樂史以來舊例也。其詆諆史可謂至矣。蓋自萬氏唱地志不當及人物之説，閻氏和之，提要因以立論，洪氏又推廣其意，持之益堅。然考李吉甫元和郡縣志序曰：「古今言地理者凡數十家，尚遠古者，或搜古而略今；採謡俗者，多傳疑而失實。飾州邦而敍人物，因邱墓而徵鬼神。」是則自吉甫以前，地理之書敍人物鬼神者多矣，吉甫意不謂然，乃從而矯之耳。今考太平御覽諸書所引古地志如闞駰十三州志、顧野王輿地記、郎蔚之隋諸州圖經之類，凡敍山川州郡，莫不備紀先賢，修陳神怪，其鋪敍之廣泛，較之寰宇記有過之無不及，安得謂著述之體例至樂史而大變乎？元和郡縣志刪除雜事，專志地理，固不失爲謹嚴，然因此遂謂古地理書不記人物，則尤非也。隋志雜傳小序曰：「自史官曠絶，其道廢壞，漢武帝從董仲舒之言，始舉賢良文學，天下計書，先上太史，善惡之事，靡不畢集，司馬遷、班固撰而成之，而操行高潔不涉於世者，史記獨傳夷、齊，漢書但述楊王孫之儔，其餘皆略而不記。後漢光武始詔南陽撰作風俗，故沛三輔有耆舊節士之序，魯廬江有名德先賢之讚，郡國之書，由是而作，推其本源，蓋亦史官之末事也。載筆之士，删採其要焉。」又地理書小序曰：「漢初蕭何得秦圖書，故知天下要害。武帝時，計書既上太史，郡國地志固亦在焉，而史遷所記，但述河渠而已。其後劉向略言地域，丞相張禹使屬朱貢，條記風俗，班固因之，作地理志。其州國郡縣，山川夷險，時俗之異，經星之分，風氣所生，區域之廣，户口之數，各有攸敍，與禹貢周官所記相埒。是後載筆之士，管窺末學，不能及遠，但記州郡之名而已。晉世摯虞依禹貢周官作畿服經，其州郡及縣分野，封略事業，國邑山陵水泉鄉亭城，道里土田，民物風俗，先賢舊好，案：以上二十七字，蓋即是畿服經之分類子目，知摯虞書於每一郡縣之下，皆列有先賢一門。然則地志之記人物，不始於樂史亦明矣。靡不具悉，凡一百七十卷，今亡，而學者因其經歷，并有記載，然不能成一家之體。齊時陸澄聚一百六十家之説，謂之地理書。任昉又增八十四家，謂之地記。陳時顧野王抄撰衆家之言作輿地志。隋大業中，普詔天下諸郡，條其風俗物産地圖，上於尚書，故隋代有諸郡物産土俗記一百三十一卷、區宇圖志一百二十九卷、諸州圖經集一百卷，其餘記注甚衆。」王謨撰地理書抄有通論十二則，今王氏書刻本不載通論，吾邑趙文恪公愼畛據王氏稾本録入日記中，余從趙公後人借讀轉引。首引隋志地理書序論之云：「謨案：此畿服經乃秦、漢以下地理書一大樞紐，而晉書摯虞本傳不載，隋、唐志、御覽書目亦不著録，諸傳注類書絶不稱引，案：隋志明言其已亡，且不言梁有此書，則其亡甚早，疑在永嘉之亂時，故諸書絶不見稱引也。然其體例亦大略可見。據言『民物風俗，先賢舊好，靡不具悉』。固已並郡國書而一之，則謂一統志不當並載人物，未爲篤論。」又引閻若璩之語論之云：「謨案：班固志西漢地理，以風俗發端，而人才爲風俗之本，故於魯地言周公教化，孔氏庠序，漢興以來，魯東海多至卿相，于衛地言周末有子路、夏育，民人慕之，故其俗剛武尚氣力；於巴蜀則言司馬相如，鄉黨慕其跡，後有王褒、嚴遵、楊雄之徒，文章冠天下；于吴楚則言屈原、宋玉、唐勒，以及嚴助、朱買臣貴顯漢朝，文詞並發，則地以人重也。故謂地理志不必及人物，終屬偏論。」其言可謂深切著明，通知著作體例者矣。余嘗卽其言而更推論之，漢書地理志曰：「凡民函五常之性，而其剛柔緩急，音聲不同，繫水土之風氣，故謂之風，好惡取舍，動静亡常，隨君上之情欲，故謂之俗。孔子曰：『移風易俗，莫善於樂。』言聖王在上，統理人倫，必移其本，而易其末，此混同天下，壹之虖中和，然後王教成也。」由此觀之，則古之言地理者，未有不留意於風俗者也。風，風也，教也，風以動之，教以化之。詩大序語其郡國守相，及其鄉之士大夫能以風教率下，則其民化之，以成其俗。班固志地理，於蜀舉司馬相如、王褒等；於吳楚舉屈原、宋玉等，固爲地志敍人物之始，王氏既言之矣。然班志又於蜀紀文翁；於南陽紀鄭弘召信臣；於潁川紀韓延壽、黄霸；於東郡復紀韓延壽，此非地志敍名宦之始乎？若其於秦則言有后稷、公劉、太王文武之遺風，好稼穡，務本業；於衛則言康叔之風既歇，而紂之化猶存，故俗剛彊多豪傑；於陳則言元女大姬好祭祀，用史巫，故其俗巫鬼；於燕則言太子丹賓養勇士，不愛後宮美女，民化以爲俗，男女無別；於齊則言太公治齊，而其士好經術，矜功名，襄公淫亂，而其民至今以爲俗；於魯則言周公、孔子之教化，雖去聖久遠，而其好學，猶愈於它俗；於宋則言其爲堯、舜、成湯之所游處，故其民厚重多君子；於吳則言闔廬、句踐皆好勇，故其民至今輕死易發。其他皆推此意言之，由斯以談，地方風俗之美惡，豈不以其人哉！其後摯虞作畿服經，遂以先賢舊好爲郡縣中之子目，亦仿班氏而爲之也，謂地志不當及人物，然則班氏非歟？自漢武詔天下上計書，凡四方人物風俗善惡之事，與地志同在太史。東漢以後，學者承風，各有撰述，於是傳先賢耆舊者，謂之郡國書；敍風俗地域者，謂之地理書；至摯虞乃合而一之。南北朝人著書記州郡風土，多喜敍先賢遺蹟，耆舊逸聞，如盛弘之荆州記、雷次宗豫章記、陸翽鄴中記之類，隋志皆著録於地理類，史通雜述篇以盛弘之荆州記、常璩華陽國志、辛氏三秦記、羅含湘中記爲地理書。考其佚文，皆李吉甫所謂飾州邦而敍人物，因邱墓而徵鬼神者。酈道元注水經，聚此羣書，加之筆削，遂爲不朽之盛業。蓋郡國書可不記地理，而地理書則往往兼及人物，後來方志，雖復踵事增華，究其濫觴之始，所從來者遠矣，惡得歸罪於樂史乎？尋郡國書所以及人物者，蓋一以補正史所不及，隋志所謂操行高潔，不涉於世，史記、漢書皆畧而不記也。一以備史氏之要删，隋志所謂推其本源，亦史官之末事，載筆之士，删取其要也。蓋凡正史之所記，惟汲汲於一朝興衰治亂之大者，其餘非所急也，故官高者必見録，名微者不得書，惟史記爲馬遷發憤之所作，既不滿朝廷貴人，乃頗采録民間豪俠，然不免退處士而進奸雄之譏。後來諸史，多不遵用其例，如游俠貨殖二傳，班固抄録原文，未及删除，蔚宗以下，遂成絶響，至於刺客滑稽，更無嗣音，然此猶可云史記本自成爲一家之言，時移事異，不盡可從。若蔚宗後漢紀卓行逸民，此其人皆特立獨行，有裨世教，真隋志所謂操行高潔者，揆諸顯微闡幽之義，固不可使之無傳，然後來諸史，或敍或否，體例不一，又況史之所敍，必已名聞天下，或經文士表彰，其力乃足以自傳，至於闇修之士，聲名不出里閈者，固不得而敍也。使郡國之書不紀先賢，則一鄉一邑之善士，姓名不登簡牘，其嘉言懿行，流風餘韻，遂至湮没而不彰，豈不重可惜哉！後漢紀卷二十八云：「袁湯爲陳留太守，褒善敍舊，以勸風俗。嘗曰：『不值仲尼，夷齊西山餓夫，柳下東國黜臣，致聲名不泯者，篇籍使然也。乃使戶曹吏追録舊聞，以爲耆舊傳。』」富哉言乎！蓋自後漢以著作之事歸之東觀，史由官修，而立傳之例嚴，郡國之書，由斯並作，以補國史之不及。易代之後，秉筆修史者，恒取資焉。袁宏作後漢紀序，自謂旁及諸郡耆舊先賢傳凡數百卷，是其徵也。夫史之體裁非一，而其流别大要有三：曰國史、曰地方史、曰家史。紀傳編年，國史也。耆舊先賢傳記，隋志所謂郡國書者，地方史也。家傳世譜，家史也。南北朝時以門戶用人，寒門素族不爲人所稱述，故家傳盛而郡國書衰。隋唐志可考隋、唐而後，世族陵替，家傳亦衰，於是諸郡皆修圖經，合地理與郡國書而一之，所以上輔國史，下包家傳者也。夫著述體例，代有變遷，郡國書與地理書分撰未必是，圖經兼敍地理人物未必非，唐、宋以來，先賢耆舊之傳，已不復作。隋唐兩代無此類書，宋人僅有句延慶錦里耆舊傳、無名氏京口耆舊傳二種。今又謂地志不當及人物，則史之途益狹，將使紀傳孤行，如暴秦之盡焚諸侯史記，使四方之民情風俗，皆無可考而後快乎！由是言之，彼萬斯同、閻若璩之説，特一時興到之言，而未深考夫古今著作之變者也。提要從而附和之，洪亮吉復爲之推波助瀾，亦過矣。若夫明代方志，記載宂濫，彼自不諳體例，豈容追咎古人。至於祝穆方輿勝覽，本以備四六表啓之用，自是類書，無關輿地，其書之善否，尤與寰宇記如風馬牛之不相及矣。

原本二百卷，諸家藏本，並多殘闕，惟浙江汪氏進本所闕自一百十三卷至一百十九卷，僅佚七卷，今據以著録。

案：黎庶昌所刻古逸叢書，有影宋本太平寰宇記補闕五卷半，楊守敬跋云：「太平寰宇記，中土宋刊本久不存。四庫著録，據浙江汪氏所進鈔本，闕一百十三至一百十九凡七卷，而乾嘉間江西萬氏、樂氏兩刊本，更缺河南道卷四一卷，考曝書亭所見池北書庫本，亦缺河南道第四，則審缺八卷矣。余於森立之訪古志見有此書宋槧殘本，藏楓山官庫，意或有可以補中土所佚者，因託修史館監事巖谷修探之，並告知星使黎公行咨於其太政大臣，借之以出。計原書凡二十五册，爲蝴蝶裝，其存者不及半焉，乃以近刻本校一過，其一百十三至一百十八，自注云：一百十四尾缺湘鄉以下五縣。則重刻之古逸叢書中，並刊其卷首一表，雖尚佚其二卷有半，自注云：河南道第四一卷，一百十九卷一卷，一百十四尾數葉。未爲完書，亦足以慰好古之懷矣。錢竹汀養新録稱元史地理志於郴州之郴陽縣云，舊敦化，至元十三年改今名。疑敦字犯宋諱，湖南爲宋土，不得有敦化縣。因據輿地紀勝引寰宇記爲晉天福初所改，漢初復舊，以訂其誤。今此書與紀勝悉合，其他所引逸書逸事，不遑縷述，固非後人所得臆補者也。」此跋亦見日本訪書志卷六 自黎氏刻出此數卷後，學者信爲樂史原書無異詞，獨善化陳運溶詆爲僞作，撰太平寰宇記辨僞六卷，又別據諸書所引寰宇記逸文撰拾遺七卷，刻入所著麓山精舍叢書中，葉德輝從而附和之，著其說於書林清話。不知宋刻原本，今尚存日本圖書寮中，吾國人游彼都者，皆嘗見之，非楊氏所能杜撰，亦非彼國人所能僞作也。陳氏之言，不免少見多怪，猶是錢大昕不信群書治要，見竹汀日記鈔。江藩不信論語義疏之比耳，江說見漢學師承記余蕭客傳中不足據也。

方輿勝覽七十卷

宋祝穆撰。穆字和甫，建陽人。建寧府志載穆父康國從朱子居崇安，穆少名丙，與弟癸同受業於朱子，宰執程元鳳蔡杭録所著書以進，除迪功郎，爲興化軍涵江書院山長。

嘉錫案：朱子晦菴文集卷九十八外大父祝公遺事云：「今唯伯舅之子康國居建之崇安，叔舅之孫回居劍之尤溪，而康國二子已總髮能讀書矣。因書以遺康國，使藏于家。」篇後自記云：「熹既敍此事，將書以遺濟之弟，未果，而濟之弟復以疾不起，其二子丙、癸相從於建陽，因書畀之。」此卽建寧府志所本。方輿勝覽卷十六據文津閣四庫全書本徽州人物祝確卽朱子外大父條下録此文，頗有改竄。康國二子，作康國之子穆，其二子丙、癸，亦作其子穆。疑穆成書時，其弟已先没，當無箸述傳世，故記人物時遂不著其名歟。萬姓統譜卷一百十一云：「祝穆字和甫，幼孤，與弟丙按：丙卽穆舊名，當作「癸」同從朱文公授業，刻意問學，下筆頃刻數百言，以儒學昌其家，所著有事文類聚、方輿勝覽諸書。」不言其嘗出仕爲山長。勝覽卷十三興化軍學校涵江書院條下云：「景定四年，知軍事徐直諒奏請於朝，御書今額，時祝洙爲山長，併露章特薦云，臣竊見迪功郎宜差興化軍涵江書院山長祝洙，趣向不凡，學問有本，其祖姑實爲朱熹之母，洙生也後，雖不及親炙，其父穆隱德弗仕，從朱熹於雲谷之間，微言緒論，目染耳濡。洙在家庭，講論精密，嘗讀朱熹四書集注，見其間有引而不發者，遂掇諸家語録附注於逐章之下，名曰附録。洙歲在丙辰，蒙恩賜進士第，於時宰執程元鳳蔡抗嘗取其書，進呈乙覽，有旨，與升擢差遣。」萬姓統譜云：「祝洙，穆之子，第寶祐進士，景定中爲涵江書院山長。」並載徐直諒薦章，與勝覽略同。是宰執進書除迪功郎爲山長者，皆穆子洙之事，而非穆也，建寧府志誤以其子之仕履，加之於穆，提要亦未能糾正。天禄琳琅書目卷二，敍穆父子始末，均不誤，其文即節録萬姓統譜，未著出處不知提要何以不加參考也。經義考卷二百五十三引胡炳文曰：「洙字安道，建安人。」統譜不載其字，此可補所未詳。

是書前有嘉熙己亥呂午序，蓋成於理宗時。

案：天禄琳琅所載係宋刊本，亦七十卷云：「呂午序、祝穆自序、祝洙跋，孫星衍、陸心源、丁丙、楊守敬諸家藏本皆有祝穆自序，無祝洙跋，四庫本則並無之。卷首有引用文集目一卷，書首有咸淳二年六月福建轉運使司禁止麻沙書坊翻版榜文。」祝穆此「穆」字當作「洙」跋爲咸淳丁卯季春。丁卯係咸淳三年，是書當是咸淳二年開雕，成於三年。因洙重訂是書，故禁坊間翻刻舊版，洙稱先君子方輿勝覽行於世者，三十餘年，版老字漫，遣工新之，重整凡例，分爲七十卷。此當在洙跋中又云：「元本拾遺，各入本州之下，新增五百餘條，四庫本此下有「除山川風俗無詩文者」一句，是五百餘條，單指詩文，全書所增，實不止此數也。並標出，此數語見四庫本引用文目前。是此書不盡爲穆之舊矣。」咸淳爲度宗年號，蓋祝穆元本雖成於理宗時，而祝洙重訂本，則在度宗時矣。觀書中載景定四年徐直諒薦洙奏章，是此書爲洙所增訂之明證。修提要時，既未見元本，又失去洙跋，僅據呂午之序，故以爲穆在理宗時所作也。楊守敬得其元刻本，並得重訂本，見日本訪書志卷六知非一書。然以未見洙跋，但據改嚴、温、宜、忠等州爲府在咸淳元年，去穆嘉熙己亥成書時三十六年，斷爲後人改編，不知據薦洙奏章，已可見其成於洙手也。蓋從來作書目之人，能將本書首尾入目者鮮矣。穆元本作前集四十三卷、季滄葦書目作四十卷後集七卷、續集二十卷、拾遺一卷，宋槧本見季滄葦書目及楊氏訪書志。楊氏云：「初集自浙西路起，至海外四州止；後集自浙東路淮西兩路；續集自成都路起，至利西路止；拾遺則自臨安府至紹熙每府州，各補數條。此蓋和父原本，其分數次開雕者，當因資費不足，隨雕隨印行，非別爲起訖也。每卷標題，新編四六必用方輿勝覽，蓋本爲備四六之用也。」楊氏並録其兩浙轉運司榜文，榜末署嘉熙貳年拾貳月。乃初刻時所給之榜，與重訂本咸淳二年福建所給者，非一事。略云：「兩浙轉運司録白，據祝太傅宅幹人吳吉狀，本宅見刊方輿勝覽，及四六寶苑、事文類聚，凡數書，並係本宅貢士私自編輯」云云，太傅乃太博之誤。嘉慶一統志卷一百十三徽州府人物祝穆條下云：「子洙，第寶祐四年進士，嘗注四書集注附録，辛執取書進呈，授太學博士。」是也，觀穆所輯書，大抵皆供獺祭之用，則穆雖受學朱子，實是詞章之士耳。勝覽卷十建寧府朱文公祠條下，録有祝和父上梁文一篇。

明一統志九十卷 明李賢等

考輿志之書，出自官撰者，自唐元和郡縣志、宋元豐九域志外，惟元岳璘等所修大元一統志最稱繁博，國史經籍志載其目，共爲一千卷，今已散佚無傳，雖永樂大典各韻中頗見其文，而割裂叢碎，又多漏脱，不復能排比成帙。

嘉錫案：明楊士奇文淵閣書目卷十八云：「大元一統志一百八十二册，大元一統志六百册。」錢大昕補元史藝文志卷二地理類云：「大一統志七百五十五卷，至元二十八年，集賢大學士札馬剌丁、秘書少監虞應龍等進大一統志一千卷。大德七年，集賢大學士孛蘭肹、昭文館大學士秘書監岳鉉等上。」閻若璩潛邱劄記卷四補刻唐百家詩選序云：「日纂志於洞庭，徐司寇出典籍庫中大元大一統志十數本，皆蜀中地，計尚有九百八十餘本。

按：此書自明時所藏只六百册，安得殘闕之餘尚有九百餘本？本字應作卷。曾見葉文莊家書目，此書與經世大典並列，安知世不更有足本乎？」王士禎居易録卷一云：「黄虞部言，徐司寇健菴歸吳修一統志，借内府書，有元岳璘所修一統志殘本，尚二十餘大册，計全書不下千卷。」閻、黄所言，即是一事。典籍庫者，明文淵閣書，以典籍掌之。見明王肯堂筆塵卷二。閻氏言有九百八十餘本，蓋得自傳聞，不足深信，然尚有一二十册，則固閻、黄所親見，不應至乾隆時便一册不存。蓋修四庫書時，初不知内閣尚有存書，觀文淵閣書目條下提要可見也。今大庫書已散出，不聞有元一統志，内閣大庫檔册載地志甚多，亦無此書，則真散佚無傳矣。張穆閻潛邱年譜於五十五歲條下自注云：「穆案：元修一統志，秘書志載之最詳，永樂大典收天下府州縣志不下千部，凡引用元一統志處，乾隆中開四庫全書館校書者一一籤出，穆曾親見其標題，計當有輯本行世，而亦未之見，是可惋也。」今人趙萬里永樂大典内輯佚書目載北平圖書館月刊第二卷三四號合刊云：「大元一統志館臣雖已簽出，殆以供編纂大清一統志之用，初未聞以輯本著録。」嘉錫藏有顧湘鈔本永樂大典書目殘本，皆四庫館籤出備輯之書，其中無輯本行世者至多，亦有元一統志，至其所以未輯出之故，則提要此條言之已詳，張氏偶未及考。大清一統志，乾隆時兩次纂修，一在八年，一在二十九年，皆在未開四庫館之前，趙氏之言亦非也。使開四庫館時，求之内閣，得其殘本，合之浙江汪氏所獻之二卷，再以永樂大典之所引用，補其闕佚，尚可成裒然巨帙。乃於内閣之書，既意揣爲散失無餘，見文淵閣書目條下。不肯一加檢視，大典所引，雖已籤出，又因其割裂叢碎，畏難而止，坐令亡佚，徒供後人之惋惜。當時古書因此失傳者，不可勝數，又不獨元一統志爲然也，可勝歎哉！

惟浙江汪氏所獻書内，尚存原刊本二卷，頗可以考見其體製，知明代修是書時，其義例一仍元志之舊，故書名亦沿用之。

按：元一統志，除内閣本不知存佚外，其見於著録者，尚不止此二卷。錢大昕潛研堂文集卷二十九跋元大一統志殘本云：「戊子春，從南濠朱氏假元大一統志殘本，廑四百四十三翻，大字疎行，殊可愛。每册鈐以官印，驗其文，則處州路儒學教授官書也。元時幅員最廣，茲所存者，惟中書省之孟州，河南行省之鄭州，襄陽路均州、房州、南陽、嵩州、裕州，江陵路，陝州路，陝西行省之延安路洋州、金州、鄜州、葭州、成州、蘭州、會州、西和州，浙江行省之平江路，江西行省之瑞州路，撫州路，又皆散佚不完，以全書計之，特千百之什一耳。考元時大一統志，凡有兩本。至元二十三年，集賢大學士行秘書監事札馬剌丁言，方今尺地一民，盡入版籍，宜爲書以明一統。世祖嘉納，即命札馬剌丁與秘書少監虞應龍等蒐輯爲志，二十八年書成，凡七百五十五卷，名大一統志，藏之秘書，此初修之本也。成宗大德初，復因集賢待制趙忭之請，作大一統志。按：以上所言本之元秘書監志。元史載大德七年三月戊申，卜蘭禧、岳鉉等自注云：「岳鉉字湯臣，湯陰人，徙居燕，追封申國公，謚文懿。」進大一統志，賜賚有差，此再修之本也。此本卷首題集賢大學士、資善大夫、同知宣徽院事孛蘭肸，昭文館大學士、中奉大夫、秘書監岳鉉等上進，正大德所修者。史以孛蘭肸爲卜蘭禧，譯音之轉也。傳聞康熙間刑部尚書崑山徐公乾學奉敕修大清一統志，開局於吳之洞庭山，借内府書，有元大一統志殘本二十餘册，徐公志稾，今在史局，所借之書，度已歸中秘，而未聞有見之者。」吳壽暘拜經樓藏書題跋記卷三云：「元槧大一統志殘本六巨册，自六百十五至七百五十一，中少九十七卷，僅存三十九卷，全卷二十八，不全卷十一，共四百三番，每番二十行，行二十字，其方域則四川彭州、崇寧濛陽、威州、通化茂州、簡州，新津嘉定府路眉州、沔州、蓬州，重慶路夔路、永康達州、彭水紹慶路等。」瞿鏞鐵琴銅劍樓藏書目卷十一云：「元一統志七卷，舊鈔殘本，瞿本撰人銜名與錢本同。存蜀省均州一卷、房州一卷、通安州一卷、鄜州二卷、葭州三卷，按：據此則存卷凡八，而標題作七卷，必有一誤。其書分縣編次，紀載分明，不同明一統志之府縣合併也。」錢氏所見南濠朱氏本，不言若干卷，但云四百四十三翻，蓋中多殘篇斷簡，不能成卷者，故以翻數計之也。然吳氏藏本僅四百三翻，校朱本少四十翻，已得三十九卷，則朱本當有四十餘卷矣。兩本所存，州縣互異，蓋即一書散出者，瞿本所存更少，除通安州一卷外，皆朱本所有，疑即從此本傳鈔後，又各有散亡，故存佚不同也。合三本計之，猶可得八十餘卷，較之汪氏所獻僅存二卷者，不啻數十倍之多，惜乎修四庫書時，未之見也。提要不言汪本所存者是何州縣，其詳不可得聞矣。其時纂修諸臣，既不出一手，舛譌牴牾，疎謬尤甚，極爲顧炎武日知録所譏，至所摘王安石處州（按當作虔州）學記「地最曠大，山長谷荒」之語，則併句讀而不通矣。

案：日知録卷三十一摘大明一統志之舛謬凡數條，其末一條云：「王文公虔州學記云：『虔州江南，地最曠，大山長谷，荒翳險阻。』以曠字絶爲一句，谷字絶爲一句，阻字絶爲一句，文理甚明。今一統志贛州府形勝條下摘其二語曰：『地最曠大，山長谷荒。』句讀之不通，而欲從事於九丘之書，直可爲千古笑端矣。」凡顧氏之所指摘，大抵皆當，此條所言，亦未嘗不深中其病。然考宋王象之輿地紀勝卷三十二贛州風俗形勝條下引王安石虔州學記云：「虔於江南，地最曠大，山長谷荒，交廣閩越，道所出入。」於荒翳險阻句，截去下三字，是亦以「山長谷荒」爲一句矣。祝穆方輿勝覽卷二十贛州風俗條下亦摘「山長谷荒」四字爲標題，注曰：「王介甫虔州學記，虔於江南地最曠大云云，交廣閩越，銅鹽之販，道所出入，椎埋盜奪，鼓鑄之姦，視天下爲多。」是則句讀之誤，始於王象之，而祝穆因之，明一統志又因之，惟失在不覆檢原書耳。以此歸罪纂修諸臣，彼有辭矣。夫王象之、祝穆皆非不通句讀者，而不免有此失，蓋撰者既富，卷帙繁多，檢閲之偶疏，鈔録之小誤，事所恒有，後人讀其書，覺其疏謬，從而糾正之足矣，不必深文曲詆也。

新安志十卷宋羅願

程敏政新安文獻志記願所作胡舜陟墓誌後曰：「鄂州新安志於王黼之害王俞、秦檜之殺舜陟，皆畧而不書，非杳庭虛谷一白之，則其跡泯矣。然則是書精博，雖未易及，至其義類取舍之間，疑有大可議者，姑記二事以驗觀者」云云。案劉克莊後村詩話謂舜陟欲爲秦檜父建祠，高登不可，因劾登以媚檜，舜陟別以他事忤檜，下獄死，登乃得免。則舜陟之死，乃欲附於檜，而反見擠耳，願之不書，殆非無意，未可遽以爲曲筆也。

嘉錫案：方回桐江集卷七漁隱叢話考曰：「仔父舜陟，死於靜江府獄中，實秦檜殺之也，而羅鄂州願新安志畧不書。」故程敏政有「非虛谷白之，則其跡泯矣」之言。全祖望鮚埼亭集外編卷二十八跋宋史胡舜陟列傳曰：「胡待制不附秦檜，以致殺身，本傳載之甚詳，而羅鄂州新安志不書焉，篁墩程敏政號以爲終以其父之嫌，願父汝楫，附秦檜殺岳飛。不盡所言。鄂州賢者，豈有此耶？及見朱子褒録高登狀按：見晦庵集卷十九言待制官靜江，因檜父曾令古縣，欲爲立祠，高方爲令，持不可，待制誣以罪，下獄，鍛鍊之，訖無罪狀而止。然則待制，非能忤秦檜者也。當時忤檜之人，本非一輩，容有求附於檜，而反忤之者。待制卽忤檜，亦此輩耳。後村集案：見後村大全集卷一百七十五詩話續集，張鈞衡刻後村詩話後集卷一謂待制逮捕高，母死舟中，高航海投匭上書，乞納官葬母，檜素蓄憾，卽下高靜江獄。比至，而待制爲漕使呂源發買馬事，先下吏死，有天道焉。呂源訟舜陟事，見宋史舜陟本傳，又見夷堅乙志卷九王敦仁條，較宋史爲詳，且極言舜陟之寃。嗚呼！待制恂恂儒者，常命其子仔采摭經傳，作孔子編年五卷，又嘗請復孟子於講筵，末路如此，良可惜也。高於靖康中，已與陳東上書，力陳六賊之罪，又言金人不可和，卒忤檜以死。朱子既請於朝，又與留衞公言之，見晦庵集卷二十八，與留丞相書。始得贈邺，而宋史不爲立傳，誣善失實，一至於此。」全氏之辯，較之提要此條，更爲明備。今考宋史卷三百七十八胡舜陟傳，固不及舜陟之陷高登，李心傳建炎以來繫年要録亦闕焉，疑宋四朝國史本不載登事，然宋史卷三百九十九卻有高登傳，凡千四百餘言，敍其平生甚詳。其記不肯爲秦檜父立祠事，曰：「授靜江府古縣令。豪民秦琥，武斷鄉曲，持吏短長，號秦大蟲，登至頗革，登喜補處學職。它日琥有請屬，登謝卻之，琥怒，謀中以危法。會有愬琥侵貸學錢者，登白郡及諸司寘之法，忿而死，一郡快之。帥胡舜陟謂登曰：『古縣秦太師父舊治，寔生太師于此，盍祠祀之。』登曰：『檜爲相亡狀，祠不可立。』舜陟大怒，摭秦琥事，移荔浦丞康寧以代登。登以母病去，舜陟遂創檜祠，而自爲記，且誣以專殺之罪，詔送靜江府獄。舜陟遣健卒捕登，屬登母死舟中，槀葬水次，航海詣闕上書，求納官贖罪，帝閔之。故人有爲右司者，謂曰：『丞相云嘗識君于太學，能一見，終身事且無憂，上書徒爾爲也。』登曰：『某知有君父，不知有權臣。』既而中書奏，故事無納官贖罪，仍送静江獄。登歸葬其母，訖事詣獄，而舜陟先以事下獄死矣，事卒昭白。」其敍事曲折畢見，詳於朱子之狀及後村詩話遠甚，而全氏謂史不爲立傳，詆爲誣善失實，何其不詳考之甚也。提要於别集類十高登東溪集條下引宋史本傳頗詳，而此條乃祇摭後村詩話以爲據，若不知宋史有傳者，蓋官書雜成衆手，其弊往往如此。登之卒忤檜而死也，以考試題目觸檜之怒。朱子狀云：「後爲潮州試官，又使諸生論直言不聞之可畏，策閩、浙水沴之所由，檜聞益怒，以爲陰附趙鼎，削官，徙容州以死。」後村詩話云：「高登既登第考試潮州，以論題策問，忤秦相。」此誤以後事爲前本傳云：「廣漕鄭鬲、趙不棄辟攝歸善令，遂差考試，摘經史中要語命題，策閩浙水災所致之由，郡守李仲文即馳以達檜，檜聞震怒，坐以前事，取旨編管容州。」三者詳畧不同。考輿地紀勝卷一百云：「高登紹興間爲潮州試官，坐出則將焉用彼相賦、直言不聞深可畏論，貶容州而死。」羅大經鶴林玉露卷六所記亦同。此賦題之譏刺，尤爲明白，宜檜之震怒也。因讀全氏跋，爲之考證，又得此事，不欲棄去，聊復書之，附綴篇末焉。

剡録十卷

宋高似孫撰。似孫字續古，號疎寮，餘姚人。淳熙十一年進士，歷官校書郎，出倅徽州，遷守處州。陳振孫稱似孫爲館職時，上韓侂冑生日詩九首，每首皆暗用錫字，寓九錫之意，爲清議所不齒，知處州尤貪酷。其讀書以奥僻爲博，以怪澀爲奇，至有甚可笑者，就中詩猶可觀。周密癸辛雜識亦記其守處州日，私挾官妓洪渠事，其人品蓋無足道。其詩有疎寮小集，尚傳於世，而文則不少概見，此書乃其所作嵊縣志也。

嘉錫案：宋會要第一百三册職官七十五云：「嘉泰三年十一月二十八日，新知信州高似孫與祠禄，以臣僚言，似孫倅徽陵轢守長，長原誤喪寓居干撓郡政。」又職官七十四事在後而編次在前云：「開禧二年四月二十七日，知嚴州高似孫案：嚴州圖經卷一知州題名無高似孫姓名，其開禧二年四月知州爲鞏嶸，疑似孫本未到任。與宮觀，理作自陳，朝廷與之宮觀，而作爲其人所自陳請，爲可不礙其升轉也。以臣僚言其廉聲不聞。」又云：「嘉定元年二月九日，華文閣學士提舉江州太平宮高文虎似孫父，宋史有傳。落職罷祠，新知江陰軍高似孫降一官，罷新任。以左諫議大夫傅伯成言，文虎詭譎傾邪，似孫諂事侂冑，故有是命，既而臣僚復言似孫無君之心三事，又追五官。」劉克莊後村大全集卷一百六十七龍學行隱傳公伯成行狀云：「高似孫嘗獻侂冑九詩，皆有錫字，公論其有無君之心。」與書録解題及宋會要可以互證，會要稱言者論其廉聲不聞，亦與振孫貪酷之評合。宋史傅伯成傳言伯成純實無妄，表裏洞達，語及姦人誤國，邪人害正，詞色俱厲，不少假借。拜左諫議大夫，抗疏十有三，皆軍國大義。或致彌遠意，欲使有所彈劾，謂將引以共政，謝之曰，吾豈傾人以爲利哉。知其所劾皆合公論，其言似孫諂事侂胄，必皆有實據矣。合此數書觀之，則似孫之爲人可知。解題卷十四又曰：「蘭亭考桑世昌撰本名博議，高文虎炳如爲之序，及其刊也，其子似孫主爲刪改，序文本條達可觀，亦竄改無完篇，首末闕漏，文理斷續，於其父猶然，深可怪也。」癸辛雜識別集下亦曰：「高疎寮一代名人，或有議其家庭，有未能盡善者，其父嘗作蘭亭博議敍，疎寮後易爲蘭亭考，且輒改翁之文，陳直齋嘗指其過焉。近得炳如親書與其妾銀花一紙，爲之駭然，漫書於此。」其所録與銀花書略云：「余既老，家務盡付之子，身旁一文不蓄，取於宅庫，常有推托牽掣，不應余求。」其辭鬱抑憤怒，可見似孫之不能養其親，又云：「服事七十七歲老人，凡十一年，余亦忝從官，又是知府之父，家計盡是筆耕有之，知府未曾置及此也。似孫蓋貪而奢姑以千緡爲奩具之資，亦未爲過，但即未辦，候日後親支。銀花素有盼盼燕子樓之志，而勢亦不容留，今因其歸，先書此爲照。銀花自到宅，即不曾妄有支用，他日或有忌嫉之輩，輒妄有興詞，仰既此示之。若遇明正官司，必鑒其事情，察余衷素，且憫余叨叨於垂盡之時，豈得已哉。」文虎别無姬侍，則所謂忌嫉之輩，即指其子婦言之。蓋既許其妾以奩資，無論生前能否支與，而其子必蓄憾於妾，將於己身後誣以平日擅用金錢，訟之於官，奩資未與則圖賴，已與則追還，故預爲之防，書此以爲據。夫知子莫若父，觀於此，則似孫之性情，可以見矣。文虎此書，末署嘉定庚午嘉定三年八月，據似孫緯略自序，文虎卒於壬申之春，詳見雜家類二演繁露條下相距已一年有半，則作此書時，非將死而開閤放姬也。其妾既不願去，文虎又不能忘情，而云勢不容留者，非迫於其子耶。禮記內則曰：「父母有婢子，若庶子庶孫，甚愛之，雖父母沒，沒身敬之不衰。」今似孫於其父在時，至不能容其所甚愛之妾，忍使年將八十之老翁，曾無供應湯藥之人，供應湯藥，亦原書語。宜周密讀之而駭然也。嗚呼！求忠臣必於孝子之門，古今犯上作亂之徒，未有能養其親者。似孫不孝於家，宜其不忠於國，所謂一代名人者如此，豈不重可歎也哉！文虎作書與銀花，及似孫私挾洪渠事，同載癸辛雜識中，提要不以文虎之言責似孫，而顧呫呫然於其爲洪渠脫籍，見雜識續集上未爲知所輕重也。蓋提要此篇敍似孫事，取材於宋詩紀事卷五十五，僅「號疎寮出倅徽州」七字，爲紀事所無。此外固非所留意耳。

嘉泰會稽志二十卷

宋施宿等撰。宿字武子，湖州人，司諫元之子，嘗知餘姚縣，遷紹興府通判。

嘉錫案：施宿仕履，不僅終於紹興府通判。邵長蘅刪補施注蘇詩附録於引浙江通志名宦傳施宿知餘姚縣條下注曰：「按蘇詩第二十卷別子由三首注題下有云，宿守都梁，得東平康師孟元祐二年三月刻二蘇公所與九帖於洛陽，乃知武子又嘗守都梁，而傳未之及云，都梁山在今盱眙。」按：盱眙縣本屬泗州，宋建炎三年升爲盱眙軍，尋廢，紹興十二年復爲軍，見宋史地理志四及輿地紀勝卷四十四，武子蓋嘗知盱眙軍。隋書地理志云江都郡盱眙縣有都梁山。翁方綱蘇詩補注附録在卷八末云：「湖州府志，施宿字武子，承家學，尤留心金石。慶元初知餘姚縣，市田買書，以教學者，爲政務大體，興廢舉墜，不事細謹。邑北瀕海，歲役民修堤，民甚苦之，宿更築石堤，建莊田二千畝，以備修堤之役。案：宿知餘姚築石堤，在慶元二年冬，見樓鑰攻媿集卷五十九餘姚縣海堤記。旋通判會稽軍，作會稽志，刻禹廟碑譜。嘉定間以朝散大夫提舉淮東常平倉，修築泰州城垣，以父所注蘇詩未梓，推廣爲年譜，鋟版，此處原文叙傅穉事與下引癸辛雜識同，今删去。忌者摭此事，坐以贓，罷歸。癸辛雜識別集，施宿字武子，湖州長興人。父元之，乾道間爲左司諫。宿晚爲淮東倉曹，時有故舊在言路，因書遺以番葡萄，歸院相會，出以薦酒，有問知所自，憾其不己致也。劾之，無以蔽罪。宿嘗以其父所注坡詩刻之倉司，有所識傅穉字漢儒，湖州人窮乏相投，善歐書，遂俾書之，翁氏又引錢辛楣曰：大昕所見正德重刊嘉泰會稽志，卷末有云，安撫司校正書籍傅穉。又漢孺所藏謝師厚帖，放翁爲跋。在嘉泰三年癸亥，蓋即漢孺爲浙東安撫司校正書籍時也。鋟板，以賙其歸，因摭此事，坐以贓私。其女適章農卿良朋云。王文簡蠶尾續集，施宿武子嘗參諸家本，訂以石鼓籀文，刻於淮東倉司，辨正詳備，見宋章樵石鼓文釋。原注石鼓音跋云：比歲里居，音釋頗備，後題云嘉定六年重五日吳興施宿書。方綱按施宿武子，又有墓田丙舍帖石刻，見袁桷清容居士集。按：清容集無此事，惟宋樓鑰攻媿集卷二十有跋施武子所藏諸帖，凡六首。其第一首，卽鍾繇墓田丙舍帖也。跋云：「慶元二年孟冬壬子，見餘姚施令尹，蓋司諫之子也。出其家所藏墓田帖碑石，余誦山谷之詩曰，平生半世看墨本，摩挲石刻鬢成絲，爲之三歎。」翁氏蓋因此誤記。武子又有淳化閣帖釋文。」據邵氏、翁氏之所引證，知宿自罷紹興府通判後，累遷知盱眙軍，提舉淮東常平茶鹽公事，被劾罷官，提要不能詳其始末也。陸心源宋史翼卷二十九曾爲立傳，別無異聞，不言知盱眙惟引宋進士表，以宿爲紹熙四年進士，宋進士表不見著録，不識陸氏從何得之。考嘉泰吳興志卷十七進士題名內，紹熙四年，并無施宿，陸說恐不足據也。宋會要第一百三册職官七十四云：「嘉定二年十一月二十二日，新知吉州施宿罷新任，以臣僚言宿邀功避事。」又職官七十五云：「嘉定七年正月二十一日，直秘閣施宿罷職與祠祿，以中書舍人范之柔之柔爲文正公四世孫，見周必大省齋文稾卷十八言其昨任淮東運判，刻剥亭户，規圖出剩，以濟其私。」宿曾任知吉州及直秘閣，皆昔人所未知者，諸書皆言宿爲淮東提舉，此作運判，疑誤也。凡諸路提舉常平司，本以茶鹽官兼領，事在紹興十五年，見建炎以來繫年要録卷一百五十四。賣鹽是其專責，故之柔言宿刻剥竈户，宋史食貨志下三云，其鬻鹽之地曰亭場，民曰亭户，或謂之竈户。規欲多取浮剩之鹽，以圖侵漁入己也。癸辛雜識所謂因不得番葡萄致憾於宿者，殆卽范之柔歟？宋會要第一百四册職官七十六又云：「嘉定十五年十月十九日詔，施宿特與改正，追復朝請大夫，以其女原脱女字安人妾施氏自陳，故父宿昨任淮東提舉日，但知盡忠報國，討究弊源，撙節浮費，不顧怨仇，悉皆痛革，是以取怨於僚屬，有忤於交承，不幸身死。謗議紛起于讎人。誣合傾陷，死及百日。忽原誤勿致臣僚論父鹽政及修城事，於父死一年之後，行下抄籍，一家骨肉星散，狼狽暴露，故父靈柩亦皆封閉，寡妻弱子無所赴愬。念故父原脱父字係孝宗朝諫官施元之原誤作子之長子，把麾持節，廉直素著，昨來獄司勘作八十餘萬緡。逮至抄估，原誤佑自高曾以來，原無來字生生之計，升斗之租，總不及五萬緡，可見當來冤枉。又蒙公朝軫念無辜，撥錢津葬，節次蒙恩，始有生意。去年八月明堂赦恩，及今年正月内受寶大赦，按，兩次大赦，均見宋史寧宗紀，年月並合。念妾等存没銜冤，迄今九載，已蒙朝廷給還家業，所有父宿元官職，及身後轉一官，并生前原誤作坐前已陳乞致仕恩澤，未蒙照赦改正給還，情實迫切，乞詳所陳施行，故有是命。」此上書自陳之安人施氏，殆卽癸辛雜識所謂宿女適章良朋者也。讀其所陳，而後宿之始末乃益明。施氏書言宿死及百日，始致臣僚論列，而范之柔之劾宿，在嘉定七年正月，則宿實死於六年之冬。死一年而被抄籍，此書上於十五年，故言存殁銜冤，迄今九載也。宿已死而罷職，猶與祠祿，是朝廷尚未知其死，蓋罷提舉後，不久卽卒，未嘗入都。其死時尚陳乞致仕恩澤，宋人除引年告老者外，其致仕表，多係死後追上。可見得罪罷官，皆在身後。湖州府志謂其坐贓罷歸者，非也。書又言宿以鹽政及修城事被論，鹽政事已見范之柔奏中。修城者，淮東提舉置司泰州，見輿地紀勝卷四十宿嘗修築泰州城，見前引湖州府志言者蓋劾其工費浮冒也。南宋鹽課，歲入僅千三百餘萬緡，而淮東至七百七十餘萬緡，亦見輿地紀勝利權所在，易遭疑謗，修城乃大工役，費用紛繁，尤難稽考，故言者摭此二事，坐以贓私，至爲其父刻蘇詩注，雖亦被論及，不過毛舉細故之一端。縱按費計贓，爲數幾何，宿之得罪，初不因此，故史官記事，及其女上書，并畧去不言。周密未考國史，姑據所聞書之耳。之柔劾奏後，宿僅被罷職，罷職而不降官，則一切恩禮如故。尚與祠禄，凡致仕或罷官者，皆不得奉祠。得譴甚輕，而其後竟至籍没，必是臣僚相繼論奏，朝廷遣官置獄勘問，獄成後，始奪官籍産，故有獄司勘作八十餘萬緡之語。宿本以朝散大夫充提舉，削奪後兩經大赦，並其女自陳，始還元官，其致仕及身後恩澤，猶未盡復也。

宋自南渡以後，升越州爲紹興府，其牧守每以宰執重臣領之，稱爲大藩。而圖志未備，直龍圖閣沈作賓爲守，始謀纂輯，華文閣待制趙不迹、寶文閣學士袁説友等，相繼編訂，而宿一人實始終其事。書成於嘉泰元年，陸游爲之序，其不稱紹興府志，而稱會稽志者，用長安河南成都相臺諸志例也。

案：錢大昕潛研堂集卷二十九有此書跋云：「宋史藝文志有沈作賓、趙不迹會稽志二十卷，又有陸游會稽志二十卷，前後重見，實即一書。考放翁序，但云參訂其概，遽以爲陸所撰，未免失其實矣。」此亦讀是書者所當知也，故録之。宋人之於地名，州郡並用，太平寰宇記卷九十六、元豐九域志卷五、宋史地理志四，并稱越州會稽郡，此書之名會稽志者，以此。蓋雖改州府而郡名不廢，乃當時之通例，如吳郡新安、吳興諸志，皆用郡名，與此志同。至於河南、成都，乃宋時府名，長安相臺乃沿用古地名，原非一律，提要混而同之，是不知古今之辨也。

嘉定赤城志四十卷

宋陳耆卿撰。耆卿字壽老，號篔窗，台州臨海人，登嘉定七年進士，官至國子司業。其事蹟不見宋史，惟謝鐸赤城新志稍著其仕履而亦不詳。今以所著篔窗集考之，則嘉定十一年嘗爲青田縣主簿，嘉定十三年爲慶元府府學教授。又趙希弁讀書附志，稱耆卿集中沂邸箋表爲多。案宋史孝宗孫吳興郡王柄追封沂王，其嗣子希瞿，寧宗嘗立爲皇子，即濟王竑。耆卿必嘗爲其府記室，而希弁畧其文也。

嘉錫案：南宋館閣續録，陳耆卿，嘉定七年袁甫榜進士出身，治書。寶慶二年，召試館職，二月除正字，十一月爲校書郎。紹定元年十二月爲秘書郎，三年十二月爲著作佐郎，六年十二月爲著作郎。端平元年二月兼國史院編修官、實録院檢討官，二年四月爲軍器少監。以上分見續録卷八、卷九。方回桐江集卷三讀篔牕荊溪集荊溪吳子良集名跋云：「篔牕生於淳熙七年庚子，少水心三十年。開禧三年，水心罷江淮制置閑居，七年，篔牕年三十五，登甲戌袁榜，爲青田尉，時以書見水心，一見許之爲晁、張。荊溪祠天台六先賢於學，篔牕亦與，謂陳公之滯於三館也，鄉人囑以祠記諂權相，謂史彌遠也則謝不爲；相所親，啖以兩制，而索其文，則拒不與；此事亦見林下偶談卷二陛對失人心一疏，則觸忌諱不顧；端平用兵之議，則衆辨之不隨也。篔牕仕至國子司業、直舍人院，端平三年卒，年五十七。」回此跋敘者卿與葉適之淵源甚悉，詳見詩文評類一，荊溪林下偶談條下。陸心源宋史翼卷二十九爲者卿作補傳，僅取材於臨海縣志，他皆不知也。

寶慶四明志二十一卷宋羅濬**開慶續志十二卷**宋梅應發　劉錫

寶慶三年，煥章閣學士、通議大夫、知慶元府兼沿海制置使廬陵胡榘，命校官方萬里因圖經舊本重加增訂，未竟，會萬里赴調中輟，濬與榘同里，適游四明，遂屬之編定。宋史藝文志僅有張津圖經十二卷及四明風俗賦一卷，不載是書。惟陳振孫書録解題載之，其卷數與此本相合，蓋猶從宋槧鈔存者。志中所列職官科第名姓及他事蹟，或下及咸淳，距寶慶三四十年，蓋後人已有所增益，非盡羅濬之舊。然但逐條綴附，而體例未更，故敘述謹嚴，不失古法。

嘉錫案：全祖望結埼亭集外編卷三十五跋四明寶慶開慶二志云：「胡尚書榘寶慶四明志二十一卷、吳丞相潛開慶續志十二卷，皆宋槧也，予得之同里陸參政懋龍書庫。雍正庚戌，予以拔萃入太學，是書爲人篡去，質於富人之手，仁和趙谷林以白金四十錠贖歸，仍鈔一本歸余。尚書之志，見於陳振孫書録、馬氏通考暨焦氏經籍志，原注云：焦氏誤爲羅濬。而吳志則藏書家未有及者，前此臨川李侍郎穆堂、江都馬上舍嶰谷皆嘗向余借鈔，遂巡未寄，并屬谷林鈔以貽之。」四庫所收鈔本，蓋卽自全氏宋槧本鈔出，而未詳所自來，兹備録之，以明是書流傳之源委。全氏又有第三跋云：「寶慶志中有載及胡尚書以後事者，予初甚疑之，既而知是書嘗爲劉制使黻所增加也。第一卷牧守，自尚書以後，凡二十人而至吳丞相，又十人而至制使，皆附列之，則爲制使所增加可知矣。及讀第二卷經籍志，有四明續志三百三十幅，大使吳丞相置，四十五幅，制使劉公置，吾鄉志乘，自吳丞相而後，直至延祐，方有續本，未聞有劉志，乃知四十五幅，卽散入寶慶志中所增加者。然劉制使之莅吾鄉在咸淳，自淳熙四先生而後，吾鄉人物之當表章者，不可勝舉，制使一無所增，而增其事之小者，抑末矣。」其考寶慶志中寶慶以後事，卽用劉黻續志散入其中，又提要之所未及知也。

景定建康志五十卷

宋周應合撰。應合，武寧人，自號溪園先生。淳祐間舉進士，官至實録院修撰，以疏劾賈似道謫饒州通判，是書乃其以承直郎充江南東路安撫司幹辦公事時所作也。

嘉錫案：宋劉克莊後村大全集卷六十八有周應合除史館檢閲制。元袁桷清容居士集卷二十七周瑞州神道碑銘，卽應合也，敍其仕履甚詳，知其官不止於饒州通判，今刪取其要，以裨提要之闕。碑文畧曰：景定元二間，賈相某按：清容祖名似道，故諱秋壑之名隱城下盟，罔宋帝理宗，邀奇功，外受强寇，内括民業。按：謂賈似道行公田也。時則有豫章周公，以史館檢閲入對曰：「李璮由山東來歸，實急而求我，區區一旅，瞭然可見，借援無功，彼敗我辱，招釁之道。父全叛逆，著在信史，已登告於祖廟。璮乞改正，是作史者誣罔。逆全行事，淮東人猶能道，此亦陛下在宥之所覩。困獸投林，誠不可使縱意干紊。」又曰：「臣近覩輔郡和市富室田業，以備軍餉，良以和糴廣，造楮多，則楮益賤，是誠不可不變通也。今所在置司，擇其上腴，低值以酬，又欲令賣田之主，抱佃輸租，歲或荒歉，田主必當割他租以補，他租既竭，歸于耕夫，耕夫逃亡，歸于鄉役，可謂獲近效而忘遠慮。自漢以來，納粟補官，歷代循用，輸粟既微，補爵亦輕，不足以動豪民。臣以爲宜由尚書省樞密院吏員爲出身，定品格，立止法，則大家相胥以勸，可以立辦，粟可無糴，楮可減造矣。」疏入，相大怒，言者急擊出。公諱應合，字淳叟，紹定四年，詞賦應鄉書不中，乃學春秋經。淳祐九年，應試兩浙轉運司，果冠諸生。十年，有旨，試轉運司者，入別院，復在首選，授江陵府府學教授，待次歸里。馬公光祖帥荆湖，師援夔路，俾爲屬，主贊畫。開慶二年，馬公帥沿江，復佐江東，兼長明道書院，稡二程遺語若干卷，復以馬公命爲新金陵志。按：卽景定建康志。自史館歸，外補通判饒州，後攝郡事。咸淳三年，主管華州雲臺觀。四年，通判寧國府，復攝郡事。湘帥汪公立信舊同寮，奏辟通判潭州，兼參議官，丞相審治行，自諸賢交章無虛歲，亦欲俾出門下，諭意長沙毋行，公不可，相益怒。會江文忠公在相位，以國子監簿進擬，亟命御史李珏褫劾，德祐元年登極恩，復官。是歲賈相兵敗，走維揚，起守寧國，江西以瑞缺守，辟知瑞州，將治兵爲固圉計，與帥議不合，劾去。至元十七年卒，年六十有八，以溪園自號。

景定嚴州續志十卷　宋鄭瑤　方仁榮

所紀始于淳熙，訖于咸淳，標題惟曰新定續志，不著地名，蓋刊附紹興舊志之後，而舊志今佚也。嚴州于宋爲遂安軍，度宗嘗領節度使，卽位之後，升爲建德府。

嘉錫案：新定者，嚴州舊郡名也。唐書卷四十一地理志云：「睦州新定郡，本遂安郡，天寶元年更郡名。」宋史卷八十八地理志云：「建德府本嚴州新定郡遂安軍，節度本睦州軍事。宣和元年，升建德軍節度。三年，改州名軍額。咸淳元年升府。」新定之爲郡名，至爲明白，無論唐、宋諸家地理書所敍沿革皆與史志合，今不備引。卽本書卷二郡官建置亦云：「天寶元年，改睦州爲新定郡。國初，吳越納土後，命殿中丞李繼鋑權知睦州，宣和三年改嚴州。」又卷四書籍目内有新定志、新定續志，是則嚴州之名新定郡，州志之名新定志，不必博考他書，止取本書，畧一檢閲，卽可得之。而提要但知嚴州之在宋爲遂安軍建德府，因誤認新定之名爲附於舊志而名之，猶之新修新撰云耳遂奮筆改其書名爲嚴州續志，是僅閲其卷一節鎮一條，此條内不言舊名新定郡，因舊志歷代沿革條敍之已詳故也。而於全書未嘗入目也。其紹興舊志，卽董弅所撰之嚴州圖經，淳熙間重修，一名新定志，尚存宋刻殘本三卷，開有益齋讀書志、士禮居藏書志、皕宋樓藏書志皆著録。光緒間，袁昶已刻入漸西邨舍叢書，修四庫書時，偶未收耳。十駕齋養新録卷十四云：「嚴州圖經，予所見淳熙重刻本，僅存首三卷，前有紹興己未正月知軍州事董弅序，及淳熙丙午正月州學教授劉文富序。文富蓋承郡守陳公亮之命，訂正是書者也。考董弅初創此志，本題嚴州圖經，陳公亮重修，亦仍其名。而王氏輿地紀勝、陳氏直齋書録、馬氏文獻通考皆作新定志。蓋宋人州志，多用郡名標題，續志載書籍，亦但有新定志，初無圖經之目，名目雖異，實非有兩本也。」然則新定之爲郡名，錢氏固已言之矣。

至元嘉禾志三十二卷

元徐碩撰。碩里貫未詳，始末亦無可考，其作此書時，則方官嘉興路教授也。秀州自宋初未有圖經，淳熙中知州事張元成，始延聞人伯紀枌爲之。後岳珂守郡，復延郡人關栻續修，會珂改調，事遂中輟，僅存五卷。至元中嘉興路經歷單慶屬碩纂輯，因踵栻舊本續成之。

嘉錫案：本志卷七學校門，敍嘉興路路學云：「聖朝至元丙戌，四明陳紹在分教是邦，里人徐碩副之，相與謀曰：『學久廢，盍撤而新之。』于是有請于郡，郡侯嘉其志，聞於省，許以學廩葺其廢，陳紹在、徐碩又撙浮費捐薄俸以佐之。」又敍宣公書院云：「聖朝至元丙子，邦人士以堂燬，白于郡，遂以太初堂爲書院。里人徐碩職教于此，畢力經營。」又卷十五宋登科題名，咸淳四年陳文龍榜有徐碩。原注云：甲科。是碩卽嘉興人，宋末進士，入元爲本路教授。本書具有明文，而提要云里貫未詳，仕履亦無可考，何其疏忽不檢歟。碩所謂聖朝至元丙子者，宋少帝之德祐二年，亦卽端宗之景炎元年也。是歲正月，嘉興守劉漢傑以城降元，見宋史瀛國公紀二月，元師入臨安，三月，兩宮北狩，然端宗卽以五月卽位於福州。喪君有君，人心未去，一成一旅，庸詎不可以致中興。而徐碩者，以文學取科第，釋褐登朝，亦既八載，國都甫破，桑蔭未移，遽爾望風投拜，稽首穹廬，求得一郡博士，亟亟焉爲之修書院，葺學宮，以章新天子稽古右文之盛。及其秉筆作志，遂大書特書不一書，以自鳴得意，且併載其進士甲科以爲榮，亦可謂有靦面目者矣。考至順鎮江志卷十七教授題名内有徐碩，注云：「字德甫，嘉興人，至元二十九年至。」是碩降元後將二十年，猶老於青氈，未能因爲奴才以取富貴，則亦何樂而爲夷狄之臣哉！其書雖尚可備考，其人實至不足道，以提要不知其始末，余故備論之，知人論世者可以觀焉。

武功縣志三卷

明康海撰。海字德涵，武功人，弘治壬戌進士第一，授翰林院修撰。以救李夢陽事，坐劉瑾黨削籍，明史文苑傳附見李夢陽傳中。是志僅七篇：曰地理、曰建置、曰祠祀、曰田賦、曰官師、曰人物、曰選舉。凡山川城郭古蹟宅墓，皆括於地理；官署學校津梁市集，皆歸於建置；祠廟寺觀則總以祠祀；户口物産則附於田賦；藝文則用吳郡志例，散附各條之下，以除冗濫；官師則善惡並著，以寓勸懲。王士禎謂其文簡事核，訓詞爾雅；石邦教稱其義昭勸鑒，尤嚴而公，鄉國之史，莫良於此；非溢美也。

嘉錫案：趙懷玉亦有生齋集卷七康氏武功志書後云：「其書失之太簡，而官師人物，尤多可議。凡志於官師，皆載名宦，其不秩者汰之，或立職官表，紀其在官之久暫而已。蓋善善從長，與史體究別，卽欲褒貶並列，亦宜摘其顯然貪酷者，以示炯戒。今自建置之初，至撰志時，其載知縣二十七人，宜乎精審矣。乃於宫庭曰，有明政，予少時，於父老聞其事實，今忘之矣。於曹俊曰，父老云其行事無忝於官。夫少時所及聞者，上下數十年耳，豈無一二有心人，足資考詢。俊在宫後，尤易徵覈，而遽以『今忘之矣，無忝於宫』八字，概此兩令耶。它如邊鐸，則曰善駡，尠威儀，以贓罷去。於劉翼則曰，朴魯無威儀，爲百姓侮，成蠱腫亟歸，卒途中。試思善駡無威儀，有何關係，而屑屑垂之書策，又不過寥寥數語耶。典史官卑，非大善惡，本不必載，乃於張儀，則曰刻薄狡儉，善虐其民，取之竭骨髓，語百姓曰：『吾爲吏廉，士大夫不知也；卽有弗廉，安敢昧神隍。神隍靈，當使我父子横死同日。』不踰年，果父子同日死。行文至此，是亦可已。下又云，壯兵祗候儀宅者，是夜未寢，見二長鬚人皂衣持鎖突入儀寢，兵以爲同事者，俄傳儀子死，兵尋持鎖者，内無有也，乃儀亦暴死日中。敍事既類小説，且亦太欠明淨。帝王自有本紀，非郡縣所得而專，今人物志首載后稷，次載高祖、太宗。按高祖本紀云，隴西成紀人。隴與成紀在天水郡，漦與武功在右馮翊，相去甚遠，卽云高祖常爲岐州刺史，治於武功，太宗實生於此。然仕宦所及，及生長所在，不能牽合而爲一也。列女首列姜嫄、太姜，直接蘇蕙，又直接有明之丁氏、喬氏、王氏三人，遥遥數千年，廑此六人，罣漏不少矣。大抵明人多不知而作，有意新奇，破壞古法，而王貽上以爲文簡事覈，訓詞爾雅，宋牧仲題句簡潔居然並馬、班，然乎否乎？」

水經注四十卷

後魏酈道元撰。道元字善長，范陽人，官至御史中尉，事迹具魏書酷吏傳。水經作者，唐書題曰桑欽，然班固嘗引欽説，與此經文異，道元注，亦引欽所作地理志，不曰水經。觀其涪水條中，稱廣漢已爲廣魏，則決非漢時。鍾水條中，稱晉寧仍曰魏寧，則未及晉代。推尋文句，大抵三國時人。今既得道元原序，知並無桑欽之文，則據以削去舊題，亦庶幾闕疑之義云爾。

嘉錫案：錢大昕三史拾遺卷三漢書地理志研吳山在西古文以爲汧山條下云：「案志稱古文者十一，汧山、終南、惇物在扶風，外方在潁川，内方、倍尾在江夏，嶧陽在東海，震澤在會稽，傅淺原在豫章，豬壄澤在武威，流沙在張掖，皆古文尚書家説，與水經所載禹貢山澤所在，無不脗合。相傳水經出於桑欽，欽卽傳古文尚書者，則水經爲欽所作信矣。戴東原以水經有廣魏縣，斷爲魏人所作。大昕謂水經郡縣，間有與西漢互異者，乃後人附益改竄，猶爾雅周公作，而有張仲孝友之語；史記司馬遷作，而有揚雄之語也。然則志何以別有桑欽，説曰，禹貢山水澤地所在一篇，本古文家相傳之學，而欽引以附水經之末，水經則欽自出新意爲之，故不可合而爲一。」案水經，實戴震徵入四庫館後奉敕所校，戴以此負盛名，結主知，奉旨賞進士，一體殿試。及以勞卒於官，高宗尚使太監持所校水經，詢其人所在，既知已卒，爲之太息，此見之於漢學師承記及諸家所作戴氏傳誌者也。武英殿聚珍板印行水經注篇末，署銜尚題纂修官庶吉士臣戴震。故錢氏引提要此篇，直稱之爲戴東原謂云云，錢氏所引爾雅周公作，而有張仲孝友之語者，本之顏氏家訓書證篇，論山海經云爾也。但爾雅是否爲周公所作，昔賢頗有異論，自當存疑，不似史記司馬遷作，而有揚雄之語，明出後人附益改竄，毫無可疑也。其實周密齊東野語已言之，錢氏用其語耳。至於水經注之作者，自當仍屬之桑欽，戴氏雖以是書名家，其説未有確據，徒以一二地名之疑似，遽翻前人之存案，未可從也。戴氏所校之水經，魏源古微堂集中，有書後二篇，譏其攘趙一清水經注釋，點竄之以爲己作，雖其先戴之弟子段玉裁力辨以爲趙氏雖成書在前，而刻書在後，乃趙攘戴，非戴攘趙，然近人仍分左右袒，莫衷一是，只可付之存疑。蓋戴氏雖經學極精，而其爲人專己自信，觀其作孟子字義疏證，以詆朱子，及其著屈原賦注，只是取朱子楚辭集注，改頭换面，畧加點竄，以爲己作。於人人習見昔賢之名著，尚不難公然攘取，況區區趙一清，以同時之人，聲譽遠出其下者乎？段懋堂謂非戴攘趙，在戴誠無所用其攘也，此正如王子雍之于鄭康成，直奪而易之而已矣。不然，何直隸河渠書又適重修於趙氏之後乎？錢竹汀學問之精，不在戴氏之下，而博通過之，當時雖與紀曉嵐齊名，有南錢北紀之目，實則紀不足望其項背，故提要常引潛研堂文集。而錢氏潛研堂全集及其他著作中，於提要鮮所稱道。宜乎此篇，獨持異議，而無所恤，幾乎發墨守而箴膏肓矣。雖然，亦幸而錢氏書成於戴氏身後，爲戴所不及見耳，否則戴必怫然不悦，變色相争。如東原集中，與顧千里争禮記王制篇虞庠在國之西郊，各執一説，書牘往還，愈辨愈烈，卒之毒詈醜詆無所不至。雖其于竹汀或不至如此之甚，然必不默爾而息也。

四庫提要辨證卷八

史部六

地理類三總目卷七十

洛陽伽藍記五卷

後魏楊衒之撰。劉知幾史通作羊衒之，晁公武讀書志亦同，然隋志亦作「楊」，與今本合，疑史通誤也。其里貫未詳，據書中所稱，知嘗官撫州司馬耳。

嘉錫案：廣弘明集卷六據釋藏本辨惑篇二，言唐太史傅奕引古來王臣訕謗佛法者二十五人，名爲高識傳，一帙十卷，其後詳列傳中人名，楊衒之與焉。道宣敍其事蹟云：「楊衒之，北平人，元魏末爲秘書監，見寺宇壯麗，損費金碧，王公相競，侵漁百姓，乃撰洛陽伽藍記，言不恤衆庶也。後上書述釋教虛誕，有爲徒費，無執戈以衞國，有飢寒於色養，逃役之流，僕隸之類，避苦就樂，非修道者。又佛言有爲虛妄，皆是妄想，道人深知佛理，故違虛其罪，啓又廣引財事乞貸，案：啓謂所上之書也，廣引財事乞貸，謂盛陳僧徒之貪財。貪積無厭。又云，讀佛經者，尊同帝王，寫佛畫師，全無恭敬，請沙門等同孔、老拜俗，班之國史。行多浮險者，乞立嚴勤。知其真僞，然後佛法可遵，師徒無濫，則逃兵之徒，還歸本役，國富兵多，天下幸甚。衒之此奏，大同劉晝之詞，按：北齊劉晝亦嘗上書排佛法，道宣載之本篇，此言衒之所言，與晝大抵相同也。言多庸猥，不經周孔，故雖上事，終委而不施行。」其敍衒之生平言論及其作伽藍記之意，頗爲詳盡。又續高僧傳卷一元魏菩提流支傳云：「期城「期」近刻誤作「斯」。郡守楊衒之，撰洛陽伽藍記五卷。」法苑珠林卷一百法苑珠林，四庫著録本一百二十卷，釋藏本作一百卷，與李儼原序合，今從之。傳記篇雜集部云：「洛陽地伽藍記一部五卷，元魏鄴都期城郡守楊衒之撰。」景德傳燈録卷三菩提達摩傳云：「有期城太守楊衒之，早慕佛乘。」載其與達摩問答語甚詳。據此數書，則衒之嘗官秘書監、期城太守，不止撫軍司馬，且其里貫爲北平，亦非不可考也。衒之姓，諸書并作「楊」，與隋志及本書合，惟廣弘明集或作「陽」，知史通作「羊」者，不足據矣。至於衒之爲人，則道宣所記最得其實。周武帝之廢法，起於衛元嵩之上書，道宣以元嵩嘗爲沙門，故於其躬爲戎首，猶有恕詞，謂其大略以慈救爲先，彈僧奢泰，不崇法度，無言毀佛，有叶真道，見廣弘明集卷七。又於續高僧傳中爲元嵩立傳。衒之之奏，初未施行，而道宣憾其排斥僧徒，遽詆爲庸猥不經，則衒之生平必不信佛，亦可知矣。而傳燈録載其與達摩語，自稱弟子，歸心三寶有年，智慧昏蒙，尚迷真理云云。此蓋僧徒造作誣詞，以復其非毁佛法之讎，猶之謂韓文公屢參大顛耳，不足信也。因考衒之仕履，遂備論之如此，爲讀伽藍記者論世知人之一助焉。

惟以高陽王雍之樓爲卽古詩所謂「西北有高樓，上與浮雲齊」者，則未免固於説詩，爲是書之瑕纇耳。

按：檢尋伽藍記本文其卷三高陽王寺條，第言爲高陽王雍之宅，未嘗言其宅中有樓，惟卷四云：「沖覺寺，太傅清河王懌舍宅所立也。懌，親王之中，最有名行。孝明時帝始六歲，太后代總萬幾，事無大小，多諮詢之，是以熙平、神龜之際，勢傾人主，第宅豐大，踰於高固陽。西北有樓，出凌雲臺，俯臨朝市，目極京師，古詩所謂『西北有高樓，上與浮雲齊』者不也。」然則衒之所言乃清河王懌宅中之樓，非高陽王雍之樓也，提要誤矣。至謂衒之爲於説詩，亦殊不然。夫「西北有高樓」一首，玉臺新詠以爲枚乘所作，當是相傳舊説，衒之容不知，且既目爲古詩，明非時人之筆，記中並未言清河宅中之樓爲漢代舊物，則安得以西京人所賦之詩，爲指後魏時所建之樓乎？詳其上言：「西北有樓，出凌雲臺，俯臨朝市，目極京師。」而後引古詩云云，此不過因其樓在西北，憶及此詩，遂取其「上與浮雲齊」之句，以明其高，斯亦賦詩斷章之義也，何嘗謂詩人所詠，卽是此樓乎？提要以文害詞，遽加詆毁，謂爲全書之纇，信如所言，則凡如韓詩外傳等書之引詩，皆將不免固哉高叟之譏矣，以此論古，竊恐未然。

據史通補注篇，稱「除煩則意有所怯，畢載則言有所妨，遂乃定彼榛楛，列爲子注。若蕭大圜淮海亂離志、羊衒之洛陽伽藍記是也」。則衒之此記，實有自注，世所行本皆無之，不知何時佚脫。然自宋以來，未聞有引用其注者，則其刊落已久，今不可復考矣。

案：顧廣圻思適齋集卷十四有是書跋曰：「予嘗讀史通補注云，亦有躬爲史臣，手自刊補，雖志存該博，而才闕倫敍，除煩則意有所怯，畢載則言有所妨，遂乃定彼榛楛，列爲子注，若羊衒之洛陽伽藍記云云。知此書原用大小字分別書之，今一概連寫，是混注入正文也。意欲如全謝山治水經注之例，改定一本，旋因袁壽階取手校者去，未得施功，此臨毛斧季校，續得諸書賈，斧季多見舊刻名鈔，亦懵然不知有大小字之說，蓋其誤久矣。惜牽率乏暇，汗青無日，爰標識於最後，世之通才，倘依此例求之，於讀是書，思過半也矣。」顧氏之書雖未成，其後錢塘吳若準作伽藍記集證，卒用顧氏之例，分析經注，顧氏嘗語朱紫貴使將綱目子注重爲分晰，朱氏爲之未成。吳氏爲朱氏之甥，亦治此書，定本遂出，事見朱氏序中，知其卽用顧氏義例也。覽之條理秩然。是知衒之自注，具在書中，特與正文混淆爲一耳。提要謂被後人刊落，不可復考者，非也。或謂顧氏之說，別無證據。余按史通云：「若蕭、羊之瑣雜，王、宋之鄙碎，謂王劭齊志、宋孝王關東風俗傳。言殊揀金，事比雞肋，異體同病，焉可勝言。」今觀記中所敍之事，如瑶光奪壻，卷一惠凝還魂；此節意在諷當時僧徒之妄自尊大，廣營布施，及王公之侵漁百姓，斂財造寺者，是其著書之微旨。宣明誅死，尸行百餘步；趙逸長壽，目見十六君；青州有懷甎之俗，金像有垂淚之容；許超盜羊以入夢，劉胡殺猪而乞命；以上卷二子淵之見洛神，以血爲酒；王肅之對高祖，將茗作奴；沙門達多，發冢而得一人；高陽王雍，一食而敵千日。以上三卷乃至孫巖之妻，人忽化狐；梁氏之夫，鬼能乘馬；侯慶之哭醜多，死償金色；元琛之寵赤驥，飼用銀槽。以上四卷傳奴慢罵，凡婢雙聲；如來手書，浮圖十丈。以上五卷皆廣聚異聞，用資談助，文則頗近乎小說，事不盡涉夫伽藍，如是之倫，殆難更僕，蓋本在子注之中，故不妨著書之體，此所以子玄雖譏其瑣雜，不能不服其該博也。若謂舍此之外，別有自注，不知所記，將復何等？豈揀金未得，尚復披沙，雞肋之餘，猶有棄骨乎！揆之事理，未見其然，故知顧氏之所改定，深合別裁；提要疑爲佚脱，殊非定論矣。

南方草木狀三卷 晉嵇含

考隋志、舊唐志俱有含集十卷，原注，隋志云其集已亡，但附載郭象集下，舊唐志仍著録。而不載此書，至宋志始著録。觀此書載「指甲花自大秦國移植南海」，是晉時已有是花。而唐段公路北户録乃云：「指甲花本出外國，梁大同二年始來中國。」知公路未見此書，蓋唐時尚不甚顯，故史志不載也。

嘉錫案：賈思勰作齊民要術引用此書甚多，其爲北魏以前人著作甚明，至隋、唐之間，又見引於藝文類聚、文選注、法苑珠林等書，足徵其書久已盛行。卽崔龜圖注北户録亦引其漏蔻一條，見卷三。今本作豆蔻。則段公路之未及援引，不過偶然未見，不得謂其不顯於唐也。惟是題作嵇含，則實無所據。文廷式補晉書藝文志卷四云：「案此書文筆淵雅，敍述簡淨，自是唐以前作，然以爲嵇含則非也。案晉書忠義傳，劉弘表含爲廣州刺史，未發，會弘卒。含素與弘司馬郭勱有隙，夜掩殺之。案：含依劉弘於荆州，未發見殺，是死於荆州也。又抱朴子自敍云：『故人譙國嵇居道，見用爲廣州刺史，乃表請洪爲參軍，遣先行催兵，而居道於後遇害。』是含實未至廣州，不得爲此書也。又案南方草木狀乞力伽一條云：『劉涓子取以作煎』。涓子，東晉末人，遠在嵇含後，是書非含作益明矣。」此論可謂精核，然則齊民要術諸書所引，未定爲何人所作也。要術、類聚、文選注、珠林引此書，皆作南方草物狀，御覽猶二名兼用。今以各書所引，參互考驗，文義相同，知其實是一書。詳見後考文選卷二十七美女篇注引草物狀曰：「珊瑚出大秦國，有洲在漲海中。」御覽九百八十八引草物狀曰：「赤土出踊山下，在石中，採好色赤者，雜丹中，朱膠漆器。」又北堂書鈔卷一百四十六引南方草木記曰：「採珠人取珠柱肉作鮭也。」疑亦此書之文。以此諸條觀之，乃知其書本兼紀嶺南草木物産，故曰草物狀。今本分草木果竹四類，而無其他物産，卽此已可知其非原書矣。說詳見後。

諸本但題譙國嵇含，惟宋麻沙舊版前題曰：「永興元年十一月丙子，振威將軍襄陽太守嵇含撰」云云，載其年月仕履，頗爲詳具，蓋舊本如是，明人始刊削之。然晉書惠帝本紀，永寧二年正月，改元永安，七月改建武，十一月復爲永安。十二月丁亥，立豫章王熾爲太弟，始改永興。是永興元年，不得有十一月。又永興二年正月甲午朔，以干支推之，丙子當在上年十二月中旬，尚在改元前十二日，其時亦未稱永興。或其時改元之後，併十二月一月皆追稱永興，而輾轉傳刻，又誤十二月爲十一月歟？惟隋志稱廣州太守嵇含，而此作襄陽太守，考書中所載皆嶺表之物，則疑襄陽或誤題也。

案：書錄解題卷八云：「南方草木狀一卷，晉襄陽太守嵇含撰。」通考卷二百五同。宋刻百川學海本所題，亦全與麻沙本合，知宋時各本皆如此。丁國鈞補晉書藝文志卷二云：「案含傳，永興初除中庶子，道阻未應召，尋授振威將軍襄城太守，是則舊題『襄陽』實『襄城』之誤。」其說是矣。然此書實非隋、唐人所見之舊，今本署銜，蓋後人以此書托之嵇含，遂依據本傳，約略題之如此。故按其歲月，譌舛非一，亦不獨「襄城」之誤爲「襄陽」也。含拜襄城太守，後奔鎮南將軍劉弘於襄陽，今本蓋涉此而誤。隋書經籍志云：「梁有廣州刺史嵇含集一卷、錄一卷，亡。」提要乃譌爲廣州太守，廣州是州非郡，安得有太守乎？隋志舉其所終之官以題其集，著録之體，固當如此，提要據此，遂謂含嘗官廣州，故紀嶺表之物，不知含元未嘗至廣州也。

其書凡分草木果竹四類，共八十種。敍述典雅，非唐以後人所能僞，不得以始見宋志疑之，其本亦最完整，蓋宋以後花譜地志援引者多，其字句可以互校，故獨尠譌闕云。

案：南方草物狀既歷爲六朝唐人所引用，是當時確有其書，則雖不見於隋、唐志，固不足致疑。然余嘗就今日所傳之本，反復考之，而知其非原書也。齊民要術卷十凡引草物狀十九條，餘卷未引其劉樹子、亦見御覽九百七十引草物狀鬼首、亦見御覽九百十四引草木狀，以後凡引作草木狀者，皆省去書名。桶子、亦見御覽九百七十二引草物狀由梧竹、亦見御覽九百七十一引優殿、此條在注中，作草木狀，亦見御覽九百八十引草物狀，又見大觀本草十二引。沈藤、亦見藝文類聚八十二引草物狀，作浮沈藤，又見御覽九百九十五引。毦藤、不見他書箇子藤、亦見類聚八十二引草物狀，作含蘭子藤，又見御覽九百九十五引，作箇子藤。野聚藤、亦見類聚及御覽，卷同上。都咸樹、不見他書都桶樹、御覽九百六十自魏王花木志轉引草物狀夫編樹、都昆樹二條均不見他書等凡十三條，皆不見於今本，又引甘儲、御覽九百七十四引同椰、御覽九百七十二引同檳榔、御覽九百七十一引同橄欖、御覽九百七十二、大觀本草二十三陳藏器引，並同。豆蔻，北户録卷三注引、御覽九百七十一引草物狀並同，豆蔻作漏蔻。凡五條。今本雖有其目，而文字乃大異，甚者幾無一字之相合，計要術所引十九條中，與今本同者，僅益智子一條耳。類聚八十七、御覽九百七十二引草物狀並同。夫古書展轉傳鈔，殘闕佚脫，事所常有，原不足怪，獨不解此五條者，何以諸書之所引，適爲今之所闕，而今本之文又適不爲諸書所引用耶？且今本每條，皆首尾完具，竟不似有所闕佚，則又何也？吾疑此書在南宋時已斷爛失次，好事者得其殘本，嫌其不完，乃取嶺南草木鈔撮他書以足之，而不能博覽羣籍，徵其佚文，故其間亦往往有與古書所引相合者，而此數條，則適在所闕之内，遂至牴牾百出也。即以今本檳榔一條言之，凡一百六十三字，僅「以扶留藤古賁灰合食，則滑美」二句，與要術所引合，其餘上下文皆不同，似雜取要術及御覽所引他書連綴爲之者，自首至綴數十實，凡八十字，乃御覽引林邑記之文。又自實大如桃李至堅如乾棗三十餘字，乃要術及御覽所引異物志之文，繼以扶留藤二句。又次下氣消穀四字，亦出異物志。再次自彼人以爲貴至相嫌恨二十一字，乃要術御覽所引南州八郡志之文。僅「味苦澀，出林邑，一名賓門藥餞」十二字。不知出何書耳？此必出於別一記廣州物産之書，緝此書者漫鈔入之，以補闕，而不悟齊民要術中之自有原文在也。御覽卷九百八十二引南方草物狀曰：「棧蜜香出都昆，不知棧蜜香樹若爲，但見香耳。」今本乃謂蜜香棧香等八物，同出一樹，言其花葉形色甚詳。夫既不知若爲棧蜜香樹，何從識其花葉耶？此尤其與原書相牴牾者，可以知其決非古本也。除齊民要術所引者外，藝文類聚卷八十二引其菽藤一條，凡已見要術者不復出文選注引其珊瑚一條，見前法苑珠林卷三十六引其耕香一條，亦見御覽九百八十二大觀本草卷十二引其藿香一條，掌禹錫及蘇頌圖經兩引之，亦見御覽九百八十二。太平御覽卷九百六十引其文木一條、卷九百八十八引其赤土一條，凡已見他書者不復出皆不見於今本。是此書之殘闕，必在唐、宋之間，自南宋以後，則諸書所引者，同於今本矣。茲第就余瀏覽所及者，略一一舉之，其佚脱已不爲少，而提要謂此本最爲完整，獨尠譌闕，是但見宋以後之花譜地志，而未考之古書也。

荆楚歲時記一卷　梁宗懍

舊本題晉宗懍撰，書録解題作梁人。考梁書元帝本紀，載承聖三年秋七月甲辰，以都官尚書宗懍爲吏部尚書。又南史元帝本紀，載武陵之平，議者欲因其舟艦遷都建業，宗懍、黄羅漢皆楚人，不願移。此書皆記楚俗，當卽其人，舊本題晉人誤也。

嘉錫案：明鈔本説郛卷二十五録此書八條，題爲梁宗懍，注云：「吏都侍郎。」寶顔堂廣秘笈本則題梁尚書宗懍撰。提要謂舊本題晉宗懍者，指淡生堂餘苑及漢魏叢書本言之也。考本書第五條，卽有「梁有天下，不食葷」之語，則其書之爲梁時人所作甚明。懍附見梁書王規傳云：「初有沛國劉瑴、南陽宗懍與褒規之子俱爲中興佐命，同參帷幄。」又云：「宗懍字元懍，八世祖承，晉宜都郡守，屬永嘉東徙，子孫因居江陵焉。懍少聰敏好學，晝夜不倦，鄉里號爲童子學士。普通中爲湘東王府兼記室，轉刑獄，仍掌書記，歷臨汝、建成、廣晉等令。後又爲世祖荆州别駕。及世祖卽位，以爲尚書郎，封信安縣侯，邑一千户。累遷吏部郎中、五兵尚書、吏部尚書。承聖三年，江陵没，與瑴俱入於周。」周書卷三十四宗懍傳云：「南陽涅陽人也。」敍事與梁書同而加詳，且云：「初侯景平後，梁元帝議還建業，唯懍勸都渚宫，以其鄉里在荆州故也。及江陵平，與王褒等入關，太祖以懍名重南土，甚禮之。孝閔帝踐祚，拜車騎大將軍、儀同三司。世宗卽位，又與王褒等在麟趾殿刊定羣書，數蒙宴賜。保定中卒，年六十四。有集二十卷，行世。」隋志有後周儀同宗懍集十二卷，與此不同。北史卷七十亦有宗懍傳，卽增損周書之文，而更加詳焉。懍於南北諸史之中有專傳、有附傳，屢見不一見，其本末粲然明白如此，而提要僅引元帝本紀，若其人他無可考者，可謂失之眉睫之前矣。汪輝祖史姓韻編卷一，亦但謂懍附梁書王規傳，不知周書、北史有傳。又考北齊書顔之推傳，載之推觀我生賦自注云：「王司徒表送秘閣舊事八萬卷，乃詔比校，部分爲正御、副御、重雜三本。吏部尚書宗懷正、員外郎顔之推校史部。」懷正當是懍之字，然與諸史言字元懍者不同，且之推此注，於諸人皆稱名，而懍獨舉其字，亦所未詳，豈嘗以字行，而史略之耶？

唐、宋志皆作一卷，與今本合，而通考乃作四卷。考書録解題載懍自序曰：「傅玄之朝會，杜篤之上巳，安仁秋興之敍，君道娱蜡之述，其屬辭則已洽，其比事則未宏，率爲小説，以録荆楚歲時風物故事，自元日至除日，凡二十餘事。」然則必無四卷，知通考爲傳寫之譌，又檢今本實有三十六事，并知陳振孫所記懍序亦以三字譌爲二字。

按：舊唐志雜家類有荆楚歲時記十卷，十字疑一字之誤宗懍撰。又二卷，杜公瞻撰。新唐志農家類宗書作一卷，杜書仍作二卷。崇文總目歲時類，有此書二卷，不著撰人。輯釋題宗懍撰，乃錢繹所補，非原文也。宋志農家類，則只有宗書一卷，無杜書。通志略月令類作二卷，題宗懍撰，杜公瞻注，其參差不合如此。提要但引唐、宋志，以爲與今本合，似尚考之未詳。書録解題卷六云：「荆楚歲時記六卷，梁吏部尚書宗懍撰，記荆楚風物故事。」并無提要所引之語，此乃讀書志之文，見衢本卷十二及袁本後志卷二，提要蓋自通考轉引，而誤記晁氏爲陳氏也。袁本讀書志雖作一卷，然衢本則作四卷，通考凡引晁氏説，皆用衢本，故亦作四卷，非傳寫之譌。余嘗假文津閣四庫全書本觀之，凡分四十八節，與廣秘笈本始末全同，間有一二字不同，乃傳鈔之誤。又有淡生堂餘苑本，今未見。不止三十六事。若以一令節爲一事數之，則又實止二十餘事，其間有言某月者，有言某月某日者，合正月末日至晦日爲一事，歲前歲暮爲一事，凡得二十八事。與提要之言皆不合，惟漢魏叢書本適爲三十六條，較秘笈本更删節不完豈館臣作提要時，據漢魏叢書本言之，後乃得秘笈本録入四庫，而提要則未及改耶？抑自據所見之漢魏叢書本撰爲提要，而不知四庫所著録乃秘笈本耶？二者必居一於此矣。

然周密癸辛雜識引張騫乘槎至天河見織女得支機石事，云出荆楚歲時記，今本無之，則三十六事，尚非完本也。其注相傳爲隋杜公瞻作，故多引開皇中杜臺卿玉燭寶典。然唐志宗懍荆楚歲時記一卷下，又出杜公瞻荆楚歲時記二卷，豈原書一卷，公瞻所注分二卷，後人又合之歟？

按：癸辛雜識前集先引博物志舊説天河與海通一條，末云：「及梁宗懍作荆楚歲時記，乃言武帝使張騫使大夏尋河源，乘槎見所謂織女牽牛，不知懍何所據而云。」密所引并無得支機石事，不知提要所據何本。考御覽卷五十一引荆楚歲時記曰：「張騫尋河源，得一石，示東方朔。朔曰：『此石是天上織女支機石，何至於此？』」苕溪漁隱叢話前集卷十一云：「按張茂先博物志曰：『舊説天河與海通，近世有人居海上者，每年八月見浮槎來，不失期，齎一年糧，乘之而去。十餘日中猶觀星月日辰，自後茫茫，亦不覺晝夜，奄至一處，有城郭屋甚嚴，遥望宫中有婦人織，見一丈夫牽牛渚次飲之，驚問曰，何由至此？其人説與來意，并問此是何處？答曰，君至蜀郡訪嚴君平則知。因還，後以問君平。君平曰，某年月日，有客星犯牽牛宿，計年月日，正是此人到天河時也。』所載止此而已，而荆楚歲時記直曰：『張華博物志云，漢武帝令張騫窮河源，乘槎經月而去，至一處，見城郭如官府，室内有一女織，又見一丈夫牽牛飲河。騫問云，此是何處？答曰，可問嚴君平。織女取搘機石與騫而還。後至蜀問君平。君平曰，某年月日，客星犯牛斗，所得搘機石，爲東方朔所識，並其證焉。』案騫本傳並無乘槎至天河之説，而宗懍乃傅會以爲武帝張騫之事，何耶？」叢話此條，係採自緗素雜記，辨證甚詳，今雜記脱去。蔡夢弼草堂詩箋卷三十亦云：「夢弼按，漢書張騫以郎應募使西域，窮河源之遠，卽無乘槎之説，惟張華博物志説近世有人居海上云，所引與叢話略同，今略去，以云云代之。未嘗指言張騫。宗懍作荆楚歲時記乃引博物志，謂漢武帝令張騫窮河源，乘查而去，見一女織，一丈夫牽牛飲河，得榰機石還，爲東方朔所識。今予按宗懍所言既引博物志，而博物志不言張騫，則知宗懍之謬可不攻而自破矣。」見秋日夔府詠懷奉寄鄭監李賓客一百韻詩「查上似張騫」句下，又卷三十二秋興八首「奉使虚隨八月查」注亦同，而詞較略。此皆在周密之前，知宋本歲時記固如此。考藝文類聚卷八、書鈔卷百五十、初學記卷六、白氏六帖卷一、御覽卷八引博物志天河一條，與今本並同，無張騫窮河源得搘機石之説。蓋古書傳本多異，宗懍所引博物志自與唐、宋人所見者不同，胡仔、蔡夢弼、周密輩見其與博物志不合，故紛紛辨論，以爲懍之所傅會，而四庫本秘笈本同歲時記七月七日條下，乃竟與今之博物志相同，明是淺人所妄改，雖然庫本第無張騫姓名及得支機石之事而已，未嘗無乘槎至天河見織女之事也。惟漢魏叢書本則直删去此條，而提要亦遂謂今本無此事，然則吾疑作提要者但就漢魏叢書本言之，而實未嘗考之庫本，非無故也。通志藝文略著録此書，已題杜公瞻注，則新、舊唐志著録之杜公瞻書二卷，卽此書之注，然今本九月九日條下注乃曰：「按杜公瞻云，九月九日宴會，未知起於何代，然自漢至宋未改，今北人亦重此節。」御覽卷三十二引此注與今本同 殊不類自敍之語，注中凡三引玉燭寶典，則其成於寶典之後無疑。寶典爲杜臺卿所撰，公瞻卽臺卿之兄子，二人均附見北史杜弼傳中。然考寶典卷五，引荆楚記「斬新竹筍爲筒糉」一條，卷十二引「此戲令人生離」謂藏彄一條、「以黄犬祭之」謂祭竈一條，今乃皆在注中，此必宗懔原文，混淆入注，否則寶典安得而豫引之。藝文類聚、初學記歲時部引此書，皆正文與注相連，不加分別，惟太平御覽時序部引用尤多，於正文作大字，注文則作雙行小字，附於本句之下，不似今本總注於每節之後極爲明晰。如卷三十三引云：「又爲藏彄之戲，辛氏以爲鉤弋夫人所起，周處、成公綏並作彄字，藝經庾闡則作鉤字，其事同也。俗云戲令人生離，有禁忌之家，廢不修也。」其下雙行小注引辛氏三秦記、漢武故事以釋鉤弋夫人，引周處風土記以釋藏彄，此可以考見原書體例，今本乃將辛氏以爲鉤弋夫人所起句，改爲始於鉤弋夫人，又移周處、成公綏以下綴於注末，失其真矣。蓋宗懔本文，亦復博徵羣籍，其或未詳注，乃援引原書或他書以釋之，不似今本正文僅寥寥數語，凡引書者，皆歸入注内也。御覽既分别經注，如此其細，則凡他條幷今注作大字者，如卷十九引「夜多鬼鳥」一條，並注所引玄中記作大字，其他類此者尚多。

必是今本混正文入注矣。御覽無善本，其中傳刻之誤亦必有之。又考玉燭寶典卷二引「謝靈運孫」一條，說文繫傳卷二草部荼字注引犍爲舍人曰：「杏華如荼，可耕白沙」一條，歲華紀麗卷二引「長沙寺九子母」一條，「荆楚人迎八字佛」一條，此條未引書名，蒙上文九子母留之。大觀本草卷十二引「詩有椇羞」一條，卷二十三引「謝道通登羅浮山」一條，卷二十八引「仲冬以鹽藏蘘荷」一條，御覽卷七百二十六引「秋社」一條，演繁露卷三引之尤詳。御覽所引不見今本者不止此，此因演繁露牽連及之。陳元靚歲時廣記卷二十三引「五月五日得啄木」一條，卷三十五引「重九催禾雨」一條，今本並無之。宋羅願爾雅翼喜言荆楚之俗，大抵皆據此書，其明出書名者，如卷六引「菰菜地菌」一條，卷十六引「鴝鵒爲土梟」一條，卷二十四引「八蠶繭」一條，皆不見於今本。又如卷七云：「梁宗懍記荆楚之俗，四月八日有染絹爲芙蓉，捻蠟爲菱藕。」卷九云：「宗懍以爲獬豸食楝。」今本並無其文，諸書所引，亦或不免舛誤，如北户録卷二云：「夫鹽亦有如虎如印如繖。」注云：「荆楚歲時記具。」考繖子鹽形如張繖，見書鈔百四十六、御覽八百六十五引荆州記，非荆楚歲時記也，如是之類，又不得概以爲本書佚文矣。其他各書所引，雖爲今本所有，而中間多出數句者，尤不勝枚擧，且此但就瀏覽所及者，約略言之，若偏檢唐、宋人書所引，則其佚文當猶不止此。蓋此書原本久亡，今本乃明人自類書中輯出，而檢閲未周，罅漏百出，提要僅擧癸辛雜識所引一事，殆猶考之未詳也。四庫及秘笈本於「立春」條注中忽羼入宋人鄭毅夫詩二句，考事文類聚卷六、歲時廣記卷八均引此詩，入「荆楚歲時」條下，輯書者不辨時代，遂隨手掇入之，漢魏叢書本無此詩，蓋又別一人所輯，故與秘笈本詳略不同。蓋是書之無善本久矣。其間所記，可以考見六朝時民間風俗，有益於史學不少，而殘闕如此，致可惜也。近人善化陳運溶嘗別輯一本，刻入所著麓山精舍叢書中，較舊本爲有條理，而所據僅藝文類聚、初學記、太平御覽三書，見書太少，挂漏仍多，安得好事者旁考羣書，重加校輯，盡復古本之真面目乎！

岳陽風土記一卷

宋范致明撰。致明字晦叔，建安人，元符中登進士第。是編乃其以宣德郎謫監岳州商稅時所作，不分門目，隨事載記，書雖一卷，而於郡縣沿革，山川改易，古蹟存亡，考證特詳。

嘉錫案：直齋書録解題卷八云：「岳陽風土記一卷，宣德郎監商稅務建安范原誤作危致明晦叔撰。元符進士第二人，仕至次對，其在岳蓋謫官也。」提要此條，全出於此。然愛日精廬藏書志卷十七有明嘉靖刊本題曰：「宋宣德郎監岳州在城酒稅務范致明撰。」考續通鑑長編紀事本末卷百二十二云，崇寧三年四月，「責降人湖北路范致明落侍御史降監岳州酒稅」，則非監商稅也。且提要此條，於致明始末亦不詳。勞格讀書雜識卷十一有「范致明」一條，蓋欲以補提要之闕畧，今録之於此，並旁引他書，益其所未備焉。勞氏云：「容齋四筆十五，蔡京三人相時，除用士大夫，視官職如糞土，蓋欲以天爵市私恩。政和六年十月，不因赦令，侍從以上，先緣左降同日遷職者二十人，中奉大夫范致明爲顯謨閣待制。新編方輿勝覽三十一，德安府五桂堂在書記廳。元豐中，方城范公爲掌書記，官舍西偏有桂甚茂，後范公之子致君、致明、致虛、致祥、致厚相繼登第，致君記其事，後周洪道爲之記云。案：此事先見於輿地紀勝卷七十七。乾陵無字碑，宋人題名范致明晦叔謫官□水，政和元年天祺節後一日，同邑尉郭韶又善來謁乾陵，寅亮、寅畏從行。」原注云陝西乾州。今案致明弟致虛，宋史卷三百六十二有傳，不載致明事。十朝綱要卷十七云：「政和元年十月，上既責郭天信余負，又詔開封府鞠訊，具得商英張商英也遺負及僧德洪往來交結天信事實。辛亥，責商英散官安置衡州，倉部員外郎范致明勒停。十一月乙巳，言者論范致虛致明之罪，不在郭天信余負之下，致虛責分司，居住南京，致明編管蘄州。」宋會要第九十九册職官六十八云：「政和元年十一月，范致明送蘄州編管，范致君放逐便指揮更不施行，皆以言者論其阿附張商英也。」又第五十一册儀制十一云：「奉議郎知池州范致明，宣和元年十二月，特贈徽猷閣待制，以監司言，疚心職事，力疾董督，修建神霄宮殿宇，疾勢加重而卒故也。」宋史藝文志地理類有范致明岳陽風土記一卷，又池陽記一卷。輿地紀勝卷二十二池州碑記門云：「池陽前記，政和八年范致明編。」致明此書，作於監岳州酒稅時，當在編管蘄州之後，遷顯謨閣待制之前，觀其所至，輒模山範水，從事編摩，蓋不惟績學能文，抑亦風雅好事矣。

中吴紀聞六卷宋龔明之

是書採吴中故老嘉言懿行及其風土人文，爲新舊圖經、范成大吴郡志所不載者，仿范純仁東齋紀事、蘇軾志林之體，編次成帙。書成於淳熙九年，明之年已九十有二，亦可謂耄而好學者矣。

嘉錫案：明之自序云：「明之幼嘗逮事王父，每聞講論鄉之先進所以誨化當世者。少長，從父黨游，皆名人魁士，又獲識典刑於親炙之人，乃從事於進取，虞庠魯泮，餘三十年，同舍亦多文人行士，揭德振華，咸有可紀。今年九十有二，口授小子昱，俾抄其大端，藏之篋衍，不惟可以稽考往籍，資助談柄，其間有裨王化關士風者頗多，皆新舊圖經及夫地志「夫」，知不足齋本作「吴」，此從珠叢别録本所不載者。」未嘗舉及范成大吴郡志，提要蓋誤會自序中地志之文，以爲必指吴郡志言之云耳。然考吴郡志卷二十九曾引中吴紀聞，其卷二十七人物門且有龔明之傳，安得謂中吴紀聞所記之事，爲吴郡志所不載耶！明之傳云：「一日感微疾，遣令毋設仙釋像，年九十有二。」夷堅志補卷一「龔明之孝感」條云：「淳熙五年丐致仕，得旨，遷宣教郎，賜服緋，又四年乃卒。」是明之以淳熙九年書成之歲卽以疾卒，而趙汝談吳郡志序謂其記事止於紹熙三年，則吳郡志之成，距明之卒，已十年矣，明之安得而見之，且爲之拾遺補闕乎？提要之言，出於誤會，審矣。

都城紀勝一卷 宋耐得翁

不著撰人名氏，但自署曰耐得翁，其書成於端平二年，皆紀杭州瑣事，分十四門。

嘉錫案：沈濤銅熨斗齋隨筆卷七云：「都城紀勝一書，序稱『時宋端平乙未元日，寓灌圃耐得翁』。不知耐得翁何人。新城尚書居易録曰：『清暇録，元人撰，自署灌園耐得翁，凡六卷，多剌取諸家小説成之，異聞殊少。』蠶尾集跋清暇録曰：『末卷多述吳興事，當是吳興産耳，疑卽其人。灌園灌圃，未知孰是孰誤？蓋亦宋之遺民耳。』按：錢大昕補元史藝文志卷三雜家類有清略録六卷，注云：「自署灌園耐得翁，不知其名。」蓋卽清暇録之誤。百川書志云：『古杭夢游録一卷，宋灌圃耐得翁著，記杭風俗凡十三事，今世罕傳，中多斷文，惜專市肆，無政教之説焉。』是都城紀勝，一名古杭夢游録。文淵閣書目，耐得翁就日録一部一册，闕。續文獻通考同，當别是一書，説郛載有數條，亦非足本。」沈氏又引傳是樓書目，有宋耐得翁灌畦暇語一卷。案：灌畦暇語，乃唐人所作，提要考之已詳，且今排印本傳是樓書目灌畦暇語條下，并無宋耐得翁四字，沈氏所引，必鈔本之誤，今不取。沈氏此條，引證頗詳。余考古今説海内刻有就日録一卷，不署名。明鈔本説郛商務印書館排印本卷十四録有就日録七條，題爲宋趙□□。注云：「號灌園耐得翁。」

宋俞琰席上腐談卷下，記紹興間淮堧道人手持一鐵牛，詐言能糞瓜子金事，云出「趙灌園就日録」，錢氏補元志雜家有虞集就日録一卷，蓋誤也。知其人姓趙。書録解題卷十一云：「山齋愚見十書一卷，稱灌圃耐得翁，不知何人？」是其名字，終不可考。觀其著述頗多，知亦篤志之士矣。

史載端平元年孟珙會元師滅金，是時舊敵已去，新釁未形，相與燕雀處堂，無復遠慮。是書作於端平二年，正文武恬嬉苟且宴安之日，故競趨靡麗，以至於斯。作是書者，既欲以富盛相誇，又自知苟安可愧，故諱而自匿，不著其名。伏讀御題，仰見聖鑒精深，洞其微曖，起作者而問之，當亦無所置詞。

案：耐得翁所著書，至四五部之多，皆不署姓名，是祇以著述自娱，初不欲争名於世，其人之高致可想。提要乃謂其以苟安可愧，故諱而自匿，不知其他所作筆記小說，亦何所愧而自匿乎！是特以高宗御題有此忖度，遂不得不出以深文，所謂欲加之罪，何患無詞也。

武林舊事十卷

宋周密撰。密字公謹，號草窗，先世濟南人，其曾祖隨高宗南渡，因家湖州。淳祐中，嘗官義烏令，宋亡不仕，終於家。是書記宋南渡都城雜事，蓋密雖居弁山，實流寓杭州之癸辛街，故目覩耳聞，最爲真確。

嘉錫案：劉毓崧通義堂文集卷十二重刊周草窗詞稿序云：「草窗爲宋代完人，而宋史不爲立傳，今就其詞稿及所作齊東野語、癸辛雜識、武林舊事，參以他書考證，知其先世本居濟南，歷建炎南渡時，僑寓湖州。自注云：齊東野語云，余家濟南歷城，遭靖康狄難，皆奔竄四出。及抵杭，則一家不期而集，不失一人。癸辛雜識云，南渡之初，中原士大夫之落南者衆，高宗愍之，昉有西北士大夫許占寺院之命。曾大父少師，亦居湖之鐵觀音寺，後還天聖寺焉。又云，大父少傅素廉儉，僑居吳興。曾祖秘，官至中丞，贈少師。祖某，官至侍郎，贈少傅。外祖章良能，官至參政，謚文莊。戴表元齊東野語序，述草窗之言曰：「我家中丞公，實自齊遷吳，而又大父侍郎公踐歷六曹，外大父參預文莊章公出入兩制。」十駕齋養新録卷十四云：「以湖州府志考之，章文莊者，良能也。中丞名秘，公謹之曾祖，至所謂大父侍郎者，亦未之及也。」本篇小注，均出劉氏，故不復注明，後仿此。父晉，字叔明，見絶妙好詞選歷任州郡，嘗守汀州，齊東野語云，時先君需清湘次，未幾易守臨汀。又嘗知慶元府。癸辛雜識云，乙卯歲先子守鄞江。今案：鄞江，則慶元府，今之寧波府。乙卯係寶祐三年。理宗紹定五年，叔明方官富春令，草窗生於縣署，是年歲在壬辰。癸辛雜識云，先君子於紹定四年辛卯出宰富春，壬辰余實生於縣齋。齠齔時，卽隨叔明寓杭郡。癸辛雜識云，余垂齠時，隨先君子故都，又嘗侍先君子觀潮。嘉熙四年庚子，隨叔明赴福建漕幕運幹之任。癸辛雜識云，嘉熙庚子歲，先子爲閩漕幹官。又云，皆余侍邊之所目擊也。淳祐元年辛丑，侍親自閩還，年甫幼學，已能留心記事。齊東野語云，庚子辛丑，先君子佐閩漕幕。又云，辛丑歲，余侍親自福建還。五年丙午，六年丁未，叔明官衢州通判，草窗亦隨侍。年甫成童，卽飫聆諸名流緒論。蘋洲漁笛譜卷二，長亭怨慢序云，歲丙午丁未，先君子監州太末，一時名流星聚。余時甚少，執杖屨，供洒掃，諸老緒論殷殷，金石聲猶在耳。癸辛雜識云，先君子爲衢倅，余時在侍旁。今案：太末，卽衢州舊名。稍長，以門蔭出仕，銓試第十三人。癸辛雜識云，余試吏部銓第十三人。外舅楊冰齋遺書賀先君云，第十三衣鉢，已兆前聞，蓋外舅向亦以十三名中選故耳。淳祐末年，嘗官義烏令，武林舊事提要所言如此，今考淳祐之號，首尾十年，其末年干支係壬子。草窗之令義烏，卽使果在是年，亦甫二十一歲，蓋其出仕甚早也。又嘗監當局務。齊東野語云，余爲國局嘗祠禴，充奉禮郎兼太祝。景定初，爲浙西帥司幕官。癸辛雜識云，馬裕齋之再尹京也，余時爲帥幕。咸淳十年甲戌，監杭郡豐儲倉。齊東野語云，咸淳甲戌秋，余爲豐儲倉。癸辛雜識云，咸淳甲戌之春，余爲豐儲倉。其在仕途，受知於馬碧梧，癸辛雜識云，咸淳甲戌之夏，丞相番陽馬公廷鸞乞去甚苦，遂出寓於六和塔。余受公知，閒日必出問之。而不肯附賈似道。自景定初至咸淳末，似道當國十餘年，草窗無一闋投贈。入元以後，隱居不仕。元成宗元貞三年，以星變，改元大德，是年歲在丁酉，草窗曾紀其事。十駕齋養新録據此，謂草窗六十六歲尚無恙，其説信而有徵。余更考草窗録高炳如七十七歲所書，嘉錫案：以上兩事，均見癸辛雜識。劉氏自注徵引原文，今略去。而跋其末云：『余年及炳如之歲。』是大德十一年，歲在丁未，草窗年七十七，仍無恙矣。其中年寄寓杭都最久，癸辛雜識自序云，癸辛，蓋余所居里云。晚年往來於杭、湖之閒，癸辛雜識云，乙未歲，余還霅省墓杼山。自稱四水潛夫，見武林舊事自序或稱弁陽老人，齊東野語、癸辛雜識、武林舊事並同或稱弁陽嘯翁。」草窗詞署劉氏之考周密事蹟詳矣，以其足補提要所未及，故具録之。

地理類四 總目卷七十一

大唐西域記十二卷 唐釋玄奘譯　辯機撰

晁公武讀書志載是書，作玄奘撰，不及辯機。鄭樵通志藝文略則作大唐西域記十二卷，玄奘撰。西域記十二卷，辯機撰，又分爲兩書。惟陳振孫書録解題作大唐三藏法師玄奘譯，大總持寺僧辯機撰，與今本合。考是書後有辯機序，略云，玄奘法師以貞觀三年，褰裳遵路，杖錫遐征，薄言旋軔，謁帝洛陽，肅承明詔，載令宣譯。辯機爲大總持寺弟子，撰斯方志，則陳氏所言爲得其實矣。

嘉錫案：此書撰人，讀書志、通志略、書録解題所題不同，然皆各有所本，非由創說。舊唐書方伎傳玄奘傳云：「貞觀初，隨商人往遊西域，在西域十七年，經百餘國，採其山川謠俗，土地所有，撰西域記十二卷。」唐釋彥琮大慈恩寺三藏法師傳卷六云：「前又洛陽奉見日，敕令法師修西域記，至是而成。」又載其進表云：「玄奘資識淺短，遺漏實多，兼拙於筆語，恐無足觀覽。」玄奘法師表啓此節，意同語異。是明謂爲玄奘所自撰。唐劉軻玄奘塔銘云：

「廿年秋七月，法師進新譯經論，并進奉敕撰西域記十二卷。」見金石萃編卷一百十三唐釋道世法苑珠林卷一百傳記篇雜記部云：「大唐西域傳一部十三卷，皇朝西京大慈恩沙門玄奘奉敕撰。」唐釋慧琳一切經音義卷一音大般若經第四踰繕那三字云：「今依西域記，三十里爲定，玄奘法師親考遠近，撰此行記，奉對太宗皇帝所問，其言真實，故以爲憑。」南部新書辛卷云：「玄奘撰西域記十二卷，著作郎敬播爲之序。」此皆以西域記爲玄奘撰，不及辯機，與讀書志合。新唐書藝文志道家類有玄奘大唐西域記十二卷、辯機西域記十二卷，宋史藝文志地理類，有沙門辯機大唐西域記十二卷，無玄奘書。此則分玄奘、辯機所著爲兩書，與通志藝文略合。玉海卷十六引中興書目云：「唐西域記十二卷，玄奘譯，辯機撰。」通考卷二百經籍考僞史類引晁氏曰：「或云玄奘譯，大總持寺僧辯機撰。」案：今讀書志袁本、衢本均無此二語。是以此書爲玄奘及辯機所同撰，與書録解題及今本合。此三説者，皆有所本，而皆不同，無以定其是非，遂啓後人疑竇。王鳴盛十七史商榷卷九十二據舊唐書玄奘本傳及南部新書，以爲玄奘所譯乃佛經，此書則玄奘自撰，以玉海所言爲非是，且謂辯機惡僧，豈能著書。余初頗以爲然，及考釋智昇開元釋教録卷八大慈恩寺三藏法師傳卷六所載玄奘譯經時，綴文大德九人，均有會昌寺沙門辯機。又釋道宣續高僧傳卷五玄奘傳云：「既承明命，返迹京師，遂召沙門慧明、雲潤等，以爲證義。沙門行友、玄賾等，以爲綴輯。沙門知證、辯機等，以爲録文。沙門玄謨，以證梵語。沙門玄應，以定字僞。其年五月，創開翻譯，微有餘隙，又出西域傳一十二卷。沙門辯機，親授時事，連紕前後。」乃知此書實出自辯機手筆，與後序相合，其只題玄奘之名者，以譯經之事，玄奘爲之總領，猶之晉書只題房玄齡，隋書只題魏徵耳。唐釋慧琳一切經音義此書光緒間始自日本傳入，四庫全書不著録卷八十二西域記音義，雖只題三藏沙門玄奘奉敕撰，然其卷末於辯機自序，並加音釋，可知辯機序之附卷末。唐本已然，非後來之所附益。且可知唐本實只題玄奘一人之名，此舊唐書以及讀書志之所本也。其後傳本，或題玄奘撰，或題辯機撰，例不畫一。新唐志據所見本著録，通志因之，遂誤分爲兩書。其中興書目、書録解題及今本題爲玄奘譯辯機撰者，蓋又爲南北宋間人斟酌題之云耳。提要之説，尚爲考之未詳。

讀書志載有玄奘自序，此本佚之，惟前有尚書左僕射、燕國公張説序，後有辯機自序，句下間有注文，或曰唐言某某，或曰某印度境，疑爲原注。又有校正譯語，云舊作某某譌者，及每卷之末，附有音釋，疑爲後人所加。第十一卷「僧伽羅國」條中有「明永樂三年太監鄭和見國王阿烈苦柰兒事，是今之錫蘭山，即古之僧伽羅國也」，至「祈福民庶，作無量功德」，共三百七十字，亦注者附記之語，吳氏刊本，誤連入正文也。

楊守敬日本訪書志卷六有宋藏經刊本大唐西域記十二卷，跋云：「明吳琯古今逸史有刊本，四庫據以入録，其第十一卷僧伽羅國下，有明永樂三年太監鄭和見國王阿烈苦柰兒事，此校者之語，吳氏誤連入正文，想吳氏所得，必傳鈔本，故有斯誤。其實此書，明南、北藏本皆有之，皆不附鄭和事。陳援庵曰：明藏本實有此節，與吳琯本同，楊氏誤也。此本爲宋理宗嘉熙三年安吉州資福寺刊本，在轉字號，首題大唐西域記，次行題尚書左僕射、燕國公製，不署張説名，序後題大唐西域記卷第一，又下行題三藏法師玄奘奉詔譯，又下行題大總持寺沙門辯機撰，再下一行題三十四國，再下三十四國之目，再下爲總序，末有辯機後序。蓋玄奘奉詔譯此書，而辯機但排纂潤色之也。故晁公武讀書志謂玄奘撰者以此。通志略分玄奘、辯機爲二書，則大謬矣。按：通志略之説，原於新唐書藝文志，楊氏亦失之不考。讀書志又載有玄奘自序，則據其目録後總序而言，非本有而脱之也。按：讀書志卷七僞史類，西域志十二卷，右唐僧玄奘撰。其自序云：「自黑嶺以西，皆土著，尚東左衽，務田畜，重財賄，嫁娶無禮，獨天竺則異，别記於後云。」考西域記卷一，目録後總序有云：「黑嶺以來，莫非胡俗，雖戎人同貫，而族類羣分，畫界封疆，大率土著。建城郭，務田畜，性重財賄，俗輕仁義，嫁娶無禮，尊卑無次，婦言是用，男位居下。死則焚骸，喪期無數，剺面截耳，斷髮裂裳，屠殺羣畜，祀祭幽魂，吉乃素服，凶則皂衣。同風類俗，略舉條貫，異政殊制，隨地别敍，印度風俗語在後記。」讀書志所引自序，卽櫽括此段語意，提要以爲今本佚玄奘自序，非也。楊氏駁之固是，而未引原文，不足徵信，今備載之，庶兩者對勘，自然明白矣。唯余於日本三緣山所見高麗藏本，前有秘書著作佐郎敬播序，則宋、元、明藏及日本古活字本皆無之，按：敬播作序，見於南部新書。考慧琳一切經音義西域記音義卷首題曰秘書著作郎敬播序，其所音釋，與楊氏所録敬序皆字句相應，而無張説序。蓋敬序作於貞觀時，書成之日，固當冠之篇首，而張序乃後來所作，故慧琳所見本有敬序，無張序。後人删去敬文，獨存張製，是以名位高下爲去取，斯真流俗之見矣。至明藏本之脱誤，不下數百言，而吴琯本更不足道矣。四庫提要以每卷之末附有音釋，疑爲後人所加，余所見惟古鈔卷子本無之，凡宋元藏本，皆有釋音。余在日本曾得鈔本隨函録三十卷，後晉釋可洪撰，按：宋史藝文志道家類有可洪藏經音義隨函三十卷。宋人刻藏經，分載入之。」楊氏所藏之宋藏本西域記，後歸江安傅氏，涵芬樓據以影印入四部叢刊。

吾友陳援庵垣語余云，提要謂吴琯逸史本西域記卷十一今之錫蘭山，卽古之僧伽羅國也。至祈福民庶，作無量功德三百七十字是注者附記之語，吴氏刊本誤連入正文，四庫全書本遂改爲小注雙行，墨海金壺本、守山閣本皆因之。今以景宋本及高麗藏本與明本對校，其卷十一式修供養之後，明本實羼入五百十六字，自提要所指今之錫蘭山卽古之僧伽羅國也。以上尚有『僧伽羅國，古之師子國』至『精意懇祈，靈祥隨至』下接今之錫蘭山云云一百四十六字，亦宋本高麗藏本所無，提要僅知其後半三百七十字爲後人附注，由未見宋、元藏本故也。

所述多佛典因果之事，而舉其地以實之。晁公武讀書志稱玄奘至天竺求佛書，因記其所歷諸國，凡風俗之宜，衣服之制，幅幀之廣隘，物產之豐嗇，係舉其梗概，蓋未詳檢其書，姑據名爲說也。

案：讀書志云：「西域志十二卷，右唐僧玄奘撰。玄奘西遊天竺，求佛書，既歸，記其所歷諸國風俗，其自序云云。」自序已見前。衢、袁兩本及通考卷二百皆同，並無提要所引之語，此不知以何書誤作讀書志，不可解也。

宣和奉使高麗圖經四十卷

宋徐兢撰。兢字明叔，是書末附其行狀，稱甌寧人，文獻通考則作和州歷陽人，思陵翰墨志又作信州徐兢，似當以行狀爲確。

嘉錫案：圖經後所附行狀云：「上世建州甌寧人，自光祿按：兢曾祖爽，祖師回，皆贈光祿大夫。此光祿，蓋指爽也始徙居和州之歷陽。」其語至爲明白，與通考所言，並無不合。提要引行狀，似僅見其上句，於徙居歷陽一語，熟視無覩，良不可解。且通考卷二百經籍考高麗圖經條下，初無和州歷陽之語，惟卷一百八十九引李燾說文解字韻譜後序今本通考失去五音韻譜題目一行，遂誤列此序於說文繫傳條下云：「繇崇寧以來，用篆籀名一時者，吳興則張有謙仲，歷陽則徐兢叔明。」提要謂通考作和州歷陽人者，豈卽指此條耶？考畫繼卷三云：「僧德正，信州人，宣和郎官徐兢之兄。」圖繪寶鑑卷三亦云：「僧德正，信州人，徐兢叔明之兄，徐林稺山之弟。」與翰墨志並合。蓋兢又嘗寄籍信州，不得以與行狀不同，疑翰墨志爲誤也。吳郡志卷二十七徐林傳云：「少居吳縣硯石山下，弟兢，字明叔，官刑部郎中，善篆書。次弟德止，按：畫繼及圖繪寶鑑作德正，此書及輿地紀勝均作德止，未詳孰是？遜官於從子而學佛。」則兢兄弟又嘗僑居吳縣矣，要其本貫，固和州歷陽人也。

通考又稱兢爲鉉之裔，自題保大騎省世家。考王銍默記，稱徐鉉無子，惟鍇有後，居攝山前開茶肆，號徐十郎，鉉、鍇誥敕尚存，則通考亦誤傳也。

案：通考於圖經條下引陳氏語，僅至兢鉉之後句而止，各本皆同。其自題保大騎省世家句，通考未引，見於書録解題卷八。解題云：「兢，鉉之後，善篆書，亦能畫，嘗自題保大騎省世家，宣和書學博士，又自號自信居士。」提要混稱爲通考，又舍解題本書不引，皆非也。考宋俞松蘭亭續考卷一有徐兢蘭亭考一則，末署保大騎省雲來徐兢。魏了翁鶴山先生集卷六十二跋徐明叔篆赤壁賦云：「又有保大騎省之文，保大爲南唐年號，騎省乃雍熙顯秩，亦所未喻。」此譏其以南唐年號冠南宋朝官職之上，爲文理不順也。周密雲煙過眼録卷二云：「趙昌畫折枝花，四段作一卷，有徐兢題跋私印，有徐兢一印，保大騎省、宣和書學博士等印。」均與陳氏所稱自題保大騎省世家者合。然則兢實自稱爲鉉後，亦非誤傳也。行狀爲兢同邑人張孝伯所作，畧云：「公家舊多騎省舊物，世父時中寶一硯，旁著鼎臣二字。嘗謂羣兒曰，有能紹素業者，當以是與之。時公始結髮，能知憤激，刻意篆籀，世父舉以授公，而公之生，有十歲來歸之兆，故人謂公爲騎省後身。」又云：「騎省兄弟，祖述李斯，小學奧雅，而公又繼之，其原深矣。」行狀題乾道三年宣城縣主簿張孝伯狀，自言孝伯世家歷陽，且託姻公門。詳其文義，正以竑爲徐鉉之後，故贊其能紹素業也。周必大益國文忠集卷一百八十七有與大和趙宰師夷書云：「徐明叔篆，深有騎省家法。」此因竑爲徐鉉之後，故以能守家法贊之也。輿地紀勝卷二十五云：「僧德止姓徐，騎省之後，棄妻子爲僧，能詩，有清谷詩集行於世。」德止即竑之兄，然則竑兄弟之爲騎省後，竑自稱之，其鄉里之人傳之，後之博雅通人，著書立說，如周必大、陳振孫、王象之者，皆信之。竑祖父三世，皆登仕籍，見行狀兄林且貴顯，知名當世，林官至龍圖閣學士，見吳郡志。固衣冠世族也。竑之學足以自傳，德止至棄妻子官爵不有，何事冒認騎省苗裔，以爲光寵哉！宋史徐鉉本傳雖言鉉無子，然考騎省文集前所附行狀墓誌銘均云：「子夷直，朗州桃源令，先公卒。」是鉉固嘗有子，但先鉉亡耳。竑祖蓋即夷直所立後，且夷直官至縣令，則年已長大，安知不嘗生子乎？王銍以爲鉉無後者，默記云：「鉉無子，其弟鍇有後，居金陵攝山前。」是銍意以鉉爲無後也。蓋鉉兄弟乃揚州廣陵人，其後子孫分散，鉉之後居建州甌寧，而鍇之後則居金陵攝山。銍但嘗至攝山求所謂徐十郎家觀之，見默記而未嘗至甌寧。徐十郎者，市井小人，不復與鉉子孫通問，不能舉以告銍，而銍又習聞鉉無子，遂不暇致詳耳。雖然，兢家既多騎省舊物，何以騎省授太子率更令官誥不藏之於其家，而轉爲其族人開茶肆者所有，其間曲折，不可得而考矣。默記但言徐十郎家有徐鉉官誥，提要云鉉、鍇誥敕尚存，亦意擬之詞，非默記本文也。元吳澄文正公集卷三十一跋徐僉書御製後云：「豫章徐可攜示宋思陵所賜徐僉書宸翰一幅，及僉書之仲子榕所授誥命兩通，此其近祖，宋初散騎常侍鉉，則遠祖也。徐氏代有聞人，鼎臣、師川俱以文學著名。」師川者，徐俯之字，嘗官僉書樞密院事，見宋史本傳故稱爲僉書。澄生宋末，爲師川後人題跋，必有譜牒可據。然則徐禧、徐俯皆鼎臣之後，誠所謂代有聞人，又不獨明叔爲騎省世家矣。此他書所未言，並附著之於此。

坤輿圖說二卷

國朝南懷仁撰。懷仁，西洋人，康熙中官欽天監監正。是書上卷，自坤輿至人物，分十五條，皆言地之所生。下卷載海外諸國道里山川民風物產，分爲五大洲，而終之以西洋奇器圖說。大致與艾儒略職方外紀互相出入，而亦時有詳略異同。按東方朔神異經曰：「東南大荒之中，有樸父焉，夫婦並高千里，腹圍原注：按此下當有腹圍之里數，原本佚脫，今姑仍之。自輔天初立時。使其夫婦導開百川，嬾不用意，謫之並立東南，不飲不食，不畏寒暑，須黃河清，當復使其夫婦導護百川」云云。此書所載，有銅人跨海而立，巨舶往來，出其胯下者，似影附此語而作。又神異經曰：「北方層冰萬里，厚百丈，有磎鼠在冰下土中焉。形如鼠，肉重千觔，可以作脯，食之已熱」云云。此書記此物，全與相合。又周密癸辛雜識曰：「西域有沙海，正據要津，其水熱如湯，不可嚮邇，此天之所以限華夷也。終古未嘗通中國，忽一日有巨獸浮水窒，其骨長數千里，横於兩涘如津梁然，骨中有髓，竅可容並馬，於是西域之地始通中國。謀往來者，每以膏油塗其骨，懼其枯朽而折，則無復可通故耳」云云。此書記此事，亦全與相合，疑其東來以後，得見中國古書，因依仿而變幻其說，不必皆有實迹。然核以諸書所記，賈舶之所傳聞，亦有歷歷不誣者，蓋雖有所粉飾，而不盡出虚構，存廣異聞，固亦無不可也。

嘉錫案：日本人稻葉君山清朝全史卷下云：「清朝開國之初，以迄康、乾，西洋文化多所輸入，至是遂被排斥。試擧一例，艾儒略所著之職方外紀、南懷仁所著之坤輿圖説，皆足以啓發當時之中國人，使知世界之大勢，而中國人則等閑視之，不爲精求也。其後至乾隆朝修四庫全書提要，一代碩學之紀曉嵐，竟等此書於東方朔之十洲記及郭景純注之山海經，不入於地理，而與古代小説同視，可爲卑視西學之證。」今案：稻葉氏責紀氏卑視西學蓋是也，其實距今二百年前，以飽讀綫裝書之人，而欲其重視西學，殆可謂之絶不可得，何獨責之紀氏。第稻葉謂四庫全書不入之地理，則提要正著録於地理類外紀之屬，稻葉此言，可謂如盲人之道墨白。稻葉氏又引廣東人胡禮垣著新政通詮之言曰：「紀公曾於內庭管理四庫全書，阮公曾建設學海堂於廣東、江西、江南各省，此誤以詁經精舍爲學海堂南北學士，莫不取資於二公，二公博極羣書，不愧爲一代之文宗。今者艾儒略及南懷仁等重涉重洋，來詣吾邦，二公表面勉爲敬崇，而不用其學說，其意以爲吾中華一統志卷帙五百，至詳且盡，安用此淺近之地球説略輿地圖説等爲。以上譏紀氏又以爲堯舜之時，已創曆法，垂四千年而不變，彼瑣瑣之説，烏足以易之。以上譏阮氏之疇人傳噫！是所謂驕傲盈滿也。博雅如二人者，尚復如斯；則謭陋之士，益不知其所適從矣。嚮使二公能以謙虛之心，行戒慎之事，考地球之狀態，知中國雖地廣民衆，在地球上不過幾分之一，於以圖强，其殆庶幾。」胡氏責紀、阮二公，不能以謙虛之心，用西洋之學說，以圖中國之自强，其說似也。雖然，歷來無論學術政事，凡起而謀變常説而新是圖者，其必感受外來之激刺。二公生當極盛之時，寧能豫知百年以後之事，而嘐嘐然號於人曰，吾中國必當變法以自强。是徒驚而駭俗，謚之曰非狂則愚，況紀氏不過以文學名，其平日居官從政，特簿書期會之常，以求無過而已，是非所能辨也。阮氏經濟之才，雖優於紀，然非常之原，聖人所懼。以阮公之治學，夙爲漢學立旗幟，以彼作性命古訓文言對之人，而欲其眞實崇敬西學如徐光啓，彼將喪失其聲望，而爲異派所攻擊，徒授人以口實，如漢學商兑者流，是不啻以身挑戰，而樹之鵠，以待衆矢之集也夫。卽令如胡氏言，於天文算學，采用西法，而中國是否立可自强，其效尚茫如捕風，則彼身受攻擊，以求不可必得之效，此智者所不爲也。雖然胡氏之言，爲中國人言之，固不可廢，特獨以譏二公，其亦責備賢者之義乎。

異域録一卷

國朝圖理琛撰。圖理琛姓阿顔覺羅氏，先世葉赫人，由考取内閣中書，官至兵部職方司郎中。是編乃康熙五十一年五月圖理琛以原任内閣侍讀奉命出使土爾扈特，由喀爾喀越俄羅斯國至其地，五十四年三月回京師復命，因述其道里山川，民風物產，以及應對禮儀，恭呈御覽。其地爲自古輿記所不載，亦自古使節所未經，圖理琛輶車所至，見所未見，聞所未聞，纂述成編，以補亘古黄圖所未及。

嘉錫案：圖理琛，滿洲正黄旗人，而提要僅云先世葉赫人，敍事殊不合史法。又兵部職方司郎中者，乃其上異域録時之官，而非所終之官，提要乃云官至兵部職方司郎中，蓋皆僅據異域録卷首自敍，而未嘗旁考之他書也。何秋濤朔方備乘卷四十三考訂異域録敍云：「臣秋濤謹案：異域録係國朝圖理琛撰。圖理琛字瑤圃，仕履詳見四庫全書提要。按：提要敍圖理琛仕履殊爲謬誤，而秋濤反若引以爲據者，蓋朔方備乘乃經進之書，故其措詞不敢遝駁官書也。據八旗通志，圖理琛於雍正年間官至陝西巡撫，内遷侍郎，或以爲官至尚書者誤也。」又卷四十俄羅斯叢記圖理琛屢使俄境條云：「圖理琛，滿洲正黄旗人，姓阿顔覺羅氏，康熙二十五年由監生考授内閣中書，尋遷内閣侍讀。四十二年充禮部牛羊羣總管，四十四年以牲缺被控革職。五十一年四月，特命復職，出使土爾扈特。五十四年三月還京，授兵部員外郎。四月，遷郎中。雍正元年九月，擢廣東布政使。七月，授陝西巡撫。四年，遷兵部右侍郎。五年六月，調吏部右侍郎。八月，偕喀爾喀郡王額駙策凌等往定喀爾喀與俄羅斯界。六年三月，追議前定界時，與俄羅斯使臣薩瓦鳴礮謝天，私立木牌於定界處所，旋焚之，擅納俄羅斯貿易人入界。又前任陝西巡撫時，將天下兵數，繕摺私給延信，逮治擬斬，十一月宥免，十二月，命往築扎克拜達里克城。十三年九月，高宗御極，授内閣學士，十二月授工部侍郎。乾隆元年，仍爲内閣學士。三年，乞休，允之。五年卒。按：以上所敍圖理琛事蹟，出八旗通志本傳。臣秋濤謹案：圖理琛事蹟世罕知者，或以爲官止郎中，按此卽指提要此條或以爲官至尚書，皆非也，故備録於此，以備考核云。」案圖理琛奉使絶域，不辱君命，采風問俗，文采斐然，卽其持節出疆，莅盟定界，所定通商條約十一條，亦復與後來喪權辱國者殊科。雖曰席强國之威，秉廟謨之略，然其折衷樽俎，有足多者。其卒以乾隆五年，距修四庫書時，不過三十餘年，其人既非碌碌者流，而又官至卿貳，八旗通志立有專傳，皇朝通典邊防門、皇朝通考四裔考，亦詳載其以郎中，侍郎兩次奉使事蹟，而館臣纂提要者，乃不能詳其仕履，是亦可謂異聞也矣。至謂俄羅斯之地爲自古輿記所不載，亦爲失考。平定羅刹方略卷一云：「鄂羅斯僻處西北絶域，自古不通中國。」何秋濤云：見朔方備乘卷首第五「謹案大清一統志載，『鄂羅斯地，漢有堅昆、丁令，唐有黠戛斯、骨利幹等國，元時有阿羅斯及吉利吉思、謙州、益蘭州等處，明時阻於朔漠，未通中國』。是明以前皆曾與中國通，至明代始不能通耳。此云自古不通中國者，因俄羅斯人自言之詞也。考皇朝文獻通考康熙十五年，察罕汗遣陪臣尼果賴等進貢方物，奏言俄羅斯僻處遠方，從古未通上國，不諳中華文義，及奏疏禮儀，兩次輸誠，致多缺失，今特敬謹遣使奉貢，仰祈矜宥云云。是該國藉口於自古不通中國，掩飾其不諳禮儀之咎，方畧遂因而載之耳。若考其實，則當依大清一統志爲定。」秋濤又有北徼沿革表敍朔方備乘卷六十三云：「俄羅斯地居北徼，壤接冰海，西偏爲康居、奄蔡諸國，列漢書西域傳。東偏爲丁零、堅昆諸國，附見於漢書匈奴傳。一則雄長於西極，備歷乎魏晉周齊；一則役屬於單于，遞臣乎柔然突厥，土壤不同，風俗亦異。唐時延陀既平，鐵勒請吏，東偏創置羈縻州郡，而西偏無聞焉。迨唐季俄羅斯酋長禄利哥建國西偏，其東偏則爲黠戛斯所據。及蒙古既興，盡取東西偏，悉隸版圖，胙土分茅，列爲雄鎮。至明時俄羅斯復興於西偏，而東偏無著名之國，厥後俄國略地而東，東偏遂與西偏併合爲一，此北徼沿革之大略也。」俄羅斯地理沿革，朔方備乘考之劇詳，大都精核可據，散見諸篇，茲不備録。其地在唐時既嘗内屬請吏，在元時又嘗列國建侯，而提要乃詫爲自古輿記所不載，使節所未經，見所未見，聞所未聞，蓋當時士夫故步自封，不知留心外事，故徒爲大言，而未嘗夷考其實也。

地理類存目四總目卷七十五

江東地利論一卷

宋陳武撰。武，始末未詳。

嘉錫案：宋李心傳道命録卷七上云：「元年慶元二月，趙公汝愚既免相，國子祭酒李祥、博士楊簡疏留趙公，祥、簡俱罷。太府寺丞吕祖儉又疏留李公，語侵侂胄，詔送韶州安置。國學上舍生楊宏中、周端朝、張衜、林仲麟、蔣傳、徐範亦投匭上書論其事，詔各送五百里外軍州編管。右正言劉德秀又劾國子博士孫元卿東伯、太學博士袁燮和叔、國子正陳武蕃叔，皆罷去。」又卷七下，僞學逆黨籍餘官三十七人，内有陳武。注云：「國子正。」慶元黨禁此下有温州二字南宋館閣續録云：「陳武字蕃叔，温州瑞安人，淳熙五年姚穎榜進士及第，治春秋。嘉定二年四月除秘書丞，十二月除著作郎。三年二月爲軍器少監，五月兼國史院編修官、實録院檢討官。四年閏二月兼秘書少監，四月除秘書少監。五年四月除秘書監，並兼。謂在少監及秘監任内，仍兼國史院實録院官也。六年五月知泉州。」以上分見卷七、卷八、卷九。中興百官題名云：「陳武，嘉定四年六月以秘書少監兼右諭德。五年四月除秘書監，仍兼。六年四月，除右文殿修撰，知泉州。」孫詒讓温州經籍志卷十一云：「陳知州武，乾隆温州府志名臣傳、嘉慶瑞安縣志儒林傳並有傳。」武所作文選入十先生奥論，見總目卷一百八十七。

秦邊紀畧四卷

不著撰人名氏。書中首卷河州條注内有「西夷部落三十有奇，康熙十四年圍衛城一月，康熙二十二年又犯衛地」之語。又四卷近疆西南夷傳内載康熙二十四年祝囊同、科爾坤十八部由古北口入覲事，則此書爲康熙間人所作。首載河洲及西寧、莊浪、涼州、甘州、肅州、靖遠、寧夏、延綏等衛形勢要害，次載西寧等衛南北邊堡，次載西寧等衛近疆及河套，次載外疆，近疆西夷傳河套部落、蒙古四十八部落考畧、西域土地人物畧，其論邊鄙疆域及防守攻剿情形，一一詳悉。蓋國家初定西陲，中間遭王輔臣之叛，與滇、黔相煽，方用兵於内地，故近邊諸部往往窺竊，後乃以次削平，馴爲臣僕，此書所述，皆是時之形勢。

嘉錫案：此書向只有傳鈔本，雍正中李培得之，編入所輯灰畫集中，顧其書亦未刻。近始有排印本同治壬申，新建吳坤修始以所得吳旻堂鈔本秦邊紀畧刻之於安徽藩署，近人王文灝又用李培本刻入畿輔叢書，即題爲蠡吾李培輯。吳本篇次，皆與提要所言者合。李本首多耐安氏不知何人及趙用熙識語，李培自記各一條，卷末闕西域土地人物畧一篇，書中亦多脱文誤字。顧提要作四卷，李本作三卷，而吳本作六卷。考李本第二卷，又自分上下，是亦四卷也，吳本則分卷不同耳。吳、李兩本雖詳畧互異，實一書也。近人沈曾植嘗就吳本手自批校，北平劉家立過録本，吾友徐恕行可寄以見示。爲之跋曰：「作書之人，不署名，自四庫著録，已不能考其本末。吳氏刻本，蓋與閣本同，吾友李蒓客得一鈔本，卷端署灰畫集，有李培自敍云，江右黄君所著秦邊紀略，於西秦恢復驅逐之策，若數一二，而道黑白，恕谷兄案：李塨字剛主，號恕谷。從博野令趙君得之，案：趙君即趙用熙。培因抄附於所集萬季野、王崑繩書後，爲灰畫集之第十九、二十、二十一卷。案：畿輔本作培輯灰畫集甫畢，只成七册，共十八卷，今再將此紀集爲十九、二十兩卷，以成八册。書首有全秦邊衛敍一篇，不著名，疑即作者所自爲，有趙用熙識語，有耐安氏識語。耐安氏之言云，秦邊紀畧者，江右黄君所集也。黄君忘其名，久客秦督佛公幕府，請於秦督，親歷巡視，期年而彙成書。乙亥歲，畿輔本誤作己亥歲。劉繼莊先生攜是書來，姜子發録出，癸未歲，復從鈔之。考乙亥爲康熙三十四年，癸未爲四十二年。灰畫集敍則成於雍正六年，李培得書於趙用熙，趙得之耐安，耐安得之祝棠郵、姜子發。案：耐安氏識語云，乙亥歲，劉繼莊先生來謁學院顏公，假館於安樂窩。繼莊先生與外父祝棠郵老友也，攜是紀相示，而外父已作古人，姜子發兄見而録之。余苦貧病，困居蝸舍，安敢問天下事，而塞外胡笳長城遠戍萬里情形，了然胸目，庶不作瞎子觀場耳，因亦繕寫之。而祝、姜所録本出劉繼莊，作者名隱不傳，李仲約學士案：謂順德李文田嘗疑爲明代之遺民，記一書言是彭躬菴輩所爲，躬菴常游秦，其著書則無左證。吾弟子封案：名曾桐常據劉繼莊廣陽雜記證之，以爲此卽梁質人之西陲今畧也。記言梁質人留心邊事，遼人王定山名燕贊，與質人相善，同在張靖逆所，靖逆以軍政委王，質人因之得盡歷河西地，山川險要，部落游牧，强弱多寡離合之故，洞若觀火，作一書凡數十卷，曰西陲今略。辛未二月，案：辛未爲康熙三十年。與質人遇於星沙，借鈔其書，以小草一紙括其三四紙，原本凡五册五百餘紙，節繁撮要，亦不敢太略，凡二十餘日而後畢，近疆夷地及諸夷小傳，皆録畢矣。尚有一册，乃西域諸遠國及籌邊方略，乃質人未定稿，縱有餘力，亦不必寫，而余書已成完璧。又一條云，料理秦邊九衛圖畢，丹碧燦然，雖未盡余胸中境界，然山川之扼塞險要，驛站之遠近迂直，兵將之所駐札，外夷之所游牧，已纖悉備具矣。據繼莊所稱近疆夷地諸夷小傳，全與此書體例合符，而所謂『未抄一册，乃西域諸遠國』者，正指今吳氏刻本卷尾之西域土地人物略一篇，此篇閣本亦有之，而李本獨無。然則李氏所傳之本，卽劉氏手節之本，改題曰秦邊紀略，疑卽劉氏爲之，而所謂江右黃君者，其人實卽梁質人，黃與梁音近致譌，張靖逆幕客與秦督佛公幕客事近致謡。抑其中資質人游歷者，本有王燕贊其人，而繼莊弟子黄宗夏預録西陲今略事，口耳相傳，緣斯誤認，亦未可知也。姚春木椿通藝閣文集顧祖禹傳後附記梁份、劉湘煃事云，份，魏禧弟子，傳禧學，著秦邊紀略，有書無圖，湘煃得一圖，以校梁書宛合，而與方輿紀要多牴牾，乃合訂爲秦邊紀略方輿紀要圖考一卷。然則此書爲質人著，昔人固有知之者。湘煃所得之圖，疑卽繼莊書中之秦邊九衛圖，雜記本排日纂記之書，料理九衛圖一條，適在抄西陲今略條後，而九衛云者，又與紀略篇首全秦邊衛之名相涉，紀略有圖，可意得也。梁質人本韓非有客，案：韓非有者，韓大任也。嘗爲吳三桂乞師，其後隱約終身，劉繼莊之爲人，謝山亦有避人亡命之疑，其人蹤跡，皆卓詭不可測。康熙間，朝廷優禮佚民，諸人偃然爲王公上客，無所疑忌，其後文字之獄數起，而著書傳書者，多隱没其迹，以避禍矣。閣本無卷首諸人識語，當卽由采進時删去之，顧其名重人間，故鈔傳獨夥，由是言之，提要所謂不知作者，未必其真不知也。」據沈氏所考，此書爲梁份所著，固無疑義，洵足補提要所未詳。惟謂閣本無諸人識語，當爲采進時所删，及疑提要知作者之名氏，則皆非也。閣本卽吳本，沈氏固已言之。劉繼莊謂西陲今略本有數十卷，凡五册五百餘紙，今吳氏所刻纔六卷，不滿二百紙，且閣本、吳本，均已改名秦邊紀略，則亦非梁氏之原書，其爲何人之所删節，是否亦自劉繼莊本傳出，蓋不可知。但李塨得自趙用熙，卷首有耐安氏及用熙識語者，明明無西域土地人名略一篇，而閣本則有之，是四庫所收與李氏兄弟所得者，原非一本，閣本之首，安得有耐安氏諸人之識語乎？耐安氏之書，爲其外父親受之劉繼莊者，而已譌傳作者爲江右黄君，是繼莊原本不著撰人名氏，或有韜晦避禍之意，然其書中實無違礙之語，故得存目於四庫總目中。卽耐安氏等之識語，亦無觸犯忌諱處，采進之時，何爲而删去之乎？若謂提要明知爲梁份所著，以其嘗與韓大任及吳三桂交通而諱之，則總目卷一百八十二有懷葛堂文集十五卷，提要明言其爲南豐梁份，嘗受學於魏禧，何獨不爲之諱乎？耐安氏及李培在康、雍之間，已不知此書之撰人，而謂提要必知之乎，有以知其不然矣。繆荃孫藝風堂文集卷七亦有此書跋，據章學誠所撰劉湘煃傳，（案：見章氏遺書卷二十六。）謂寧都梁懷葛（案：梁份南豐人，懷葛乃其所居之堂，此皆傳聞之誤耳）著秦邊紀略，又據徐松西域水道記嘗引西陲今略云。

地理類存目五 總目卷七十六

昌平山水記二卷

國朝顧炎武撰。炎武有左傳杜解補正，已著録。炎武博極羣書，足迹幾徧天下，故最明於地理之學，是書雖第擧一隅，然辨證皆多精確，惟長城以外，爲炎武目所未經，所敍時多舛誤。如古北口之楊業祠，炎武據宋史辨其僞。然劉敞、蘇轍皆有過業祠詩，在托克托修史之前幾二百載，必執後代傳聞，以駁當年之目見，亦過泥史傳之失也。

嘉錫案：紀昀槐廳雜志卷二云：「楊令公祠，在古北口內，祀宋將楊業。顧亭林昌平山水記據宋史謂業戰死長城北口，當在雲中，非古北口也。考王曾行程録，古北口內有業祠，蓋遼人重業之忠勇，爲之立祠。遼人親與業戰，曾奉使時，距業後僅數十年，豈均不知業殁於何地？宋史則元季托克托所修，距業遠矣，似未可據後駁前也。」錫案：厲鶚遼史拾遺卷十四云：「鶚案古北口楊無敵祠，顧氏以爲誤，考劉原父、蘇子由二詩，在奉使時作，則祠創自遼可知。無敵忠義，感動敵境，又何論古北口之非陳家谷也。」提要之引劉敞、蘇轍過業祠詩，其說蓋本於此。劉敞公是先生集卷二十八楊無敵廟原注「在古北口，其下水西流」。案：今本無末五字，據遼史拾遺引補詩云：「西流不返日滔滔，隴上猶歌七尺刀。痛哭應知賈誼意，世人生死等鴻毛。」蘇轍欒城集卷十六古北口楊無敵廟詩云：「行祠寂莫寄關門，野草猶知避血痕。一敗可憐非戰罪，太剛嗟獨畏人言。馳驅本爲中原用，嘗享能令異域尊。我欲比君周子隱，誅彤聊足慰忠魂。」此二詩，蓋卽厲氏及提要之所據也。蘇頌魏公集卷十二和巽仲楊無敵廟詩云：「漢家飛將領熊羆，死戰燕山護我師。威信仇方名不滅，至今遺俗奉遺祠。」提要及厲氏皆未引，蓋失考也。紀曉嵐閱微草堂筆記五種，作於四庫提要告成之後，槐西雜志此條，蓋欲以補提要之闕，但其所引王曾行程録，蓋即所著上契丹事，各書所引多删節，莫備於通鑑長編卷七十九，其文但云：「過朝鯉河，亦名七度河，九十里至古北口，兩旁峻崖中有路，僅容車軌，口北有舖，彀弓連繩，本范陽防阨奚、契丹之所，最爲隘束。」如是而已，未嘗言有楊無敵祠，不知紀氏本之何書，豈其誤記耶？且謂宋史爲元季托克托所修，未可據後駁前，不知元人修史，大抵抄録宋之國史，殊尠筆削之功。楊業戰死何處，考之宋會要、隆平集、續通鑑長編、太平治蹟統類等書，無不與宋史相同。托克托不可據，豈兩宋人之著述，胥不可據耶？今考蘇頌之詩云：「漢家飛將領熊羆，死戰燕山護我師。」蘇轍之詩云：「行祠寂寞寄關門，野草猶知避血痕。」若使業實死於朔州，則安得謂之死戰燕山？且其去古北口亦遠，安得有血痕在？吾嘗綜合諸書而推究之，業但戰敗於陳家谷，非臨陳殺死於其地也。遼人曾下令軍中，必欲生擒繼業，見耶律奚低傳。蓋愛其勇，欲俟其屈服而重用之。既已陳擒其人，自必遣兵押送，見其虜主，業求生不得，乃絶食自戕，經三日之餓，死於古北口耳。業既死，遼人傳其首以示諸軍，故有血痕之句。顧氏以爲業祠不當在古北口，未之思也。

職官類總目卷七十九

宋宰輔編年録二十卷

宋徐自明撰。自明字誠甫，號慥堂，永嘉人。嘗官太常博士，終零陵郡守。初北宋時，神宗命陳繹爲拜罷圖一卷、樞府拜罷録一卷。元豐間，司馬光復作百官公卿拜罷年表十五卷，其後曾鞏、譚世勣、蔡幼學、李燾各有撰述，而不能無所闕畧。自明因摭拾舊事，補其遺漏，續作此書。

嘉錫案：宋會要一百二册職官七十三云：「慶元六年二月二十五日，新除太常博士徐自明放罷，以臣僚言其向居師儒之職，考校去取，無非私意。」咸淳毗陵志卷九通判題名云：「徐自明，嘉定八年十二月朝散郎太常博士在任轉朝請郎，十年十二月差知永州。」八瓊室金石補正卷九十二：「浯溪題刻有徐自明詩，末題嘉定庚辰中秋後四日郡守永嘉徐自明書。」觀此諸書，則自明之出處年月，皆有可考。

欽定歷代職官表

乾隆四十五年奉敕撰。特命四庫全書館總纂官内閣學士今陞兵部右侍郎臣紀昀、光禄寺卿今陞大理寺卿臣陸錫熊、翰林院編修今陞山東布政使臣孫士毅、總校官詹事府少詹事今陞内閣學士臣陸費墀等考證排次，緝綴是編，分目悉準今制，凡長貳僚屬具列焉，明綱紀也。其兼官無正員，而所掌綦重，如軍機處之類，亦列爲專表，崇職守也。

嘉錫案：上海姚文棟軍機故事云：「四庫提要歷代職官表云：『其兼官無正員，而所掌綦重，如軍機處之類，亦列爲專表，崇職守也。』謹按今武英殿本歷代職官表，無軍機一門，謹附識於此，以備再考。」

四庫提要辨證卷九

史部七

政書類一 總目卷八十一

元朝典故編年考十卷

國朝孫承澤撰。承澤有尚書集解，已著録。其書取元代朝廷事實，分代編輯，正史以外，更採元人文集，以附益之，共爲八卷。其第九卷，附遼、金遺事。小序謂元有秘史十卷、續秘史二卷，前卷載沙漠始起之事，續卷載下燕京滅金之事，蓋其國人所編記，書藏禁中，不傳，偶從故家見之，録續卷末，以補史所不載云云。考其所引，並載永樂大典元字韻中，互相檢勘，一一相同。疑本元時祕册，明初修書者，或嘗録副以出，流傳在外，故承澤得而見之耳。

嘉錫案：元朝祕史，向無單行本，錢大昕始自永樂大典内録出，作十五卷，與承澤所見本作十卷、續二卷者不同，則承澤所見本，未必是明初修書者所録副。考千頃堂書目有此書，作十二卷，明文淵閣書目亦有祕史一部五册，又祕史續編一部一册，與承澤本併合。是此書外間實别有傳本，與收入大典者卷數迥殊，不得如提要之説，並爲一談也。其後張敦仁得元槧影鈔本重刻之，其分卷亦與承澤本合，疑同出一源，惟張本卷一有撰人忙豁侖紐察脱察安二人姓名，提要未言，承澤本有無不知相同否耳。阮元揅經室外集四庫未收書目，乃爲元朝祕史作提要一首，顧廣圻作祕史跋，李文田作祕史注，亦無一字涉及四庫提要此條，蓋均不知此書已全收入承澤所著元朝典故編年考中，故四庫不更著録，並非未收也。諸人博洽冠一時，而皆不免失之眉睫之前如此，則甚矣考據之難也。

政書類二 總目卷八十二

明宫史五卷

舊本題蘆城赤隱吕毖校次。吕毖始末未詳，蓋明季宦官也。其書敘述當時宫殿樓臺，服食宴樂，及宫闈諸雜事，大抵冗碎猥鄙，不足據爲典要。

嘉錫案：總目卷一百二十六雜家類存目三事物初略提要云：「明吕毖撰。毖字貞九，吳縣人，其書成於崇禎甲申，語多猥鄙。」與作此書者姓名時代並合，知同出一手，提要未及互考，故不悟其爲一人，而以爲始末未詳，亦已疏矣。俞正燮癸巳存稾卷十四書蘆城平話後云：「蘆城平話四卷、皇明小史十八卷、宮史五卷、事物初略三十四卷，又有買愁集不全，皆呂貞九撰。呂蓋天津人，其自號赤隱，不知何意。」提要明著毖爲吳縣人，而俞氏不知，遂意擬爲天津人。考莫友芝持静齋藏書紀要卷上云：「明朝小史，題蘆城赤隱呂毖輯著。毖校次宮史，四庫總目以爲蓋明宮監。今蘇城西南靈巖山下小桃源，是毖隱居處，有墓碑記其辟穀及禱雨異徵。臨終書偈有云：『一輪明月空中相，千片桃花影裏身。』又似明之遺老隱於佛道者，疑莫能明也。」持静齋書目卷二略同據此則毖實吳縣人矣。提要謂毖爲明季宦官，不過以書中敍事多作内臣口脗斷定之，其實別無證據，不知此書本非毖所自作，乃就劉若愚酌中志中掇取數篇，改署此名。若愚實明季宦官，而毖之爲宦官與否，未可知也。持静齋書目卷二云：「明宮史五卷，舊鈔本明司禮監奉御劉若愚撰，自酌中志抽出五卷，而易其名。四庫政書類之呂毖校本，蓋即校此編，故不題撰也。」今按學津討原所刻明宮史，有毖後序云：「内臣劉公，手著一書，蓋以被事降黜，中多辨明一時之事與一人之事，不必盡有關於天下萬世之大經大法。以故余不備録，録其一代之制，外人鮮有知者，刊布行世。」四庫所收之本，蓋偶佚去此序，故提要誤以爲毖撰。然據毖序，則自酌中志中抽出此五篇，實出於毖。持静齋所藏舊鈔本，獨題若愚撰者，亦非也。酌中志二十四卷，在潘氏海山仙館叢書内，始於憂危竑議前後紀，終於纍臣自敍，凡二十三篇，據卷首自序，實止此二十三篇。周星詒手批書目答問云，本缺黑頭爰立一篇，潘據談往附入末篇，未知所本。宮史所録五篇，具在其中。若愚，其先南直定遠縣人。祖父世襲延慶衛指揮僉事，感異夢自宮，官司禮監寫字奉御，陞監丞，退爲御馬監外廠太監，下獄擬絞。均見纍臣自敍篇。明史卷三百五宦官王體乾傳云：「時有劉若愚者，故隸陳矩名下，善書，好學有文。天啓初，李永貞取入内直房主筆札。忠賢敗，若愚爲楊維垣所劾，充孝陵凈軍。已御史劉重慶以李實誣高攀龍七人事劾實，實疏辯，言係空印紙，乃忠賢逼取之令永貞塡書者。帝驗疏墨在朱上，遂誅永貞，坐若愚大辟，久之得釋。若愚當忠賢時，禄賜未嘗一及，既幽囚，痛己之冤，而恨體乾文輔輩之得漏網也，作酌中志以自明，凡四卷。按：卷數與今不合。見者憐之。」李清三垣筆記上補遺云：「内臣劉若愚，先爲霍給諫維華、楊侍御維垣所糾，擬絞繫獄，予於朝審時猶及見之。獄中所著酌中志，略敍次大内規制井井，而所紀客氏魏忠賢驕横狀，亦淋漓盡致，其爲史家必採無疑。然以如此博洽宏才，而迫於太監李永貞喚召，又知永貞必敗，不能見幾托病以去，致自罹網羅，可歎也，後竟斃於獄。」與自敍並合。呂毖跋不言若愚所終，明史云久之得釋，而李清云斃於獄，蓋傳聞異辭，未詳孰是。高繼珩蝶仙外史前有自序，題咸豐甲寅云：「按正定府志，房宗玹，欒城人，萬曆中以天奄入爲司禮監，掌内院文書，小心守法，以不附魏璫求退，出居九陵山中。時内監劉若愚撰酌中竑議，房與參訂成書，則此書似不盡出若愚手。志載酌中志作酌中竑議，殆誤于憂危竑議之名，未加考訂，故率率及之耳。」今案參訂云者，不過相與斟酌討論，未必定與撰述之事，不可便云不盡出若愚手，然其事爲他書所未言，并録以備考。

營造法式三十四卷

宋通直郎、試將作少監李誡奉敕撰。

嘉錫案：李誡宋史無傳，故提要不能詳其始末。考宋程俱北山小集卷三十三有宋故中散大夫知虢州軍州管勾學事兼管内勸農使賜紫金魚袋李公墓誌銘元注云：爲傅沖益作。略云：「大觀四年二月丁丑，今龍圖閣直學士李公譓對垂拱，上問弟誡所在，龍圖言方以中散大夫知虢州，有旨趣召。後十日，龍圖以虢州不禄聞，上嗟惜久之，詔別官其一子。公之卒，二月壬申也。公諱某，字某，鄭州管城縣人。父諱南公，故龍圖閣直學士、太中大夫，贈左正議大夫。南公宋史三百五十五有傳，末附其子譓，而無一字及誡。元豐八年，哲宗登大位，正議時爲河北轉運副使，以公奉表致方物，恩補郊社齋郎，調曹州濟陰縣尉，遷承務郎。元祐七年，以承奉郎爲將作監主簿。紹聖元誤作興，今改三年，以承事郎爲將作監丞。元符中，建五王邸成，遷宣義郎。時公在將作且八年，其考工庀事，必究利害堅窳之致，堂構此字元闕，注云犯御名之方，與繩墨之運，皆已了然於心，遂被旨著營造法式二十四卷，近日中國營造學社彙刊第一册，録此墓誌，逕改二十四卷爲三十四卷，非是。詔頒之天下。已而丁母安康郡夫人某氏喪。崇寧元年，以宣德郎爲將作少監。二年冬，請外以便養，以通直郎爲京西轉運判官，不數月，復召入將作爲少監，辟雍成，遷將作監，再入將作，又五年。其遷奉議郎，以尚書省。其遷承議郎，以龍德宫棣華宅。其遷朝奉郎賜五品服，以朱雀門。其遷朝奉大夫，以景龍門九成殿。其遷朝散大夫，以開封府廨。其遷右朝議大夫賜三品服，以修奉太廟。其遷中散大夫，以欽慈太后佛寺成。大抵自承務郎至中散大夫，凡十六等，其以吏部年格遷者，七官而已。大觀某年，丁正議公喪，服除，知虢州，未幾，疾作，遂不起，蓋享年若干。公博學多藝能，家藏書數萬卷，其手鈔者數千卷，工篆籀草隸，皆入能品。嘗纂重修朱雀門記，以小篆書丹以進，有旨勒石朱雀門下。善畫，得古人筆法，上聞之，遣中貴人諭旨，公以五馬圖進，睿鑒稱善。公喜著書，有續山海經十卷、續同姓名録二卷、琵琶録三卷、馬經三卷、六博經三卷、古篆説文十卷。」此誌紀述頗詳。誡既博學多藝能，又久官將作，自哲宗紹聖以後，朝廷大興作，誡多與焉，本其所得以著書，故能精密如此，其他宋人著述中，亦頗有及誡事者，兹不復詳。

初熙寧中敕將作監官編修營造法式，至元祐六年成書。紹聖四年以所修之本祇是料狀，别無變造制度，難以行用，命誡别加撰輯。誡乃考究羣書，并與人匠講説，分别類例，以元符三年奏上之。崇寧二年，復請用小字鏤版頒行。

按：提要此節，本之李誡請鏤版劄子。直齋書録解題卷七法令類營造法式條下亦云：「熙寧中，始詔修定，至元祐六年成書。紹聖四年，命誡重修。」與劄子合。惟玉海卷九十一云：「元祐七年三月，詔將作監編修到營造法式共二百五十一册，内浄條一百一十六册，許令頒降。」年月稍有不合，疑玉海誤也。宋史藝文志儀注類有營造法式二百五十册，注云：「元祐間，卷亡。」其書卷帙多於重修者殆六七倍不止，然自宋史外，不見他家著録。考本書總看詳中有曰：「看詳先準朝旨，以營造法式祇是一定之法，及有營造位置，略有不同，臨時不可考據，徒爲空文，難以行用，先次更不施行，委臣重别編修。」是元祐所修之本，雖奉詔許令頒降，而當時更不施行，竟未鏤版，逮誡重修之本出，而元本遂微矣。

考陸友仁硯北雜志載誡所著尚有續山海經十卷、古篆説文十卷、續同姓名録二卷、琵琶録三卷、馬經三卷、六博經三卷，則誡本博洽之士，故所撰述，具有修理。惟友仁稱誡字明仲，而書其名作「誠」字，

然范氏天一閣影鈔宋本及宋史藝文志、文獻通考俱作「誡」字，疑友仁誤也。

案：誡所著書已見墓誌銘，提要不知誡有墓誌在北山小集中，故僅以硯北雜志爲據。至其人之名，考墓誌銘及郡齋讀書志卷七、直齋書録解題卷七、玉海卷九十一皆作「誡」，石

林燕語卷八記建都省事，亦稱爲將作少監李誡，則硯北雜志及他書或作「李誡」者，以字形相近而誤也。若宋史藝文志五行類則固作「李戒」，通考卷一百二十九又作「李誡」，皆不作「誠」字也，提要誤矣。

目録類一　總目卷八十五

崇文總目十二卷

宋王堯臣等奉敕撰。蓋以四館書併合著録者也，原本於每條之下，具有論説，逮南宋時鄭樵作通志，始謂其文繁無用，紹興中，從而去其序釋，故晁公武讀書志、陳振孫書録解題著録皆云一卷，是刊除序釋之後，全本已不甚行，南宋諸家，或不見其原書，故所記卷數各異也。鄭樵作通志二十略，務欲凌跨前人，而藝文一略，非目覩其書，則不能詳究源委，自揣海濱寒畯，不能窺中秘之全，無以駕乎其上，遂惡其害己而去之，此宋人忌刻之故智，非出公心。厥後托克托等作宋史藝文志，紕漏顛倒，瑕隙百出，於諸史志中，最爲叢脞。是即高宗誤用樵言，删除序釋之流弊也。續宋會要載紹興十二年十二月，權發遣盱眙軍向子固言，乞下本省以唐藝文志及崇文總目所闕之書，注闕字於其下，付諸州軍照應搜訪云云。今所傳本，每書之下，多注闕字，蓋由於此，今亦仍之。

案：朱彝尊曝書亭集卷四十四崇文總目跋云：「崇文總目，范氏天一閣有藏本，展卷讀之，祇有其目，當日之序釋，無一存焉。樂平馬氏經籍考述鄭漁仲之言，以排比諸儒，每書之下，必出新意著説，嫌其文繁無用，然則是書因漁仲之言，紹興中從而去其序釋也。」提要之説，蓋本於此。然此特朱氏意度之詞，提要縱信其不謬，亦當引朱氏之文，以明其説之所由來，乃遽矜爲創獲，言之鑿鑿，竟歸其獄於鄭樵，而不知其説之未可遽信也。杭世駿道古堂集卷二十五崇文總目跋云：「朱竹垞檢討謂刪去解題，始於鄭夾漈作通志略，非也。馬貴與撰通考、王伯厚著玉海，生後夾漈百餘年，其書皆引證其説。嘉定七年，武夷蔡驥刻列女傳，首簡亦引此書，則知此書在宋時，原未有闕，後世傳鈔者，畏其繁重，乃率意刪去耳。」然則朱氏之説，已爲杭氏所駁正矣。杭氏文集，雖以生存人之故，不著録四庫，然提要於滇略、痎瘧論、本草乘雅半偈、天禄識餘、宣德鼎彝譜皆曾引其説，而獨於此跋不加稱引，豈非朱氏之説，先入爲主，故忽而不之察歟？然杭氏謂今本爲傳鈔者所刪去，亦未盡然，惟錢大昕之説爲得之。養新録卷十四云：「崇文總目一册，予從范氏天一閣鈔得之，其書有目而無序釋，每書之下，多注闕字，陳直齋所見，蓋卽此本。題云紹興改定，今不復見題字，或後人傳鈔去之耳。朱錫鬯跋是書，謂因鄭漁仲之言，紹興中從而去其注釋。」今考續宋會要載紹興十二年向子堅按：徐輯印本作子固言，乞以唐藝文志及崇文總目所闕之書，注闕字於其下，付諸州軍搜訪，是今所傳者，卽紹興中頒下諸州軍搜訪之本，有目無釋，取其便於尋檢耳。豈因漁仲之言，而有意删之哉！且漁仲以薦入官，在紹興之末，未登館閣，旋卽物故，名位卑下，未能傾動一時。若紹興十二年，漁仲一閩中布衣耳，誰復信傳其言者。朱氏一時揣度，未及研究歲月，聊爲辨正，以解後來之惑。」

子略四卷目録一卷宋高似孫

其有題識者，凡陰符經、握奇經、八陣圖、鬻子、六韜、孔叢子、曾子、魯仲連子、晏子、老子、莊子、列子、文子、戰國策、管子、尹文子、韓非子、墨子、鄧析子、亢桑子、鶡冠子、孫子、吳子、范子、鬼谷子、吕氏春秋、素書、淮南子、賈誼新書、鹽鐵論、論衡、太玄經、新序、說苑、抱朴子、文中子、元子、皮子隱書，凡三十八家，其中說苑、新序合一篇，而八陣圖附於握奇經，實共三十六篇，惟陰符經、握奇經録其原書於前，餘皆不録，似乎後人删節之本，未必完書也。

嘉錫案：高氏此書，乃子部目録之書，自不當録其全文，陰符經、握奇經二書，以篇葉無多，變例録之耳。若此三十八家，皆具録原書，則卷帙當至數十百卷，是叢書而非目録矣。高所撰尚有史略六卷，其書久佚，光緒時黎庶昌從日本得之，刻入古逸叢書，體例與子略相同，知其原本固當如此，提要乃疑爲後人删節之本，誤矣。孫詒讓温州經籍志卷十六云：「薛氏季宣校定風后握奇經一卷，存。此後引自敍一篇，直齋書録解題一條，文繁不録。案艮齋所校握奇經，今無單行本，惟浪語集第三十卷，尚載其全帙。明人漢魏叢書所刊者，係從高似孫子略第一卷鈔出，每句下所注異同，與艮齋校語，一一符合。考似孫宋慶元間人，嘗獻詩侫韓侂胄，爲陳振孫所譏，原注：見直齋書録解題二十。其人在艮齋後，蓋卽竊艮齋本爲己校，而諱其所自，故子略此經序，竟不及艮齋本也。其間偶有異同，如高本經文後有『八陣總述』四字爲一行，又有『晉平虜將軍西平太守封奉高侯加授東羌校尉馬隆總述』二十三字爲一行，艮齋本止題『馬隆總述』四字。又高本奇兵贊，在飛龍、翔鳥、蛇蟠、虎翼四陣後，艮齋本移於四陣前，原注：艮齋自注云，舊在正陣下，移此以便乎讀。此又高據別本改艮齋本以掩其剽竊之迹也。艮齋校語精詳，高本亦多所删削，然今所傳握奇，大抵皆高本，目録家不復知其爲艮齋舊校，故略辨之，以發高氏之覆，且使世之欲見握奇善本者，知於浪語集求之耳。」據孫氏所考，乃知似孫所以變例録入握奇經者，實以有成書可抄，意存掠美，其録陰符，則取以與握奇相配耳。大抵高氏著書，成於率爾，其緯略、史略兩書序，皆自誇成書之速，故大抵抄撮之功多，而心得之處少也。又按浪語集卷三十握奇經後亦附有武侯八陣圖，季宣自敍云：「李筌繪爲八陣圖，既爲不知而作，武經雖存寫本，不無訛以傳訛，按：此謂武經總要陣法。惟武侯八陣石圖最爲有徵，走得馬隆贊述，多所發明，遂爲詮定其文，並繪陣圖於後。」則此書之八陣圖，乃薛季宣所附，非舊本所有，似孫抄取其全書，因並錄入之耳。

直齋書錄解題二十二卷

宋陳振孫撰。振孫字伯玉，號直齋，安吉人。厲鶚宋詩紀事稱其端平中仕爲浙西提舉，改知嘉興府。考周密癸辛雜識「莆田陽氏子婦」一條，稱陳伯玉振孫時以倅攝郡，又「陳周士」一條，稱周士直齋侍郎振孫之長子，則振孫始仕州郡，終官侍郎，不止浙西提舉，鶚蓋考之未詳也。

嘉錫案：吳壽暘拜經樓題跋記卷三載有直齋書錄解題跋曰：「按陳振孫，宋史無傳。癸辛雜識別集載「徐元杰」一條，知振孫於淳祐四年官國子司業，又會稽續志浙東提舉題名有陳振孫，端平三年二月初六日以朝散大夫知台州，兼權，八月正除，十月二十六日到任。嘉熙元年改知嘉興府。厲太鴻徵君宋詩紀事作浙西提舉，誤也。四庫全書總目又引癸辛雜識「莆田陽氏子婦」一條，又「陳周士」一條，謂振孫始仕州郡，終官侍郎，不止浙西提舉，然檢毛氏汲古閣所刊癸辛雜識，無此二條，未知總目所據何本，且云浙西提舉，亦承厲氏之誤耳。」今案提要所引癸辛雜識，實非用毛氏所刻，蓋稗海刻癸辛雜識，曾誤以齊東野語爲雜識正集之前半，提要因而誤引之耳。烏程范鍇鍇字聲山，道光時諸生嘗輯吳興藏書録，在姚慰祖所刻晉石厂叢書內，僅二十二葉。係從楊鳳苞所藏鄭元慶湖録殘本鈔出，改題此名，中有振孫傳云：「陳振孫字伯玉，號直齋，安吉人，嘉定四年，爲溧水教授，三載去官歸，起補。紹興寶慶三年，充興化軍通判。莆田楊氏訟其子與婦不孝，官爲逮問，則婦之翁爲人毆死，楊亦與焉，坐獄未竟，值覃霈得宥，而婦仍在家，有司以大辟既宥，不復問其餘，小民無知，亦安之。後又訟其子與婦，判官姚瑶以爲雖有讐隙，既仍爲婦，則當盡婦禮，欲併科罪。時振孫攝郡，獨謂父子天合，夫婦人合，人合者恩義有虧，則已矣，在法合離，皆許還合，而獨於義絶不許者，蓋謂此類，況兩下相殺，又義絶之尤大者乎。初問楊罪既脱，卽合勒其婦休離，有司既失之矣。若楊婦盡禮於舅姑，則爲反親事讎，稍有不至，則舅姑反得以不孝罪之，當離不離，則是違法，在律違律。爲婚既不成婚，卽有相犯，並同凡人，今其婦合比附此條，不合收坐。人皆服其得法之意。端平三年三月，以朝散大夫知台州，兼權浙東提舉常平茶鹽事，八月正除。嘉熙元年改知嘉興府，升浙西提舉，舉行藥萬户，停廢醋庫，邦人德之。淳祐九年，以□原闕部侍郎致仕，家居修吳興志，討撫舊事頗詳，未幾卒。子造，嘉興通判。」陸心源宋史翼曾爲立傳，並無異聞。近人陳壽祺嘗作宋目録家晁公武、陳振孫傳，亦不能甚詳。見國粹學報六十八號 最近吾友陳援菴之哲嗣樂素，有直齋書録解題作者陳振孫一文，載入民國三十五年十一月二十日大公報文史副刊，搜采極爲完備，以文太繁，不及備録，故仍録鄭元慶之作於此，以其最早，又有重名也。

原本於解題，附以隨齋批注，隨齋不詳何人？然補闕拾遺，於本書頗有所裨，今亦仍其舊焉。

案：錢泰吉曝書雜記卷二云：「直齋書録解題有隨齋批注，姓氏不著，養新録以爲元時洛陽楊益，以其有隨齋詩集也。鄉先哲沈雙湖吏部謂隨齋爲程棨，見頤綵堂集直齋書録解題後云，録中附有隨齋批注，一時纂修諸公，未詳其人。余案卷三鄭樵石鼓文考有先文簡字。宋新安程泰之大昌，謚文簡。曾孫棨，字儀甫，號隨齋，元時人。文簡自歙遷湖，子孫貫安吉，與直齋同時同里。而批注所云，樵以秦斤秦權有丞欧兩字，遂以石鼓爲先秦物，先文簡論而非之，其説具載演繁露，則隨齋爲棨無疑矣。證據鑿鑿，録于此以告讀書録解題者。」李慈銘受禮廬日記下册即越縵堂日記第十册云：「閱直齋書録解題，錢警石曝書雜記偁沈雙湖説，以解題中有隨齋批注。隨齋乃程大昌之孫棨，元時人，據鄭樵石鼓文考下批注，稱先文簡云云。今觀卷三新唐書下卷五、越絶書下批注皆有先文簡云云，是沈説可信，然其批注廖廖，亦無所發明，至以隋曹憲爲撰博雅，又注啖助爲姓名，則其淺陋可知矣。此等人亦不足深考，故四庫言不詳其人，養新録又疑是元人楊益也。」

目録類二總目卷八十六

集古録十卷宋歐陽修

自梁元帝始集録碑刻之文，爲碑英一百二十卷，見所撰金樓子，是爲金石文字之祖，今其書不傳。

嘉錫案：李遇孫金石學録卷一云：「案此爲四庫館提要所引，今鮑氏知不足齋所刊金樓子第五卷著書篇，止載碑集十秩百卷，元注云，付蘭陵蕭賁撰。鮑廷博案云，隋經籍志，梁元帝撰雜碑二十二卷、碑文十五卷，此作百卷，疑至隋時已失其全。又别載詩英一秩十卷，鮑氏所刊，雖亦從永樂大典録出，而輾轉傳鈔，不免舛錯，幸有四庫本之可證其訛也。此實爲金石學之祖，惜其書不傳。」嘉錫考知不足齋所刻金樓子後有汪輝祖跋，具言此書乃歷城周書昌永年所輯，郵付汪氏，致之鮑廷博者。是鮑氏所刻，卽據周氏手稾，初非出自輾轉傳鈔，必無舛錯。書中所附案語，乃四庫館臣校勘之語，蓋卽出於周氏之手，非廷博所加也。金樓子本無碑英一百二十卷之文，提要本引碑集十秩百卷一條，而誤碑集爲碑英，蓋涉次行詩英而訛，又誤百卷爲百二十卷，此由於匆匆翻閱，掩卷後記憶不真，未及覆檢原書，遂致偶然筆誤。李氏乃曲爲之説，謂足以證刻本之譌，未免有心迴護矣。

曾鞏欲作金石録而未就，僅製一序，存元豐類稾中。修始採摭佚遺，積至千卷，撮其大略，各爲之説。

案：許瀚攀古小廬雜著卷三讀四庫全書提要志疑云：「瀚謹案，據此文則似曾爲金石録未成，而歐陽繼之者。歐陽跋尾類，在嘉祐治平間，曾跋尾雖不題年月，而桂陽周府君碑跋云，熙寧八年，余從知韶州王之材求得此書。江西石幢記跋云，至熙甯九年，祠部郎中集賢校理葉鈞。原注云：此下闕。漢武都太守漢陽阿陽李翕西狹頌跋云，熙甯十年，馬瑊中至爲轉運判官於江西，出城州所得此頌，則其集録，固在熙甯後矣。又周府君碑跋、李翕西狹頌跋皆有訂正永叔語，斯又曾録在歐陽後之明證矣。至謂曾製序一篇，存元豐類稿中，今檢類稾實無此序，豈因其第五十卷爲金石録跋十四則，而誤憶之歟？」又云：「孫馮翼金石考序、李芝齡金石存皆有『序存元豐類稿』語，然檢類稿各本皆無之，或别有此本，疑莫能明也。」嘉錫案：修四庫書時所見元豐類稾凡二本，一爲明成化六年南豐知縣楊參所刊，卽元大德甲辰本也。一爲康熙中長洲顧崧齡所刊，以宋本參校，四庫著録，卽用顧本。見總目卷一百五十三元豐類稾條下提要此兩本今現存，皆無金石録序，然則提要實誤記題跋爲序審矣，孫氏、李氏蓋皆承提要之誤耳，非别見一宋、元本也。元大德本，今印入四部叢刊中，亦無此序。

法帖釋文十卷

宋劉次莊撰。次莊字中叟，長沙人，崇寧中，嘗官御史。

嘉錫案：續通鑑長編卷三百十元豐三年十二月，載有知禮院兼太常寺丞王子韶，言寺丞劉次莊祖母亡承重事。又卷三百五十四云：「元豐八年四月，奉議郎宗正寺丞劉次莊，爲殿中侍御史。」又卷三百六十八云：「元祐元年閏二月，承議郎殿中侍御史劉次莊，爲江南西路轉運判官。」又卷三百九十六云：「元祐二年三月乙丑，右諫議大夫梁燾言，臣聞黃履薦劉次莊補御史，此因劾黃履，故追敍元豐八年之事，非謂次莊至是年始爲御史也。次莊本宰相蔡確密客，確弟碩常與交通，盜用軍器監官錢，抵罪除籍，清議喧然不平，謂履之不忠莫大焉，伏望聖慈指揮，特賜重行貶竄。丙寅，降龍圖閣學士，知越州。黃履爲天章閣待制，知舒州。」宋史黃履傳但言坐舉御史不當，降天章閣待制，讀此始知所舉御史，即次莊也。長編卷四百云：「元祐二年五月，侍御史王巖叟言，前日御史中丞黃履、殿中侍御史劉次莊，陰附蔡確爲姦，方確用事，陛下何由得知，不幸確去而其姦始敗，使確在位，履與次莊進用，蓋不可量。」又卷四百十云：「元祐三年五月，朝請郎知舒州黃履，復天章閣待制，履坐舉劉次莊再奪職，至是期滿，有司以聞，故有是命。」次莊事蹟，見於續通鑑者如此。

法帖釋文後有自跋，末署元祐七年五月十有九日，前承議郎臣劉次莊謹題。承議郎，乃次莊爲殿院漕使時階官，今加前字，必已得罪除名勒停，第未知所坐何事。能改齋漫録卷十六云：「殿中侍御史劉公次莊中叟，元祐中罷官，寄居臨江軍之新淦。」故此帖及釋文，刻於臨江。金石萃編卷一百四十一有宋仁壽縣君蘇氏墓誌銘，署銜爲承議郎勾當亳州明道宮劉次莊撰，并書，無刻石年月。文中敍蘇氏以紹聖四年十月卒，蓋自紹聖改元，哲宗決意紹述，羣姦並進，攀附援引，滿布要路，黄履復爲御史中丞，而次莊亦遂復官與宮觀差遣，以爲起用之漸耳。方回瀛奎律髓卷三十八有劉中叟王昭君一首，注云：「劉戲魚臺，（臺當作堂）劉次莊也。長沙人，以開梅山入洞曉諭得官，熙寧七年，（宋詩紀事作六年）賜同進士出身，仕至侍御江西漕。」長編載章惇開梅山始末甚詳，而不言次莊得官及賜第事，其所作蘇氏墓誌云：「故湖北轉運使秘閣校理趙大夫公揚熙寧中通判潭州，次莊爲屬縣尉，公喻次莊，士當自奮拔，卽教上書天子，得召見留中都。」與方回所敍復不合，或次莊先上書得召見，後乃隨章惇立功得官耳。宋詩紀事卷二十六敍次莊仕履，全出瀛奎律髓，提要亦未採用，惟書史會要卷六云：「劉次莊字中叟，崇寧中爲御史。」提要之説，蓋出於此，然其説實不可據。今長編自元符三年二月以後雖已散佚不傳，然李埴十朝綱要卷十五載徽宗朝御史一百五十六人姓名，並無劉次莊，可爲明證，提要誤矣。

曾士冕法帖譜系云，臨江戲魚堂帖，元祐間劉次莊以家藏淳化閣帖十卷摹刻其上，除去卷尾篆題，而增釋文。曾敏行獨醒雜志曰，劉殿院次莊，自幼喜書，嘗寓於新淦，所居民屋窗牖牆壁，題寫殆徧，臨江郡庫有法帖十卷，釋以小楷，他法帖之所無也。觀二書所記，則次莊之作法帖釋文本附注石刻之中，未嘗别爲一集，此本殆後人於戲魚堂帖中鈔合成帙，而以閣本原第編之者也。

案：次莊自跋云：「元祐四年，臣得本於前金部員外郎吕和卿，命工模刻之，後二年，復取帖中草書世所病讀者，爲釋文十卷，並行於時。」夫既刻石二年之後，始爲釋文，是釋文之與法帖，各爲起訖，不相雜廁，居然可知。若如提要之説，釋文本附注石刻之中，則當刻石之時，每行必預留空白，逮釋文成後，始書丹補刻，恐無是理。郡齋讀書志卷四與自跋略同。石刻鋪敍卷下云：「清江帖十卷，又名戲魚堂帖，亦秘閣前帖翻本。元祐七年壬申五月，劉次莊得吕金部和卿閣本臨刻之，案：據次莊跋，法帖刻於元祐四年，至七年乃爲釋文作跋耳，此微誤。外有釋文十卷。」輿地紀勝卷三十四臨江軍碑記門云：「戲魚堂帖十卷，元祐中寓客劉次莊摹淳化禁中本而刻之，次莊又自爲釋文十卷。」夫曰外有釋文，曰又自爲釋文，則非附注於石刻之中矣。戲魚堂帖十卷，釋文又十卷，則法帖與釋文固各爲一集矣。提要以爲後人鈔合成帙，而以閣本原第編之，非也。

陳振孫書録解題又稱武岡人嘗傳刻絳州潘氏帖，嘉定中，汪立中又取劉本分入二十卷中，官帖所無者增附之，蓋絳帖本閣帖而廣之，故立中釋文，亦因次莊釋文而廣之，與此又別一書矣。

案：讀書志卷四著録者，乃次莊釋文單行本，故只十卷，書録解題卷十四著録者，武岡法帖釋文，其釋文已分入法帖之中，故二十卷，然則提要所謂附注釋文於石刻之中者，乃武岡帖之體如此，而不可以例臨江帖也。

隸釋二十七卷宋洪适

适自跋隸續云，隸釋有續，凡漢隸碑碣二百八十有五。又跋淳熙隸釋後云，淳熙隸釋目録五十卷，乾道中書始萌芽，十餘年間，拾遺補闕，一再添刻，凡碑版二百五十有八。然乾道三年洪邁跋云，所藏碑一百八十九，譯其文，又述其所以然，爲二十七卷。又淳熙六年喻良能跋云，公頃帥越，嘗薈萃漢隸一百八十九爲二十七卷。是二跋皆與是書符合，則其自題曰淳熙隸釋者，乃兼後所續得合爲一編，今其本不傳，傳者仍隸釋、隸續各自爲書。

嘉錫案：隸續卷二十後載适自跋云：「隸釋有續，前後二十一卷，此卷數單指隸續凡漢隸見於書者，爲碑碣二百五十八，甎文器物款識二十二，魏、晉碑十七，款識二。」此碑碣款識數目，乃通隸釋、隸續計之也。适所著盤洲集卷六十三載此跋亦同，今提要引其文乃謁二百五十八爲二百八十五，且隸續所載漢隸，不僅限於碑碣，故有甎文器物款識二十二，（隸釋皆碑碣，無甎器。）又兩書所載隸字，亦不僅限於有漢一代，故有魏晉碑十七、款識二，此皆在二百五十八碑之外者，提要止引其碑碣一句，文義不完，不將滋後人誤會乎！又考盤洲集卷六十三淳熙隸釋跋云：「凡碑版二百八十五，（此合漢、魏、晉三朝碑計之，故得此數。）甎器二十七，（甎器之數，較隸續跋溢出其三。）提要乃作碑版二百五十有八，蓋與前所引隸續跋數目互誤也，至洪邁、喻良能所作隸續跋，皆謂隸釋二十七卷，凡碑百八十有九，提要謂與今書符合，余嘗取隸釋細數之，實止百八十有三，（各本皆同）顯與洪、喻兩跋不符，乃知提要所謂符合者，僅計其卷數，而未核其碑數也。考洪邁漢隸字原序，謂其書悉循隸釋之次第，翁方綱兩漢金石記卷二隸釋隸續目次考亦云：「洪氏之書，婁氏一依之，自第一孟郁修堯廟碑起，至第一百八十三張平子碑，皆隸釋。」余因取字原碑目，與隸釋目録逐條校讀，自第一百八十三以上，名稱次第，果無一不合，（惟字原碑目，往往省去官名。）其一百八十四郎中王政碑以下，則見於隸續，（詳見隸續條下）是婁機當時所見之隸釋，已與今本同，字原於一百八十三張平子條下引隸釋云：「晉南陽相夏侯湛作，字畫僅可觀，故附於隸釋之末。」（此隱括原文，故與隸釋字句不盡同。）然則隸釋卽終於百八十三，具有明文可考，不應溢而爲百八十九也。洪适隸釋序末題乾道三年，而洪邁字原序末題慶元三年，計字原之成，後於隸釋者三十年，且其書成，卽求序於适之弟邁，使隸釋更有最足之本，較初刻多六碑，婁機不容不見，竊疑邁及喻良能二跋，所謂百八十九者，乃傳寫之譌耳。大抵書册中，凡數目字最易譌誤，不可據，今得漢隸字原爲之實證，知今本隸釋尚不失洪氏之舊，未嘗有所闕佚矣。盤洲集後附許及之所撰行狀云：「治越之暇，訓釋考證，博極古書，爲隸釋一書，二十七卷，嗣有附益，爲隸續二十一卷，其後時有删潤，合釋續爲一而是正之，以屬越帥刊行，而書史失去，不復存副本，公每以爲恨。」然則所謂淳熙隸釋，在當時並未鐫木，卽已亡失，固宜其本之不傳也。

此本爲萬曆戊子王鷺所刻，凡漢、魏碑十九卷、水經注碑目一卷、歐陽修集古録二卷、歐陽棐集古目録一卷、趙明誠金石録三卷、無名氏天下碑録一卷，與二十七卷之數合，每碑標目之下，具載酈、歐、趙三書之有無，歐、趙之書，第撮其目，不録其文，而是書爲考隸而作，故每篇皆依其文字寫之。

案：天禄琳琅續編卷十三明版經部隸釋條下云：「前有萬曆十六年王雲鷺序。雲鷺，夏邑人，嘉靖辛未進士。」今考明本及各家書目，亦皆作王雲鷺，則提要作王鷺者誤也。雲鷺據寫本付刻，雲鷺跋云：「萬曆戊子，余爲廣陵守，偶得隸釋一集於真州僧舍，乃寫册也。或曰，此元人手鈔，亡其姓氏。」其字畫雖依漢隸，而實寫以楷書，提要所謂每篇皆依其文字寫之者，亦但指其偏旁結構耳，非謂波磔皆依漢碑也。夫以楷書寫漢隸，則其形體自不能逼肖，故乾隆丁酉汪日秀刻本跋云：「是書易隸爲楷，轉寫至易譌舛，又漢人作隸，往往好假借通用，或加或省，或變或行，奇古譎怪，中雜篆籀，不知者妄加改竄，愈失鄱陽之舊。」汪氏據傳是樓鈔本校勘付刻，較之王雲鷺本固多所是正，然所刻者仍是楷書，蓋傳是樓鈔本固如是也。考黄丕烈汪本隸釋刊誤序云：「洪文惠隸釋廿七卷，今行世者，僅錢唐汪氏新刻本而已。乾隆甲寅歲，予得崑山葉文莊六世孫九來按：即作金石録補之葉奕苞。所藏舊抄本，闕第四、第五、第六三卷，今年秋借貞節居袁氏所有抄本補全，復借周香嚴家隆慶四年錢氏抄本勘正，其本皆十行廿字，與元泰定乙丑槧七卷隸續同，而遇宋諱處，則缺畫，蓋依宋槧本所抄也。爰借顧子千里訂諸本之異同，按：刊誤實出於顧千里之手，故此序亦載入思適齋集卷八，注云，代黄蕘圃。取婁彥發字源爲證，惟葉本最多吻合，乃知文惠原書字體，纖悉依碑，而汪本則失之遠也。」黄氏但云字體纖悉依碑，而其刊誤中所引葉本，則仍寫以楷書筆法，未嘗竟作隸體也。莫友芝郘亭知見傳本書目卷六乃云：「影宋隸釋，闕最目及第一卷，卷二至二十七備在，半頁十行，碑行二十字，跋皁一格，亦二十字。今刻本跋皆十九字碑用隸書，跋用楷書，遇篆額字，即用篆書，大勝汪刻，唐端甫藏。」其所言體例與今刻本大異，則宋本隸釋固用隸書寫刻，非若今本之寫以楷書者矣。雖然，有可疑者，考直齋書録解題卷八云：

「隸釋二十七卷、隸續二十一卷，丞相鄱陽洪适景伯撰。凡漢刻之存於世者，以今文寫之，而爲之釋。」夫漢人以隸書爲今文者，對孔壁古文言之也。今洪氏書本非古文，僅隸續三體石經中有古文三百七字，然仍寫以古文，不作隸書。而直齋稱以今文寫之者，對隸書言之也。則所謂今文者，非楷書而何，且适自作隸釋序曰：「既法其字爲之韻，復辨其字爲之釋，使學隸者藉書以讀碑，則歷歷在目，而咀味菁華，亦翰墨之一助。」然則惟隸韻之字用漢隸筆法，其隸釋則但辨別其字，以爲讀碑之助，蓋所謂隸釋者，謂以楷釋隸，如鐘鼎文字之釋文耳，惡得有隸書寫刻之本乎？适以隸釋爲寫以楷書，失漢隸之筆意，故又臨摹其字爲隸纂。盤洲集卷六十三載其跋曰：「予嘗韻分其字爲七卷，釋其文爲三十七卷，尚患筆意不傳，則擇其點曳不闕者，鐫之以爲纂，得十卷，一代法書，亦足以窺其髣髴矣。」而其弟邁作隸續跋曰：「吾兄丞相番陽公空篋中，得所藏碑百八十有九，譯其文，又述其所以然，爲二十七卷，曰隸釋。書法不必同，人視之無如也，則皆毛舉十數字刊諸石，曰隸纂。」譯其文者，謂所録碑文也。述其所以然者，謂題跋也。譯之爲言，猶變易之易，周禮秋官序官疏云，譯卽易，謂換易言語，使相解也。録漢碑文而謂之譯，則固變易其文字，以楷書釋漢隸矣。楷書之筆法，與漢隸不必盡同，人之視之也，總覺不如隸書，則又於諸碑之中，各擇取十數字，摹刻於石，以存漢隸之真，名曰隸纘。邁之意蓋如此，其言與适之序跋悉合，吾邱衍學古編亦云：「洪适隸篆篆當作纂，以形近致誤。十卷，以漢碑摸臨偏旁奇古者上石。」使隸釋當日果以隸書寫刻，則又何必復取各碑中偏旁奇古之十數字，臨模上石，爲此疊牀架屋，破碎不完之書乎！邁所作漢隸字原序又云：「憶吾兄文惠公，自壯至老，躭癖弗懈，嘗區別爲五種書，曰釋、曰纘、曰韻、曰圖、曰續，四者備矣，唯韻書不成，以爲蠹竭目力，于摹寫至難觺，旦旦而求之，字字而倣之，雖衆史堵牆，孫甥魚貫，不堪替一筆也。功之弗就，使獲覩是書，且悉循其隸釋次第志之，所底不約而同，正應懽然起立，興不得並時之歎。」據此則隸韻所以不成者，正以漢隸之難於摹寫也。夫隸韻，雖於一字數體者，必並列不遺，然其字體相同者，則不復出，字源綱目云：「諸碑屢用字，循碑目之次，首出者載之，餘不復見。」使隸釋本寫以隸書，則其字字而倣之也，倍難於隸韻，适既已爲其難於前，則就隸釋分韻迻寫，當可事半功倍，何爲隸釋既成，而於隸韻竟畏其難而中輟乎？是則考之於序跋，稽之於字源，證之於書錄解題，隸釋之未嘗有以隸書寫刻之本，亦明矣。據錢大昕洪文惠公年譜云：「乾道三年丁亥，五十一歲，正月八日，序隸釋，刻之。淳熙三年丙申，六十歲，增改隸釋千有餘字，除去者數板。公次子枇，官山陰令，刊正之。」則隸釋雖有兩本不同，然淳熙三年刪改之本，第就原板修正，終适之身，未嘗再刻也。其淳熙八年所編淳熙隸釋五十卷，書成未及刻，並原稾失去，亦見錢譜。唐端甫所藏之影宋本，果何等宋本，寫於何人，刻於何時耶？此蓋好事之徒，就原本隸釋楷書筆畫，寫以隸體，以欺收藏家，莫氏亦爲其所紿，詑爲大勝汪刻，而不知與宋人記載皆不合也。今人尤好言板本，設一旦唐氏本復出，必以爲驚人祕笈，余故加以辨正，附之於此云。

自有碑刻以來，推是書爲最精博，其小有紕繆者，武梁祠堂畫像，武氏不著名字，適因武梁碑有後建祠堂彫文刻畫之語，遂定爲武梁祠堂。案梁卒於桓帝元嘉元年，而畫像文中，有魯莊公字，不諱改嚴，則當是明帝以前所作。金石録作武氏石室畫像，較爲詳審，适未免牽合其詞。

案：隸釋卷十六武梁祠堂畫像跋云：「趙德夫題其所藏碑云武氏石室畫像，其說云，武氏有數墓，在濟之任城，墓前有石室，四壁刻古聖賢像。趙君東人，當知其實，而不能辨此畫爲武氏誰人冢。予案任城有從事掾武梁碑，以威宗元嘉元年立，其辭云：『孝子仲章、季章、季立、孝孫子僑，躬脩子道，竭家所有，選擇名石，南山之陽，擢取妙好，色無斑黃，前設壇墠，後建祠堂。良匠衛改，彫文刻畫，羅列成行，攄騁技巧，委蛇有章。』似是謂此畫也。故予以武梁祠堂畫像名之，後之人身履其壤，會能因斯言以求是。」其證據明白如此，故後之金石家皆從之，而提要顧以爲紕繆，以魯莊公字不避諱改嚴，而斷爲明帝以前所作，其說與諸家獨異。余考顧藹吉隸辨卷二莊字下云：「武梁祠堂魯莊公，按後漢明帝諱莊，故若莊周、莊助，皆改爲嚴，諸碑莊字，亦從變體或爲疰，或爲拴。狀，惟此作荓，不著年月，其在明帝前乎？金石録名此爲武氏石室畫象，未定武氏何人。隷釋以武梁碑有『後建祠堂，良匠衛改，雕文刻畫，羅列成行』之句，遂定爲武梁祠堂畫像。武梁卒於桓帝元嘉元年，恐未必是也。」提要之説，蓋全出於此，其實顧氏此論，膠固鮮通，古人避諱，本不甚嚴，如因後漢曾改姓莊者爲嚴，便謂明帝後人，應避莊字，則光武諱秀，亦嘗改秀才爲茂才矣。而秀字在字源，凡五見，隷辨凡四見，均去聲四十九宥。隷辨僅較字源少一樊毅脩華嶽碑之秀字，餘所出皆同。皆直作秀，未嘗改爲茂也。明帝諱應避，光武爲明帝之父，開創之君也，獨不應避乎？高祖諱邦字，在字源凡十見，未嘗改爲國字，其餘前後漢帝諱，見漢碑者甚多，不勝舉。蓋姓名官號見之公牘稱引，功令所關，不得不避，如嚴助爲莊助、蒯徹爲蒯通、徹侯爲通侯、秀才爲茂才之類。至於臨文涉筆，初不盡拘也。此在後世忌諱綦嚴，亦止能行於官文書及場屋文字耳。若私人作字，偶然疏忽，豈能一一檢校之乎？宋人刻書，於廟諱亦有避有不避，不能一律。顧氏所謂諸碑莊字亦從變體，或爲疰或爲拴狀者，謂孫叔敖碑莊王置酒以爲樂作疰，郭究碑嚴莊可畏作拴，嚴訢碑兆自楚莊作狀也，故於狀字下注云：「按碑云兆自楚莊，則訢本莊氏，亦避明帝諱，改爲嚴也。訢卒於桓帝和平元年，距元嘉改元，僅一年耳，改莊爲嚴，書莊爲狀，未嘗有犯廟諱，益信武氏畫像之非武梁也。」其意以爲小篆莊字，从艸从壯，故以隷書作㽦者爲正體，其餘皆爲變體避諱，此又不通世變之説也。漢人避諱，止有代字，如邦之字曰國，盈之字曰滿，是也。漢書帝紀注引荀悦説，師古曰：「臣下所避以相代也。」容齋三筆卷十五云：「之字之義訓變。」不聞有變體之法，夫所謂變體者，增減其筆畫之謂也。漢人隸書，隨意增省，變態極多，往往一字至數十體，此習俗使然，非關避諱，如謂作字必依小篆，則隸辨之書，可以不作矣。孫叔敖碑作㽦，嚴訢碑作㽦，皆於草字頭省其一點耳。

石刻鋪敍二卷

宋曾宏父撰。宏父字幼卿，自號鳳墅逸客。是書自述其所集鳳墅帖特詳，藏書家見者頗希。國朝初年，朱彝尊得射瀆鈔本，自爲之跋，然跋中謂宏父名惇，以字行，則未免舛誤。考宋有兩曾宏父，其一名惇，字宏父，爲曾布之孫，曾紆之子。後人避寧宗諱，多以字行，遂與此宏父混而爲一，實則與作此書者，各一人也。

嘉錫案：赤城集卷十七有謝伋曾使君新詞序云：「臨海曾使君南豐，曾侯惇字竑父，以丞相孫習知臺閣，工爲文詞」云云，則曾惇字竑父，不字宏父，彝尊固誤矣，提要亦未爲得也。又考王明清爲曾氏之甥，而其所作揮麈前録卷三、後録卷十一御稱舅氏曾宏父，與赤城志不同，此蓋提要所本，然後録卷一第十七條下、卷六第百四條下，明清自注，仍俱作曾竑父，與赤城志同，則凡作宏父者，皆傳寫之誤也。

蘭亭考十二卷

舊本題宋桑世昌撰。世昌淮海人，世居天台，陸游之甥也。案陳振孫書録解題載蘭亭博議十五卷，注曰桑世昌撰。葉適水心集，亦有蘭亭博議跋曰，字書自蘭亭出，上下數千載，無復倫擬，而定武石刻，遂爲今世大議論。桑君此書，信足以垂名矣。君事事精，習詩尤工，其卽事云，「翠添鄰塹竹，紅照屋山花」，蓋著色畫也。

嘉錫案：嘉定赤城志卷三十四云：「桑莊，高郵人，字公肅，官至知柳州。紹興初寓天台，曾文清公幾志其墓，有茹芝廣覽三百卷藏於家。子世昌，自號莫庵，有文集三十卷，事見尤尚書袤、楊閣學萬里、陸待制游、樓參政鑰、葉侍郎適序跋。」宋詩紀事卷六十三云：「桑世昌字澤卿，淮海人，居天台，陸放翁諸甥，著蘭亭博議、回文類聚、莫庵詩集。」葉適跋見水心集卷二十九，提要已引之。樓鑰跋，見攻媿集卷七十五，無甚贊美之詞，以文爲戲而已。至於楊萬里之誠齋集、陸游之渭南文稾中，不見有爲世昌所作序跋者。惟游劍南詩稿卷十六有初夏同桑甥世昌過鄰家詩一首耳。疑萬里與游，雖嘗作序跋，特漫題數語，以爲酬應，故不存稾也。

寶刻叢編二十卷宋陳思

所引諸說，不稱某書某集，但稱其字，如蔡君謨、王厚之之類。又有但稱其別號，如碧岫野人、養浩書室之類，茫不知爲何人者，尤宋、元坊肆之陋習。

嘉錫案：思本書賈，不諳著述體例，提要譏之誠是也。但考寶刻叢編卷六蘭亭序條下所引碧岫野人、養浩書室兩跋，均見於桑世昌蘭亭考卷三，陳思蓋卽自此轉錄。碧岫野人署名趙秠（叢編作秠）仲古，兩書並同，名字炳然，安得如提要所謂茫不如爲何人耶！養浩書室雖不署姓名，然世昌題其跋後云：「右何蘧子楚所著春渚紀聞，其真稿見存汪氏家。」考之紀聞卷五，果有此節，與蘭亭考所載詳略小異，然則養浩書室，亦非無可考也。提要自不察耳。

輿地碑記目四卷

宋王象之撰。象之，金華人，嘗知江寧縣，有輿地紀勝二百卷，今未見傳本，此卽其中之四卷也。

嘉錫案：張鑑冬青館甲集卷五宋板輿地紀勝跋云：「宋板輿地紀勝二百卷，内有缺卷缺葉，宋東陽王象之撰。蓋此書近出，故四庫所貯，亦祇有明金石家所取碑記一門，而全書未及編録。今案浙江通志，象之字儀父，金華人，慶元元年中鄒應龍榜進士。志行高潔，隱居不仕。而陳振孫書録解題，又稱其曾知江寧縣，且别有輿地圖十六卷，其西蜀諸郡，爲其兄觀之漕夔門時所得。或疑自敍所云，仲兄行父，西至錦城，叔兄中甫，北趨武興，南渡渝、瀘者觀之，卽在仲叔之內。因檢本書江南西路江州下載濂溪書院注云，象之季兄觀之爲德化宰，則不在此數矣。案：此說非是，觀之卽中甫，季兄卽叔兄也，說詳見後。直齋以象之嘗知江寧，而通志又僅載於隱逸，不能無疑。本書江南西路隆興府官吏下，載陳敏，詳誌其宰分寧時禦敵一事，而末云象之出宰分寧，相望百年，而陳公之英風遺烈，今猶未泯，揭爲廟貌，祠於邑庠。由是觀之，則直齋所云嘗知江寧縣者，當爲江南西路之分寧縣。後人不知，而妄改爲江南東路建康府之江寧縣，則謬妄矣。」劉毓崧通義堂文集卷七亦有是書跋云：「輿地紀勝，爲南宋王象之所作。象之宋史無傳，今以本書及他書參互考之。象之字儀父，婺州金華縣人。婺州卽東陽郡，故自序及各卷標題，皆稱東陽。其父名師亶，紹興末爲宜春主簿，原注云，袁州官吏門王師亶注云，郡志云袁州月椿歲額八萬八千餘貫。紹興末年，先君子爲宜春簿，嘗作文誌月椿之苦，今減二萬五千餘貫，自先君子啓之。今案此條兩言先君子，蓋師亶卽象之之父也。原本師字闕筆，作帥。亶字闕筆，作亣，蓋本作亩，譌作亣也。他卷亶字皆闕筆，作亩。宋代不諱亶字，其爲象之家諱無疑。錢氏養新録言象之父名無考，蓋偶未檢此條耳。其後曾知江州。原注云，江州古迹門，濂溪書院注云，先生所居名濂溪先君子守九江爲建拙堂及愛蓮堂於祠之側。仲兄名益之，字行甫，官大理司直，著有職源及漢官總録西漢紀年。此條有劉氏自注，今略去。叔兄名觀之，字中甫，曾知德化縣，後爲夔州路漕使。原注云，江州古迹門濂溪書院注云：「又其後象之季足觀之爲德化宰，新造祠宇書院講堂，足字之形，與兄字相似，必是兄字之譌。季字乃長幼之稱，弟可稱季弟，而兄不可稱季兄，當是叔字之譌。」案此説太拘，象之弟兄，覿之第四，象之第五，季兄者，言其最小之兄耳，不必是叔字。象之曾官長寧軍文學，以下所敍象之仕履，劉氏均有注徵引，本書今略去。知分寧縣、知江寧縣，原注云：「直齋書録解題，稱象之之官如此。按景定建康志江寧縣壁記無象之之名，或疑直齋誤記分寧爲江寧。然陳氏與王氏同時，似不應誤述其所治之邑。」案此説與張氏異。劉氏自注，此下尚有三百餘字，以辯直齋之不誤。其實傳寫誤分爲江，事極尋常，似不必强爲之辯。其終於何官，則不可考矣。」繆筱珊年丈藝風堂文續存卷三亦有此書跋云：「其父名師亶，紹興二十四年進士，終廣東提點刑獄。今考吳師道敬鄉録，師亶子七人，爲謙之、恭之、益之、覿之、有之、涣之、節之，按：見敬鄉録卷十二，惟王師亶誤作師古。而無象之。今據呂恭公祖儉唐卿墓志有之，師亶字唐卿後改爲象之，與紀勝所云仲兄行父，則益之也。叔兄中父，則覿之也。行數亦無不合，並作世系表附於後。謙之字吉父，淳熙十一年進士，亦見敬鄉録。又按夷堅丁志卷三云：「王行中與兄克中，自撫州金谿往廣州省其父云云。克中仕至肇慶通判，克中爲廣西幹官而卒。」行中疑即行父，其爲肇慶通判，則他書所未言。往廣州省父，蓋唐卿爲廣東提刑時事。克中或是恭之字，但其兄弟字皆連父字，兹以中易父，似有兩字。惟是覿之本字中父，不可一字中中，又疑非也，姑誌於此，以示存疑。紀勝甘泉岑建功假阮元影宋鈔本付刻，附有逸文及校勘記，勝於伍崇曜刊本。

史評類總目卷八十八

唐史論斷三卷宋孫甫

陳振孫書録解題，稱甫以劉昫唐書煩冗遺略，多失體法，乃改用編年體。創始於康定元年，藏事於嘉祐元年，勒成唐紀七十五卷。其間善惡分明，可爲龜鑑者，各繫以論，凡九十二篇。甫没後，唐紀宣取留禁中，其從子察嘗録副本遺司馬光，世亦罕見，惟論斷獨傳。紹興二十七年嘗鋟版於劍州，後蜀版不存。端平乙未，黄準復刻於東陽。宋史藝文志作二卷、文獻通考作十卷，此本僅三卷，蓋本從唐紀鈔出別行，非其舊帙，故卷數多寡，隨意分合，實無二本也。前爲自序一篇，末附司馬光跋，曾鞏、歐陽修所作墓誌行狀，蘇軾答李廌書，張敦頤後序，皆推重是書甚至，朱子亦稱其議論勝唐鑑云。

嘉錫案：是書郡齋讀書志卷七作唐史要論十卷，直齋書録解題卷四作唐史論斷三卷，二者書名不同，卷數亦異。文獻通考卷二百從晁氏著録，而注其下曰，一作論斷二卷。一作云云，卽指書録解題言之，二疑當作三。今本書名卷數，皆與陳氏合。提要只言通考作十卷，此本僅三卷，若不知書録解題之已作三卷者，蓋由作提要之時，止就通考檢查，未嘗參考晁、陳之書也。且甫所著書名唐史記，不名唐紀，書録解題原文作成書七十五卷，爲論九十二首。甫没，朝廷取其書留禁中，提要引之，忽爲增益「其間善惡分明」云云數語，此張敦頤後序之文又改書名爲唐紀，皆失其實。又解題於「其從子寀録以遺温公，而世亦罕見」之下，尚有「聞蜀有刻本，偶未得之，今惟諸論存焉」三句，提要亦删改其文，括以惟論斷獨傳一語。如此引書，有類乎斷鶴頸而續鳧脛者矣。陳氏自言未得蜀刻本，故其所藏者惟有論斷，是則所謂蜀刻本者，乃唐史記七十五卷之全書，非指紹興二十七年劍州所刻之論斷也。考宋諸家書跋，惟司馬光曾得其全書，若李燾所録以示蘇軾者，已爲唐論，而非唐史記。至紹興鋟木時，張敦頤爲之後序曰：「其史記全書，自公殁，取留禁中，世所可得而見者，論斷而已。予家藏是本久矣，朅來掌教延平，乃出此書鋟木於頖宫，以與學者共焉。是書成于嘉祐之初，迄今百有餘歲而後顯，豈其傳若有所待耶？」據其所言，是論斷自敦頤始付刻，若唐史記則久無傳本，故自宋以來，官私書目，均不著録，疑振孫所謂蜀有刻本者，殆傳聞之誤也。而黄丕烈蕘圃藏書題識卷三唐史論斷跋乃曰：「唐史論斷，余向藏影宋鈔精本，每篇論斷前有正文，當卽所撰唐史也。恨無别本，未及校勘，頃已歸於藝芸書屋汪氏矣。適書去之後，書友以徐虹亭藏書鈔本示余，遂收之。並無唐史，但存論斷，留置案頭，猶勝無書。末附曾、歐、蘇三公諸文字節文，似宋本所無，其餘書跋牒文，亦似有異同，惜宋本已轉歸他所，不能一一勘定也。」丕烈多見古籍，其所收藏，散落人間，皆可與題跋相印證，知其不作妄語。今自言其舊藏宋本論斷前有正文，是則晁、陳所未見，可謂驚人秘笈矣！然孫氏史記，彌綸有唐一代，凡七十五卷，而論斷纔九十二篇，其事之無論斷者多矣。今黄氏但謂論斷前有正文，不知果唐史全書耶？抑節録耶？卷數若干，體例若何？黄氏皆不能舉其詞，則雖多見未見書，猶不見也。蓋丕烈僅工鑒賞，而實不知學，固宜其於此等事懵然不辨耳。其書既歸汪士鐘，而潘祖蔭所刻藝芸書舍宋元本書目乃不著於録，今亦無可究詰矣。

通鑑問疑一卷

宋劉羲仲撰。羲仲，筠州人，秘書丞恕之長子，宋史附見恕傳末。但稱恕死後七年通鑑成，追録其勞，官其子羲仲，原注云，案宋史原本作義仲，癸辛雜識亦作義仲，均傳寫之誤，今改正。爲郊社齋郎，其始末則未詳也。

嘉錫案：宋史所附羲仲事，僅據黄庭堅所作劉道原墓誌銘，見豫章集卷二十三故不能詳其始末。考陳師道後村集適園叢書刻三十卷本卷三有贈劉主簿詩注云：「羲仲字壯輿。」又卷十九劉道原畫讚云：「紹聖四年春，過鉅野，佐有羲仲者，其子也，始拜其像。」蓋羲仲嘗官鉅野縣主簿也。張耒右史集卷四十九冰玉堂記曰：「元符中，余謫官廬陵，道原之子羲仲主簿於德安，敍其大父與父之事於予。」則羲仲久屈於簿尉矣。東坡後集卷七有劉壯輿長官是是堂詩，似其後嘗爲縣令。輿地紀勝卷二十七云：「劉凝之讀書堂在高安縣宣政鄉靈山院，知縣范擇能立祠於法堂之右，併其子道原，孫原無此字，今補壯輿塑像祀之，扁曰冰玉堂。」又曰：「劉羲仲字壯輿，有祖父遺風，仕至修史檢討，嘗褰裳去蔡京曰：『吾但知有天子，不知有權臣。』既忤蔡京，不復仕，卒於廬山。有祠在鈞山故居。」萬姓統譜卷五十九云：「劉羲仲字壯輿，恕子，長於史學，平居厲節操，有祖父遺風。後以蔡京薦，召爲修史檢討，至京師，時宰以下，並不造謁，忤京，不復仕，卒於廬山。所著有大初曆。」兩書所紀，互有詳略，館臣雖未見紀勝，然統譜非僻書，提要乃云始末未詳，蓋失檢也。又吳坰五總志云：「羲仲字壯輿，讀書萬卷，能世其家。宣和初，特起爲道史官，既用，非其志，未幾，上疏乞骸骨。」考呂本中師友雜志云：「大觀政和間，予客京師，時劉羲仲壯輿在京師守官，日相問訊。」大觀政和間，蓋卽其官修史檢討之時，所修之史卽道教史，吳坰以爲宣和初始起爲道史官者，誤也。晁補之雞肋集卷三有漫浪閣辭云：「南康劉羲仲壯輿，志操文義，早知名於士大夫，年四十矣，而學問亦苦，蓋不欲一日棄其力於無用也。築室廬山其先人之居，自號曰漫浪翁，蓋以比元結，從仕與物，皆不得已也。」此記蓋作於羲仲棄官歸山之後，晁以道嵩山集有聞圓機圓機姓郭，名執中，見嵩山集卷八累日病酒戲作存問之詩，自注云：「圓機正看劉道原長編疑事。」又卷十八題長編疑事云：「長編者，温公資治通鑑藁草之私號也。温公自洛中以所修藁草寄其屬官南康軍監酒劉道原，而自名之歟，抑道原名之歟？道原日誦萬言，而勤廢飲食寢處，遂忘其身之流落，而家寒餓也。其忠憤耿介，當熙寧初不爲大丞相毫髮少貶者，雖其天姿，亦博學精思之助哉。觀斯疑事，則其閎遠沈粹之躅，亦略可見矣。通鑑之爲書，有賢傑輔相，攻堅析微如此，安得不善耶！惜其初不自珍，而公卧病二年之久，家人單弱憂瘁之中幸而存者，姑五十有五種也。公之子羲仲壯輿，政和戊戌爲唐州曹官，録以寄説之東里草堂，初拜嘉而不甚器之，以壯輿作資治通鑑考異，待其異日之成書也。今壯輿死已累年，斯事已矣，誰復措手，不覺涕淚無從，漬於殘缺僅存之書，嗟嗟！良友奕世厚善之意，實存於其中也。重惟壯輿臨終屬我銘其墓，久難之未就，乃先以攄余之哀云。宣和五年癸卯五月二十六日戊寅，嵩山晁説之題。」據其所言，是此書初稾本名長編疑事，撰人爲劉恕道原，今本名通鑑問疑，題劉羲仲撰者，疑羲仲重編後所改題也。嵩山集卷十六又有劉氏藏書記云：「公之子羲仲壯輿，人視其邁往不羣，而自處憚憚循約，唯恐前修之辱也。從仕四方，妻子不免飢寒，而敦然唯是之求索，謂求書也。老學菴筆記卷九云：「劉道原壯輿，載世藏書甚富，壯輿死，無後，書録於南康軍官庫。後數年，胡少汲過南康訪之，已散落無餘矣。」高似孫史略卷五云，劉壯輿家廬山之陽，自其祖凝之以來，圖書亦多，有藏書記，今亦不存。甚於人之飢渴而赴飲食者。既已踵成其父十國紀年，卷十五與劉壯輿書云壯輿能順續先稾，使紀年完然成一書則可無恨。而身採周、秦之遺文，以爲十二國史，嘗論著春秋矣，而方且爲周易之學。」徐度却掃編卷中云：「劉羲仲字壯輿，道原之子也，道原以史學自名，羲仲世其家學，嘗摘歐公五代史之訛誤爲糾繆，以示東坡。」此皆可以見羲仲之學行，并録於此。羲仲所作，又有歐陽子列傳，見豫章集卷二十六；晉太尉陶威公侃贊，見朱文公文集卷二十乞加封陶威公狀引。

大事記講義二十三卷

宋呂中撰。中字時可，泉州晉江人。淳祐中進士，遷國子監丞兼崇政殿説書，徙肇慶教授。

嘉錫案：愛日精廬藏書志卷二十有舊抄本皇朝大事記九卷、此刪節之本也，張氏別有一完本。中興大事記四卷，並載黄虞稷手跋曰：「中字時可，晉江人。淳祐七年廷對第六人，教授肇慶府，除國史實録院檢閲。上疏言當去小人之根，革贓吏之弊。遷國子監丞兼崇政殿説書。言人能正心，則事不足爲；人君能正心，則事不足治。理宗嘉納之，以予給歸。召爲秘書郎，丁大全忌之，出知汀州。尋復舊官，主管成都玉局觀卒。」所敍作者仕履與乾隆一統志卷三百二十八泉州府人物條合而加詳，蓋皆出於泉州府志。中先爲教授，後遷監丞。提要謂自國子監丞徙肇慶教授者誤也。

前有興國軍教授劉實甫序，謂水心以其師講貫之素，發明我朝聖君賢相之心，則是乃中平日講論稾本，葉適等爲之編次云。

案：提要以吕中爲葉適師。考之宋元學案，適乃鄭伯熊之門人。見卷三十二周許諸儒學案、卷五十四水心學案。然水心文集卷二十八祭鄭景望龍圖文云：「某之於公，長幼分殊，登門晚矣，承教則疏。」其他詩文，但稱爲鄭丈或鄭景望，見卷七、卷八、卷十二。是尚未純以師禮事之。吕中何人，詎足爲水心師耶！劉實甫原序云：「予頃遊膠庠，有同舍示一編書曰，此止齋水心之徒，以其師講貫之素，發明我朝聖君賢相之心，所以措之事業，垂億萬年無疆之休者，其概可見也。」此所謂止齋、水心之徒者，乃門徒之徒，而非徒衆之徒也。所謂其師，指止齋、水心言之也。蓋謂吕中嘗受業於陳傅良、葉適之門云爾。提要既誤解其文，又割截其語，翻謂中爲水心之師。案中爲淳祐七年進士。宋史儒林葉適傳云：「嘉定十六年卒，年七十四。」下距淳祐七年，凡二十四年。陳傅良本傳不載卒年。樓鑰攻媿集卷九十五陳公神道碑云：「嘉泰三年十一月十有二日，終于里第，享年六十有七。」下距淳祐七年，凡四十四年。使中果爲二人之師，則其登第之時，年將百歲矣，而葉適之墓木已拱，方且爲之編次其書，寧不大可怪耶！止齋、水心，南宋鉅儒，學者稍習宋事，無不能測知其時代者，提要之謬乃如此，誠非意料之所及也。

史糾六卷

明朱明鎬撰。明鎬字豐芑，太倉人。是編考訂諸史書法之謬，及其事迹之牴牾，上起三國志，下迄元史，每史各爲一編。其晉書、五代史亦闕而不論，則未審爲傳寫所佚，爲點勘未竟。觀篇末別附書史異同一篇、新舊唐書異同一卷，與前體例截然不同，知爲後人掇拾殘稾，編次成帙也。

嘉錫案：吳偉業梅村集卷三十四有昭芑墓志銘云：「所著唯書史異同、新舊異同二書先成，其餘十有三種，史糾特可傳。」盧文弨抱經堂文集卷七史糾題辭云：「此明季太倉朱明鎬字昭芑之所著也。案千頃堂書目史糾二卷、書史異同三卷、新舊唐書異同二卷。今此本併異同入史糾，祇分上下兩卷，其兩異同附載於後者，寥寥蓋無幾矣。吾浙採訪進呈書内亦同，其元本殆不可得而見。然就此本讀之，亦尚有全録裴松之之語者，有採自吳咸林之糾繆、王浚儀之困學紀聞者，則元本汎濫益可知。書史之異同下有注云，文多不録，録其有議論者，然則節而取之，亦不可謂舊人之失也。」是明鎬之元本史糾與兩異同本各自爲書，後人乃削異同之繁文，附之史糾之末，編輯者且於書史異同之下明著其説矣，非由元稾殘失而後掇拾之也。至明鎬之字，明詩綜卷七十六及墓志銘均作昭芑，與盧氏合。提要作豐芑者亦誤。